Metaphysik.

Die Substanzbücher
(Z, H, Θ)

Klassiker Auslegen

Herausgegeben von
Otfried Höffe
Band 4

Otfried Höffe ist o. Professor für Philosophie
an der Universität Tübingen

Aristoteles

Metaphysik
Die Substanzbücher
(Z, H, Θ)

Herausgegeben von
Christof Rapp

Akademie Verlag

Titelbild: Museo Nazionale Romano (Thermenmuseum), Rom

Die Deutsche Bibliothek – CIP-Einheitsaufnahme

Aristoteles, Metaphysik, Die Substanzbücher (Z, H, Θ) /
hrsg. von Christof Rapp. – Berlin : Akad. Verl., 1996
   (KLASSIKER AUSLEGEN ; Bd. 4)
   ISBN 3-05-002865-3
NE: Rapp, Christof [Hrsg.]; GT

© Akademie Verlag GmbH, Berlin 1996
Der Akademie Verlag ist ein Unternehmen der VCH-Verlagsgruppe.

Gesamtgestaltung: K. Groß, J. Metze, Chamäleon Design Agentur, Berlin
Satz: deutsch-türkischer fotosatz, Berlin
Druck und Bindung: GAM Media, Berlin

Gesetzt aus Janson Antiqua
Gedruckt auf alterungsbeständigem Papier

Printed in the Federal Republic of Germany

Inhalt

Hinweise für die Benutzung

Die griechischen Termini sind in lateinischer Umschrift wiedergegeben; dabei bezeichnet ê den griechischen Buchstaben η (êta), ô den Buchstaben ω (ômega).

Ein Glossar am Ende des Bandes verzeichnet die Bedeutung der wichtigsten griechischen Ausdrücke. Das Sachregister schließt auch die englischen Texte mit ein, die entsprechenden Seitenangaben finden sich jedoch hinter dem deutschen Stichwort.

Alle Stellenhinweise bei Aristoteles beziehen sich auf die Seiten- und Zeilenangaben der Bekker-Ausgabe (Berlin 1831). Soweit es sich nicht ohnehin aus dem Zusammenhang ergibt, werden der Bekker-Zahl eine römische und eine arabische Ziffer vorangestellt, die das jeweilige Buch und das Kapitel angeben. Die Bücher der *Metaphysik* werden mit griechischen Buchstaben bezeichnet. Hinweise auf sonstige Literatur erfolgen durch die Angabe von Autor, Erscheinungsjahr und Seitenzahl. Am Ende jedes Beitrages findet sich ein Verzeichnis der zitierten und der weiterführenden Literatur zum betreffenden Textabschnitt.

Häufiger angeführte Kommentare und Textausgaben werden mit folgenden Abkürzungen zitiert:

Bostock	Bostock, D. 1994, Aristotle, Metaphysics Books Z and H. Translated with a Commentary, Oxford.
Burnyeat Z	Burnyeat, M. (Hrsg.) 1979, Notes on Book Z of Aristotle's Metaphysics, Oxford.
Burnyeat HΘ	Burnyeat, M. (Hrsg.) 1984, Notes on Book H and Θ of Aristotle's Metaphysics, Oxford.
Frede/Patzig	Frede M./Patzig, G. 1988, Aristoteles „Metaphysik Z", Text, Übersetzung und Kommentar, 2 Bde., München.
Jaeger	Jaeger, W. 1957, Aristotelis Metaphysica, Oxford Classical Texts, Oxford.
Ross	Ross, W. D. 1924, ²1953, Aristotle's Metaphysics, Oxford

Für die Werke des Aristoteles werden die üblichen Abkürzungen benutzt:

An. post.	Zweite Analytik (Analytica posteriora)
An. pr.	Erste Analytik (Analytica priora)
Cael.	Über den Himmel (De Caelo)
Cat.	Von den Kategorien (Categoriae)
De An.	Über die Seele (De Anima)
EE	Eudemische Ethik (Ethica Eudemica)
EN	Nikomachische Ethik (Ethica Nicomachea)
GA	Über die Zeugung der Tiere (De Generatione Animalium)
Gen. Corr.	Über Entstehen und Vergehen (De Generatione et Corruptione)
HA	Tierkunde (Historia Animalium)
Int.	De Interpretatione (griech.: Peri Hermeneias)
Met.	Metaphysik (Metaphysica)
PA	Über die Teile der Tiere (De Partibus Animalium)
Phys.	Physik (Physica)
Poet.	Poetik (De Arte Poetica)
Rhet.	Rhetorik (De Arte Rhetorica)
Top.	Topik (Topica)
Soph. El.	Sophistische Widerlegungen (Sophistici Elenchi)

Einleitung:
Die Substanzbücher
der *Metaphysik*

In den Abhandlungen, die unter dem Titel *Metaphysik* zusammengefaßt sind, nimmt sich Aristoteles die Beantwortung
der „von alters her gestellten" Frage vor, die, „so oft sie gestellt wird, in Schwierigkeiten" führt, nämlich die Frage „Was
ist das Seiende?" Besondere Bedeutung kommt im Zuge dieses Projekts den mittleren Büchern (wegen ihres Themas
auch „Substanzbücher" genannt) zu, die die Wissenschaft
vom Seienden zuspitzen auf die Suche nach einem ausgezeichneten und in erster Linie Seienden, das zugleich Seins-
und Erklärungsgrund alles Seienden ist: der Substanz.

Obwohl diese Abhandlungen über das Seiende und die
Substanz durch eine nur schwer nachvollziehbare Argumentationsstruktur sowie durch eine äußerst technische Sprach-
form den Leser oft vor erhebliche Verständnisschwierigkeiten stellen, wurde die *Metaphysik* zu einem der wirkungs-
mächtigsten Werke der abendländischen Philosophie; so übte
sie, um nur die bekanntesten Stationen zu nennen, durch die
schon antike Kommentierung einen maßgeblichen Einfluß
auf die (früh-)christliche Theologie, die arabische Philosophie und auf die Philosophie der Hochscholastik aus.
Thematisch diente sie als Vorbild für die Reflexion auf das
Wesen der Philosophie sowie die geschichtliche Entfaltung
der Metaphysik als philosophischer Disziplin, der Seinslehre
oder Ontologie, der Lehre von obersten Grundsätzen des Beweisens, der philosophischen Theologie und nicht zuletzt der

Universalienfrage (und damit auch bestimmter semantischer Forschungen).

Auf der anderen Seite war die *Metaphysik* immer dann die Zielscheibe für Kritik, wenn es darum ging, traditionelle Formen von Metaphysik oder Ontologie für obsolet zu erklären, wie in der neuzeitlichen Subjektphilosophie, der Transzendentalphilosophie oder der Metaphysikkritik des 19. Jahrhunderts. Der beständige Prozeß von Aneignung, Überwindung und Wiederaneignung, den die Aristotelische Philosophie im allgemeinen und ganz besonders der Gegenstand der *Metaphysik* erfuhr, läßt sich auch in der Entwicklung der sprachanalytischen Philosophie des 20. Jahrhunderts studieren: Auf die positivistische Metaphysikkritik etwa Rudolf Carnaps oder den Antiessentialismus W. v. Quines folgte eine sukzessive Rehabilitierung ontologischer Fragestellungen und klassisch metaphyischer Grundbegriffe wie „Substanz", „Essenz" u. a. ebenso wie die Wiederentdeckung von Aristoteles als einem Denker, der selbst schon den unanalysierten Gebrauch von mehrdeutigen Ausdrücken wie „seiend" und „gut" unter einen generellen Sinnlosigkeitsverdacht stellt, revisionäre Modelle in der Philosophie verwirft und somit selbst gegenüber seinen Vorgängern „metaphysikkritisch" wirkt.

Liest man den Text der Aristotelischen *Metaphysik* selbst, dann stellt man fest, daß er allemal differenzierter und weniger eindeutig ist als die Positionen, die in der Philosophiegeschichte – in kritischer oder zustimmender Absicht – mit dieser Schrift verbunden wurden. Oft bietet der Text unterschiedliche Anläufe, um ein und derselben Problemstellung zu begegnen. Was im einen Zusammenhang als erledigt gelten konnte, wird in einem anderen Zusammenhang erneut problematisiert und einer modifizierten Lösung zugeführt. Zwar ist es keineswegs so, daß Aristoteles nur an Fragen und nicht an deren Beantwortung interessiert wäre, oft aber ist es schwer, durch die an unterschiedliche Adressaten gerichteten Argumente, vorweggenommenen Einwände und deren Widerlegungen hindurch die Kontur seiner Anworten genau zu erfassen. Hinzu kommt, daß gerade der Text der Substanzbücher im Großen wie im Kleinen gedankliche Entwicklun-

gen enthält, bei denen die einzelnen Schritte nicht vom Anfang der Argumentation aus vorherbestimmt werden können.
So kommt es, daß trotz der überwältigenden Rezeptions- und
Deutungsgeschichte des Werks auch zentrale Kapitel und
Passagen immer noch für verschiedene Deutungen offen
sind. Daher geht es auch in der intensiven Debatte, die in den
letzten Jahren um die Substanzbücher der *Metaphysik* geführt
wurde, nicht nur um Feinheiten der Aristotelesphilologie,
vielmehr sind unterschiedliche, philosophisch durchaus at-
traktive Konzeptionen in der Diskussion, deren Anwend-
barkeit auf die Theorie der Substanzbücher noch erwiesen
werden muß.

1. Aristoteles' *Metaphysik*

Die *Metaphysik* ist eine Sammlung von 14 überwiegend eigenständigen Büchern, die zu unterschiedlichen Zeitpunkten
(also zwischen Aristoteles' Eintritt in Platons Akademie um
367 v. Chr. und seinem Tod im Jahr 322 v. Chr.) entstanden
sein dürften. Obwohl die einzelnen Abhandlungen zum Teil
eigene Ansätze enthalten, stehen sie untereinander in einem
Zusammenhang, bestimmt durch die allen gemeinsame
Frage nach den Prinzipien und Ursachen des Seienden und
nach der dafür zuständigen Wissenschaft. Weder die überlieferte Reihenfolge dieser Bücher noch den Titel *Metaphysik*
wird man Aristoteles selbst zuschreiben dürfen; beides
scheint erst auf den Verwalter und Herausgeber der von Aristoteles hinterlassenen Schriften im 1. Jahrhundert v. Chr.,
Andronikos von Rhodos, zurückzugehen.
  Aristoteles selbst verwendet für die zu behandelnde Disziplin die Bezeichnungen „Weisheit" (*sophia*), „Philosophie",
„Erste Philosophie" (*prôtê philosophia*) und „Theologie". Der
Ausdruck „Metaphysik", der später zum Titel der Aristotelischen Schriftensammlung und zur Bezeichnung der ganzen
Disziplin wurde, meint wörtlich „das, was nach der Physik
kommt" (*ta meta ta physika*). Nach einer Deutung wollte der
Herausgeber der Aristotelischen Schriften damit nur be-
schreiben, daß er die entsprechenden Abhandlungen im Œu-

vre des Aristoteles *nach* den Physikvorlesungen einordnete.
Nach einer anderen Erklärung steckt in der Formulierung
„nach der Physik" eine Beschreibung für den spezifischen
Gegenstand. So meint der Aristoteles-Kommentator Alexander von Aphrodisias, die Schrift sei so betitelt worden, weil sie
„*in der Ordnung nach jener* (der *Physik*) kommt *in bezug auf
uns*" (hrsg. von Hayduck 1891, 171)[1], wonach der Gegenstand
der Metaphysik das sachlich und dem Begründungszusam-
menhang nach Frühere, aber das für unsere Auffassung oder
Erkenntnis Schwierigere und daher Spätere wäre (vgl. dazu
Reiner 1954).

Die ersten Bücher der *Metaphysik* enthalten Vorbetrach-
tungen zur Eigenart und zum Gegenstand der zu entwickeln-
den Wissenschaft, die durch die nachfolgenden Bücher in
gewisser Hinsicht eingelöst werden. Die entsprechende Erwartung, die *Metaphysik* könne als die sukzessive Umsetzung
eines einheitlichen Forschungsprogramms gelesen werden,
wird dennoch enttäuscht. Bei genauerem Hinsehen nämlich
zeigt sich, (1.) daß in der *Metaphysik* gleich mehrere, unterschiedliche Aufgabenstellungen formuliert werden, (2.) daß
ein Teil dieses Forschungsprogramms nirgendwo in der *Metaphysik* eingelöst wird und (3.) daß diejenigen Abhandlungen,
die der Durchführung des metaphysischen Programms zuzurechnen sind, durchaus nicht als die direkte Einlösung von
Aufgaben aus den vorausgehenden Büchern konzipiert sind.

Buch A (*alpha* = Buch I) ist als Einleitung zu einem größe-
ren Werk angelegt. Es entwirft die Konzeption einer Wissenschaft, die „die ersten Prinzipien und Ursachen" (A 2,
982b9) betrachtet. Diese zu entwerfende Wissenschaft ist
eine rein theoretische Disziplin, die nur um ihrer selbst willen erstrebt wird und das im höchsten Maße Wißbare zum
Gegenstand hat. Im Anschluß daran wurde das Buch α (*alpha
elatton*, kleines Alpha = Buch II) eingefügt, das eine knappe
Einleitung in das Studium der Philosophie enthält und ohne
Bedeutung für die übrigen Abhandlungen bleibt.

---

1 Die Literaturangaben der Einleitung beziehen sich auf die Auswahlbiblio-
graphie am Ende des Bandes.

Buch B (*bêta* = Buch II) enthält eine Sammlung und knappe
Erörterung von insgesamt 15 Schwierigkeiten oder Aporien,
die sich hinsichtlich der gesuchten Wissenschaft ergeben. Die
Zusammenstellung anstehender Unwägbarkeiten gehört zu
den Standardschritten Aristotelischer Abhandlungen, weil jemand, der forsche, ohne sich Rechenschaft über solche Aporien abgelegt zu haben, jemandem gleiche, der nicht wisse,
wohin er zu gehen hat (B1, 995a34 ff.) und weil mit der Lösung der jeweiligen Aporien bereits der gewünschte Erkennt-
nisfortschritt erfolgt sei (*EN* VII 4, 1146b7 f.). So stellen die
Aporiensammlungen bisweilen das nähere Forschungspro-
gramm dar und werden unmittelbar zum Gliederungsprinzip
für die folgende Abhandlung; nicht so in der *Metaphysik*: Zwar
wird in Buch Γ deutlich auf die ersten drei Aporien, in Buch E
deutlich auf die fünfte Aporie eingegangen, danach aber verliert sich die Spur der in Buch B vorformulierten Aporien.
Auch wenn sie hier und da vorausgesetzt werden, sind nicht
sie es, die den Fortgang der Untersuchung steuern, und so
kommen sie auch nicht als einheitsstiftender Rahmen für die
folgenden Abhandlungen in Frage.

Buch Γ (*gamma* = Buch IV) setzt mit einer neuen Bestimmung des zu behandelnden Themas ein: „Es gibt eine Wissenschaft, die das Seiende als Seiendes (*on hêi on*) betrachtet
und das, was ihm an sich zukommt." (Γ 1, 1003a21 f.) Diese
Wissenschaft ist anders als die Einzelwissenschaften nicht auf
ein bestimmtes Gebiet des Seienden eingeschränkt, sondern
behandelt das Seiende, genau insofern es seiend ist. Den in
Buch A herausgestellten Aspekt einer Prinzipienerforschung
wiederaufgreifend, formuliert Aristoteles auch: „Wir müssen
also die ersten Ursachen des Seienden, insofern es seiend ist,
erfassen" (1003a 31 f.). Vor allem geht Buch Γ auf die im Aporienbuch (Buch B) aufgeworfene Frage nach der Einheit einer
solchen Wissenschaft ein. Zur Auflösung der zweiten Aporie
wird festgestellt, daß sich die gesuchte Wissenschaft auch den
Prinzipien des Beweisens annehmen muß. Dabei handelt es
sich um Prinzipien, die bei jedem Beweis vorausgesetzt werden müssen, deren Gültigkeit jedoch nicht in einem Beweis
demonstriert werden kann. Mit der Behandlung der sogenannten Axiome, des Satzes vom Widerspruch und des Satzes

vom ausgeschlossenen Dritten erfüllt der zweite Teil des Buches diese Anforderung definitiv. Im überlieferten Text folgt mit Buch Δ (*delta* = Buch V) eine Art von Begriffslexikon, das „über die vielfachen Bedeutungen" ausgesuchter philosophischer Begriffe handelt. Mit den übrigen Abhandlungen scheint es in nur loser Verbindung zu stehen.

Buch E (*epsilon* = Buch VI) knüpft zwar thematisch an die Bücher B und Γ an, steuert aber auch eine eigene thematische Bestimmung der „Ersten Philosophie" bei. Sie weicht von den Formulierungen aus Buch A und Γ signifikant ab und scheint den Bemerkungen in Γ 1 sogar zu widersprechen (vgl. Abschnitt 4 der Einleitung). Während die Physik nämlich das Selbständige, aber Veränderliche untersuche und die Mathematik zwar das Unveränderliche, aber unselbständig Existierende zum Gegenstand habe, soll „die Erste (Wissenschaft) über das Selbständige (*chôrista*) und Unveränderliche (*akinêta*)" (E 1, 1026a15 f.) handeln. Gemeint sind in diesem Zusammenhang göttliche, prozeßfreie Substanzen, so daß nach dieser Bestimmung die „Erste Philosophie" auf eine Form von Theologie hinausläuft.

In den übrigen Kapiteln von Buch E werden zwei Bedeutungen als Untersuchungsgegenstand der gesuchten Wissenschaft ausgeschieden: das nur im akzidentellen Sinn Seiende sowie das Seiende bzw. Nicht-Seiende im Sinne von „wahr" und „falsch seiend" (das Letztere wird freilich in Θ 10 nochmals aufgegriffen). Von den vier (in Δ 7) aufgelisteten Aussageweisen des Seienden bleiben daher noch zwei übrig: das Seiende an sich und das Seiende im Sinne von „möglich" und „wirklich seiend". Die Behandlung von letzterem erfolgt besonders in Buch Θ, das Seiende an sich ist insbesondere Gegenstand der Bücher Z und H.

In der überlieferten Anordnung folgen auf E die sogenannten „mittleren Bücher" oder „Substanzbücher": Z, H, Θ (*zêta, êta, thêta* = Buch VII bis IX). Sie bilden zusammen eine weitgehend selbständige Gruppe innerhalb der *Metaphysik* (siehe Abschnitt 3 der Einleitung). Buch Z enthält eine weitere Formulierung für das spezifische Thema einer „Ersten Philosophie", wonach diese der Betrachtung des vorrangig Seienden, der Substanz, gewidmet sein soll: „So ist denn auch die schon

lange und auch jetzt und immer wieder erhobene Frage sowie
der Gegenstand immer wieder auftretender Schwierigkeiten,
was das Seiende ist, gleichbedeutend mit der Frage, was die
Substanz (*ousia*) ist" (Z 1, 1028b2–4).

Buch I (*iôta* = Buch X) ist vor allem dem Begriff des Einen
bzw. Einheitlichen (*hen*) gewidmet, was sich durchaus in den
Kontext der *Metaphysik* fügt, da Aristoteles die Begriffe
„seiend" und „eines" als koextensional betrachtet (z. B. I 2,
1053b25). Buch K (*kappa* = Buch XI) scheint nicht von Aristoteles selbst zu stammen, denn es referiert (vielleicht als Nach-
schrift Aristotelischer Vorlesungen) lediglich Gesichtspunkte
der Bücher B, Γ, E sowie einzelne Kapitel aus der *Physik*.

Das Buch Λ (*lambda* = Buch XII) enthält die sogenannte
„Theologie" des Aristoteles. Es gipfelt in der Beschreibung
des göttlichen „unbewegten Bewegers", der selbst als imma-
teriell, als Vernunft (*nous*) und reine Wirklichkeit charakterisiert wird. Bevor die Erörterung aber zu diesem Punkt, zu einer ewigen, unveränderlichen, von den Sinnesdingen abge-
trennten (Λ 7, 1073a4 f.) und somit rein intelligiblen Substanz
gelangt, führt das Buch Λ ausführlich durch die untergeordneten Bereiche der sinnlich wahrnehmbaren und vergänglichen Substanzen und der sinnlich wahrnehmbaren und
unvergänglichen Substanzen. Es ist weitgehend anerkannt,
daß dieses Buch früher als die meisten anderen Teile der
Metaphysik verfaßt wurde.

Schließlich setzen sich die Bücher M und N (*my, ny* = Buch
XIII–XIV) – auch sie sind keineswegs in einem Zug verfaßt
worden – mit dem ontologischen Status mathematischer
Dinge auseinander. Vor allem werden die von Platon und seinen Nachfolgern in der Akademie vertretenen Konzeptionen
der Zahl sowie die platonisch-akademische Ideenlehre im allgemeinen kritisiert.

2. Wichtige Termini der Substanzabhandlung

In den Ausführungen zur Substanz (*ousia*) verwendet Aristoteles einige erläuterungsbedürftige Termini. Teils handelt es

sich dabei um ganz neu gebildete Termini, teils um gebräuchliche Ausdrücke, denen Aristoteles für diesen Zusammenhang eine bestimmte technische Bedeutung gibt:

ousia ist der Ausdruck für das, was in der Regel als „Substanz" bezeichnet wird. Es handelt sich um eine Wortbildung, die auf das Partizip zu „*einai* – sein" zurückgeht, wofür wir über keine wörtliche Entsprechung verfügen. Der entscheidende Nachteil der geläufigen Übersetzung „Substanz" ist, daß damit eine bestimmte Konzeption der *ousia* assoziiert wird, nämlich die der *Kategorien* (= *Cat.*, siehe Abschnitt 5), wonach das konkrete Einzelding als Träger wechselnder Eigenschaften die eigentliche Substanz ist. Diese Assoziation ist für eine unvoreingenommene Interpretation des *ousia*-Begriffs in der *Metaphysik* fernzuhalten. Andere Übersetzungen wie „Wesen", „Wesenheit", „Seiendheit" sind mit anderen, mindestens ebenso störenden Konnotationen verknüpft.

Der Ausdruck *ousia* wird bei Aristoteles auf zweierlei Weise konstruiert: In der einen Weise tritt er als konkretes Nomen auf, als welches es typischerweise auch den Plural (*ousiai*) annehmen kann (z. B. „zu den allgemein anerkannten *Substanzen* gehören die natürlichen Dinge ..."), in der anderen Weise fungiert *ousia* als sogenanntes „zweistelliges" Prädikat und meint die Substanz *von* einer Sache (*ousia tinos*). Gebraucht wird der Ausdruck *ousia* auch in anderen Werken des Aristoteles. Hierbei ist bemerkenswert, daß der Begriff insgesamt drei unterschiedlichen Typen von Entitäten beigelegt wird: (1.) konkreten Einzeldingen, wie Sokrates, einem bestimmten Pferd usw., (2.) den untersten Arten oder Spezies (infimae species), wie den Arten Mensch, Pferd usw., (3.) der Form einer Sache, wie der menschlichen Form des Sokrates.

eidos (Plural: *eidê*) bezeichnet bei Aristoteles sowohl die einer Gattung zugehörige Art oder Spezies als auch die Form einer Sache. Zwischen den beiden Bedeutungen besteht ein enger Zusammenhang, insofern mit der Form derjenige formale Aspekt einer Sache gemeint ist, den alle Angehörigen einer Spezies gemein haben – man spricht daher auch von einer „Artform".

hylê ist der von Aristoteles geprägte Ausdruck für das, was sich verhält wie das Erz zur ehernen Statue oder wie das Holz

zum Bett, also für das Material, aus dem ein Gegenstand besteht (sowohl „aus dem der Gegenstand ursprünglich entstanden ist" als auch „aus dem der Gegenstand zur Zeit besteht") und was von sich aus über keine Bestimmung verfügt,
sondern sich im Verhältnis zu etwas Bestimmtem als das jeweils Unbestimmte und Bestimmbare verhält.

synholon bezeichnet das aus *eidos* und *hylê* zusammengesetzte ganze Ding. Dabei ist umstritten, ob dieses zusammengesetzte Konkrete ohne weiteres mit dem beobachtbaren
Einzelding identifiziert werden darf (gegen die Identifikation: Frede/Patzig II 39, dafür: z. B. Bostock 75)

hypokeimenon meint wörtlich das Zugrundeliegende oder
Substrat und bezeichnet zunächst das Subjekt, dem verschiedene Prädikate zukommen, mithin auch den Träger verschiedener Eigenschaften als solchen. Insofern die Betonung auf
dem Wechsel der Prädikate oder Eigenschaften liegt, ist das
Subjekt, an dem sich dieser Wechsel vollzieht, zugleich das
Zugrundebleibende oder Persistierende, das, was sich im
Wechsel durchhält. In der *Metaphysik* sieht Aristoteles neben
der Subjektrolle noch eine zweite Weise des Zugrundeliegens
vor, nämlich die Art, wie die *hylê* der Wirklichkeit (*energeia*)
zugrunde liegt.

tode ti heißt entweder „dieses Etwas"/„dieses bestimmte
Etwas" usw., wobei *ti* eine Bestimmung wie „Mensch" vertritt
und das Demonstrativpronomen *tode* auf etwas derart Bestimmtes hinweist, oder es meint „ein Dieses" im Unterschied
etwa zu „ein so Beschaffenes" oder „ein so Großes", so daß
tode eine Bestimmung wie „Mensch" vertritt (siehe Beitrag
Nr. 3, Abschnitt III). Aristoteles kennzeichnet damit (1.) das
konkrete Individuelle im Unterschied zum Allgemeinen, (2.)
besonders aber das substantiale Subjekt im Unterschied zu
den ihm zukommenden Prädikaten, (3.) in der *Met.* auch die
Form (*eidos*) in der Kategorie der Substanz, wobei das *eidos* vor
allem wegen seiner Bestimmtheit als *tode ti* ausgezeichnet zu
werden scheint, und zwar sowohl im Unterschied zur (von
sich aus) unbestimmten *hylê* als auch im Unterschied zur Vag-
heit der allgemeineren Gattung (*genos*).

chôriston bezeichnet einen der Leitbegriffe für die Suche
nach der *ousia*. Ausgehend von der Bedeutung „abgetrennt",

meint der Ausdruck dasjenige, was ohne anderes sein kann und in diesem Sinne selbständig ist. Die Vorstellung der Selbständigkeit hat jedoch unterschiedliche Implikationen, je nachdem, worauf sie angewandt wird. Anders etwa als bei den wahrnehmbaren Einzelsubstanzen meint das Merkmal der Selbständigkeit bei der Anwendung auf das *eidos* nicht, daß es ein *hylê*-freies Vorkommen des *eidos* geben müßte, sondern hebt hervor, daß das *eidos* im Unterschied zur *hylê* von sich aus eine Bestimmtheit aufweist. Dagegen hebt dasselbe Merkmal beim unbewegten Beweger gerade auf das *hylê*-lose Vorkommen ab, während schließlich die – für Aristoteles inakzeptable – Anwendung der Selbständigkeit auf das Allgemeine oder die Ideen, die Vorstellung eines den wahrnehmbaren Einzelsubstanzen analogen Vorkommens zu implizieren scheint.

to ti ên einai ist sicherlich die auffälligste Wortbildung des Aristoteles. Wörtlich dürfte der Ausdruck etwa soviel meinen wie „das, was es für eine Sache heißt zu sein", womit Aristoteles das definierbare Wesen oder die Essenz einer Sache herausgreifen will. Auch wenn soviel feststeht, so ist doch die exakte Rekonstruktion des Ausdrucks Gegenstand von Kontroversen (für Näheres siehe Beitrag Nr. 3, Abschnitt I).

3. Die Bücher Z, H, Θ: Eine erste Übersicht

Die Bücher Z und H enthalten die Substanzabhandlung der *Metaphysik*. An anderen Stellen scheint sich Aristoteles auf diese Bücher wie auf eine eigenständige Abhandlung mit dem Titel „Von der *ousia*" (Θ 8, 1049b27 f.) oder „Von der *ousia* und dem Seienden" (I 2, 1053b17 f.) zu beziehen. Buch Θ schließt sich daran an, indem es das zum Ende von Buch H hin immer mehr in den Vordergrund rückende Begriffspaar *dynamis* und *energeia*, Vermögen und Wirklichkeit, eigens behandelt.

Buch Z stellt die Entfaltung einer im großen und ganzen einheitlichen Theorie der Substanz dar, wenngleich es im einzelnen oft nicht klar ist, in welcher Weise einzelne Abschnitte und Kapitel zum Fortgang des Gedankens beitragen. Die Annahme eines grundsätzlich kohärenten Gedankenganges schließt auch gar nicht aus, daß der Text mehrfach über-

arbeitet und dabei unter wechselnden Gesichtspunkten ab-
geändert oder ergänzt wurde. Für den Zusammenhang des
Buches leitend ist die Bemerkung in Kap. 3, von Substanz
spreche man vornehmlich in den folgenden vier Bedeutungen: *ti ên einai*, Allgemeines (*katholou*) und Gattung (*genos*) sowie Zugrundeliegendes (*hypokeimenon*) (1028b34 ff.). Kap. 3
behandelt das Zugrundeliegende, zumindest Kap. 4–6 behandeln das *ti ên einai*, die Kap. 10–11 vertiefen diese Fragestellung in einer bestimmten Hinsicht. Kap. 13–16 disku-
tieren die Rolle des Allgemeinen und mithin auch der (allgemeinen) Gattung. Das abschließende Kap. 17 stellt, indem es
die Rolle des *ti ên einai* als die eines Grundes bestimmt, einen
neuen Frageansatz dar.

Somit verbleiben die Kap. 7–9 und 12, die sich nicht ohne
weiteres in das Programm von Buch Z einfügen lassen und die
daher regelmäßig als spätere Einschübe gerechnet werden.
Die kurzen Zusammenfassungen, die Aristoteles in Z 11 und
H 1 gibt, lassen das Thema von Z 7–9 in der Tat unerwähnt,
dagegen finden sich in H 3 und Θ 8 offenbar Hinweise auf die
These von Z 7 und 8. Daraus könnte man schließen, daß Buch
Z zunächst ohne diese Kapitel verfaßt worden ist, daß später
diese Teile ergänzt wurden und sich die Hinweise aus H und
Θ auf diese erweiterte Version beziehen. Für die ursprüngliche Zugehörigkeit der Kap. 7–9 zum Buch Z dagegen argumentiert Beitrag Nr. 4 dieses Bandes. Ähnlich sind die
Diskussionen um Kap. 12: Einiges scheint zwar dafür zu
sprechen, daß es sich um einen Einschub handelt, vor allem
das Verhältnis zu E 6 wirft Fragen auf (siehe Beitrag Nr. 9),
andererseits gibt es gewichtige Anknüpfungspunkte zu den
nachfolgenden Kapiteln 13–16.

Der Anfang von Buch H markiert einen deutlichen Ein-
schnitt, auch wenn in den ersten Zeilen des Buches lediglich
von Schlußfolgerungen die Rede ist, die aus dem bereits Gesagten zu ziehen seien. Insoweit Buch H den sinnlich wahrnehmbaren Substanzen gewidmet sein soll, erscheint es als
bloße Anwendung der allgemeinen Substanzabhandlung in
Buch Z auf den Bereich des sinnlich Wahrnehmbaren. Andererseits ist es aber mehr als nur eine Anwendung, weil es das
Ergebnis von Buch Z, wie es sich in Kap. 17 darstellte, doch

noch einen Schritt voranbringt. Dagegen setzt Buch Θ unter
Verweis auf die vorausgegangenen Bücher ganz neu als eine
Abhandlung über *dynamis* und *energeia* an. Eine Anbindung
zur voranstehenden Diskussion ist aber gewährleistet, insofern Aristoteles am Ende von Buch H dem noch anstehenden
Erklärungsbedarf mit Verweis auf die Unterscheidung von
Vermögen/Möglichkeit und Wirklichkeit glaubte nachkom-
men zu können, so daß jede nähere Explikation des mit Buch
H erlangten Diskussionsstandes an eine Behandlung eben dieses Begriffspaares, insbesondere der Wirklichkeit (*energeia*)
verwiesen wird. Zur besseren Übersicht seien im folgenden
die Hauptpunkte der einzelnen Kapitel oder Kapitelgruppen
zusammengestellt:

In Anknüpfung an die Formel von den vielfachen Bedeutungen des Seienden weist Kapitel Z 1 die Substanz als das in
einem dreifachen Sinn (der Zeit, der Erkenntnis und der Definition nach) vorrangig Seiende aus, so daß die von den philosophischen Vorgängern gestellte Frage nach dem Seienden
als Frage nach der Substanz bzw. *ousia* reformuliert werden
kann (siehe Beitrag Nr. 1). Z 2 stellt die „endoxischen", die allgemein anerkannten, Substanzen vor, zu denen vor allem die
Körper und infolgedessen die Lebewesen, Pflanzen, natürlichen Körper (Feuer, Erde, Wasser, Luft), Himmelskörper
und die Teile davon zählen, sowie einige philosophische An-
sichten über die Substanz. Nach der Nennung der vier zu
behandelnden Bedeutungen von Substanz (*ti ên einai*, Allgemeines, Gattung und Zugrundeliegendes) wendet sich Kapitel Z 3 der Behandlung des Zugrundeliegenden (*hypokeimenon*) zu; es ist zu prüfen, ob das *eidos*, die *hylê* oder das daraus
Zusammengesetzte in diesem Sinn Substanz sein kann. Am
ehesten scheint die *hylê* Zugrundeliegendes zu sein, doch ist
sie an sich durch nichts von dem bestimmt, „wodurch das
Seiende bestimmt ist". Dagegen müßte es der Substanz
zukommen, selbständig (*chôriston*) und ein Dieses (*tode ti*) zu
sein (siehe Beitrag Nr. 2).

Die folgenden Kapitel Z 4–6 sind dem *ti ên einai* als der Substanz einer jeden Sache gewidmet; Kapitel 4 bestimmt das
ti ên einai als das, was eine Sache an sich (*kath' hauto*) ist und
präzisiert den hier relevanten Sinn des An-sich-seins (siehe

Beitrag Nr. 3). Von akzidentellen Zusammensetzungen wie
„weißer Mann" kann es keine definierbare Essenz im Sinne
des *ti ên einai* geben sowie überhaupt von nichts, bei dem eines
von etwas anderem ausgesagt wird, sondern nur von einem
„Ersten", also von einer Spezies (oder den darunter fallenden
Gegenständen, insoweit sie die Spezies exemplifizieren). Z 5
untersucht, ob zusammengesetzte Terme (*syndedyasmena*) wie
„Stupsnasigkeit" (aus der Nase und einer bestimmten Wöl-
bung zusammengesetzt) überhaupt ein *ti ên einai* haben oder
ob sie nur durch Hinzusetzungen, wie sie in Kap. 4 ausgeschlossen wurden, definiert werden können. Darauf wird in Z
6 die Frage diskutiert, ob eine jede Sache (ein jedes *eidos* oder
ein jedes Einzelding?) mit ihrem *ti ên einai* identisch sei. Die
Frage wird bejaht für Substanzen, aber verneint für akzidentelle Zusammensetzungen wie „weißer Mann". Wäre das *ti ên
einai* getrennt (*apolelymenon*) von der Sache, deren *ti ên einai*
es ist, dann wäre das eine erkennbar, aber nicht wirklich, das
andere wirklich, aber nicht erkennbar.

Die Kapitel Z 7–9 betrachten die Rolle von *eidos*, *hylê* und
dem daraus Zusammengesetzten (*synholon*) im Prozeß des
Werdens oder Entstehens. Dazu werden zunächst verschiedene, am Entstehungsprozeß beteiligte Momente unterschieden, wie erstens das, woraus etwas wird, zweitens das,
wozu etwas wird, und drittens das, was eine Entstehung verursacht. Die Argumentation läuft insgesamt auf die Thesen
hinaus, (1.) daß bei einem Entstehungsprozeß nur das aus *eidos* und *hylê* zusammengesetzte Konkrete entsteht, nicht aber
die Form, die ein solches bei der Entstehung annimmt, (2.)
daß eine solche Form, obschon sie selbst unentstanden ist,
nicht – wie die platonisch-akademischen Ideen – neben den
Einzeldingen, deren Form sie ist, vorkommt, (3.) daß die Entstehung bei Natürlichem immer von Exemplaren desselben
eidos („Ein Mensch zeugt einen Menschen") bewirkt wird
bzw. daß die Entstehung in einem gewissen Sinn immer, also
auch bei Künstlichem, aus Namensgleichem erfolgt (siehe
Beitrag Nr. 4).

Z 10 diskutiert die Frage, ob die Teile einer Sache in ihrer
Wesensdefinition erwähnt werden müssen. Die Frage wird
bejaht für Teile der Form und wird verneint für materielle Be-

standteile. Daran knüpft Kapitel 11 mit der Bemerkung an, daß bisweilen Zweifel darüber bestehen, welche Teile der Form und welche Teile dem Zusammengesetzten zuzurechnen sind (siehe Beitrag Nr. 5). Nach abwägender Behandlung dieses Problems gelangt das Kapitel zu der Zwischenbilanz, Substanz sei das „darinbefindliche" (*enon*) *eidos*, und das, was sich daraus in Verbindung mit der *hylê* zusammensetzt, werde konkrete (*synholon*) Substanz genannt.

Kap. Z 12 untersucht, wie das durch eine dihairetische Definition zu Definierende eines sein kann, da doch solche Definitionen aus mehrerem, nämlich aus Gattung (genus proximum, z. B. „Lebewesen") und dem spezifischen Unterschied (differentia specifica; z. B. „zweibeinig"), zusammengesetzt sind (siehe Beitrag Nr. 9). Z 13 begründet in einer insgesamt nur schwer nachvollziehbaren Argumentation die Auffassung, daß das Allgemeine und mithin die (allgemeinen) Gattungen nicht Substanz sein können. Daran schließen die Kap. Z 14–16 an, die das Ergebnis von Z 13 vor allem für die Kritik platonisch-akademischer Standpunkte, aber auch für Kritik bestimmter endoxischer (von der Allgemeinheit akzeptierter) Substanzen fruchtbar machen (siehe Beitrag Nr. 6).

In Z 17 wird das *ti ên einai* bzw. das *eidos* als Grund oder Ursache (*aition*) für das Sein und das Eins-sein einer jeden Sache ausgewiesen (siehe Beitrag Nr. 7). Dieser Aspekt, daß Substanz auch den Charakter eines Grundes oder Prinzips haben müsse, war zwar in Kap. 3 nicht unter den Bedeutungen der *ousia* angeführt, ergab sich aber, weil sich das Allgemeine, das man um seines vermeintlichen Prinzipiencharakters willen unter den Kandidaten für die Rolle der *ousia* führte, in Kap. 13–16 als untauglich erwiesen hatte.

Buch H sieht seine Aufgabe im 1. Kapitel zwar nur darin, das Gesagte zusammenzufassen und daraus die entscheidenden Folgerungen zu ziehen. Die Zusammenfassung von Buch Z, die an dieser Stelle gegeben wird, enthält allerdings bemerkenswerte Neuakzentierungen (siehe Beitrag Nr. 8). Vor allem scheint das zusammengesetzte Konkrete (*synholon*) aufgewertet zu werden, insoweit ihm allein die uneingeschränkte Selbständigkeit zugesprochen und die Selbständigkeit des *eidos*, das sich in Z als erste Substanz erwiesen hatte, als eine

Selbständigkeit „der Definition nach" qualifiziert wird. Die
für H angekündigte Untersuchung der allgemein anerkannten, sinnlich wahrnehmbaren Substanzen, muß nach dem
deutlichen, die Form auszeichnenden Ergebnis von Z insbesondere in der Aufgabe bestehen, die wahrnehmbaren Einzelsubstanzen an die Theorie von Z heranzuführen, d. h., die
Art und Weise zu präzisieren, wie sie durch das substantiale
eidos nicht der Unbestimmtheit und Unfaßbarkeit des bloß
Materiellen und Vereinzelten ausgesetzt sind.

Im einzelnen ist der spezifische Beitrag der folgenden Kapitel H 2–5 zu einem so oder ähnlich zu umreißenden Er-
klärungsziel nicht ohne weiteres auszumachen. Nachdem in
H 1 der Anspruch der *hylê* bekräftigt wurde, aufgrund ihrer
Rolle im substantialen Wechsel wenigstens substrathafte
Substanz zu sein, wird in H 2 die *hylê* als nur potentielle (*dynamei*) Substanz der Sinnesdinge eingestuft, welcher eine
Substanz der Sinnesdinge im Sinne der Wirklichkeit gegen-
übersteht. Letztere werden in diesem Kapitel als die formalen Unterschiede charakterisiert, die die Ursache für das Sein
der betreffenden Dinge sind, so wie das Sein einer Schwelle
in einer bestimmten Position des Holzes besteht. So besteht
die Wirklichkeit bei verschiedenen Dingen in unterschiedlichen Gattungen des formalen Unterschieds, wie etwa in der
Zusammensetzung, der Position usw., und mit bestimmten
Stoffen sind bestimmte Typen der Wirklichkeit verknüpft.
Sinnesdinge können daher nur dem Stoff nach, der Form
nach oder als Zusammengesetztes definiert werden. Entsprechend untersucht H 3, ob ein Ausdruck wie „Haus" das zusammengesetzte Haus oder nur die Form oder Wirklichkeit
bezeichnet. Der Ausdruck bezeichnet beides, was aber im
Falle sinnlich wahrnehmbarer Substanzen nichts austrägt,
weil das *ti ên einai* gerade der Form oder Wirklichkeit zukommt. H 4 führt die Vorstellung ein, daß es für jedes einzelne
eine eigentümliche (*oikeia*) *hylê* geben müsse, H 5 behandelt
die *hylê* einer jeden Sache im Verhältnis zu den Gegenteilen
sowie ihre Rolle beim Vergehen.

In H 6 stellt sich Aristoteles die Frage nach der Einheit der
zusammengesetzten Einzelsubstanzen, worin man den Ziel-
punkt der für Buch H gestellten Aufgabe sehen kann. Er hält

diese Frage nur für beantwortbar, indem er zwischen Stoff und Form unterscheidet, so daß das eine der Möglichkeit, das andere der Wirklichkeit nach ist: Die letzte Materie (*eschatê hylê*) sei das der Potentialität nach, was die Form der Wirklichkeit nach ist (siehe Beitrag Nr. 9).

Die Abhandlung über Vermögen (*dynamis*) und Wirklichkeit (*energeia*) in Buch Θ zerfällt in zwei Teile, Kap. 1–5 behandeln das Vermögen (siehe Beitrag Nr. 10), Kap. 6–9 die Verwirklichung (siehe Beitrag Nr. 11), während Kap. 10, das über das Seiende bzw. Nicht-Seiende im Sinne von Wahr- und Falsch-Sein handelt, im Grunde eine neue, eigenständige Abhandlung darstellt. Nachdem Θ 1 auf die verschiedenen Bedeutungen des Vermögens und auf die Bestimmung des Vermögens als „Prinzip der Veränderung in einem anderen oder in einem Ding selbst, aber insofern es als ein anderes betrachtet wird", eingegangen war, unterscheidet Aristoteles in Θ 2 zwischen vernünftigem und unvernünftigem Vermögen. Θ 3 enthält die Auseinandersetzung mit der These der Megariker, daß etwas nicht vermögend sei, wenn es nicht verwirklicht ist. In Ablehnung des megarischen Möglichkeitsbegriffes definiert Aristoteles das Vermögende (*dynaton*) als das, „wofür sich nichts Unmögliches ergibt, wenn die Wirklichkeit von dem eintritt, wovon man sagt, daß es das entsprechende Vermögen habe". Das folgende Kapitel 4 diskutiert die Frage, ob man von einer Sache zugleich sagen kann, sie sei möglich bzw. vermögend zu sein und sie werde nicht sein. Θ 5 unterscheidet zwischen angeborenen und durch Übung erworbenen Vermögen und diskutiert die Rolle von Streben und Entscheidung.

Nach Θ 6 ist Wirklichkeit das, was sich verhält wie das Bauende zur Baukunst oder das Wachende zum Schlafenden. Aristoteles unterscheidet zwischen der mit einer Grenze versehenen Bewegung (*kinêsis*) und der Wirklichkeit als vollendeter Handlung: jene ist auf ein Ziel gerichtet, wie das Bauen auf das Haus, diese enthält ihr Ziel in sich, so wie der, der sieht, immer schon gesehen hat, oder der, der gut lebt, auch immer schon gut gelebt hat, so daß die Handlung nicht eines externen Zieles als Abschluß bedarf. Θ 7 diskutiert, wann etwas das Vermögen hat, etwas anderes zu sein, denn etwa von

dem Element Erde kann man noch nicht (wie vom Samen)
sagen, daß es dem Vermögen nach ein Mensch sei. Θ 8 und
Θ 9 verteidigen schließlich die Vorrangigkeit der Wirklichkeit vor dem Vermögen.

4. Die Einheit der *Metaphysik*

Zu den klassischen Problemen bei der Deutung der Aristotelischen *Metaphysik* gehört die Frage nach einem möglichen
Zusammenhang der verschiedenen Bücher. Nachdem in den
letzten Jahrzehnten versucht wurde, das Aristotelische Konzept einer allgemeinen Seinswissenschaft mit semantischen
Mitteln zu erneuern[2], gewinnt die Frage wieder an Bedeutung, ob bei Aristoteles diese Wissenschaft vom Seienden als
Seienden von der (sachlich scheinbar weniger attraktiven)
Theologie ablösbar ist oder dieser als eines sachlichen Ab-
schlusses bedarf. Dieses Problem wird vorwiegend mit Blick
auf E 1 diskutiert, wo Aristoteles göttliche, prozeßfreie Substanzen als Untersuchungsgegenstand der *Metaphysik* bezeichnet. Weil damit eine Einschränkung auf einen bestimmten Bereich des Seienden („Metaphysica specialis") gegeben
wird, zeichnet sich ein Widerspruch zur Konzeption einer allgemeinen Seinswissenschaft aus Buch Γ („Metaphysica gene-
ralis") ab, die sich ja gerade dadurch auszeichnet, daß sie keiner regionalen Einschränkung unterliegt (vgl. Brinkmann
1979).
  Man hat erwogen, ob die Bemerkungen in E 1 nur „Rand-
glossen eines Unberufenen" sind, die dem Text im Zuge einer
nachträglichen, vom Neuplatonismus herrührenden „Theo-
logisierung" der Aristotelischen *Metaphysik* beigefügt wurden
(Natorp 1887, 53 und 63), oder ob es sich dabei um eine frühe,

---

2 Vgl. etwa E. Tugendhat, Vorlesung zur Einführung in die sprachanalytische
Philosophie, Frankfurt a M. 1976, M. Loux, Substance and Attribute, Dordrecht 1978, D. Wiggins, Sameness and Substance, Oxford 1980; ferner:
M.-Th. Liske 1985, Teil I, J. Hoffman/G. S. Rosenkrantz, Substance among
other Categories, Cambridge 1994, Ch. Rapp, Identität, Persistenz und Substantialität, Freiburg/München 1995.

dem Lehrer Platon verpflichtete Konzeption handelt, die Aristoteles später durch die unplatonische Seinslehre der Bücher Z, H, Θ ersetzte (Jaeger 1923). Andere argumentierten, daß die Formel „das Seiende als Seiendes" (*on hêi on*) bereits das Sein im eminenten Sinn und so das göttlich Seiende herausgreife (Merlan 1953 und 1979 bzw. 1957, ähnlich J. Owens 1951). Aristoteles spricht jedoch in E 1 den Unterschied von spezieller und allgemeiner Metaphysik offen an (1026a23 ff.); daher scheint es, als sehe er selbst gar keinen Widerspruch zwischen allgemeiner Seinswissenschaft und Theologie (vgl. dazu Patzig 1960/61 und Frede 1987b), vielleicht weil die göttliche Substanz selbst ein Seiendes unter anderem ist, dabei aber als einheitlicher Bezugspunkt für jegliches Seiende von so herausragender Bedeutung ist, daß die Auseinandersetzung mit ihm als unmittelbarer Beitrag zur universalen Seinswissenschaft verstanden werden muß. Das Muster für ein solches Verhältnis bei Aristoteles könnte die sogenannte „Pros-hen-Relation" (also die Hinordnung auf eine fokale Bedeutung, vgl. Owen 1960) bieten, bei der verschiedene Bedeutungen oder Erscheinungsweisen eines Wortes oder einer Sache – hier: das auf vielfache Weise Seiende – als auf eine bevorzugte und maßgebliche Bedeutung oder Entität – hier: die göttliche, selbständige und unveränderliche Substanz – ausgerichtet erscheinen.

Weil Querverweise zwischen den verschiedenen Büchern durchaus auch im Zuge einer späteren Zusammenstellung – durch Aristoteles oder sonst jemanden – eingefügt sein können, sind sie für die Frage nach der Einheit oft nicht weiter aufschlußreich. Schwerer jedoch wiegt für das Verständnis der Aristotelischen *Metaphysik* eine Gruppe von Verweisen (Z 2, 1028b28–32, Z 17, 1041a7–9 u. a.), durch welche die Erörterung der sinnlich wahrnehmbaren Substanzen, wie sie in den Büchern Z und H tatsächlich erfolgt, nur als Vorstufe zu einer noch ausstehenden Behandlung der ewigen, unveränderlichen und nicht-wahrnehmbaren Substanzen eingestuft werden. Entsprechende Hinweise in Z 11 und H 1 (1037a10–17 und 1042a22 ff.) schließen in diese Ankündigung eigens die Zahlen und die mathematischen Dinge mit ein; dennoch können damit kaum die Bücher M und N gemeint sein, die in der Hauptsache nur eine Kritik der akademischen Vorstellungen enthalten. Für die wiederholt angekündigte Behandlung der ewigen und nicht-wahrnehmbaren Substanzen kommt daher nur Buch Λ in Frage. In der Tat enthält Buch Λ eine Theorie nicht-wahrnehmbarer Substanzen (vgl. Beitrag Nr. 11 dieses Bandes); daß jedoch *dieses* Buch die Umsetzung der in den Substanzbüchern angekündigten positiven Theorie der ewigen, nicht-wahrnehmbaren Substanzen darstellt, darf bezweifelt werden (vgl. Frede/Patzig I 23), zumal die ersten Kapitel von Buch Λ selbst zunächst die sinnlich wahrnehmbaren Substanzen behandeln. Das Buch erscheint daher eher als früher Abriß der gesamten – sinnlich wahrnehmbare und nicht-wahrnehmbare Substanzen umfassenden – Substanzlehre und nicht als Abschluß des in Z, H, Θ begonnenen und weitaus differenzierter angelegten Projekts. Man muß also zumindest damit rechnen, daß uns die von Aristoteles angekündigte Theorie der nicht-wahrnehmbaren Substanzen gar nicht vorliegt und daß Buch Λ an dieser Stelle nur eingefügt wurde, um wenigstens irgendeine – wenn schon nicht die endgültige – Bearbeitung der angekündigten Problematik aufweisen zu können.[3]

5. Eine frühe Theorie der Substanz (*Cat.*)

Einen knappen Abriß des Substanzbegriffs gibt Aristoteles schon in einer kleinen Schrift, die sehr wahrscheinlich einige Zeit vor den Substanzbüchern der *Metaphysik* entstanden ist, in den sogenannten *Kategorien* (*Cat.*). Was er dort sagt, weicht erheblich von den Ausführen in *Met.* Z, H, Θ ab, weswegen eine Zeitlang sogar über die Echtheit dieser Schrift debattiert wurde.[4] Andererseits gibt es wichtige Kontinuitäten zwischen

---

3 Zur Einheit der Metaphysik vgl. außerdem Reale ⁶1994; Inciarte 1994 versucht, die Einheitsproblematik anhand von Aristoteles' Behandlung des Satzes vom Widerspruch zu lösen.
4 Zur Geschichte dieser Diskussion vgl. Krämer 1973, 122–24. Unter neueren Autoren ist die Authenzität von *Cat.* so gut wie unumstritten, die Ausnahme ist H. Schmitz 1985.

beiden Abhandlungen, so daß sich die *ousia*-Konzeption der *Met.* als eine kritische Weiterentwicklung des in *Cat.* noch undifferenzierten Ansatzes verstehen läßt: sei es, daß Aristoteles später einzelne Momente der in *Cat.* vertretenen Theorie verworfen oder modifiziert hat, oder sei es, daß die Abweichungen allein auf eine veränderte Fragestellung zurückzuführen sind (siehe dazu auch Beitrag Nr. 2).

Aristoteles spricht in den *Kategorien* von einer ersten und von einer zweiten Substanz (*ousia*). Erste Substanz, sagt Aristoteles, sei dasjenige, was weder von einem Zugrundeliegenden oder Substrat (*hypokeimenon*) ausgesagt wird noch in einem Substrat ist, wie z. B. ein einzelner Mensch oder ein einzelnes Pferd; zweite Substanz sei die Art (*eidos*), worin sich die ersten Substanzen befinden, wie z. B. die Art „Mensch" oder die Art „Pferd", und in einem schwächeren Sinn auch die jeweilige Gattung, wie z. B. „Lebewesen" (vgl. *Cat.* 5, 2a11–17). Erste und zweite Substanz sind vom Bereich des Nicht-Substantialen dadurch unterschieden, daß sie, wie Aristoteles sagt, nicht *in* einem anderen sind, d. h., daß die nichtsubstantialen Bestimmungen, wie z. B. „weißhaarig", „fünf Ellen groß" usw. einer Substanz bedürfen, in der sie vorkommen können, etwa eines bestimmten Menschen, der weißhaarig oder fünf Ellen groß ist, daß aber die Substanz für ihr Vorkommen keiner anderen Sache bedarf. Innerhalb des Paares von erster und zweiter Substanz rührt die Vorrangstellung der ersten Substanz daher, daß die zweite Substanz von dieser, diese aber nicht von der zweiten Substanz ausgesagt wird, so wie das Artprädikat „Mensch" vom einzelnen Menschen, etwa Sokrates ausgesagt wird, aber nicht umgekehrt. Nur die erste Substanz wird also weder von einem anderen ausgesagt noch ist sie in einem anderen. Die zweite Substanz ist zwar ebenfalls nicht *in* einem anderen, aber sie wird von einem anderen ausgesagt, nämlich von der jeweiligen ersten Substanz. Aristoteles operiert hier also mit zwei verschiedenartigen Formen der Abhängigkeit. Die Sonderstellung der ersten Substanz beruht darauf, daß sie in beiderlei Hinsicht unabhängig ist.

Nun lassen sich sowohl ein nicht-substantiales Merkmal wie „weißhaarig" als auch eine zweite Substanz wie das Artprädikat „Mensch" im syntaktischen Sinn von der ersten Substanz aussagen: Man kann von einem bestimmten Menschen, etwa Sokrates, ebenso sagen, er sei weißhaarig und er sei ein Mensch. Weil sich Aristoteles daher für seine Unterscheidung nicht auf den syntaktischen Sinn des Ausgesagtwerdens allein berufen kann, führt er einen Test ein, welcher das Ausgesagtwerden im Sinne des Verhältnisses, das allein zwischen zweiter und erster Substanz besteht, von dem In-anderem-sein der nicht-substantialen Prädikate abgrenzt: Die zweite Substanz könne von der ersten auch der Definition nach ausgesagt werden, während ein nicht-substantiales Merkmal wie „weißhaarig" nur der Bezeichnung, nicht aber der Definition nach von der ersten Substanz prädiziert werden kann (*Cat.* 5, 2a19–27). So kann man „Mensch" auch der Definition nach von Sokrates prädizieren – wenn die Definition von „Mensch" nämlich „vernünftiges Lebewesen" ist, dann kann man sagen, daß Sokrates ein vernünftiges Lebewesen sei –, das gilt aber nicht für „weißhaarig", denn auch wenn Sokrates weißhaarig ist, *ist* Sokrates nicht eine helle Färbung der Haare.

Daß die Substanz nichts sein kann, was nur in anderem vorkommt und deshalb ein „Sein" nur hat, insofern es Eigenschaft von anderem ist, gilt grundsätzlich auch für die *Metaphysik*. Auch die in *Cat.* formulierte Anforderung, daß die Substanz dasjenige sein müsse, von dem das andere ausgesagt wird, was aber nicht selbst von anderem ausgesagt werden kann, wird in *Met.* ausdrücklich wiederholt. Weil dort allerdings die Form als erste Substanz (*prôtê ousia*) bezeichnet wird (und die Form von der Materie ausgesagt wird), muß entweder von einem gegenüber *Cat.* modifizierten oder erweiterten Gebrauch dieses Kriteriums ausgegangen werden, oder man muß die Form selbst als Zugrundeliegendes für die Widerfahrnisse des Konkreten ansehen. Der deutlichste Unterschied zwischen beiden Schriften liegt darin, daß Aristoteles in *Met.* nicht mehr zwischen „erster" und „zweiter" Substanz unterscheidet; nur an einigen Stellen spricht er von einer „ersten Substanz", jetzt aber im Hinblick auf das *eidos* im Sinne der *Artform*. Es wird also die erste Substanz der *Cat.*, das konkrete Einzelding, in die beiden Aspekte Form und Materie zerlegt, so daß die Auszeichnung als „erste Substanz" genau einem dieser Aspekte zugesprochen werden kann. Die Gattung, von der Aristoteles in *Cat.* noch sagt, sie gehöre – wenn auch in geringerem Maße als die Spezies – zur zweiten Substanz, wird in *Met.* definitiv vom Bereich der Substanz ausgeschlossen, weil kein Allgemeines, wie Aristoteles jetzt sagt, Substanz sein könne.

6. Die *ousia*-Konzeption der *Metaphysik*

Die Erörterung in den mittleren Büchern Z und H der *Metaphysik* wirft deshalb besondere Verständnisschwierigkeiten auf, weil sie zugleich verschiedenen Anforderungen gerecht zu werden versucht. Auf der einen Seite verweist der Aspekt der selbständigen Existenz sowie das Kriterium, Subjekt (*hypokeimenon*) für alles andere, aber nicht selbst in einem Subjekt zu sein, in die Richtung der konkreten Einzeldinge (und damit in die Richtung der *Cat.*-Theorie), auf der anderen Seite ist für Aristoteles in der *Metaphysik* klar, daß die vergänglichen Einzelsubstanzen ihr So-und-so-bestimmt-sein sowie ihre Erkennbarkeit dem formalen und überindividuellen Aspekt an ihnen, ihrem *eidos*, verdanken und deshalb nicht selbst als Seins- und Erklärungsgrund alles Seienden, als *prôtê ousia*, angesehen werden können. So betrachtet, scheint nur das *eidos* für die Rolle der *prôtê ousia* in Frage zu kommen, doch geht diesem wiederum die uneingeschränkte Selbständigkeit ab, weil es nicht (wie die Platonischen Ideen) neben den konkreten Einzeldingen vorkommen soll, sondern immer nur als deren Wirklichkeit auftritt. Vor diesem Hintergrund wurde erwogen, ob diese gegensätzlichen Anforderungen an die *ousia* überhaupt in einer kohärenten Theorie erfüllt werden können oder ob sie zusammen zu einem unauflösbaren Dilemma oder Widerspruch führen (z. B. Lesher 1971, Steinfath 1991) oder nur im Bereich übersinnlicher, göttlicher Substanzen einlösbar sind (z. B. Bostock 186). Andere Interpreten zogen den Schluß, daß es Aristoteles in der Substanzabhandlung gar nicht um eine bestimmte Theorie, sondern vielmehr um die Herausstellung bestimmter Aporien oder

Fragen geht (v. a. Aubenque 1962, neuerdings: Sonderegger 1993).

Unter den Interpreten, die annehmen, daß die aufgestellten Anforderungen in einer – mehr oder weniger – konsistenten Theorie erfüllt werden können, lassen sich schematisch drei Positionen unterscheiden.[5]

Die erste dieser Positionen ist dadurch charakterisiert, daß sie im Grunde an der *Cat.*-Theorie, nämlich an einer Ontologie der konkreten Einzeldinge bei gleichzeitiger Hervorhebung des Artprädikats (der zweiten Substanz der *Cat.*), festhält. Bei dieser Erklärungsweise wird die Erwartung, die volle Selbständigkeit und die höchste Erkennbarkeit könnten in ein und demselben Kandidaten zusammenfallen, zugunsten eines zweiteiligen Modells aufgegeben. Darin erfüllen die Einzelsubstanzen die Selbständigkeitsforderung, während das *eidos* als Substanzprädikat die allgemeine Strukturierung sowie die Identitätsbedingungen der betreffenden Einzelsubstanzen beiträgt und so den eigentlichen Definitionsgegenstand abgibt. Gegenüber der Platonischen *eidos*- bzw. Ideen-Konzeption wäre damit ein Allgemeines beschrieben, das nicht neben den Einzeldingen besteht, sondern dessen Rolle als Substanzprädikat genau darin liegt, die wiederkehrende Struktur am Einzelnen hervorzuheben und es somit erst als wohlgeformte und identifizierbare Einzelsubstanz auszuzeichnen. Als Beispiele für diese Interpretationsrichtung können die Arbeiten von Leszl (1970 und 1975) sowie die außerordentlich einflußreichen Aufsätze von Owen (hierzu besonders 1978/79) genannt werden, wenngleich die allgemeine Tendenz, die eigentliche Realität im Einzelnen und die Definierbarkeit im *eidos* festzumachen, einer Vielzahl von Interpretationen zugrunde liegt.

---

5 Zur Unterscheidung, Darstellung und Kritik der drei Positionen vgl. Steinfath 1991. Die Arbeit enthält eine außerordentlich nützliche Diskussion der bis zum Ende der achtziger Jahre erschienen Forschungsliteratur. Wichtige Titel, die in Steinfath 1991 nicht mehr berücksichtigt sind: Gill 1989, Witt 1989, Lewis 1991, Louz 1991, Bostock 1994, ferner die Sammelbände: Devereux/Pellegrin (Hrsg.) 1990, Preus/Anton (Hrsg.) 1992, Scaltsas/Charles/Gill (Hrsg.) 1994.

Eine zweite, der Auffassung Platons am nächsten kommende, Position läßt sich dadurch gewinnen, daß man die Einzeldingontologie der *Cat.* ganz negiert und die vollständige Realität dem *eidos* als dem untersten Allgemeinen zuspricht. Insofern das so verstandene *eidos* alle Bestimmtheit und Selbständigkeit in sich enthält und zugleich den Grund für die Vielheit der Einzeldinge darstellt, steht den untersten Arten keine davon unabhängige und eigenständige Realität, sondern lediglich die als nur potentiell verstandene Materie (*hylê*) gegenüber. Zugleich wird das *eidos* als unterste Art von dem höheren und deshalb unbestimmten Allgemeinen abgegrenzt. Dieser Ansatz wurde etwa von Viertel (1982) und Schmitz (1985) entfaltet. Krämer (1973) argumentiert, daß eine solche Auszeichnung des untersten Allgemeinen (im Unterschied zur größtmöglichen Universalität der Prinzipien bei Platon) das Ergebnis einer durch die Platon-Nachfolger Speusipp und Xenokrates initiierten Entwicklung sei, so daß der eigentlich originelle Beitrag des Aristoteles nur in der Unterscheidung von Wirklichkeit und Vermögen (*energeia/dynamis*) liege. Der Gedanke, daß die Artform, obschon mehreren Einzeldingen gemeinsam, nicht zum Allgemeinen gehört, spielt auch in der mittelalterlichen Aristoteles-Deutung eine Rolle; so kann sich etwa Owens (1963) für die Auffassung, die substantiale Artform sei weder allgemein noch individuell, sondern ein Gemeinsames („commune"), auf Thomas von Aquin berufen.

Ein dritte Position schließlich hält – im Unterschied zur erstgenannten – daran fest, daß die unterschiedlichen Anforderungen an die Substanz von ein und demselben Kandidaten eingelöst werden können. Doch komme dafür überhaupt kein Allgemeines – auch nicht das unterste Allgemeine – in Frage, sondern nur ein individuelles *eidos*. Das *eidos* als individuelle Form ist „das, was der Gegenstand eigentlich und letztlich ist. Wenn der Gegenstand Träger der Widerfahrnisse ist, der Gegenstand aber eigentlich die Form ist, dann ist letztlich, wenn auch auf diese vermittelte Weise, die Form das, was den Widerfahrnissen zugrunde liegt" (Frede/Patzig I 40). Auf diese Weise kann die erste Substanz, das *eidos*, zugleich Zugrundeliegendes und als Definitionsgegenstand das eigentlich Er-

kennbare und Definierbare sein. In der neueren Debatte
wurde dieser Interpretationsansatz zuerst von Sellars (1957)
und Albritton (1957) erwogen und später u. a. von Lloyd
(1981), Frede (1987a), vor allem aber in dem Kommentar von
Frede/Patzig systematisch entfaltet.

7. Zum vorliegenden Band

Die Beiträge dieses Bandes sind den thematischen Haupt-
blöcken von *Metaphysik* Z, H, Θ zugeordnet und behandeln
die zentralen Begriffe oder Probleme der jeweiligen Kapitel.
Die verschiedenen Abhandlungen sind weder einer bestimmten philosophischen Schule oder Methode noch einer einheitlichen Interpretationshypothese verpflichtet. Im Zusammenhang gelesen ergeben sie eine Art kooperativer Kommentierung der „Substanzbücher". Dieses Verfahren kann
nicht einen fortlaufenden Gesamtkommentar ersetzen, es
bietet jedoch Gelegenheit, den Aristotelischen Begriff der
ousia erstens von unterschiedlichen Standpunkten aus zu
beleuchten, und zweitens die unterschiedlichen Anläufe zur
Bestimmung dieses Begriffs, die Aristoteles selbst in diesen
Büchern unternimmt, einzeln zu würdigen und ihren jeweils
besonderen Beitrag zum Verständnis des Ganzen stark zu
machen. Dies scheint gerade in Anbetracht der Erfahrung
sinnvoll, daß im Falle der „Substanzbücher" die systematisie-
renden Interpretationsansätze in der Regel auf einzelne
Kapitel besser passen als auf andere und die weniger passen-
den Abschnitte dann tendenziell der Einheit des Interpreta-
tionsansatzes zum Opfer fallen.
   Der Universitätsbund der Universität Tübingen ermög-
lichte eine Tagung zur Interpretation der Aristotelischen
Substanzlehre vom 28. bis 30. September 1995 in Blaubeu-
ren, auf der unter anderem einige der hier abgedruckten
Beiträge im Kreis von Fachkollegen vorgestellt und debattiert
werden konnten. Den Teilnehmern dieser Tagung möchte
ich hier danken. Vor allem danke ich der Autorin und den
Autoren dieses Bandes für den kooperativen Stil ihrer Mit-
wirkung. Dem Herausgeber der Reihe „Klassiker Auslegen",

Prof. Dr. Otfried Höffe, und dem zuständigen Lektor beim Akademie-Verlag, Herrn Thomas Egel, danke ich für ihre Unterstützung beim Zustandekommen dieses Bandes.

Tübingen, im Januar 1996   Christof Rapp

1

Christof Rapp

Substanz als vorrangig Seiendes (Z 1)

Die Aufgabe des ersten Kapitels von Buch Z besteht darin, von der Frage nach dem Seienden (*to on*) oder dem Seienden als solchem zu der Behandlung der Substanz (*ousia*)[1], die Thema der folgenden Bücher sein wird, überzuleiten.

Das Kapitel beginnt mit dem in der *Metaphysik* geläufigen Hinweis, daß das Seiende auf vielfache Weise ausgesagt werde: Einerseits nämlich meine es das Was-es-ist (*ti esti*) und ein Dieses (*tode ti*), andererseits das Wieviel, das Wie-groß und die übrigen Kategorien (1028a10–13). Im Hauptteil des Kapitels (a13–31) wird für die These argumentiert, daß unter den vielen Aussageweisen des Seienden klarerweise das Was-es-ist bzw. die Substanz das vorrangig (*prôton*) Seiende sei, denn alles übrige werde „seiend" genannt, (nur) insofern es sich um Quantitäten, Qualitäten, Affektionen u. ä. des auf diese Weise Seienden (der Substanz) handelt. Dabei werde „vorrangig" wiederum auf vielfache Weise ausgesagt, die Substanz aber sei in jeder dieser Hinsichten vorrangig, näm-lich: der Definition (*logôi*), der Erkenntis (*gnôsei*) als auch der Zeit (*chronôi*) nach (a31–b2). Deshalb könne man sagen, daß die von alters her und auch jetzt und immer untersuchte

---

1 Zum Begriff der *ousia* vgl. Einleitung S. 8. Um den Ausdruck nicht unüber-setzt zu lassen, gebrauche ich das Wort „Substanz", womit natürlich keine auf die Einzelsubstanzen der *Kategorienschrift* eingeschränkte Interpretation im-pliziert sein soll.

Frage, was das Seiende sei, in nichts anderem bestehe als in
der Frage, was die Substanz sei (b2–7).

„Das Seiende wird auf vielfache Weise ausgesagt"

Mit dem Grundsatz „Das Seiende wird auf vielfache Weise
ausgesagt" bringt Aristoteles den Sinnlosigkeitsverdacht gegenüber dem unanalysierten Gebrauch von „sein" oder „seiend" in der Philosophie zum Ausdruck: Es sei unmöglich, die
Elemente des Seienden zu untersuchen, ohne zuvor die vielfachen Bedeutungen unterschieden zu haben, in denen man
etwas als seiend bezeichnet (*Met.* A 9, 992b18 f.); unterlasse
man nämlich – wie etwa Parmenides (*Phys.* I 3, 186a24 ff.) –
eine solche Bedeutungsanalyse, dann laufe die Untersuchung
auf einen Streit um Worte hinaus (*Soph.El.* 33, 182b22 ff.) und
würde daher sinnlos. In der reifen *Metaphysik* hält Aristoteles
das Problem der Mehrdeutigkeit des Wortes „seiend"[2] jedoch
für grundsätzlich überwindbar. Er gibt unterschiedliche Dar-
stellungen von den vielfachen Verwendungsweisen des Seienden:

Nach Z1, 1028a10–13 wird das Seiende auf vielfache Weise
ausgesagt (*to on legetai pollachôs*), weil es einerseits das Was-es-
ist (*ti esti*) und ein Dieses (*tode ti*), andererseits das Wieviel, das
Wie-groß und die übrigen Kategorien meint. Demnach gäbe
es so viele Bedeutungen von „seiend", wie es (*Cat.* oder *Top.* I

---

2 Weil Aristoteles beharrlich von „dem Seienden" spricht, könnte man bezweifeln, daß er überhaupt die Mehrdeutigkeit *sprachlicher* Ausdrücke meint.
Es handelt sich hierbei um das bekannte Phänomen, daß bei Aristoteles oft
nicht auszumachen ist, ob er einen Ausdruck nur anführt oder ob er ihn zur
Bezeichnung der betreffenden Sache gebraucht. An Stellen, wo er in dieser
Hinsicht genauer ist, wird allerdings klar, daß er Mehrdeutigkeit als eine Eigenschaft von Ausdrücken versteht. Für die Formel *to on legetai pollachôs* kommen daher nur zwei Deutungen in Frage: Entweder der Artikel *to* kennzeichnet den anführenden Gebrauch von „*on* – seiend"– dann würde sich es direkt
um eine Aussage über das Wort „seiend" handeln –, oder man sieht darin eine
abkürzende Formulierung für „Das Seiende (die „seienden Dinge") wird auf
vielfache Weise als ,seiend' bezeichnet."

9 zufolge) Kategorien gibt – also zehn, wenn man die aus-
führlicheren Kategorienlisten zugrundelegt. Auch wenn er
andeutet, daß mit jeder der Kategorien in der Tat eine eigene
Verwendungsweise von „seiend" vorliegt, wird schnell klar,
daß es in diesem Zusammenhang weder auf die genaue Anzahl noch auf die Vollständigkeit der Kategorien ankommt,
sondern nur auf die Gegenüberstellung von Substanz und
nicht-substantialen Kategorien. Bei dieser Zweiteilung des
Seienden besteht ein einseitiges Abhängigkeitsverhältnis:
Was z. B. im Sinne einer Qualität als Seiendes bezeichnet
wird, das zählt zum Seienden nur deswegen, weil es die Qualität eines anderen, im Sinne der Substanz Seienden ist, und
entsprechend für alle anderen Kategorien. Oder, wie Aristoteles in *An. post.* (I 22, 83a31 f.) sagt: „Es kann nichts Weißes
geben, das nicht insofern es etwas anderes [nämlich eine
Substanz] ist, weiß ist." Dieses „Prinzip der ontologischen
Dependenz" (wie wir es nennen wollen) gilt wie gesagt nur in
einer Richtung, denn für die Substanz ist es im Gegenteil
kennzeichnend, daß sie schlechthin (*haplôs*, Z 1, 1028a31) als
Seiendes bezeichnet wird; das heißt, daß sie nicht nur insofern
sie etwas (*ti*, 30 f.)[3] bzw. etwas anderes (*heteron ti*; vgl. *An. post.*
I 4, 73b8) ist, zum Seienden zählt, sondern selbständig oder
„an sich" (Z 1, 1028a2?) etwas Seiendes ist.

Als Antwort auf die Frage, auf wieviele Weisen das Seiende
ausgesagt wird, ist in Z 1 die Möglichkeit vorgesehen, das in
der Weise nicht-substantialer Bestimmungen Seiende ent-
sprechend der Anzahl der Kategorien weiter zu untergliedern. Eine wichtige Stelle in *Met.* Γ 2 gibt eine Untergliede-
rung des Nicht-in-der-Weise-der-Substanz-Seienden, die
zwar einige der bekannten Kategorien (wohl exemplarisch)

---

3 In dieser Formulierung klingt die Platonische Unterscheidung von
„schlechthin" und „bezüglich" nach, wobei *„etwas seiend"* das nur bezüglich
oder relational Seiende und daher Abhängige meint. Dieser Sinn von „etwas
sein" ist nicht zu verwechseln mit dem Grundsatz, daß „sein" für Aristoteles
immer bedeutet „etwas sein" oder „etwas jeweils Bestimmtes sein", insofern
nämlich „sein" keinen eigenen Gehalt ausdrückt, sondern, je nachdem, auf
welche Art von Entität es angewandt wird, immer ein So-oder-So-bestimmt-
sein beinhaltet.

nennt, zusätzlich aber Aussageweisen des Seienden anführt, die in keiner Verbindung mit der Kategorienliste stehen: „Von Seiendem spricht man einerseits, weil es sich um Substanzen handelt, andererseits, weil es sich um Affektionen von Substanzen handelt oder weil es der Weg zur Substanz oder Vergehen oder Privation oder Qualität oder Schaffendes oder Erzeugendes der Substanz oder von etwas mit Bezug auf Substanz Ausgesagtes ist oder die Verneinung von etwas von diesem oder von der Substanz (deswegen sagen wir ja auch, das Nicht-Seiende sei nicht-seiend)." (1003b6–10). Auch hier macht Aristoteles vom Prinzip der ontologischen Dependenz Gebrauch: Was nicht selbst Substanz ist, ist nur dadurch Seiendes, daß es in einer bestimmten Beziehung zur Substanz steht; nur werden nach dieser Stelle nicht ausschließlich den Kategorien zugeordnete Prädikate in dieser Weise auf die Substanz bezogen, sondern darüber hinaus, was im Sinne des Entstehens von Substanz, des Vergehens von Substanz usw. seiend ist.

Im Text von Z 1 wird das Stichwort von den vielfachen Aussageweisen des Seienden zum Anlaß genommen, auf das Buch „Über die vielfältigen Bedeutungen", also auf Buch Δ der *Met.*, hinzuweisen. In Δ 7 unterscheidet Aristoteles vier Aussageweisen des Seienden: 1. „seiend" im akzidentellen Sinn, 2. „seiend" an sich, 3. „seiend" bzw. „nicht-seiend" im Sinne von wahr und falsch, 4. „seiend" im Sinne von dem Vermögen nach und der Wirklichkeit nach seiend. Die dritte und die vierte Bedeutung, die in *Met.* E 4 und Θ 10 resp. Θ 1–9 näher behandelt werden, können wir beiseite lassen. Überraschend ist die Erläuterung der ersten beiden Bedeutungen: Im akzidentellen Sinn von „seiend" sage man, daß der Gerechte musisch sei oder daß der Mensch musisch sei oder daß das Musische ein Mensch sei. Vom An-sich-Seienden spreche man hingegen auf so viele Weisen, wie es Kategorien gibt; das An-sich-Seiende bezeichne also teils ein Was, teils ein Wie-beschaffen, teils ein Wie-groß usw. Hier liegt offenbar nicht dieselbe Bedeutung von „An-sich-Seiendem" vor wie in Z 1, wo mit diesem Begriff das selbständig Existierende dem nur in abhängiger Weise Seienden gegenübergestellt wird (wenngleich klar ist, daß das Seiende in der Substanzabhandlung

durchweg „an sich" im Δ 7-Sinn betrachtet wird). Anders als
in Z 1 wird in Δ 7 der Begriff eines An-sich-Seienden nicht
durch die Anwendung des Prinzips der ontologischen Abhängigkeit gewonnen und weist nicht darauf hin, daß das An-
sich-Seiende kraft seiner selbst und nicht durch das Vorkommen an einem anderen seiend ist. Vielmehr rührt die Unterscheidung von an sich und akzidentell seiend in Δ 7 daher, daß
in einer prädikativen Aussage das Prädikat in zweierlei Hinsicht seiend ist: einmal, indem man es für sich selbst betrachtet, und das andere Mal, insofern es Prädikat einer anderen
Sache ist: An sich betrachtet sind die Prädikate „Mensch",
„weiß", „drei Ellen lang" Seiendes in den Kategorien des
Was, des Wie-beschaffen und des Wie-groß (der Unterschied
zwischen Substanz und nicht-substantialen Kategorien zeigt
sich erst durch die Frage, worin das Sein für ein jedes besteht,
weil dadurch erwiesen wird, daß etwa „weiß" nur als Qualität
einer Substanz seiend ist), akzidentell seiend dagegen ist das
Prädikat „musisch" in „Der Mensch ist musisch", insofern es
einer Sache zukommt, die seiend ist, oder das Prädikat
„Mensch" in „Der Musische ist Mensch", weil dasjenige
(Mensch) seiend ist, dem dasjenige (Musisch-Sein) zukommt,
wovon es (Mensch) ausgesagt wird.[4]

Die *Pros-hen*-Relation ermöglicht eine Wissenschaft vom Seienden

Weil die Ausdrücke „gut" und „seiend" auf vielfache Weise
ausgesagt würden, sagt Aristoteles in der *Eudemischen Ethik*
(I 8, 1217b35 f.), könne es auch nicht je eine einzige Wissenschaft vom Guten bzw. vom Seienden geben. Gerade eine solche einzige Wissenschaft vom Seienden faßt er nun aber in
Met. Γ 1 ins Auge, wo es heißt: „Es gibt eine Wissenschaft, die
das Seiende als Seiendes betrachtet …" (1003a21). Weil Aristoteles in der *Metaphysik* nach wie vor von der Mehrdeutig-

---

4 Für eine Diskussion von Δ 7 vgl. Tugendhat (1992). Die oben gegebene
Darstellung von an sich und akzidentell Seiendem in Δ 7 widerspricht der Auffassung Bostocks, „an sich sein" meine hier ‚to exist in one's own right' (45 ff.).

keit des Ausdrucks „seiend" ausgeht, muß er in dieser Schrift über eine Methode zur Überwindung des in der *Eudemischen Ethik* bezeichneten Problems verfügen, über die er beim Verfassen der *Eudemischen Ethik* nicht (wahrscheinlich: noch nicht) verfügte. Es ist klar, daß Aristoteles bestrebt sein muß, die vielfachen Aussageweisen des Seienden unter irgendeinem einheitlichen Gesichtspunkt zusammenzuführen. Dies darf aber keine Einheit im Sinne einer gemeinsamen Gattung sein, weil es von verschiedenen Aussageweisen, bei denen die einen vorrangig, die anderen aber nachrangig sind, kein Gemeinsames geben kann (vgl *EE* I 8, 1218a1 ff.). Wie aber kann es dann eine einzige und einheitliche Wissenschaft vom Seienden geben, wenn das Seiende auf vielfache Weise ausgesagt wird und wenn es für unterschiedliche Dinge jeweils etwas ganz anderes heißt zu sein?

Aristoteles beantwortet diese Frage in *Met.* Γ 2: „Das Seiende wird zwar auf vielfache Weise ausgesagt, aber im Hinblick auf eines (*pros hen*) und eine einzige Natur und nicht im Sinne der [bloß zufälligen] Ausdrucksgleichheit" (1003a33 f.). Die Entdeckung, durch die eine Behandlung des Seienden in einer einzigen Wissenschaft ermöglicht werden soll, besteht also darin, daß die vielfachen Aussageweisen des Seienden nicht im Sinne einer zufälligen Ausdrucksgleichheit (vgl. *EN* 1096b26 f.) beziehungslos nebeneinanderstehen, sondern durch die Gemeinsamkeit eines Bezugspunktes in einem sachlichen Zusammenhang stehen, so wie allen Dingen, die auf unterschiedliche Weise als „gesund" bezeichnet werden (eines, weil es Gesundheit bewirkt, anderes, weil es sie bewahrt, wieder anderes, weil es sie indiziert usw.) die Beziehung zur Gesundheit gemeinsam ist (vgl. *Met.* Γ 2, 1003a34–37). Im Falle des Seienden ist dieser einheitliche Bezugspunkt, auf den die unterschiedlichen Aussageweisen ausgerichtet sind, die Substanz, weil alles, was als „seiend" bezeichnet wird, entweder selbst eine Substanz ist oder die Affektion einer Substanz, der Weg zur Substanz, ein Vergehen von Substanz usw. (vgl. 1003b6–10).

Damit ist auch die Rolle von Kapitel Z 1 am Anfang der Substanzabhandlung deutlich: Wenn die Substanz als das vorrangig Seiende erwiesen werden kann (was Aristoteles im

Hauptteil von Z 1 zu zeigen unternimmt), dann ist damit ein gemeinsamer Bezugspunkt für das auf unterschiedliche Weise Seiende gefunden. Die Untersuchung des Seienden kann sich dann auf eine Untersuchung des vorrangig Seienden, der Substanz, konzentrieren, so wie auch andere Wissenschaften „vornehmlich und zunächst auf das Vorrangige gehen, von dem das Übrige abhängt und wonach es benannt ist" (Γ 2, 1003b16 f.). Auf diese Weise ist zugleich die Einheit der Wissenschaft vom Seienden gewährleistet, weil auch „die Untersuchung dessen ..., was in Beziehung auf eines (*pros hen*) ausgesagt wird, Gegenstand einer einzigen Wissenschaft" (1003b12–14) ist.

Das nähere Verständnis der Pros-hen-Relation hängt wesentlich davon ab, wodurch die eine Aussageweise eines Ausdrucks, die als gemeinsamer Bezugspunkt dienen soll, gegenüber den anderen Aussageweisen hervorgehoben ist. Aristoteles stellt dieses Verhältnis für die verschiedenen Aussageweisen des Wortes „medizinisch" folgendermaßen dar: „... von der Seele sagen wir, sie habe eine medizinische Funktion und vom Körper und vom Werkzeug und vom Werk, aber im eigentlichen Sinn meinen wir das Erste. Erstes aber ist das, wovon uns eine Definition zu Gebote steht. So ist ein medizinisches Werkzeug eines, das der Mediziner gebrauchen würde, während in der Definition des Mediziners nicht die des Werkzeugs enthalten ist" (*EE* VII 2, 1236a15 ff.). Die Pros-hen-Relation setzt also eine erste oder vorrangige Aussageweise voraus, deren Definition in der Beschreibung der anderen Aussageweisen enthalten sein muß, während in der Definition dieses Ersten nicht die Beschreibungen der anderen Aussageweisen enthalten sind. Die Vorrangigkeit des gemeinsamen Bezugspunktes in der Pros-hen-Struktur ist daher von der Art der definitorischen Priorität.[5] Für den Fall des Seienden bedeutet dies, daß die jeweilige Beschreibung der verschiedenen Aussageweisen von „seiend" immer die Substanz beinhalten muß (Qualität der Substanz, Vergehen der Substanz, Privation der Substanz usw.).

---

5 Weitere nützliche Klärungen dieses Begriffs, auf die hier nicht eingegangen werden kann, finden sich bei Ferejohn (1980).

In diesem Zusammenhang ist darauf hinzuweisen, daß Aristoteles offenbar die definitorische Priorität, auf der das Pros-hen-Verhältnis beruht, von einer anderen, einfacheren Form von Priorität, der sogenannten „natürlichen" Priorität (vgl. *Cat.* 12, 14b13) unterscheidet.[6] Ein entsprechendes Verhältnis besteht zwischen x und y, wenn y nicht ohne x, x aber ohne y sein kann (z. B. *EE* I 8, 1418a4 ff.). Von diesem Verhältnis macht Aristoteles schon sehr früh Gebrauch, um etwa (wie in *Cat.* 2, 1a24–26) das Verhältnis von erster Substanz und nicht-substantialen Eigenschaften zu beschreiben. Daß Aristoteles die natürliche im Unterschied zur definitorischen Priorität nicht für ausreichend hält, um ein Pros-hen-Verhältnis zu begründen, wird etwa daraus deutlich, daß er in der *Eudemischen Ethik* zwar über den Begriff der Pros-hen-Relation verfügt und mit Blick auf das Gute und Seiende von einer natürlichen Priorität spricht, jedoch keine Pros-hen-Relation für das Gute und Seiende in Anspruch nimmt.

Substanz ist in dreifacher Hinsicht vorrangig

Wie wir gesehen haben, muß Aristoteles, um die Wissenschaft des Seienden als eine Untersuchung der Substanz fortzusetzen, von der Priorität der Substanz ausgehen. Weil „primär" bzw. „vorrangig" (*prôton*) aber selbst ein mehrdeutiger Ausdruck sei, ist es wichtig zu zeigen, daß Substanz in jeder relevanten Hinsicht vorrangig ist. Aristoteles nennt in Z 1 drei solche Hinsichten (1028a31–b2): die Substanz sei vorrangig (a) der Definition (*logôi*), (b) der Erkenntis (*gnôsei*) als auch (c) der Zeit (*chronôi*) nach. (c) gilt, weil keines der auf andere Weise Ausgesagten abtrennbar/selbständig (*chôriston*) ist, sondern nur die Substanz allein; (a) gilt, weil in der Definition einer jeden Sache die Definition der jeweiligen Substanz enthalten ist; (b) gilt, weil wir eine jede Sache dann am besten zu kennen meinen, wenn wir wissen, was sie ist, und nicht, wenn wir wissen, wie sie ist, wie groß sie ist usw. (und selbst bei diesen Dingen, meinen wir ein jedes erst dann zu

---

6 In diesem Abschnitt folge ich der Argumentation von Owen (1960).

kennen, wenn wir wissen, was das Wie-groß, das Wie-beschaffen usw. ist).

Die Terminologie für die verschiedenen Arten der Priorität, die Aristoteles hier verwendet, verhält sich zu anderen Stellen nicht ganz konsistent (vgl. Bostock 57 ff. und 63 f.), vor allem die Bezeichnung „der Zeit nach" ist verwirrend, weil er nicht im wörtlichen Sinn von einer temporalen Sukzession spricht (verschiedene Erklärungen bei Burnyeat Z 4–5). Der Sache nach ist aber klar, daß die Priorität der Zeit nach die Selbständigkeit im Sinne der oben erwähnten natürlichen Priorität[7] meint, wonach etwa „weiß" oder „gehen" nicht ohne eine Substanz existiert, diese aber ohne jene (nicht ohne alle, aber ohne bestimmte Akzidentien) sein kann. Definitorische Priorität meint nach den Erläuterungen, die Aristoteles gibt, daß die Definition einer nicht-substantialen Bestimmung immer die Definition der jeweiligen Substanz beinhalten muß, so wie etwa die Definition von „gehen", weil es immer nur als Akzidens eines Lebewesens vorkommt, immer die Definition bestimmter Lebewesen beinhalten muß. Diese Anforderung wird verständlich, wenn man bedenkt, daß Aristoteles die eigentliche (und nicht nur worterklärende) Definition als eine Erklärung ansieht, die angibt, worin das Sein der jeweiligen Sache besteht. Weil nun „gehen" nichts ist, was selbständig existiert, wäre auch eine Definition unvollständig, die es versäumt, das Gehen als Akzidens einer selbständig existierenden Sache auszuweisen. Die dritte Form von Priorität, die epistemische, ergibt sich insofern aus der definitorischen Priorität, als wir nach Aristoteles ein vollständiges Wissen von einer Sache nur dann haben, wenn wir über ihre Wesensdefinition verfügen.

Für die Interpretation von Z 1 interessieren uns in diesem Zusammenhang besonders zwei Fragen: Die erste Frage ist, durch welche Argumente Aristoteles glaubt, diese dreifache

---

7 Selbständigkeit allein ist ein Metakriterium von Substanz, denn man könnte ja auch von definitorischer oder epistemischer Selbständigkeit sprechen. Weil an dieser Stelle aber eine abgegrenzte Art der Priorität beschrieben werden soll, muß die Selbständigkeit näher qualifiziert werden, was angemessen nur durch den Begriff der natürlichen Priorität geschehen kann.

Priorität erwiesen zu haben. Von der Antwort erwarten wir
Aufschluß über die zweite Frage, nämlich in welchem Verhältnis natürliche und definitorische/epistemische Priorität
zueinander stehen. Für die Beantwortung der ersten Frage,
kann man sich an zwei Textabschnitte aus Z 1 halten:

Im ersten dieser Abschnitte (1028a13–20) führt Aristoteles
aus, daß wir auf die Frage, wie etwas ist, sagen, es sei gut oder
schlecht, auf die Frage hingegen, was etwas ist, es sei ein
Mensch oder ein Gott usw. Alles übrige werde „seiend" genannt, (nur) insofern es sich um Quantitäten, Qualitäten, Affektionen u. ä. des auf diese Weise Seienden (der Substanz)
handelt. Im zweiten Abschnitt (a20–29) ist Aristoteles offenbar darum bemüht, einen Einwand auszuräumen: Man könne
sich fragen, ob Gehen (*badizein*, Infinitiv!), Gesundsein oder
Sitzen überhaupt zum Seienden zu rechnen ist. Denn keines
von diesen ist an sich (*kath' hauto*) Seiendes noch kann es von
der Substanz abgetrennt werden. Vielmehr scheint, wenn
überhaupt, das Gehende (*badizon*, Partizip!), das Sitzende
oder dasjenige, was gesund ist, zum Seienden zu gehören.
Solches scheint nämlich eher zum Seienden zu gehören, weil
etwas ihnen Zugrundeliegendes (*hypokeimenon*) bestimmt ist,
das in solchen Weisen der Kennzeichnung gewissermaßen
durchscheint. Das Gute nämlich oder das Sitzende wird nicht
ohne dieses ausgesagt.

Die Argumentation im ersten Abschnitt ist für unserer Fragen nicht sehr aufschlußreich. Was im Sinne einer Qualität,
Quantität usw. seiend genannt wird, ist nur durch oder aufgrund der Substanz ein Seiendes. Es scheint, als sei in diesem
Abschnitt nur von der natürlichen Priorität die Rede: Die
Qualitäten, Quantitäten usw. existieren nicht ohne die Substanz, sie hören auf, Seiendes zu sein, wenn die Substanz auf-
gehoben würde. Auch die Argumentation des zweiten Ab-
schnittes scheint allein durch den Begriff der natürlichen Priorität erklärbar zu sein; ohne eine zugrundeliegende Substanz
nämlich stellen Prädikate wie „gehen" diesem Abschnitt zufolge überhaupt nichts Seiendes dar. In der Form „das Gehende" hingegen wird deutlich, daß von dem Merkmal einer
zugrundeliegenden Substanz die Rede ist; nur in diesem Fall
gehört „gehend" zum Seienden. „Gehend" kann also nicht

ohne die betreffende konkrete Substanz existieren, womit die
natürlich Priorität der Substanz begründet ist.

Folgt man dieser Beschreibung, dann hat es den Anschein,
als argumentiere Aristoteles im Hauptteil von Z 1 nur für eine
der drei Arten von Priorität, nämlich für die natürliche, und
füge dann die definitorische und epistemische Priorität als
Merkmale der Substanz hinzu, ohne dafür jedoch ausdrücklich argumentiert zu haben. Man könnte eine solche Vorge-
hensweise unter der Voraussetzung für gerechtfertigt halten,
daß für Aristoteles die definitorische und die epistemische
Priorität von der natürlichen Priorität abhängen (vgl. Witt
1989, 58) und mit Hilfe bestimmter Randbedingungen aus
dieser hergeleitet werden können. Oder man nimmt an, Aristoteles argumentiere ausdrücklich nur für die besondere
Priorität der konkreten Einzelsubstanzen und füge dann die
für die Art oder Artform (*eidos*) typischen Erscheinungsweisen der Priorität, nämlich die definitorische und die epistemische hinzu (vielleicht glaubt er sich dazu berechtigt, weil
die konkrete Einzelsubstanz immer des für das *eidos* typischen
Beitrags bedarf). Eine solche Erklärung müßte jedoch annehmen, daß Aristoteles in *Met.* Z von einem ähnlich mehrdeutigen Substanzbegriff ausgeht wie in *Cat.* (vgl. Einleitung
S. 19f.), so daß die eine Art von Priorität durch die konkrete
Einzelsubstanz, die anderen Arten der Priorität durch das
Art/Form-Prädikat erfüllt würden. Zwar meinen manche Interpreten, Z 1 anerkenne zwei verschiedene Seiten der Substanz, wenn es gleich zu Beginn heißt, die Substanz sei ein
Dieses (*tode ti*) und ein Was-es-ist (*ti esti*) (so daß das eine
Merkmal in die Richtung konkreter Einzelsubstanzen, das
andere in die Richtung von Art/Form-Prädikaten weist)[8],
was, wenn es richtig wäre, für eine solche Erklärung sprechen
würde; jedoch wäre zu erwarten, daß Aristoteles, wenn ihm in
Z 1 wirklich an einer solchen Mehrdeutigkeit oder Gegenüberstellung gelegen wäre, auch für die „zweite Seite" im
Substanzbegriff, die in der definitorischen und epistemischen

---

8 So z. B. Ross II 159, Owen 1978/1979, 2 f.; Burnyeat Z 1; gegen diese Auffassung wenden sich Frede/Patzig II 11 ff.

Priorität ihren Ausdruck findet, argumentieren müßte – was er aber offensichtlich nicht tut.

Gegen alle diese Erklärungen, die davon ausgehen, daß Aristoteles in Z 1 ausdrücklich nur für die natürliche Priorität der Substanz argumentiert (und damit ganz im Rahmen der *Cat.*-Theorie verbleibt) und die anderen Arten der Priorität ohne besondere Beweisführung nur miterwähnt, ergeben sich jedoch folgende Bedenken:

1. In Θ 1 erinnert Aristoteles daran, daß er in Z 1 die Priorität der Substanz erwiesen hat, führt aber zur Begründung nur ein Beispiel für definitorische Priorität an (1045b27–32), so als habe Z 1 ausschließlich die definitorische Priorität erwiesen.

2. Es ist unklar, ob das isolierte Kriterium der natürlichen Priorität, das auf die Argumentationsweise der *Kategorien* zugeschnitten zu sein scheint, unter den veränderten Bedingungen der *Metaphysik* überhaupt noch seinen Dienst tut; denn in einer gewissen Hinsicht kann ja auch die erste Substanz der *Metaphysik*, die Artform (*eidos*) nicht ohne die Materie sein. Außerdem hatte sich gezeigt, daß die natürliche Priorität unzureichend ist für die Begründung der Pros-hen-Relation, die jedoch den Hintergrund zu Z 1 bildet.

3. Schließlich fällt auf, daß Aristoteles in Z 1 zweimal die Substanz nur über das Was-es-ist (*ti esti*) identifiziert (in Zeile 1028a14 und 16 ff.), während er ganz zu Anfang des Kapitels die Substanz noch als Was-es-ist *und* ein Dieses (*tode ti*) eingeführt hat. Darin könnte ein Hinweis darauf liegen, daß Aristoteles auch schon im argumentativen Hauptteil von Z 1 (a13–29) und nicht erst bei der Unterscheidung der drei Bedeutungen von „vorrangig" an die definitorische Priorität denkt, insofern das Was-es-ist einer Sache gerade für definitorische und epistemische Abhängigkeiten aufschlußreich ist (während die natürliche Priorität als solche nicht danach zu fragen braucht, als was diejenige Sache spezifiziert ist, ohne die eine andere Sache nicht sein kann).

Offenbar also läßt der Text von Z 1 in der Frage, welche Bedeutung von Priorität leitend ist und wie sich die verschiedenen Bedeutungen zueinander verhalten, unterschiedliche Interpretationen zu. Wenn wir von der Möglichkeit absehen,

daß Aristoteles hier von einem zweideutigen Substanzbegriff
ausgeht[9] und die natürliche Priorität nur der einen, die defi-
nitorisch/epistemische Priorität hingegen der anderen Bedeutung zuspricht, dann scheint die folgende Vermutung am
ehesten eine kohärente Lesart des Kapitels zu ermöglichen:

Wenn Aristoteles etwa zu Beginn von Buch Θ die in Z 1 gegebene Begründung für die Priorität der Substanz damit zu-
sammenfaßt, daß die nicht-substantialen Prädikate die Definition der Substanz enthalten, dann meint er damit *nicht* die
definitorische Priorität *im Unterschied* zu anderen Bedeutungen von Priorität; vielmehr sieht Aristoteles in den mittleren
Büchern der *Metapysik* die Frage nach der Definition einer
Sache, aus der sich ergibt, ob etwas an sich definierbar ist oder
die Definition einer anderen Sache enthält, als die einzig angemessene Weise an, nach der Priorität überhaupt zu fragen.
Die alte (der natürlichen Priorität entsprechende) Frage, ob
etwas ohne etwas anderes sein kann, wird abgelöst oder präzisiert durch die Frage, ob etwas So-und-so-Bestimmtes ohne
etwas anderes So-und-so-Bestimmtes definiert werden kann.
Nur durch diese Präzisierung wird die ungeschränkte Priorität des *eidos* als erster Substanz sichergestellt (denn auf diese
Weise ist die Form gegenüber der Materie vorrangig und
nicht umgekehrt). Die Präzisierung der alten Frage nach der
natürlichen Priorität entspricht dem Nachdruck, den Aristoteles in diesen Büchern darauf legt, daß nicht das Zugrundeliegende als solches (wie Aristoteles in *Cat.* durch den Test auf
natürliche Priorität zeigen wollte), sondern nur das als so-
und-so-bestimmte Zugrundeliegende zusammen mit dem
Grund für dieses Bestimmtsein unsere Intuitionen von einem
vorrangig Seienden trifft. Erst im nachhinein wird die durch

---

9 Zweifellos spricht Aristoteles in *Met.* Z nicht nur von der ersten Substanz,
als welche das *eidos* identifiziert wird, sondern auch von konkreten Einzel-
substanzen (11, 1037a30, 15, 1039b21 f.). Das ist aber nicht der Sinn von
Mehrdeutigkeit, von dem hier die Rede ist: Der für die Interpretation der
Substanztheorie relevante Sinn von Mehrdeutigkeit liegt darin, daß die einen
Kriterien für Substantialität (etwa die volle Selbständigkeit) nur in der einen
Bedeutung von Substanz, die anderen (etwa die Definierbarkeit/Erkenn-
barkeit) nur in der anderen Bedeutung erfüllt sind, die verschiedenartigen
Kriterien aber nicht zugleich erfüllt werden können.

die präzisierte Fragestellung aufgedeckte Priorität in die Vielheit der drei uns bekannten Aspekte von Priorität zergliedert. Man kann deshalb auch nicht sagen, daß die definitorische Priorität (im abgrenzenden Sinn) die anderen Weisen der Priorität beinhalte oder daß der gewissermaßen „ontologische" Sachverhalt, den Aristoteles in Z 1 als Priorität „der Zeit nach" bezeichnet, auf diese Weise aus „bloß logischen" Umständen der Definierbarkeit folge; vielmehr stellt die Antwort auf die präzisierte Fragestellung die einzig angemessene Form dar, um den ontologischen Sachverhalt der sogenannten zeitlichen Priorität darzustellen.

Was den Argumentationsverlauf von Z 1 angeht, so könnte man vermuten, daß Aristoteles von vornherein die präzisierte Fragestellung nach der Priorität oder Vorrangigkeit unterstellt. In den knappen Ausführungen zwischen a13 und a29, die diese Priorität eher erwähnen als begründen, genügt es zu sagen, daß das eine ohne das andere nicht sein kann, womit aber keine Festlegung auf den einen oder anderen Aspekt der Priorität intendiert ist. Mit der Differenzierung der drei Bedeutung von „vorrangig" am Schluß wird nurmehr festgestellt, daß die erwiesene Priorität der Substanz jeden hierfür einschlägigen Aspekt von Priorität mitumfaßt.

Literatur

Ferejohn, M. T. 1980, Aristotle on Focal Meaning and the Unity of Science, in: Phronesis 25, 117–128.

Georgiadis, C. 1982, Metaphysics Z 1, 1028a20–30, in: Rheinisches Museum 125, 102–105.

Owen, G. E. L. 1960, Logic and Metaphysics in Some Earlier Works of Aristotle, in: I. Düring/G. E. L. Owen (Hrsg.), Aristotle and Plato in the Mid-Fourth Century, Göteborg, 163–190 (mehrfach wiederabgedruckt, u. a. in: G. E. L. Owen, Logic, Science, and Dialectic, Ithaca/New York 1986.

– 1978/1979, Particular and General, in: Proceedings of the Aristotelian Society 79, 1–21.

Tugendhat, E. 1992, Über den Sinn der vierfachen Unterscheidung des Seines bei Aristoteles (Metaphysik Δ 7), in: ders., Philosophische Aufsätze, Frankfurt a. M., 136–144.

Witt, Ch. E. 1989, Substance and Essence in Aristotle. An Interpretation of *Metaphysics* VII–IX, Ithaca/London, Chapter 2.

2

Michael V. Wedin

Subjects and Substance in *Metaphysics* Z 3

Aristotle's *Categories* contains a theory of underlying ontological configurations for standard categorial predications. It tells us the way the world must be if our various pronouncements and assertions about it are to be true. What I shall call c-substances – Socrates, Secretariat, and the like – are given the lead role in the story. They are, declares Aristotle, primary substances because on their existence alone depends the existence of everything else. Although the *Categories* attributes a number of salient formal features to c-substances (for example, that they fall into species and that they remain one and the same while taking contraries), no attempt is made to provide a deeper account of their natures. In particular, nothing is said about the structure of c-substances in virtue of which they possess these and other such features. *Metaphysics* Z, on the other hand, turns to just such an explanatory task. In effect, it asks in virtue of what do c-substances have the formal features attributed to them in the *Categories*. Thus, its lead question – "What is substance?" – is a question about the *substance-of* c-substances And because it seeks the *primary* source of these features, the substance-of a c-substance is its primary substance.

On this view, it is natural that primary substance turns out to be form. For *Metaphysics* Z 1 installs the framework of the *Categories* as the target of investigation and Z 2 indicates that this framework is to be approached out of an interest in the concept of substance (i. e., what substance is) rather than its extension (i. e., what things are or have substance). *Metaphysics* Z 3 then draws the broad outlines of an analysis of the concept, in effect, arguing that we will get clear on what substance is by getting clear on which internal structural component of a c-substance – its form (*eidos*), its matter, or the compound of its form and its matter – is the *substance-of* the c-substance. The balance of *Metaphysics* Z then consists in an investigation of form in this role.[1]

Although the sketched view invites broad commentary, my focus here is rather narrow. It is this: because it aims to *explain* central features of the standing theory of the *Categories*, *Metaphysics* Z must complement rather than contradict that theory. In short, on the relation between the *Categories* and *Metaphysics* Z, I am a thoroughgoing compatibilist. This will be debated in virtually every court and at the center of the debate is *Metaphysics* Z 3. For almost everyone reads the chapter as replacing the earlier thesis that c-substances alone are primary substances with the more challenging thesis that primary substances are the forms of such objects.[2] There is, however, little agreement on exactly what in the *Categories'* account suffers demotion. Thus, for Lewis (1991) the philosophical culprit is the monolithic conception of the subject of predication which he takes to be the *Categories'* criterion for substantial primacy. For Frede/Patzig, on the other hand, Z 3 reaffirms the subject criterion but finds that a new candidate satisfies it. Each of these views, then, offers a different philosophical account of *Metaphysics* Z's alleged rejection of the *Categories'* account of primary substance. On our compatibilist account, there can be no such rejection, so it would be a nontrivial difficulty were we forced to read Z 3 with either Lewis (1991) or Frede/Patzig. Accordingly, it will be useful to say something about these, and other, competing views, in the course of developing a compatibilist reading of Z 3.

1 Here I am gesturing towards a story that gets argued at length in Wedin In-Progress.
2 Not all, however, Gill (1989) ably defends the view that the central books continue to regard c-substances as the primary substances. So also Loux (1991).

The Agenda of Z 3:
Substance as Substance-of

Suppose we start with some general remarks. The chapter begins (1028b33–1029a36) by announcing that four items stand to claim the title of substance: essence (*to ti ên einai*), the universal (*to katholou*), the genus (*to genos*), and the subject (*to hypokeimenon*). Then (1029a3–7) Aristotle explains what is meant by the subject and goes on to divide it further into the form, the matter and the compound – adding that the form is prior. Following a bridge passage (1029a7–10) we get a long reductio section (1029a10–26 or, perhaps, 27) arguing that on a certain assumption matter alone turns out to be substance. This consequence is then assailed in what I call the independence section (1029a27–33) for installing as substance something that fails to be a this (*tode ti*) or separate (*chôriston*). The chapter ends with a recommendation to restrict the inquiry, at least at the outset,[3] to sensible substances.

Although *Metaphysics* Z 3 begins by introducing four candidates for substance, this is not all there is to the topic. For, immediately, we are told that they are introduced on the strength of the fact that they are thought to be the *substance-of* each thing (*ousia hekastou*). With this something new is afoot. Aristotle's usage is quite deliberate and, in effect, announces a shift, not merely to a new topic, but to an altogether new level of analysis. The 'substance-of' idiom is absent from the *Categories*, where 'substance' operates exclusively as a one-place predicate. And there is no provision for the notion that goes with it. Although species and genera are called substances because they *reveal* the nature of primary substances (2b29–37) and although they mark off a quality *concerning* substance (*peri ousian*), neither they nor anything else are said to be the *substance-of* anything.

The opening of *Metaphysics* Z 3 does not, however, go quite so smoothly. For after introducing the first three candidates, Aristotle goes on to add, "and fourth of these is the subject"

---

3 Which, on our view, is meant to cover all of *Metaphysics* Z.

(*tetarton toutôn to hypokeimenon*). This might encourage some
to suppose that there are only three serious pretenders to the
title and that the subject is introduced only to be excluded
even as a contender. After all, the balance of the chapter focuses on its candidacy with apparently negative results. This
view, on which the subject is never under consideration for the
substance-of c-substance, takes '*toutôn*' at 1028b35 to refer to
1028b33's four main ways in which substance is said (*en tettarsi
ge malista*) rather than to something's being the *substance-of*
something. Thus, rather than "and fourth of the things
thought to be the substance-of each thing is the subject," we
get "and fourth of the things most said to be substance is the
subject." Although this may not be the most natural reading
of the Greek, it is a possible grammatical reading. But it cannot be what the lines mean. Aristotle announces that substance is spoken of in four main ways and immediately gives a
reason for this (*kai gar* ...). Now either the *gar*-clause ranges
over the first three candidates only or it covers all four. The
first is impossible because the clause gives a reason why *four*
things are said to be substance. But if it ranges over all four
candidates, it must give a reason for each of these being con-
sidered substance. There is no problem with the essence, the
universal, and the genus – they are spoken of as substance on
the strength of the fact that they are thought to be the substance-of each thing (they apply to). If this reason does not apply to the subject as well, we are left without *any* reason for its
counting as substance. For the text would now say, in effect,
that *s* is one of the four things that are, most of all, spoken of
as substance because *s* is thought to be one of these four things
or, perhaps, because *s* is thought to be substance. Neither
gives us a *reason* for taking the subject to be substance. Thus,
its claim to substantiality must rest on the fact that it is
thought to be the substance-of each thing. On this point it dif-
fers none from the other three candidates.

So it is quite clear that we are after some feature of a thing
that is to count as *its* substance. What are these things and
what kind of feature does Aristotle have in mind? Well, recall
that Z 2 ran through a number of items that are thought to
have substance, most obviously, natural bodies (*hê ousia hy-*

parchein phanerôtata ... *tois sômasin*, 1028b8–9) and that Z 3 ends by recommending that we are to investigate sensible substances. This suggests that Z 3's four candidates are candidates for the substance-of sensible substances. So it is plausible to suppose that Aristotle is proposing to investigate the substance-of c-substances, for the latter prominently include sensible substances.[4] Of course, *Metaphysics* Z hints at a larger metaphysical program that provides for the study of nonsensible substances. If these can be accommodated, technically, within the framework of the *Categories* as c-substances, then we might take the larger metaphysical program to amount to a study of the substance-of c-substances. But this is not needed. Aristotle maintains only that the study of sensible substances, more precisely the form of sensible substances, will be of *use* in the pursuing the larger program. Thus, as far as *Metaphysics* Z is concerned, sensible substances fix the domain of investigatory discourse and, hence, we may take Z 3 to promote examination of the substance-of c-substances. Moreover, given the results of the above section, we take this in the strict sense, that is, as restricting inquiry to the two-place use of 'substance' only. As we shall shortly see, this is not an uncontested view of *Metaphysics* Z 3.

There is fairly broad agreement on where the four candidates for substance are discussed in the balance of *Metaphysics* Z. The subject (*hypokeimenon*) is dealt with in Z 3, essence takes up Z 4–6, 10–11 and is revisited in Z 17, and the universal, including the genus, comes to grief in Z 13–16.[5] Less clear, however, is exactly how the four candidates work in the overall argument. It is, for example, standardly assumed that in Z 3 Aristotle *dispatches* with the subject (*hypokeimenon*) and then

---

4 This interest extends into *Metaphysics* H. Aristotle begins H 2 by setting aside that which underlies as matter and is potentiality in order to focus on explaining the nature of that which is the *substance-of* perceptible things as actuality (*tên hôs energeian ousian tôn aisthêtôn*).

5 Conspicuous in their absence from this list are Z 7–9 and 12. Reputable authorities (Frede/Patzig and Burnyeat [Unpublished]) find them to be late insertions not party to the central argument of *Metaphysics* Z. For the moment I shall indulge in this convenience.

proceeds to a fresh discussion of the other candidates, beginning with the essence in Z 4. I see Aristotle's strategy rather differently.

Suppose, as we have argued, that his concern with substance is a concern with the substance-of c-substances and that this is motivated by an interest in explaining the nature of c-substances, in particular, explaining certain of their central features – features mentioned in but not explained by the *Categories*. Resolutely anti-Platonist, Aristotle requires that such a feature be an internal structural component of the c-substance. Thus, it must be the form of the c-substance, its matter, or the compound of its form and its matter. Considering the candidacy of the subject (*hypokeimenon*) is Aristotle's way of entering these into the discussion. Under the subject (or, perhaps, better that which underlies) we may understand the matter (*hylê*), the shape (*morphê*), or the compound of them (*to ek toutôn ... to synholon*). By the time we reach the end of Z 3, the *morphê* has been identified as the *eidos* or form and is given the edge as the most promising candidate of the three. Moreover, we are counseled to investigate form because it is the most puzzling of the three components. But, obviously, form commands our attention not merely for this reason. Rather, it is for this reason and for the reason that it is the component of a c-substance that form has the best claim to be its substance, that is, to be the substance-of the c-substance. Thus, on my view, the entire balance of *Metaphysics* Z amounts to an investigation of the form of c-substances because this just is the formal component of Z 3's subject (*hypokeimenon*).

The Priority Argument

I take it, then, that the notion of a subject introduced in Z 3 can be linked to the notion of substance-of and, thus, that form's role as an explanatory factor is installed early as the central concern of *Metaphysics* Z. This assessment of the dialectical force of Z 3 will not be shared by all commentators. In particular, it will not be shared by those who take the reductio section of the chapter (roughly, 1029a7–26) to require rejection of some part of the theory of the *Categories*. This is clear from a glance at recent work on the chapter and in a moment I shall look at two such accounts. First, however, I wish to say something about an argument that precedes the reductio section, namely, the argument for the priority of form at 1029a5–7. It will be clear from this that the priority accorded form is not the same sort of priority that was meted out to primary substance in the *Categories*. This, in turn, suggests that primacy itself does not have the same meaning in the two treatises.[6]

After introducing the shape (*hê morphê*) of a c-substance, its matter (*hê hylê*), and the compound of its form and its matter (*to ek toutôn*), Aristotle suggests that one of these internal structural components is to be granted priority over the others. He puts the point conditionally:

> ... if the form is prior to the matter (*to eidos tês hylês*) and more real (*mallon on*), it will be prior to the compound (*tou ex amphoin proteron*), for the same reason (*dia ton auton logon*). (1029a5–7)

Whatever one makes of the appearance of *morphê* at 1029a2–5, it is clearly used to stand in for the form of a c-substance. Thus, unlike in the *Categories*, where priority relations ranged between primary substances and other distinct entities recognized in that work's meta-ontology,[7] here priority is a relation among internal components of one such entity itself, namely, substance individuals. The thrust of the first sort of priority is plainly ontological. Whatever is prior in this sense can exist separately; what is posterior cannot. Thus, Socrates can exist separately but his color cannot, for the latter exists only by being in something.

The second sort of priority is not ontological, in this sense, because Aristotle *denies* that the form of a c-substance can exist in separation from the c-substance. If not clear from reflection, *Metaphysics* H 1, 1042a28–31 puts the matter beyond doubt. At 1042a24–31 Aristotle summarizes the discussion of

---

6 A point developed in Wedin In-Progress.
7 That is, those entities of Chapter 2's fourfold distinction among things, that are said-of or present-in a subject.

Metaphysics Z 3, including the trifurcation of the subject (*to hypokeimenon*) into form, matter, and the compound. The form (*ho logos kai hê morphê*) is a *tode ti* and, hence, is capable of separate formulation (*ho tode ti on tôi logôi chôriston estin*). Nonetheless, it compares unfavorably with the compound on the point that the compound is also capable of separate existence (*to ek toutôn ... kai chôriston haplôs*).[8] So the priority accorded form cannot be standard ontological priority.[9]

On our reading, the Priority Argument, as I shall call it, should take the form to be prior to the matter and the compound but it should not have the consequence that form is more real than the compound. Among other things, this would violate *Metaphysics* H 's awarding of separate existence to the compound alone. Sustaining our reading will require going against more customary renderings of 1029a5–7.

We may begin by asking how to read Aristotle's remark that the form will be prior to the compound *for the same reason* (*dia ton auton logon*). Here is one suggestion:

10a. *For whatever reason* the form is prior to and more real than the matter, for the same reason the form will be prior to and more real than the compound.

On this reading, the reason for form's priority to matter is not given in the Priority Argument at all. One might suggest the reason is not expressed until 1029a27–30, where matter is disqualified as substance on the grounds that it is neither separate (*chôriston*) nor a this (*tode ti*). The form, on the other hand, is held to satisfy both conditions. But the same is said of the compound. Moreover, this provides *prima facie* grounds

---

8 The passage from *Metaphysics* H 1 implies that in *Metaphysics* Z to be a *tode ti* is, first and foremost, to be capable of separate formulation.

9 For the moment, I shall take it that for *x* to be *separate logôi* is for nothing different from *x* to be mentioned in the account of *x*. As is clear from *Metaphysics* Γ 2 and Z 1's discussion of priority in knowledge and definition, accidents are not separate *logôi* because their accounts contain something other than the accident, namely, the substance they happen to be in. Note that if to be a *tode ti* was to be a particular c-substance, then separateness in account and separateness in existence would coincide. Whether Aristotle ever held this (some might find this in the *Categories*), the two sorts of separateness clearly come apart in *Metaphysics* Z.

for thinking that both it and the form are substance. So it is hard to see how this reason could explain how the form is more real than the compound.

A second suggestion is this:

10b. The form is prior to the matter *for the reason that it is more real than the matter*, so the form is prior to the compound for the same reason (i. e., because it is more real than the compound).

On (10b) the reason for form's priority to the compound is contained in the Priority Argument. However, it counts the form as more real than the compound and so runs up against the fact that 1029a27–30 counts the compound right along with the form as separate and a this. On this score, then, it fares no better than (10a). Now one might, I suppose, suggest that precisely because of these conflicts with 1029a27–30 and 1042a26–31, Aristotle must mean that for x to be *mallon on* with respect to y is for x to be *explanatorily* more fundamental than y. This would allow form to be more real than the compound while still acknowledging the latter's superior ontological separateness. But this reading of '*mallon on*' is sufficiently strained to encourage further attempts.

Consider, then, a literalist version:

10c. The form is prior to the matter *for the reason that it is more real than the matter*, so the form is prior to the compound of form and matter for the same reason (i. e., because it is more real than the matter).

Version (10c) locates the reason for form's priority to the compound in the Priority Argument. This virtue it shares with (10b). But (10c) does says nothing about form being more real than the compound and this is to its credit. Moreover, it appears to endorse the following interesting principle:

10c'. x is more real than y & z contains x and $y \rightarrow x$ is prior to z, instantiated in the present case with x as form, y as matter, and z as their compound. Neither (10c') nor (10c) say, or imply, that the form is prior to the compound because it is more real than the compound but rather because it is more real than the other element in the compound.

There is a philosophical reason, and two interpretive reasons, for shying away from (10a) and (10b)'s commitment to the reduced reality of the compound. Philosophically, the commitment entails that something containing the form is less real than the form itself. Odd on its face, in light of the fact that these sorts of Aristotelian forms cannot exist on their own, it is not clear what this entailment would even mean. On the side of interpretation note, first, that (10c) allows for a quite natural reading of '*mallon on*'. For form's being more real than the matter can be cashed in terms of its having actual being as opposed to the merely potential being of the matter. This is far more natural than the 'explanatorily more fundamental' reading tried out in connection with (10b). A second interpretive reason to favor (10c) is that it allows us to maintain c-substances as fully real items and, nonetheless, proceed to look for something that is their substance. For the substance-of a c-substance will be prior to the c-substance in point of explanation but not in point of existence. In short, on (10c) c-substances are not to be demoted but explained.

Let me close discussion of the Priority Argument by taking note of two objections. The first insists that 1029a5–7 is merely a conditional statement. Thus, the fact that its consequent contains the proposition that form is prior to the compound can hardly be supposed to establish Aristotle's commitment to the truth of that proposition. This objection withers in light of 1029a30–32, which dismisses the compound on the grounds that it is posterior and obvious. Plainly, it can only be the form to which it is posterior. So the form is prior. The second objection appeals to variation in the manuscripts. Reading '*to ex amphoin*' rather than '*tou ex amphoin*' at 1029a6, Gill (1989, 16) finds that the lines read, "So if the form is prior to the matter and more real, the composite too will be prior for the same reason." This intriguing suggestion will please those who wish to keep the compound alive as a candidate for primary substance.[10] Indeed, Gill holds that the main project of *Metaphysics* Z 3 is to refine a notion of the subject that allows both the form and the composite to fit under the heading of *substance as subject*. This is defended, in part, by appeal to the

---

10 Gill (1989) ably defends just such an account. See also Loux (1991).

fact that both form and the compound satisfy the separateness and thisness conditions. I am, however, less sanguine about this use of the passage. For one thing, it comes rather later in the chapter and, when it does, as we have seen, it is accompanied by a clear statement of form's priority to the compound. This is unmistakable. Moreover, unlike 1029a5–7, this expression of form's priority rests on no softness in the manuscripts.

The Reductio Argument

At 1029a7–9 Aristotle announces that he has outlined the nature of substance. He then (1029a9–10) expresses some reservations, not the least of which is that what has been said leads to the false and unacceptable conclusion that matter is substance. Finally (1029a10–26), we get the actual reductio argument supposedly establishing the offending result. Although the reductio itself will claim most of our attention in this section, the lines that lead into it are not without interest. First, we get the summary statement:

> It has now been stated in outline what sort of thing substance is, that it is that which is not predicated of a subject but of which other things are predicated (*non men oun typôi eirêtai ti pot' estin hê ousia, hoti to mê kath' hypokeimenon alla kath' hou to alla*). (1029a7–9)

For ease of reference, suppose we say that this passage contains the following, crudely formulated, view.

S. *x* is a substance ≡ *x* is not predicated of anything *y* & *y* is predicated of *x*,

where y is anything other than x. In a moment I shall have a good deal more to say about (S), in particular, about some of its more well-formed relatives. First, however, some comments of a more programmatic kind.

In remarking that he has outlined the sort of thing that substance is, Aristotle confirms our claim that *Metaphysics* Z 3 aims for an analysis of the concept rather than a specification of its extension. Further, he is referring not to the four candidates introduced at the beginning of the chapter but solely to the candidacy of the subject (*to hypokeimenon*). And here there is an ambiguity. The *hoti*-clause may indicate that Aristotle has been talking about the substance *that* is not predicated of a subject … or about substance, *which* is not predicated of a subject … This leads one to ask whether he takes himself to have spelled out the concept of substance that is to be investigated in the balance of *Metaphysics Z* or whether his remark is to be confined to Z 3. Ross's translation – "We have now outlined the nature of substance, showing that it is that which is not predicated of a substratum, but of which all else is predication" – which favors the first, is probably correct. At any rate, it is friendly to our view that the form (*eidos*) discussed under the heading of the subject (*to hypokeimenon*) is the target of investigation in *Metaphysics Z* as a whole. Moreover, there is an accompanying explanation for the immediate and obvious concern Aristotle displays in the reductio section. If only an internal structural component is able to serve as the substance-of a c-substance, then this will be something that underlies the c-substance – in the technical sense of underlying. This cannot, however, turn out to be the matter of the c-substance. So Aristotle raises this worry directly in order to set it aside and clear the decks for the consideration of form alone.

Not all commentators share this view of the aim of the reductio argument.[11] And even those who agree that it serves the interests of form usually have a different estimate of the argument's dialectical force. In particular, most see it as rejecting a major tenet of the *Categories*. For Frede/Patzig the argument tells against the proposition, favored in the *Categories*, that c-substances are the subjects of accidents. For Lewis (1991) the target is the very criterion that work sets for primary substances. Our compatibilist account of Z 3 will, predictably, have neither of these consequences. To fully appreciate this, it will be useful to look at the alternative proposals.

The reductio section actually contains two arguments – a main argument at 1029a10–19 and an auxiliary argument at 1029a21–26. I shall refer to the first as A1 and the second as

11 For example, Gill (1989) and Loux (1991).

A2. For a while I shall speak only about A1. It is introduced as follows:

> We must not leave it merely like this [i. e.,(S)], for it is not adequate (*dei de mê monon houtôs, ou gar hikanon*). For this itself is unclear (*auto gar touto adêlon*) and further matter becomes substance (*kai eti hê hylê ousia gignetai*). For, if matter is not substance, it is hard to see what else could be (*tis estin allê diapheugei*), for when the other things are stripped away it appears that nothing "but matter" remains (*perihairoumenôn gar tôn allôn ou phainetai ouden hypomenon*). (1029a9–12)

Aristotle has already announced his intention to focus Z 3 on the candidacy of the subject and so here we may take him to be saying that of the three things that enter under the heading of the subject, namely, form, matter, and the compound, the matter will have the best claim to be substance – on assumption of (S). Matter's claim to substantiality is grounded on the fact (*a*) that when other things are stripped away, only it remains. Bostock worries about this line. Thus, he asks us to suppose that Aristotle meant (*a*) to read "if you take everything away but matter, then only matter remains". Although true, this would not seem to establish anything of interest, for an analogous truth holds of shape ("if you take everything away but shape, only shape remains," p. 76). And, thus, he suggests that the phrase "all else" is best glossed by "all that is admittedly not substance". There are several things wrong with this. First, the grounding fact itself is not meant to *establish* anything. Rather (*a*) gives the conclusion that is to be established by the attached reductio argument. Second, it is just false that (*a*) has an analogue for shape. One cannot strip away everything other than shape and have shape remaining. Shape is simply not that sort of thing. Third, the text supposes not that "all else" is stripped away but only that "other things" are so stripped. Fourth, Bostock's positive suggestion is curious, for to suppose that all that is admittedly not substance is what is stripped away will not leave *only* matter remaining. For the form as well as the compound are admittedly substance. So Bostock's view makes it hard to see how 1029a9–12 fits with the reductio it introduces.

In fact, there is a straightforward version of 1029a11–12 that avoids Bostock's worries as well as the flaws of his own proposal. It is this: when the other things have been stripped away from the *subject*, nothing remains but matter. About the only thing presupposed by this version is that the subject can be distinguished from whatever is predicated of it. This stands in its favor since it is also one of the (few) presuppositions of the stripping procedure that drives the reductio argument. So let us look at that argument.

The main argument of the reductio section, (A1), proceeds in two stages. Stage I (1029a10–19) strips away those "other" things that are attributes (*pathê*), products (*poiêmata*), and capacities (*dynameis*) of bodies. This results is an entirely stripped-down subject in the sense that everything that it is a subject for has been stripped away. There is nothing other than it (the subject) left. It does not follow from this, however, that the remaining subject is nothing at all nor, even, that it is mere matter. Rather it is something with length, breadth and depth. And these, Aristotle says, unsurprisingly, are not substance(s) but quantities. Moreover, they are quantities that hold primarily of their subjects. So, apparently, what does not hold of something as its "first" subject can be removed without prejudice to the subject. Hence, they would seem to be accidental to it. But, then, the first subject to which length, breadth, and depth belong is a subject they hold of non-accidentally. This subject, body, is also said to be substance. So after stage I of the process, we are left with a stripped-down substance, that is, a substance with length, breadth, and depth.

How can we go further? We started with a subject and stripped away the "other" things that it underlies. But it was part of the bargain to keep the subject after the stripping has run its course. So these "other" things cannot include anything that is necessary to the subject. To strip away breadth, length, and depth thus threatens to leave us with no subject at all and, moreover, to do so without even reaching the level of matter. Aristotle addresses this in stage II (1029a20–26/27) of the stripping procedure by what Lewis aptly calls the shift-of-subject maneuver. Begin fresh with the subject remaining after stage I and ask whether there is some further subject that has, in a strippable way, the very properties that could not be stripped from the subject in stage I. If so, there will have to be something that is determined by length, breadth, and depth. Moreover, it will have to be the sort of subject that remains after the stripping has occurred and, hence, these "other" things must not be essential to the subject. Matter alone could be this sort of subject. Thus, of all the three kinds of subjects Aristotle is canvassing, matter has the strongest claim to be substance because only it remains when all stages of stripping are complete.

This is an informal version of the main reductio argument, A1. As far as it goes, it agrees substantially with the more formal analysis of Lewis (1991). However, according to Lewis, the target of A1 is what is expressed in 1029a7–9, i. e. (S), which he reads as:

S*. Everything is predicated of x but x is predicated of nothing else (x is a primary subject, for short) if and only if x is a substance.

Proposition (S^*) expresses the monolithic conception of the subject that Lewis takes to have served as the *Categories* criterion for primary substance. Thus, the reductio targets a major thesis of the early ontology and so excludes a compatibilist interpretation of the sort we favor.

At this point one might look for a reading of the reductio argument that does not sacrifice such a central thesis from the *Categories*. The most provocative view of this sort is that of Frede/Patzig. Their version of the reductio serves a broader view of the relation between the *Categories* and *Metaphysics* Z 3. In both Aristotle focuses on what is the proper subject of accidents but in the later work he realizes that, not c-substances themselves, but their forms must play this role. Elsewhere we register worries about a number of arguments advanced on behalf of this view.[12] Although this might undercut the motivational or logical basis for the view, Frede/Patzig might still be correct in ascribing the view to Aristotle. If so, the view will have a clear textual warrant in *Metaphysics* Z 3.

---

12 Wedin In-Progress, especially Chapter IV.

Anyone who thinks that *Metaphysics* Z 3 means to retain primary substances as the subjects of accidents will have to say something about the reductio argument, A1. For it appears that treating substance as a subject leads to the unacceptable conclusion that matter alone is substance. So it could hardly be form that picks up the fallen standard of the *Categories*. For Frede/Patzig, however, this *is* just a matter of appearances. First, they admit that the subject condition entails that matter is substance. But, they argue, so are form and the compound of form and matter. Only one of these is *primary* substance and this is determined by arguments that lie outside the reductio, for example, the priority argument discussed in the previous section and the requirement at 1029a27–33 that substance be a this and separate. All this is compatible with the results of stage I of the stripping procedure. For, as we have seen, stage I does not install matter as the sole pretender to substantial primacy nor even as the primary underlying thing.

The stronger result, that matter *alone* is substance, is resisted for two reasons. First, it is urged that Aristotle cannot be arguing that the subject condition entails the stronger result because he has just said that matter, form, and the compound of form and matter are subjects. But this is consistent with finding, by the subject condition, that matter has the *strongest* claim of the three to substantiality. Against this, Frede/Patzig urge that Aristotle has just said, at 1029a2–5, that matter, form, and the compound of form and matter are said to be, not just subjects, but *primary* subjects (what primarily underlies.) However, this point will have its intended effect of leveling the "subjective" playing field, only if *toiouton* ("of this sort") at 1029a2 refers to *to hypokeimenon prôton* (what underlies primarily) at 1029a1–2 *and* all three are primary underliers in the same sense. That this is not obvious is suggested by noting that what Aristotle says is slightly more complicated: "In a certain way (*tropon tina*), matter is said to be a thing of this sort (*toiouton*), in another way (*allon tropon*) shape, and in a third (*triton*) the compound." Thus, even if *toiouton* does go back to *to hypokeimenon prôton*, the way in which matter is said to primarily underlie may be a more fundamental way. Hence, it still may have the chief claim to be substance, *on the subject condition*, and in that sense matter alone could turn out to be substance.

The second reason Frede/Patzig give for resisting the stronger result is that it is established, if anywhere, in stage II of A1. Yet stage II is not an argument that Aristotle endorses. Rather, it is the Platonist who holds that length, breadth, and depth belong to objects in a way that makes them the substance of the object. Aristotle holds no such thing. Indeed, he is clear on the point that these are, in fact, accidents and, hence, can be stripped away. It is this Platonist gloss that is under attack in stage II. Hence, it is not Aristotle who is forced to the stronger result that matter alone is substance, by dint of holding to the subject condition, but rather the Platonists. Thus, Aristotle is free to keep the subject condition without inviting the embarrassment that matter alone is substance.

Despite its appeal there are some worries about this proposal. One is that the text of Z 3 contains very little that would suggest the Platonist intrusion in the midst of the reductio section. A second worry is that, even if the Platonists hold the views ascribed to them, Aristotle himself seems committed to keeping stage II in camp. At *Physics* 209b9–11 he reports that when the boundary and attributes of the sphere are taken away (*aphairethêi*), there remains nothing besides the matter (*ouden para tên hylên*). This is the same verb deployed in *Metaphysics* Z 3's stripping procedure (see *aphairoumenou* at 1029a16–17) and the procedures themselves seem no different. Further, in the *Physics* passage Aristotle appears to be speaking in his own voice. So it is not at all obvious that stage II of A1's stripping is not also in Aristotle's voice.

Does this mean that we are stuck with a Lewis-style reading of A1 and, hence, with rejecting the central thesis of the *Categories*? I think not. There is another alternative and one that preserves the compatibilist reading of the two treatises. Suppose we begin by revisiting the following point. After announcing that he has outlined the nature of substance as that which is not predicated of a subject but of which the other things are predicated, Aristotle immediately expresses reservation:

We must not leave it merely like this, for it is not adequate (*dei de mê monon houtôs, ou gar hikanon*). For this itself is unclear (*auto gar touto adêlon*) and further matter becomes substance (*kai eti hê hylê ousia gignetai*). (1029a9–10)

Now Aristotle is pretty clearly referring to the characterization of substance, just given at 1029a7–9, as that which is not predicated of anything but of which other things are predicated (S). It is reasonable to suppose that there is a problem with (S). But the exact difficulty is harder to pinpoint. In fact, there is a problem even about the status of the proposition contained in 1029a7–9. Is (S), as some would say, simply a definition of substance, perhaps, even, the *Categories'* definition of primary substance? Or is it asserted on the strength of other propositions already introduced in Z 3? The former is unlikely. For in 1029a7–9 Aristotle gives us the upshot of his summary discussion of substance as subject. However, that discussion (1028b36–1029a2) does *not* contain anything that says just what (S), in 1029a7–9, says. But it should have, if 1029a7–9 is supposed to be summarizing a *definition*. Rather, I suggest, the lines contain what is, in effect, the conclusion of 1028b36–1029a2 – the lines discussing the candidacy of the subject (*hypokeimenon*). And here, as we shall see, there are a number of propositions involved. Thus, it is possible that the intended target of the reductio is not (S) but rather a proposition or set of propositions that lead to it.

So let us take a closer look at Aristotle's opening discussion of the subject (*to hypokeimenon*). It is first characterized at 1028b36–37, where Aristotle says "the subject is that of which other things are predicated while it itself is not further predicated of the others." This is usually read as:

11. x is a subject $\equiv (y)(y \neq x \rightarrow y$ is predicated of x & $\neg (\exists z)(x$ is predicated of $z)$).

The subject is to be investigated first, Aristotle immediately adds, "for what most seems (*dokei*) to be substance is what primary underlies" (1029a1–2). Write this as:

12. x underlies y primarily $\rightarrow x$ is the substance-of y.

If (12) is the reason for investigating the subject, as characterized in (11), then Aristotle clearly assumes (relative to whatever modality is introduced by '*dokei*' in 1029a1):

13. $(x)(y)(y \neq x$ & y is predicated of x & $\neg$ $(\exists z)(x$ is predicated of $z) \to x$ underlies y primarily).

Proposition (13) is more than nominally unlucky. Its antecedent is too strong to be satisfied by anything. There is nothing that is the subject for everything that is different from it – not Socrates, not Secretariat, not the Eiffel Tower. But its antecedent comes directly from (11), the usual reading of the definition of a subject. So this must be replaced in favor of:

11a. $(x)(x$ is a subject $\equiv (\exists y)(y \neq x$ & y is predicated of $x)$ & $\neg$ $(\exists z)(x$ is predicated of $z))$.

With (11a) we get a natural replacement for the assumption in (13), namely:

13a. $(x)(\exists y)(y \neq x$ & y is predicated of x & $\neg$ $(\exists z)(x$ is predicated of $z) \to x$ underlies y primarily).

In short, to underlie something primarily it is sufficient for a subject to have something predicated of it and to be itself predicated of nothing.

Proposition (13a) appears to take us deep into *Categories* country. For it means, among other things, to exclude interim subjects as candidates for what underlies primarily, e. g., *man* as underlying *animal*. Thus, it appears to reject anything like secondary substances as the primarily underlying entities. So if (13a) or (11a), the definition of the subject that presupposes it, is the subject of Aristotle's reservations in 1029a9–10, then the *Categories'* account appears to come under fire. This, again, appears to threaten any account favoring the compatibility of the *Categories* and *Metaphysics* Z.

So what are the prospects for a compatibilist reading of the reductio section of Z 3? Aristotle makes no bones about the fact that primary substance cannot turn out to be matter, and it is equally clear that some proposition or set of propositions appears to lead to this unattractive result and so must be given up. But which proposition or propositions is hardly obvious, as the two accounts just examined make clear. Most importantly, can an account of this sort be given that is not incompatible with the compatibility of the *Categories* and *Metaphysics* Z?

Most interpreters take the culprit to lurk in 1028b36–37, which they take to characterize a subject as that of which *every-*

thing else is predicated.[13] Roughly, the idea would be that nothing but matter could conceivably play this role because only of matter can we conceivably suppose that everything else is predicated. There is no denying the appeal of this suggestion. But it requires an unalloyed reading of the passage, namely, (11). However, 1028a36–37, the text backing (11) reads, "the subject is that of which *others* (*ta alla*) are predicated ..." This may be taken to say only that the subject is that of which *something* else is predicated. This is just our preferred reading (11a), which does not inspire such global confidence in the claims of matter. Still, (11a) somehow combines with (12) and (13a) to give:

14. x is a subject $\longrightarrow$ x is the substance-of (whatever it underlies),

and, on the assumption that the substance-of an item just is primary substance,

14a. x is a subject $\longrightarrow$ x is primary substance.

So being a subject (*hypokeimenon*) appears to entail being a primary substance. Thus, if the reductio establishes that the subject of (14a) must be identical with matter, it establishes that matter must be primary substance. Alternatively, if it establishes that matter has the best claim to be the subject of (14a), then it establishes that matter has the best claim to be primary substance. Moreover, with (14a) we finally arrive at a proposition that *is* contained in 1029a7–9, for given the definition of a subject in (11a), (14a) is equivalent to:

14b. $(x)(\exists y)(y \neq x$ & y is predicated of x & $\neg$ $(\exists z)(x$ is predicated of $z) \longrightarrow x$ is a primary substance,

and, strengthened to a biconditional, (14b) gives the proper reading of (S). The stronger reading favored by Lewis, (S*), does not. Further, we get (14a)/(14b) by using three propositions, none of which explicitly connects primary substantiality with primary subjecthood. This connection, which invites the reductio, is gotten as a conclusion. So if we wish to break the connection, we must give up at least one of the propositions that generated it, namely, (11a), (12), or (13a).

It will be useful to begin with some observations about the key propositions themselves: (11a) contains a definition of the

13 For example, as we have seen, Lewis (1991) 274.

subject (*hypokeimenon*) as what is a subject and never a predicate; (13a) links this notion of a subject to that of a *primary* underlying thing; and (12) links primacy of this sort to the notion of substance-of and, hence, to primary substance itself. This is the situation when we arrive at 1029a7–10, a passage that bridges the discussion of the subject with the reductio section of the chapter:

> We have now said what sort of thing substance is, that it is not (predicated) of a subject but the other things (*ta alla*) are predicated of it. But it cannot be left just like this (*dei de mê monon houtôs*), for this is not adequate (*ou gar hikanon*) because it itself is unclear (*auto gar touto adêlon*) and, further, on this view, matter becomes substance (*hê hylê ousia gignetai*).

The first sentence does not merely reiterate, as is widely assumed, the definition of the subject given at 1028b36–37, namely (11a). Assuming that the underlined expressions all refer back to the contents of the first sentence, Aristotle appears to be voicing a worry less about (11a) than about (14a)/(14b).

In fact, Aristotle states the worry three times in Z 3. In addition to 1029a9–10, we have

1029a18–19: therefore, matter alone would appear to be substance to those who look at things this way,

and

1029a26–27: proceeding, then, from this, it follows that matter is substance.

Is *what is unclear* in the first passage (a9–10) the same as *the way things are looked at* in the second (a18–19) and the same as *that from with it follows* in the third (a26–27)? One reason to think so is that 1029a7–10 asserts that the formulation that is inadequate is so because it is unclear *and* makes matter substance. So it would seem that this is also what in a18–19 and a26–27 is responsible for matter turning out to be substance. Now, of course, it is true that a18–19 says that matter *alone* would appear to be substance, whereas the other two passages press only the weaker claim that matter is substance. As we have seen, Frede/Patzig make much of this in urging that Aristotle wants to retain a subject criterion for substance and that he does so by granting that matter, form, and the compound are all subjects (the matter and the compound to be excluded as primary substance by other arguments). This is preserved by the weaker claim in a9–10 and a26–27. The stronger claim of a18–19, however, would appear to exclude all but matter as the ultimate subject. Thus, the subject condition appears to promote matter as primary substance and this, in turn, would recommend repeal of subjecthood as the criterion for substantial primacy. Frede/Patzig reject this course because, although the primary substance of *Metaphysics* Z is form, it remains, as in the *Categories*, the subject of accidents. Thus, they find the strong claim of a18–19 to be derived not from the Aristotelian thesis (11a), but from a Platonist gloss. In this way, the *Categories'* subject criterion for primary substance remains intact.

As already indicated, we take a line on the reductio section closer to that of Lewis. In particular, we take all three occurrences of A1's conclusion (a10, a18–19, a26–27) to contain the strong claim that matter alone is substance. Indeed, we take this to claim that matter alone is substance in the primary sense. So, with Lewis, something more than a Platonist gloss is to be surrendered. But is it (11a) and, if so, is this tantamount to giving up the *Categories'* criterion for primary substance?

Recall that something's being a subject entailed its being primary substance (in [14a]/[14b]) on assumption of (11a), (12), and (13a). The unacceptable claim that matter alone is primary substance is gotten by adding to (14a)/(14b), the proposition that matter is the primary underlying thing. This is what the reductio section's stripping away was meant to establish. But the stripping away does not by itself establish that matter alone is primary substance. It requires (14a)/(14b) and (14a)/(14b) follows from three other propositions. Moreover, only one of these, namely, (11a), pretends to define what a subject is. Thus, Aristotle could avoid the reductio's conclusion by giving up (12) or (13a) rather than (11a).

Now I think Aristotle does give up (11a) in the *Metaphysics* but only as it is usually understood. Z 13, for example, distinguishes two sorts of subjects. One subject, call it the subject₁, is a this (*tode ti*) and underlies in the way that an animal under-

lies its properties. The other subject, the subject$_2$, underlies as
matter underlies the animal (what Aristotle calls the complete
reality). Assuming that neither of these is a subject of which
the other is predicated, we appear to have two irreducibly different kinds of subjects. Thesis (11a), on the other hand, does
not register this distinction. It says just that something is a
subject if, and only if, something is predicated of it and it is
predicated of nothing. However, this is compatible with the
subject$_1$-subject$_2$ distinction. Indeed, as I read (11a), both a
'this' such as Socrates and matter qualify as subjects. They
would simply be subjects for different kinds of items, none of
which they are predicated of. So, *pace* Lewis, subject monolithicity is not necessarily built into (11a), nor, thus, into its presupposition, (13a).

Furthermore, it is not obvious anyway that (11a) gives the
Categories subject criterion for primary substance. Bostock
(75) takes 1028b36–37 to be "precisely the definition of 'primary substance' that is given in the *Categories* (2a11–14)." But
the latter is usually understood as a purely negative specification: x is a primary substance if, and only if, x is neither present
in nor said-of a subject. In particular, there is no provision for
the positive point that there is something that x underlies. Of
course, there are other grounds for holding this in the *Categories*, but these are independent grounds. My point is simply
that the positive point is not part of the specification of a primary substance.[14] But it is part of (11a) and so we cannot be
certain that (11a) means to give the specification of primary
substance from the *Categories*, as Bostock construes that.
There is an additional nuance to tease out. In the *Categories*
the notions of predication and underlying come apart in the
following way. Not everything that has an underlying subject
is predicated of that subject. Thus, items that are neither
present in nor said-of a subject have primary substances as
their underlying subjects, indeed, they cannot exist without

---

14 Insistence on the purely negative specification has philosophical punch.
For it allows the system of categories to accommodate entities that have no accidents, should there be such. Indeed, it is arguable that the unmoved mover
and its kind are precisely such entities.

them. But because they are particulars,[15] these items are not predicated of the subjects they are present in. Thus, the *Categories* countenances two kinds of strict subjects,[16] only one of which is an ultimate subject. As we have seen, thesis (11a) can be held satisfied by two irreducibly different kinds of subjects – subjects₁ and subjects₂. But the items that these subjects underlie are also items that are predicated of them: Socrates, a this, underlies pallor, which is predicated of him, and form is predicated of matter, which underlies it.

It is, thus, not entirely obvious that (11a) is a mainline *Categories* thesis. Thus, even were it the target of the reductio, it is not clear that the *Categories* comes under direct attack. Moreover, it is no longer clear that there is much objectionable in (11a). Thus, it is not entirely reckless to hazard the thought that the reductio section of Z 3 takes aim, not on (11a), but on (12). For one thing, it is only (12) that even mentions primary substance. More dramatically, failing (12), the reductio establishes nothing at all about primary substance. This, of course, is subject to the assumption that to be the substance-of something is to be its primary substance. For the moment I shall leave this unargued.

There is a decided advantage to our proposal. It allows us to apply much of Lewis's version of the reductio *without* being committed to subject monolithicity as its target. For we can regard Aristotle as proceeding, first, with stripping of those attributes which pertain to the subject₁ and, then, proceeding to strip this subject of features that are more deeply connected to it. This results in a "deeper" subject, namely, matter or the subject₂. And nothing here requires that one of these subjects be predicated of the other. So (11a) is still in force. How, exactly, might this work? First, we must assume, reasonably, that the reductio invokes two stages of stripping and that they are more or less independently applied. Note, then, that in the second stage of stripping, not form proper, but length, breadth, and depth are what get stripped so as to

---

15 As Wedin 1993 argues.
16 That is, something that is never a predicate but only a subject. See further Chapter III of Wedin In-Progress.

leave only matter. So we need to further assume, what also seems reasonable, that what remains with length, breadth, and depth, after the first stage of stripping, is a *tode ti* and that, although they are not form, proper, length, breadth, and depth determine the shape of the *tode ti*. So if, with 1029a4–6, we allow that the shape is also the form, then, perhaps, stripping the shape-determining features of a thing will amount to stripping away its form and so give us in the end nothing more than something that underlies as matter, namely, the subject$_2$. As far as I can tell, nothing in this account calls for a rejection of anything in the *Categories*. What, if anything, ought to be rejected is the proposition that what you get at the end of all this is primary substance. No such thing is gotten because matter could not conceivably be the *substance-of* the *tode ti* that was the original target of the stripping operation. And this is just to recommend that (12) be given up.

Another reason for focusing the reductio on (12) is the fact that in *Metaphysics* Z the primacy enjoyed by primary substance turns out to be a kind of structural primacy that is quite different from the more standard ontological brand familiar from the *Categories*. I take this up elsewhere.[17] But something should be said here about the "auxiliary" argument at 1029a20–26, for some will find it less than hospitable to our compatibilist leanings, in particular, to our claim that Z 3 champions the candidacy of form because form has the best claim to be the substance-of c-substances.

The Auxiliary Argument

To the main argument of the reductio section, Aristotle attaches the following passage:

> (T1) By matter I understand what is not, in its own right, said to be something (*ti*) or a quantity or any other thing by which being is made determinate (*mête allo hois hôristai to*

---

17 Wedin In-Progress, Chapter VI.

on); for (T2) there is something of which each of these is predicated, whose being is different from that of each of the predicates (*hôi to einai heteron kai tôn katêgoriôn hekastêi*); for (T3) the other things are predicated of substance and substance is predicated of matter. So (T4) the last thing is not, in its own right, something or a quantity or any other thing (*hôste to eschaton kath' hauto oute ti oute poson oute allo ouden estin*).

Although most commentators agree on the presence of an argument in these lines (the "auxiliary" argument), there is considerably less agreement on its precise shape or its force. Lewis (1991) locates it mainly in (T2) and (T3) and takes it to support A1's stand against matter alone (for him, prime matter) as substance. His reading of (T2) – "There is something, namely, (prime) matter, of which each of the predicables from all the different categories is predicated" – suggests for the conclusion of A2,

15. $(\exists x)(y)(x$ is matter & y is substance $\lor y$ is a nonsubstantial categorial item $\rightarrow y$ is predicated of x).

However, (15) is pretty clearly false. There simply is no bunch of matter, prime or other, of which everything else is predicated. So we are probably better off with:

15'. $(y)(y$ is substance $\lor y$ is a nonsubstantial categorial item $\rightarrow (\exists x)(x \neq y$ & x is matter & y is predicated of x)),

which reverses the effect of the (15)'s quantifiers and requires only that every categorial item be predicated of some matter or other.

However, it is difficult to see how (15) follows from anything in (T3). For (T3) contains

16. $(x)(x$ is a nonsubstantial categorial item $\rightarrow (\exists y)(y$ is a substance & x is predicated of y),

and

17. $(z)(z$ is [a] substance $\rightarrow (\exists u)(u$ is matter & z is predicated of u)),

and these entail nothing stronger than

15''. $(y)(y$ is substance $\lor y$ is a nonsubstantial categorial item $\rightarrow (\exists x)(x \neq y$ & y is predicated of x)).

Proposition (15''), however, says nothing about everything being predicated of matter; in effect, it requires only that everything be predicated either of matter or of substance.

So getting (15') from (16) and (17) will require something more. Where 'x' ranges over nonsubstantial categorial items, 'y' over substantial items, and 'z' over bunches of matter, a transitivity principle of the following sort might be thought to work:

18. $(x)(y)(z)(x$ is predicated$_1$ of y & y is predicated$_2$ of $z \rightarrow x$ is predicated$_3$ of z).

Roughly, the idea behind (18) is that if any nonsubstantial item is predicated of a substance and if every substance is predicated of a bunch of matter, then every categorial item will be predicated of some bunch of matter. This gives a perfectly good sense to the claim that everything will be predicated of matter. But the point of the argument is hardly clear. For one thing, if read as an argument, A2 is probably meant to afford some kind of support to A1 and so should have the force of a reductio.

This raises the question of what A2 could be targeting for rejection. I shall get to this in a moment but a prior question concerns the very soundness of the argument. For if Aristotle holds both (16) and (17) and yet denies (15), then he had better find something wrong with the inference. Although I shall shortly suggest that (18) is at fault, some have proposed versions of the argument in which (18) is true. And some of these readings of (18) are incompatible with our claim that *Metaphysics* Z 3 picks out form as the best candidate for substance on the grounds that it is the substance-of c-substances. So we need to look at them.

Bostock gives a decidedly incompatibilist reading of A2. On his view, (16) and (17) entail (15') precisely because the range of 'z' in (17) is limited to c-substances such as Socrates and Secretariat: "… what the *Categories* calls a primary substance – a particular man, or horse – is not after all an ultimate subject; no doubt other things are predicated of it, but *it* must be predicated of something further, namely its matter."(78) This is incompatibilist because it claims that A2 attacks a central proposition of the *Categories*, namely, the proposition that primary substances are ultimate subjects. This, presumably, is the Bostockian reading of (15'). But, as we point out else-where,[18] the *Categories* claims only that primary substances are the ultimate subjects for every (*other*) *categorial* item; and nei-ther matter nor form are categorial items at all, that is, items that must be available in the underlying ontology for specify-ing the truth conditions of standard categorial predications.

The last response notwithstanding, Bostock must assume that Aristotle is *committed* to the alleged consequence, (15'), and, thus, presumably, to the argument for it. This, in turn, demands Aristotle's allegiance to the transitivity principle, (18). But (18) presupposes, first, that predication$_1$, predica-tion$_2$, and predication$_3$ are the same, or at least that they will support the required transitivity, and, second, that the sub-stance of which nonsubstantial categorial items are predi-cated$_1$ is the same as the substance that is predicated$_2$ of mat-ter.

The first presupposition is not obvious, for the tie between an accident and its subject is rather different from that hold-ing between substance and its matter – regardless of how "substance" is construed. The second presupposition, that the substance of accidents is also the substance that is predicated of form, is scarcely plausible. Because, for Bostock, the first is a *Categories* primary substance, or c-substance, so must be the substance that is predicated of matter. The worry is not just that this threatens our view that Z 3 promotes the candidacy of form as the substance-of things. The trouble, mainly, is a complete lack of evidence that Aristotle would entertain *pred-ication* of Socrates, Secretariat and the like. Proscription of this goes well beyond the *Categories*. So Bostock makes Aris-totle jettison a *Categories* doctrine by use of a thesis that he holds neither early nor late. Admittedly, Bostock (79) does suggest that one might "resist Aristotle's argument" by distin-guishing between predication (predication$_1$) and constitution (predication$_2$). But this will hardly help because the latter still must catch the notion of Socrates being predicated of his mat-

18 Wedin In-Progress, Chapter IV, especially "An Argument for Outright Incompatibility."

ter and this is no less suspect a notion for being glossed in terms of constitution (i. e., Socrates being constituted by his matter).

In effect, Bostock reads (17) in terms of (16), as a way of getting a uniform reading for "substance" in (18). On the other hand, one might try to save the inference by letting (17) fix the sense of "substance" as form and insisting that just as the substance predicated₂ of matter is form, so also is the substance of which nonsubstantial categorial items are predicated₁. This might be agreeable to incompatibilists who, like Frede/Patzig, urge that *Metaphysics* Z rejects the *Categories* view that concrete particulars are the subjects of accidents and awards this role to their forms.[19] On this view, however, (18) gets a uniform reading at a rather high price, namely, by requiring that form itself be a subject for nonsubstantial categorial items, i. e., accidents. However, so far from being a requirement, there is reason to think that Aristotle rejects this sort of subjecthood for forms. If so, this attempt to wrest a valid argument out of A2 is hardly better off.[20]

Attempts to save the argument of A2 by finding a uniform reading of (18) are, I think, bound to fail. This should not be surprising in light of the fact that A2 supports the reductio argument A1 and, hence, should tell against its conclusion that matter (alone) turns out to be substance (what I am calling MAT). It is, however, not exactly clear how the line of support runs, for, as the alleged conclusion of A2, (15') says only that every categorial item is predicated of some matter.

Now it may be that Aristotle simply leaves it to the reader to make the further inference that matter (alone) turns out to be substance. However, there are two points of concern about this. First, A2's alleged conclusion, (15'), that everything is predicated of matter, could not support the claim that matter is substance because (15') is entailed by the premises that accidents are predicated of substance and that substance is predicated of matter. If "substance" is here read univocally, then

---

19 I hasten to add that Frede/Patzig do not explicitly make this connection to A2.

20 I say more on this in Wedin In-Progress.

the claim that matter is substance has, in effect, been excluded in the premises. Moreover, more finely drawn distinctions will not help so long as we insist on a uniform reading of "substance" in the premises. Thus, Bostock's reading of "substance" as the compound in both premises allows that the conclusion of A2 might support MAT, even were the latter is taken to say that matter is substance in the sense of form. And reading "substance" uniformly as form would allow that MAT be taken to say that matter is substance in the sense of the compound.

Surely, these are meant to be excluded and so it would be preferable to find a version of the argument that allows neither – even as "formal" possibilities. This is easily accomplished, of course, by giving up uniformity. Thus, let the substance mentioned in (16) be the compound and that mentioned in (17) be the form. Besides making (16) and (17) true, this refocuses attention on the transitivity principle itself as the flaw in A2. And well it should. For, arguably, there is no substance, y, such that an accident, x, is predicated of y and y is predicated of some matter, z. Yet this was required by (18). This suggests that one point of A2 is to underscore that there is nothing that is the subject of everything. The point is correct but to properly understand its force in A2, it will be useful to have in hand the second point of concern.

It is this. If Aristotle's strategy in A1 is to argue (even for purposes of reductio) that matter turns out to be substance, then, A2 is not, as Bostock (78) suggests, an entirely independent argument for the same conclusion as A1. For A2 ends with the weaker (15'), and so requires a premise from the outside in order to match A1's result. This additional premise is none other than the proposition that, we have argued, is the main target of the A1 reductio itself, namely, (12), that what most seems to be substance is what primarily underlies. The fact that this is absent entirely from A2 suggests that the auxiliary argument is not, after all, meant to be an additional stand-alone reductio having the same force as A1. Certainly, it is not a stand-alone set-up argument for MAT. Neither, however, can A2 take aim at (15), which I have so far entertained as an "alleged" consequence only.

So how does A2 support A1? Recall, first, that it is situated between two statements of MAT, A1's unacceptable consequence that matter (alone) is substance. This consequence followed from A1's two-stage stripping operation. Although the operation does provide some clues, Aristotle apparently feels the need to give us an explicit statement of what he understands by "matter" in A1 and, more particularly, in its consequence, MAT. Admittedly, it would be natural to provide a remark to this effect simply in the interests of clarity, and, indeed, he may be doing just this when he explains, at (T1) of 1029a20–26 (the text containing A2),[21] that matter will not have any determinate properties in its own right. But Aristotle goes on to give reasons for his reading of matter and this may involve something more. In particular, I suggest, he may wish to contrast matter with what has, not just determinate properties, but determinate *categorial* properties, where the latter is a property something has by virtue of being or having an item from one of the categories. Thus, he wishes to make clear that the thesis to be rejected is the thesis that the matter (alone) of a c-substance is the substance-of the c-substance. This is entirely appropriate given our view that *Metaphysics* Z 3 weighs the claims of a thing's matter, its form, or the compound of its matter and its form to be the substance-of the thing.

How is this reflected in the text? Notice, first, that (T2), gives a reason for (T1), namely, that each categorial property is predicated of something whose being is different. Then we get (T3), which contains the "argument", A2. Now A2 is introduced by a *gar*-clause and so is meant to be a reason for something but not, we have seen, a reason for (15), let alone a set-up argument for MAT. Rather, A2 gives the grounds for (T2)'s claim that there is something that each categorial item is predicated of and whose being is different from its. That part of A2 we have labeled (16) establishes the claim for non-substantial categorial items. The part labeled (17) establishes it for substance. On the basis of (T2) and (T3), then, Aristotle feels justified in moving to (T4) and, with this, he has ex-

---

21 Quoted at the beginning of this section, page 65 above.

plained, finally, why he understands matter in the manner of (T1).

This reading of 1029a20–26 has a distinct advantage: it does not require A2 to contain an argument that presupposes a uniform reading of substance in (16) and (17). Therefore, A2 no longer needs to rely on a suspect transitivity principle like (18). This does not, however, exempt us from showing how (16) and (17) manage to explain why Aristotle takes matter to be what has no categorial property in its own right. For (16) opposes nonsubstantial categorial items to substance (the compound) and (17) opposes substance (the form) to matter. In short, it is only in (17) that matter gets opposed to something. But this is only a surface worry. For surely the upshot of (16) is that for a nonsubstantial categorial item to be predicated of a substance compound is (by T2) for such an item to have a kind of being different from that of the compound and, thus, we may presume, from that of its constitutive components, namely, form and matter. Proposition (17) then secures the same point for the form and matter themselves. With the first, the matter has been distinguished from the nonsubstantial categorial items and, hence, is not a quantity, or any other such item; with the second, the matter has been distinguished from the form and, hence, is not a *ti*.[22] Thanks to the form Socrates may be a certain thing (*ti*) in his own right, say, a man. But this benefit does not extend to "the last thing," i. e., to his matter, which in its own right is not a *ti* of any kind. And this is just what (T4) reports.

Having explained what he understands by matter (and why), Aristotle provides the lower bound to the auxiliary passage by reiterating that for those who have argued in a certain way it turns out that matter (alone) is substance. This is just A1's unacceptable consequence, MAT. Notice that Aristotle does not represent MAT as following independently from A2 or anything else in the auxiliary passage. So the auxiliary passage is an explanatory gloss. It is not, however, merely a gloss.

22 An additional attraction of this reading of 1029a20–26 is that it treats (16) and (17) as issued more or less independently, thus, paralleling the two-stage stripping operation in A1. For there, too, the stages are applied independently.

In light of the auxiliary argument, we know that MAT concerns the matter of a c-substance and from what has come earlier in Z 3 we know that matter, form, and the compound are competing for the title of the substance-of c-substances. Thus, MAT is to be understood as the claim that the matter (alone) of a thing is the substance-of that thing. So the explanatory gloss constrains the notion of matter operative in the main reductio to the notion invoked earlier in Z 3, where matter is one of three things that the subject (*hypokeimenon*) might be said to be (along with the form and the compound). No less than at the outset of *Metaphysics* Z 3, then, the reductio argument shows Aristotle to be firmly focused on the question of what internal feature of a *Categories* primary substance could be its substance. Hence, as with the rest of Z 3, the so-called auxiliary argument remains resolutely compatibilist.

Bibliography

Burnyeat, M. Unpublished, Sketch for, Signposts in, and a Map of *Metaphysics* Z.

Gill, M. L. 1989, Aristotle or Substance. The Paradox of Unity, Princeton.

Lewis, F. 1991, Substance and Predication in Aristotle, Cambridge.

Loux, M. 1991, Primary Ousia, Ithaca.

Ross, W. D. ²1928, trans. *Metaphysica*. The Works of Aristotle. Vol VIII, Oxford.

Wedin, M. V. 1993, Nonsubstantial Individuals, in: Phronesis 38, 137–165.

– In-Progress, Word and Object in Aristotle.

3

Hermann Weidemann

Zum Begriff des *ti ên einai* und zum Verständnis von *Met.* Z 4, 1029b22–1030a6

Am Anfang des dritten Kapitels des Buches Z seiner *Metaphysik* weist Aristoteles darauf hin, daß man, wenn man von der *ousia* einer Sache (d. h. von ihrem Wesen) spricht, damit mindestens vier verschiedene Dinge meinen kann, nämlich das *ti ên einai*, das Allgemeine, die Gattung und das Zugrundeliegende (vgl. 1028b33–36). Dem Wesen einer Sache, insofern damit ihr *ti ên einai* gemeint ist, sind die Kapitel 4–6 von *Met.* Z gewidmet. Ich werde mich im vorliegenden Beitrag darauf beschränken, zwei Abschnitte aus dem vierten Kapitel zu interpretieren, nämlich den Abschnitt 1029b22–1030a2 und den unmittelbar auf ihn folgenden Abschnitt 1030a2–6. Meiner Interpretation dieser beiden Passagen werde ich einige Überlegungen zur Konstruktion des Ausdrucks *to ti ên einai* vorausschicken, deren Ergebnis eine neue Deutung dieses Ausdrucks sein wird.[1]

---

1 Im Anschluß an Bassenge (1960a, 14) verwende ich für die Worte *ti ên einai* im folgenden in der Regel die Abkürzung *têe*. Griechische Ausdrücke werden im vorliegenden Beitrag auch dann transkribiert, wenn sie Bestandteil eines Zitats sind, dessen Autor griechische Buchstaben benutzt. Übersetzungen aus dem Griechischen ins Deutsche stammen, soweit nichts anderes angegeben ist, von mir.

I

Die Frage, wie dieser „umstrittenste, dunkelste, um nicht zu sagen groteskeste, Ausdruck der aristotelischen Begriffssprache" (Schmitz 1985, 13) genau zu verstehen ist, kann trotz der zahlreichen Versuche, die bereits unternommen wurden, eine Antwort auf sie zu finden, bis heute nicht als befriedigend geklärt gelten. Von den Teilfragen, in die sie sich zerlegen läßt, dürften zumindest zwei allerdings kaum mehr strittig sein, nämlich diejenige, die nach der Funktion des Pronomens *ti* („was?"), und diejenige, die nach der Funktion des Imperfekts *ên* („war") fragt: Das Pronomen *ti* fungiert in dem Ausdruck *to tê* nicht etwa als unbestimmtes Relativpronomen, sondern als Fragepronomen (vgl. Bassenge 1960a, 202–205; Liske 1985, 261; Schmitz 1985, 15), und das Imperfekt *ên* ist nicht etwa in irgendeinem metaphysischen Sinne zu deuten, sondern hat als das von Ross (I 127) so genannte „philosophische Imperfekt" lediglich die Aufgabe, das Zurückkommen auf etwas bereits Gesagtes auszudrücken (vgl. Bassenge 1960a, 25–47; Buchanan 1962, 30–33; Liske 1985, 261; Schmitz 1985, 13 f.; Frede/Patzig II 35).[2]

Was das Problem betrifft, ob der Artikel *to* nur den Infinitiv *einai* oder die Frage *ti ên einai?* substantiviert, ob es sich bei dem Ausdruck *to tê* also um ein „substantiviertes *einai* mit

---

2 Dem von Sonderegger unternommenen Versuch, das philosophische Imperfekt als „eine Erfindung ad hoc" zu entlarven, die „in keiner Weise eine sprachliche Realität widerspiegelt" (1993, 157), liegt ein Mißverständnis zugrunde. Um Vorkommnisse dieses Imperfekts zu finden, muß man nicht etwa, wie Sonderegger zu unterstellen scheint (vgl. 1993, 157–160), nach Wendungen der Form „Es verhält sich, wie wir bereits *sagten*, so und so" suchen, sondern nach Wendungen der Form „Es *verhielt* sich so und so", die solche Wendungen abkürzen, in denen der Gebrauch des Imperfekts also eine „elliptische attractio temporis" (Bassenge 1960a, 32) ist. Das philosophische Imperfekt steht, mit anderen Worten, „brachylogisch statt des mit einer Zurückdeutung auf die Vergangenheit verbundenen Präsens. Statt ‚es ist, wie sich gezeigt hat' (…) sagt Arist. häufig *ên*" (Schwegler 1848, IV 373). Sondereggers Behauptung „Das fragliche *ên* ist also ein lexikalisches, kein grammatisches Problem, weil keine anderen Verben bei Aristoteles oder anderen Philosophen dieses ‚philosophische Imperfekt' zeigen" (1993, 157 f.) wird durch *An. pr.* I 6, 28b20 (*hypêrchen*) und I 7, 29a34 (*eperainonto, epoiei*) widerlegt.

zwischengeschobener näherer Bestimmung" (Bassenge
1960a, 19) handelt oder um eine „substantivierte Frage"
(ebd.), so vertritt Bassenge die Auffassung, daß ersteres der
Fall ist, und zwar unter anderem deshalb, weil man seiner
Meinung nach dann, wenn man annimmt, letzteres sei der
Fall, nicht erklären kann, „weshalb vor *einai* der bestimmte
Artikel fehlt" (1960a, 20). Das Fehlen des bestimmten Artikels vor *einai* wäre nach Bassenge unter der Voraussetzung,
daß der Ausdruck *to têe* als eine substantivierte Frage aufzufassen wäre, „für Aristoteles ganz ungewöhnlich und um so
auffallender, als insbesondere die Dativ-Ausdrücke" – d. h. die
mit dem Ausdruck *to têe* sachlich eng zusammenhängenden
Ausdrücke des Typs *to anthrôpôi einai* – „fast immer den bestimmten Artikel haben" (ebd.; vgl. auch Bassenge 1963, 512).
Diese Schwierigkeit scheinen bereits die antiken Aristoteles-
Kommentatoren Alexander von Aphrodisias und Ammonios
Hermeiou gesehen zu haben, die bei dem Versuch, den Sinn
der substantivierten Frage, die der Ausdruck *to têe* ihrer Meinung nach darstellt, genau zu umschreiben, den Infinitiv *einai*
mit dem Artikel *to* versehen. Die Frage *ti ên einai?* ist nach
Ammonios[3] im Sinne von *ti esti tôi pragmati to einai?* zu verstehen (*In de Int.* 11, CAG IV-5, S. 212, Z. 17 f.), d. h. im Sinne
von „Was ist für die (jeweilige) Sache das (zu ihr gehörige)
Sein?".[4]
   Frede und Patzig, die sich die Auffassung zu eigen machen,
„nach der es sich beim *ti ên einai* um eine Kurzformel für Ausdrücke wie ‚*ti ên tôi anthrôpôi anthrôpôi einai*' handelt, also für
Ausdrücke wie: ‚was es für den Menschen heißt, ein Mensch

---

3 Zu Alexander vgl. Buchanan 1962, 36, Anm. 18; Conde 1989, 87, 103–105.
4 Buchanan, der den Ausdruck *to têe* ebenfalls als die Substantivierung einer
in diesem Sinne zu verstehenden Frage auffaßt – nach ihm bedeutet der fragliche Ausdruck soviel wie "what the 'to be' [of something] was", "what it was
[for something] to be" oder "what the being [of something] was" (1962, 37 f.;
ähnlich Bostock 86) –, versucht sich das Fehlen des Artikels vor *einai* folgendermaßen zu erklären: "The *to* before *einai* is omitted in *to ti ên einai*, one may
suppose, in order to avoid an awkward repetition" (1962, 36, Anm. 18). Gegen diese Vermutung könnte man mit Bassenge (1960a, 20) einwenden, daß
der „Hinweis auf ein etwaiges Bedürfnis zur Abkürzung" als Erklärungsversuch wohl „kaum ausreichen" dürfte.

zu sein'" (II 34 f.; vgl. I 19), ignorieren die von Bassenge auf-
gezeigte Schwierigkeit einfach. Der Ausdruckstyp, für den
der Ausdruck *to têe* ihrer Ansicht nach eine Kurzformel ist,
scheint bei Aristoteles, wie Buchanan bemerkt (1962, 37,
Anm. 19), „nie vorzukommen". In denjenigen Ausdrücken,
die, wie z. B. der Ausdruck *ti estin autôn hekaterôi to zôiôi einai*
(„was es für jedes von beiden heißt, ein Lebewesen zu sein":
Cat. 1, 1a5.11), mit dem fraglichen Ausdruckstyp noch am
ehesten vergleichbar sind, versieht Aristoteles den Infinitiv
einai bezeichnenderweise mit dem Artikel (vgl. auch *PA* II 3,
649b22; *De An.* II 7, 419a9 f.).

Mit ihrer Deutung des Ausdrucks *to têe*, für den sie die
Übersetzung „das ‚Was es heißt, dies zu sein'" gewählt haben,
unterschätzen Frede und Patzig überdies das Gewicht der Argumente, die, wie Buchanan gezeigt hat (1962, 36–38), zugunsten der Annahme sprechen, daß in den mit diesem Ausdruck verwandten Dativ-Ausdrücken und folglich auch in
diesem Ausdruck selbst der Infinitiv *einai* nicht als ein durch
ein Prädikatsnomen zu ergänzendes, kopulatives *einai* aufzufassen ist, sondern als ein absolut gebrauchtes, existentielles
einai. Mit *to anthrôpôi einai* beispielsweise ist nicht das gemeint, was Frede/Patzig mit der Wendung „das ein Mensch
zu sein" (I 75) auszudrücken versuchen, sondern vielmehr
„das zum Menschen gehörige Sein" (Bassenge 1963, 509; vgl.
1960a, 16) oder „das dem Menschen eigene Sein" (Liske
1985, 263 f., Anm. 23).

In der Sicht Bassenges besteht zwischen den von ihm so genannten „Dativ-Ausdrücken" (1960a, 19; vgl. 1963, 509)[5] und
dem Ausdruck *to têe* nicht nur „der engste sachliche Zusammenhang" (1960a, 16), sondern insofern auch eine „grammatische Analogie" (1960a, 21), als es sich seiner Auffassung
nach in beiden Fällen um ein „substantiviertes *einai* mit zwischengeschobener näherer Bestimmung" (ebd.) handelt,

---

5 Die Einwände, die Schmitz (1985, 17 f.) gegen die Auffassung vorbringt,
nach der es sich bei dem Dativ dieser Ausdrücke um einen possessiven Dativ
handelt (vgl. Schwegler 1848, IV 371 f.; Bassenge 1960a, 16; Buchanan 1962,
36 f.; Liske 1985, 263 f.), vermögen diese gut begründete Auffassung nicht zu
widerlegen.

nämlich um ein substantiviertes *einai*, das durch ein zwischengeschobenes Nomen im Dativ näher bestimmt ist, im ersten Fall und um ein durch die zwischengeschobene Frage *ti ên* näher bestimmtes substantiviertes *einai* im zweiten Fall. Gegen die bereits von Tugendhat (1961, 705, Anm. 1) als „phantastisch" kritisierte Annahme Bassenges, daß in dem Ausdruck *to têe* die Worte *ti ên* als eine „zwischengeschobene Frage" (Bassenge 1960a, 204) aufzufassen sind, daß dieser Ausdruck also, wörlich übersetzt, soviel bedeutet wie „das – was war es? – Sein" (Bassenge 1963, 512; vgl. 1960a, 205), hat Schmitz mit Recht geltend gemacht: „Solch eine Parenthese zwischen Artikel und substantiviertem Infinitiv käme einem Gefasel, das entsteht, wenn der Sprecher beim Nennen einer Sache plötzlich nicht mehr weiß, wovon er redet, und sich deshalb unterbricht, bedenklich nahe. [...] Auch hatten die Griechen keine Gedankenstriche, die ihnen eine so künstliche Zerteilung der Formel durch Parenthese nahegebracht hätten" (1985, 16)

Mit Recht hat sich Schmitz auch gegen den von Sonderegger stammenden und von Isabel Conde aufgegriffenen Vorschlag gewandt, den Ausdruck *to têe* als einen substantivierten Infinitiv aufzufassen, in Verbindung mit dem die Frage *ti ên* die Rolle eines sogenannten „inneren Akkusativs" spielt, also dieselbe Rolle wie beispielsweise der Akkusativ „ein gutes Leben" innerhalb der Wendung „ein gutes Leben leben" (vgl. Sonderegger 1983, 34 f.; Conde 1989, 105 f.). Sondereggers Deutung des Ausdrucks *to têe*, nach der sich dieser Ausdruck mit „Das Sein – wie es in der Frage *ti ên?* gemeint ist" oder „Das Sein, als das, wonach wir in der Frage *ti ên?* fragen" wiedergeben läßt (1983, 35; vgl. 1993, 230), ist dem Einwand ausgesetzt: „Innere Objekte gibt es nur bei Vorgangsverben (leben, leiden, siegen, gehen usw.), nicht bei Zustandsverben wie ‚*einai*'; dieses Verb kann einen inneren Akkusativ (‚ich bin ein Sein') so wenig tragen, wie man ‚ich saß ein Sitzen' (...) sagen kann" (Schmitz 1985, 16, Anm. 25).

Nicht minder berechtigt als die Kritik, die Schmitz an Sondereggers Versuch geübt hat, den Ausdruck *to têe* zu erklären, ist Sondereggers Kritik an dem von Schmitz unternommenen Erklärungsversuch. Schmitz, der es für „unglaublich" hält,

„daß durch den vorgesetzten Artikel ‚to' aus der Formel *têe* der
Infinitiv am Schluß herausgegriffen und substantiviert werden sollte" (1985, 17), schlägt „eine neue grammatische Konstruktion der Formel *têe*" (1985, 18) vor, bei der er sich auf
„die von Kahn so genannte ‚potential construction: *esti* + infinitive'" (ebd.) stützt (vgl. Kahn 1973, 292–296).[6] Diese „potential construction", die in Wendungen wie „… was nur einem, der es gesehen hat, zu wissen (möglich) ist" (Platon,
Theätet 201b7 f.) oder „… so daß es nicht herauszusetzen ist"
(Aristoteles, *Soph. El.* 22, 179a2 f.) vorliegt, glaubt Schmitz in
dem Ausdruck *to têe* so wiederzufinden, daß „an Stelle von
‚*esti*' das Imperfekt steht und ‚*einai*' der zugehörige Infinitiv
ist" (1985, 18). Das heißt: Der Ausdruck *to têe* ist seiner Ansicht nach als die Substantivierung der Frage aufzufassen, die
bezüglich einer gegebenen Sache in dem Sinne danach fragt,
was ihr zu sein war, daß sie danach fragt, „was zu sein für sie
in Betracht oder in Frage kommt, und zwar in bezug auf ihren
Platz in dem von Platon mehrfach (…) postulierten akademischen Universal-Inventar von Definitionen" (Schmitz 1985,
22). „Um einen allgemeinen Titel für die Antwort zu haben",
so Schmitz (1985, 19), „substantiviert Aristoteles die Frage:
‚Was war der Sache zu sein?' Die Blankoantwort lautet: ‚das
Was-war-der-Sache-zu-sein-?'."

Was gegen diese Deutung des Ausdrucks *to têe* spricht, ist
vor allem der Umstand, daß das Sein, das dieser Ausdruck bezeichnet, nicht ein einer Sache nur möglicherweise zukommendes Sein ist, sondern dasjenige Sein, das eine Sache aller-
erst zu der Sache macht, die sie ist, und das zu besitzen daher
für eine Sache heißt, als die Sache, die sie ist, zu existieren. Die
von Schmitz vertretene Ansicht, der Ausdruck *to têe* sei ein

6 Kahn selbst schließt sich der von Schmitz kritisierten Auffassung an, nach
der es sich bei dem Ausdruck *to têe* um einen substantivierten Infinitiv handelt,
der von dem ihn substantivierenden Artikel durch eine nähere Bestimmung
getrennt ist (vgl. 1978, 275 f., Anm. 60). Gegen diese Auffassung und für diejenige, nach der *to têe* als eine substantivierte Frage aufzufassen ist, hatte sich
ganz entschieden schon Aubenque ausgesprochen (vgl. 1962, 461 f.), den die
"systematic omission of the second *to*, which this view presupposes" (Kahn
1978, 276, Anm. 60) nicht zu stören scheint.

Fall der sogenannten „potential construction" und drücke somit „die bloße Möglichkeit" (1985, 22) aus, die mit dieser Konstruktion gemeint sei, fordert zu der von Sonderegger (1993, 160) mit Recht gestellten Frage heraus: „Ist das aber tatsächlich die Intention des Ausdrucks *to ti ên einai*, wenn die Wirklichkeit, nicht aber die Möglichkeit zu den Kriterien der *ousia* gehört (*Met.* H)?"

Da es bisher nicht gelungen zu sein scheint, eine allseits befriedigende Deutung des Ausdrucks *to têe* zu finden, sei hier ein neuer Versuch unternommen, die Frage nach dem Aufbau und der Bedeutung dieses Ausdrucks zu beantworten. Dem hier zur Diskussion gestellten Deutungsversuch liegt die Annahme zugrunde, daß sich Aristoteles bei der Bildung des Ausdrucks *to têe* einer Brachylogie bedient hat. „Die meisten Fälle der Brachylogie", heißt es in der griechischen Grammatik von Kühner und Gerth, „beruhen auf der Redefigur, welche die alten Grammatiker *schêma apo koinou* nennen, die überall da stattfindet, wo ein oder mehrere Wörter ganz oder teilweise in derselben oder in einer anderen Form aus dem Vorhergehenden oder Folgenden entnommen oder ergänzt werden können" (1904, II-2 560 f.). Ich gehe davon aus, daß im Falle des Ausdrucks *to têe* diejenige Spielart der Brachylogie vorliegt, die bei Kühner/Gerth folgendermaßen beschrieben ist: „Ein Wort, welches nur Einmal gesetzt ist, muss zuweilen zweimal gedacht werden" (1904, II-2 564). Nur einmal gesetzt, aber zweimal zu denken ist in unserem Falle das Wort *einai*, das man sich bereits zu *ti* hinzudenken muß. Mit Hilfe dieses *ti* wird also nicht, wie ich im Anschluß an Bassenge und Buchanan früher annahm (vgl. Weidemann 1982, 180 f.), danach gefragt, was das zu der Sache, um deren *têe* es geht, gehörige *Sein* ist (d. h. danach, worin das zu dieser Sache gehörige Sein besteht), aber auch nicht danach, was diese *Sache* ist, sondern vielmehr danach, *was zu sein* für diese Sache *schlechthin zu sein* (d. h. zu existieren) heißt. Der Ausdruck *to têe* ist meiner Ansicht nach die Substantivierung der zu *ti ên einai?* verkürzten Frage *to ti einai ên to einai?*[7], d. h. die Sub-

---

7 Zur Konstruktion dieser Frage vgl. Kühner/Gerth 1898, II-1 625 f. (§ 465, 2); 1904, II-2 521 (§ 588, 4).

stantivierung der Frage „Was zu sein hieß (für etwas),
(schlechthin) zu sein?", „Daß sie was ist, hieß (für eine Sache),
daß sie (schlechthin) ist?", wobei das philosophische Imperfekt zum Ausdruck bringt, daß sich bereits erwiesen hat, was
zu sein für die betreffende Sache zu sein heißt. Ich schlage daher als Übersetzung vor: „das Was(-zu-sein-für-etwas)-zu-
sein-heißt".[8]

Die Frage, was eine Sache ist, läßt mehrere Antworten zu,
von denen nach Aristoteles nur eine auch die Frage beantwortet, was zu sein für die betreffende Sache schlechthin zu
sein heißt, nämlich diejenige, die Auskunft darüber gibt, was
die betreffende Sache ihrer Definition gemäß ist. Nach
Aristoteles ist die Definition einer Sache der sprachliche Ausdruck für ihr *têe*: *estin ho horismos ho tou ti ên einai logos* (*Met.* Z
5, 1031a12; vgl. H 1, 1042a17). Somit ist das *têe* einer Sache
dasjenige Sein, das ihr ihrer Definition gemäß zukommt. Um
dieses „definitorische Sein", wie Bassenge (1963, 515) es
nennt, zu bezeichnen, substantiviert Aristoteles die Frage, die
danach fragt, was zu sein für eine Sache heißt, schlechthin zu
sein oder zu existieren.

Zwei Beispiele, die Aristoteles in *Met.* H 2 anführt, mögen
dies verdeutlichen. Definiert man eine Türschwelle als ein in
der und der Lage befindliches Stück Holz oder als einen in der
und der Lage befindlichen Stein (vgl. 1043a7 f.), so ist das *têe*
einer Türschwelle – Aristoteles nennt es „das zu einer Türschwelle gehörige Sein" (*to einai <oudôi>*[9]: 1042b27) – nicht
einfach das Sein, das für eine Türschwelle darin besteht, daß
sie ein Stück Holz oder ein Stein ist, sondern das Sein, das für
eine Türschwelle darin besteht, daß sie etwas ist – sei es nun
ein Stück Holz oder ein Stein –, das sich in der und der Lage
befindet (vgl. ebd.). Denn zu sein, d. h. als die Türschwelle,

8 Auf die Idee, den Ausdruck *to têe* in diesem Sinne zu deuten, scheint bisher
noch niemand gekommen zu sein. Bei der Durchsicht der einschlägigen Literatur – vgl. außer den bereits erwähnten Arbeiten Courtès 1964, Ralfs 1964,
Merlan 1966, Caujolle-Zaslawsky 1981 und Couloubaritsis 1981 – habe ich
einen Vorläufer oder eine Vorläuferin jedenfalls nicht finden können.
9 Vgl. zu dieser Konjektur den textkritischen Apparat der von Jaeger besorg-
ten Ausgabe.

die sie ist, zu existieren, heißt für eine Türschwelle nicht einfach, ein hölzerner oder steinerner Gegenstand zu sein, sondern vielmehr, ein in der und der Lage befindlicher hölzerner
oder steinerner Gegenstand zu sein. Entsprechendes gilt für
das zweite Beispiel. Definiert man Eis als in der und der Weise
fest gewordenes oder erstarrtes Wasser (vgl. 1043a9 f.), so ist
„das zu Eis gehörige Sein" (*to krystallôi*[10] *einai*: 1042b27 f.), wie
Aristoteles das *têe* von Eis nennt, nicht einfach das Wasser-
sein, sondern das In-der-und-der-Weise-erstarrtes-Wasser-
Sein von Eis. Denn zu sein oder zu existieren heißt für Eis ja
nicht einfach, Wasser zu sein, sondern vielmehr, Wasser zu
sein, das in der und der Weise erstarrt ist. Aristoteles kann daher, folgt man dem von Jaeger konstituierten Text, in *Met.* H 2
sagen, unter dem zu einer Türschwelle gehörigen Sein sei ihr
In-der-und-der-Lage-Befindlichsein zu verstehen und unter
dem zu Eis gehörigen Sein das In-der-und-der-Weise-
Erstarrtsein von Eis (*to einai <oudôi> to houtôs auto keisthai
sêmainei, kai to krystallôi einai to houtô pepyknôsthai*: ebd.).
  Wie jede Deutung des Ausdrucks *to têe*, die diesen Ausdruck
als eine substantivierte Frage interpretiert, so muß auch die
von mir vorgeschlagene Deutung, nach der es sich bei diesem
Ausdruck um die substantivierte Frage handelt, was zu sein
für etwas zu sein heißt, das Fehlen des Artikels *to* vor dem Infinitiv *einai* erklären können. Die Frage „Was zu sein heißt für
etwas, zu sein?" wird durch Sätze wie „Zu sein heißt für eine
Türschwelle, ein in der und der Lage befindliches Stück Holz
zu sein" oder „Zu sein heißt für Eis, in der und der Weise erstarrtes Wasser zu sein" beantwortet, also durch Sätze der uns
aus *Met.* H 2 bekannten Form „Zu sein heißt für etwas, das *F*
ist, *G* zu sein" oder „Das zu einem *F* gehörige Sein ist sein *G*-
Sein", wobei der Buchstabe „*G*" für die Definition des Begriffs steht, den der Buchstabe „*F*" vertritt. Sätze dieser Form
sind ebenso wie der ihnen entsprechende Fragesatz „Was zu
sein heißt für etwas, zu sein?" Identitätssätze, in denen sowohl
als Subjekt als auch als Prädikat ein substantivierter Infinitiv
fungiert. Im Griechischen gelten für solche Sätze zwei Re-

---

10 Vgl. zu dieser Lesart wiederum Jaeger.

geln, die in der Grammatik von Kühner und Gerth folgendermaßen formuliert sind: „Wenn das *Prädikat* [...] als etwas
logisch oder thatsächlich *mit dem Subjekte Identisches* darge-
stellt werden soll, so muss es den *Artikel* zu sich nehmen"
(1898, II-1 592). „Wenn aber das *Subjekt ohne Artikel* steht, so
muss auch das *Prädikat ohne Artikel* stehen" (1898, II-1 593).
Wenn Aristoteles bei den Sätzen, die die Frage, was zu sein
für etwas zu sein heißt, beantworten, sowohl den Subjekts-
infinitiv (*to einai <oudôi>*, *to krystallôi einai*) als auch den Prädikatsinfinitiv (*to houtôs auto keisthai*, *to houtô pepyknôsthai*) mit
dem Artikel versieht, bei der genannten Frage selbst hingegen keinen der beiden Infinitive, so befindet er sich in vollem
Einklang mit diesen beiden Regeln. Daß er in dem Ausdruck
to têe vor *einai* den Artikel wegläßt, liegt nach der von mir vorgeschlagenen Deutung dieses Ausdrucks also einfach daran,
daß er, wenn er das in der Frage *ti ên einai?* als Subjektsinfini-
tiv fungierende *einai* mit dem Artikel verbunden hätte, auch
den zu einem bloßen *ti* verkürzten Prädikatsinfinitiv *ti* (*einai*)
mit dem Artikel hätte verbinden und somit zu dem die genannte Frage als ganze substantivierenden *to* ein zweites *to*
hätte hinzufügen müssen, auf das dann vor *einai* ein drittes *to*
gefolgt wäre.[11] Daß er eine solche Häufung des Artikels (*to to
ti ên to einai*) vermeiden wollte, ist leicht verständlich.[12]

11 An der Stelle 1033a31–34 (*Met.* Z 8) befolgt Aristoteles zwar die zweite der
beiden oben genannten Regeln (Z. 32 f.), verstößt aber gegen die erste (Z. 31
f.). Im Falle des Ausdrucks *to têe* hätte er sich einen Verstoß gegen diese Regel,
der darin bestanden hätte, daß er anstelle der Frage *ti ên einai?* die Frage *ti ên
to einai?* substantiviert hätte, deshalb nicht leisten können, weil die zuletzt genannte Frage eine ganz andere Bedeutung hat als die zuerst genannte.
12 Was das genetische Verhältnis des Ausdrucks *to têe* zu den mit ihm verwandten Dativ-Ausdrücken betrifft, so bin ich mit Schmitz (1985, 19) der
Meinung, daß diese Ausdrücke und der Ausdruck *to têe* „Geschwister" sind,
und zwar in dem Sinne, daß aus Wendungen des Typs *to ti ên einai hekastôi* (*Met.*
Z 4, 1029b20; vgl. Z 6, 1031b7: *to ti ên ekeinôi einai*), in denen sie ihre gemeinsame Wurzel haben, „durch Abkürzung je nachdem, ob der allgemeine Fall
oder ein besonderer gemeint ist," der Ausdruck *to têe* oder ein Ausdruck des
Typs *to hekastôi einai* (*Met.* Z 6, 1032a5 f.) hervorgeht (vgl. auch Tugendhat
1958, 17).

II

Im vierten Kapitel von *Met.* Z, dem wir uns nun zuwenden wollen, geht es unter anderem um die Frage, ob einem Gegenstand auch insofern ein *têe* – also ein zu ihm gehöriges Sein – zukommt, als er unter Begriffe fällt, die sich aus Merkmalen verschiedener Kategorien zusammensetzen (vgl. *Met.* Z 4, 1029b22–27). Als Beispiel für einen Begriff, der zu verschiedenen Kategorien gehörende Merkmale enthält, führt Aristoteles den Begriff des weißen Menschen an und schlägt vor, als Bezeichnung für diesen Begriff das Wort „Mantel" zu wählen (vgl. 1029b27 f.). Auf die Frage „Was ist das zu einem Mantel gehörige Sein?" (*ti esti to himatiôi einai?*), die er anschließend formuliert (1029b28), läßt er einen Satz folgen, mit dem er, wie Ross wohl mit Recht annimmt, nicht selbst zu dieser Frage Stellung nehmen, sondern einen möglichen Einwand vorwegnehmen will (vgl. Ross II 169), nämlich den Satz: „Aber auch dieses (d. h. das zu einem Mantel gehörige Sein) gehört doch nicht zu dem, was von etwas als solchem ausgesagt wird!" (1029b28 f.)

Dieser Satz ist von der Beschreibung her zu verstehen, die Aristoteles vom *têe* am Anfang des Kapitels mit den Worten gegeben hat: „Das *têe* ist für etwas jeweils das, was von ihm als solchem ausgesagt wird (d. h. jeweils das, was von ihm als solchem wahrheitsgemäß ausgesagt werden kann oder ihm als solchem zukommt)" (1029b13 f.).[13] Wenn das Wort „Mantel" soviel bedeutet wie „weißer Mensch", läßt Aristoteles den Opponenten, dem er den fraglichen Satz in den Mund legt, einwenden, so bezeichnet der Ausdruck „das zu einem Mantel gehörige Sein" ebensowenig ein von etwas als solchem aussagbares Sein und damit ein *têe*, das diesen Namen verdient, wie der Ausdruck „das zu einem weißen Menschen gehörige Sein". Es hat also keinen Sinn zu fragen, was das zu einem Mantel gehörige Sein ist, da es ein solches Sein gar nicht gibt.

---

13 In Z. 14 ist das überlieferte *hekaston* entweder mit Bonitz und Jaeger in *hekastôi* oder mit Ross in *hekastou* zu verbessern (vgl. Ross II 168).

Aristoteles tritt diesem Einwand entgegen, indem er geltend macht, daß mit der Rede davon, daß etwas nicht als solches Gegenstand einer Aussage ist, zweierlei gemeint sein
könne[14], daß man die Worte „nicht als solches" (*ou kath' hauto*)
nämlich „einerseits im Sinne einer Hinzufügung" gebrauchen könne und „andererseits im Sinne einer Nicht-Hinzufügung" (vgl. 1029b29–31).[15] „Denn einerseits", so Aristoteles, „wird von etwas in dem Sinne gesagt (es sei nicht als solches Gegenstand einer Aussage), daß es zu etwas anderem
hinzugefügt ist, das (an seiner Stelle) definiert wird, wie z. B.
in dem Falle, in dem man bei dem Versuch, das zur Weiße
gehörige Sein zu definieren, die Definition des weißen Menschen angäbe, und andererseits in dem Sinne, daß etwas anderes (das an seiner Stelle definiert wird) zu ihm hinzugefügt
ist, wie z. B. in dem Falle, in dem man – angenommen, ‚Mantel' würde soviel bedeuten wie ‚weißer Mensch' – den Mantel
als die Weiße definieren würde. Natürlich ist ein weißer
Mensch etwas Weißes, sein Was(-zu-sein-für-ihn)-zu-sein-
heißt ist jedoch nicht das zur Weiße gehörige Sein"
(1029b31–1030a2).

Aristoteles unterscheidet in diesem Text zwei Fälle voneinander, nämlich den Fall, in dem etwas in dem Sinne nicht als
solches Gegenstand einer Aussage ist, in dem z. B. die Weiße
(d. h. die Eigenschaft, weiß zu sein) nicht als solche Gegenstand der Aussage ist, in der die Definition des Begriffs
„weißer Mensch" von ihr ausgesagt wird, und den genau umgekehrt gelagerten Fall, in dem etwas in dem Sinne nicht als
solches Gegenstand einer Aussage ist, in dem beispielsweise
ein weißer Mensch nicht als solcher Gegenstand der Aussage
ist, in der die Definition des Begriffs der Weiße von ihm aus-

14 Frede und Patzig sprechen im zweiten Absatz ihres Kommentars zu
1029b22–1030a2 irrtümlich von „dem Hinweis darauf, daß es genau zwei
Weisen gibt, in denen etwas nicht zu dem gehört, was von etwas *nicht* von ihm
selbst her ausgesagt werden kann" (II 62). Das von mir hervorgehobene zweite
„nicht" ist zu streichen.

15 Zur Wiedergabe der Worte *to de ou* („andererseits nicht [im Sinne einer
Hinzufügung]": 1029b30 f.) durch „andererseits im Sinne einer Nicht-Hinzufügung" vgl. Ross II 169; Frede/Patzig II 63.

gesagt wird. Während im ersten Fall von einer Eigenschaft eines bestimmten Dinges anstelle ihrer eigenen Definition[16] die Definition von etwas anderem ausgesagt wird, zu dem sie hinzugefügt ist, nämlich die Definition des Dinges, das sie besitzt, wird im zweiten Fall gerade umgekehrt von einem eine bestimmte Eigenschaft besitzenden Ding anstelle seiner eigenen Definition die Definition von etwas anderem ausgesagt, das zu ihm hinzugefügt ist, nämlich die Definition der Eigenschaft, die es besitzt. Im ersten Fall ist die zu definierende *Eigenschaft* insofern „im Sinne einer Hinzufügung" nicht als solche Gegenstand der Aussage, in der die Definition des *Dinges*, das sie besitzt, von ihr ausgesagt wird, als bei dem Versuch, sie zu definieren, ihr Hinzugefügtsein zu diesem Ding irrtümlich mit *berücksichtigt* worden ist. Im zweiten Fall ist das zu definierende *Ding* insofern „im Sinne einer Nicht-Hinzufügung" nicht als solches Gegenstand der Aussage, in der die Definition der *Eigenschaft*, die es besitzt, von ihm ausgesagt wird, als bei dem Versuch, es zu definieren, das Hinzugefügtsein dieser Eigenschaft zu ihm irrtümlich *nicht* mit berücksichtigt worden ist.

Wie im ersten Fall die irrtümliche Berücksichtigung des Hinzugefügtseins der zu definierenden Eigenschaft zu dem tatsächlich definierten Ding durch die Rede davon zum Ausdruck gebracht wird, daß „es (d. h. das, was eigentlich definiert werden sollte) zu etwas anderem hinzugefügt ist, das (an seiner Stelle) definiert wird" (*auto allôi proskeisthai ... ho horizetai*: 1029b31 f.), so kommt im zweiten Fall die irrtümliche Nichtberücksichtigung des Hinzugefügtseins der tatsächlich definierten Eigenschaft zu dem zu definierenden Ding in der Rede davon zum Ausdruck, daß „etwas anderes (das an seiner Stelle definiert wird) zu ihm (d. h. zu dem, was eigentlich definiert werden sollte) hinzugefügt ist" (*allo autôi*: 1029b33).

Frede und Patzig, die in Z. 33 hinter *allo autôi* ein *ou* („nicht") in den Text einfügen (I 68), verfehlen mit dieser völ-

---

16 Wenn Aristoteles von dem Versuch spricht, „das zur Weiße gehörige Sein zu definieren" (1029b32), meint er eigentlich den Versuch, die Weiße oder, genauer gesagt, den Begriff der Weiße zu definieren, d. h. anzugeben, worin das zur Weiße gehörige Sein besteht.

lig unangebrachten Konjektur, für die sie sich auf Dorothea Frede berufen (II 63), die Pointe der von Aristoteles gewählten Formulierung, deren Syntax sie ebenso mißverstanden haben wie Bassenge, Schmitz und Bostock. Wie bereits Bonitz richtig erkannt hat (1966, 143 [1994, 182]; vgl. auch Sonderegger 1993, 240), bezieht sich *ho horizetai* weder, wie sowohl Schmitz (1985, 64) als auch Frede/Patzig (I 69) unterstellen, auf ein Demonstrativpronomen, das man sich zu dem *legetai* von Z. 31 hinzuzudenken hätte – was man sich zu diesem *legetai*, mit dem ja das *legetai* von Z. 30 wieder aufgegriffen wird, hinzuzudenken hat, ist vielmehr das *ou kath' hauto* von Z. 29 –, noch bezieht es sich, wie Bassenge (1960b, 156 [1990, 162]) und Bostock (89) annehmen, auf *auto* einerseits und *autôi* andererseits, sondern es bezieht sich einerseits auf *allôi* und andererseits auf *allo*.[17]

Um den Hinweis auf die beiden verschiedenen Weisen, in denen etwas nicht als solches Gegenstand einer Aussage sein kann, als eine Entgegnung auf den Einwand verstehen zu können, das angeblich zu einem Mantel gehörige Sein werde von einem Mantel nicht als solchem ausgesagt und sei daher eigentlich gar kein *tê*, muß man davon ausgehen, daß Aristoteles mit dem fraglichen Hinweis darauf aufmerksam machen will, daß der Ausdruck „das zu einem Mantel gehörige Sein" ein Sein bezeichnet, das von einem Mantel in keiner der beiden Weisen, in denen etwas nicht als solches Gegenstand einer Aussage sein kann, nicht als solchem ausgesagt wird (vgl. hierzu Ross II 169; Frede/Patzig II 62; Bostock 88).

III

Daß ein bestimmtes Sein von einer bestimmten Sache als solcher ausgesagt wird, ist für Aristoteles offenbar eine zwar notwendige, aber keineswegs hinreichende Bedingung dafür,

---

17 Im übrigen ist mit dem *proskeisthai* von Z. 31 nicht, wie Ross annimmt, "the addition in *thought* of a qualification" (II 169) gemeint, sondern ebenso wie mit dem *proskeisthai*, das man sich in Z. 33 zu *allo autôi* hinzudenken muß, "the conjunction of a qualification in *fact*" (ebd.).

daß es sich bei dem betreffenden Sein um das *tée* der betreffenden Sache, also um das zu der betreffenden Sache
gehörige Sein, handelt. Nachdem er den Einwand, das vermeintliche *tée* eines Mantels sei deshalb, weil es von einem
Mantel nicht als solchem ausgesagt werde, eigentlich gar
kein zu einem Mantel gehöriges Sein, widerlegt hat, stellt er
nämlich die von ihm sogleich mit Nein beantwortete Frage,
ob man es, wenn man von dem zu einem Mantel gehörigen
Sein spricht, tatsächlich mit einem *tée* zu tun hat, ob es also
für einen Mantel (d. h. für einen weißen Menschen) wirklich
so etwas wie das zu ihm gehörige Sein gibt: „Aber ist das
(angeblich) zu einem Mantel gehörige Sein denn überhaupt
ein Was(-zu-sein-für-etwas)-zu-sein-heißt oder nicht? (Doch
wohl nicht.)" (1030a2 f.)

Die verneinende Antwort, die er auf die genannte Frage
gibt, begründet Aristoteles, hält man sich an die Ausgabe von
Jaeger, mit den beiden folgenden Sätzen, bei deren Wiedergabe ich das Wort *tode* und den Ausdruck *hoper tode ti* zunächst
unübersetzt lasse: „Denn das Was(-zu-sein-für-etwas)-zu-
sein-heißt ist *hoper <tode> ti*. Wenn aber (eine Sache in der
Weise als die Sache bezeichnet wird, die sie ist, daß) etwas von
etwas anderem ausgesagt wird[18], so ist (sie) nicht *hoper tode ti*,
wie denn z. B. ein weißer Mensch nicht *hoper tode ti* ist, wenn
anders ein *tode* zu sein nur Substanzen zukommt" (1030a3–6).

Der erste dieser beiden Sätze, der in der Ausgabe von Jaeger lautet: *hoper gar <tode> ti esti to ti ên einai* (1030a3), ist in
zwei verschiedenen Lesarten überliefert. Anstelle des Ausdrucks *<tode> ti*, der auf einer Konjektur von Bonitz beruht,
die Jaeger übernommen hat, überliefern die Handschrift Aᵇ
und eine in der Handschrift E nachträglich angebrachte
Randbemerkung lediglich das Wort *ti*, die Handschrift E
selbst sowie die Handschrift J hingegen die Worte *ti ên einai*.
Daß die zuletzt genannte Lesart, die den fraglichen Satz zu einer bloßen Tautologie macht, nicht authentisch sein kann,

---

18 In 1030a4 sind die Worte *allo kat' allou legêtai* („etwas wird von etwas anderem ausgesagt") offenbar eine Abkürzung für *legêtai tôi allo kat' allou legesthai*
(„wird in der Weise [als die Sache] bezeichnet [die sie ist], daß etwas von etwas
anderem ausgesagt wird"). Vgl. 1030a10 f.

liegt auf der Hand. Was die zuerst genannte Lesart betrifft, so
hat Ross, dem sich sowohl Schmitz (1985, 65) als auch Frede
und Patzig (II 64) angeschlossen haben, sie unter Berufung
darauf verteidigt, daß sie den fraglichen Satz auch ohne das
von Bonitz ergänzte *tode* in dem Sinne – einem nach Ross
„guten Sinn" – zu verstehen erlaube, den Bonitz diesem Satz
mit seiner Konjektur geben will (vgl. Ross II 170).

Was Ross und diejenigen, die ihm gefolgt sind, bei ihrem
Plädoyer für die Lesart *ti* nicht berücksichtigt haben, ist der
Umstand, daß Aristoteles den Ausdruck *tode ti* im zweiten der
beiden zitierten Sätze so gebraucht, als ob er ihn bereits im
ersten gebraucht hätte. Schwegler, der zu dem von Bonitz gemachten Vorschlag, auch im ersten dieser beiden Sätze *tode ti*
zu lesen, bemerkt: „eine Conjectur, auf die auch ich, unabhängig von Bonitz (…), gerathen war" (1848, IV 55), weist mit
Recht darauf hin, daß aus den Worten, die auf diesen Satz folgen, klar hervorgeht, daß „zuvor das *tode ti* in Beziehung zum
ti ên einai gesetzt worden war" (ebd.).

Der Kontext des fraglichen Satzes läßt freilich erkennen,
daß die Beziehung, in die Aristoteles *tode ti* und *têe* in diesem
Satz zueinander gesetzt haben muß, nicht darin bestehen
kann, daß das *têe hoper tode ti* ist. Der fragliche Satz soll ja zusammen mit dem auf ihn folgenden Satz die verneinende Antwort begründen, die in dem ihm vorangehenden Satz auf die
Frage gegeben wird, ob man es, wenn man von dem zu einem
Mantel (d. h. zu einem weißen Menschen) gehörigen Sein
spricht, überhaupt mit einem *têe* zu tun hat. Die verneinende
Antwort, die Aristoteles auf diese Frage gibt, ist – mit anderen Worten – die Konklusion eines Arguments, als dessen
Prämissen die beiden Sätze des Abschnitts 1030a3–6 fungieren, nämlich einerseits der Satz, von dem Bonitz glaubt, daß
in ihm das Wort *tode* ausgefallen ist, und andererseits der Satz,
der besagt, daß so etwas wie ein weißer Mensch nicht *hoper*
tode ti ist. Um herauszufinden, wie der offenbar verderbte
Text des ersten dieser beiden Sätze zu heilen ist, muß man sich
daher fragen, wie dieser Satz lauten müßte, damit aus ihm und
dem zweiten Satz die Schlußfolgerung gezogen werden
dürfte, daß es für einen weißen Menschen kein *têe* gibt. Wir
haben es hier mit einem textkritischen Problem zu tun, das

nicht zuletzt deshalb besonderes Interesse verdient, weil seine
Lösung mindestens ebensosehr eine Sache der Logik ist wie
eine Angelegenheit der Philologie. Ich möchte die Lösung
dieses Problems vorerst noch zurückstellen, um zunächst einmal die Bedeutung der beiden Ausdrücke *tode ti* und *hoper tode
ti* zu klären.

Was der Ausdruck *tode ti* bedeutet, ist aus der Art und Weise
zu ersehen, in der Aristoteles parallel zu ihm die beiden Ausdrücke *poion ti* und *toionde ti* gebraucht, die je nachdem, in
welchem Zusammenhang sie vorkommen, im Sinne von „etwas qualitativ Bestimmtes" oder im Sinne von „eine qualitative Bestimmtheit" zu verstehen sind.[19] Die Tatsache, daß Aristoteles bei allen drei Ausdrücken das Wort *ti* gelegentlich
wegläßt, spricht eindeutig zugunsten der Auffassung, daß es
sich bei dem Ausdruck *tode ti* um die Verallgemeinerung von
Ausdrücken wie *anthrôpos tis* („ein Mensch") handelt (vgl.
Ross I 248), daß dieser Ausdruck also soviel bedeutet wie „ein
Das" (Tugendhat 1958. 31; 1976, 37) oder „ein Das-und-das"
(Weidemann 1982, 177), und gegen die mit dieser Auffassung
konkurrierende Ansicht, der Ausdruck *tode ti* sei in der Bedeutung „ein Diesda-was" (Schmitz 1985, 25) oder „ein Dies
von der Art" (Frede/Patzig II 15) zu verstehen, d. h. in dem
Sinne, daß „das ‚*ti*' die Art vertritt, durch die der mit ‚*tode*' be-
zeichnete Gegenstand bestimmt ist" (ebd.).[20]

Wenn Aristoteles in *Met.* Z 4 erklärt, ein *tode* zu sein – er
hätte ebensogut sagen können: ein *tode ti* zu sein – komme nur

19 Vgl. *Met.* Z 4, 1030b11 f.; Z 8, 1033b21–24; Z 13, 1038b23–27, 1039a1 f.
16; *Cat.* 5, 3b10–21; *An. post.* I 31, 87b28–31; *Soph. El.* 22, 178b37–179a10.
20 „Der Ausdruck *tode ti*", betont Tugendhat mit Recht (1958, 25, Anm. 22),
„meint nicht ‚dieses Was', sondern ‚ein Das', wie aus dem ebenso häufigen Gebrauch des bloßen *tode* (...) zu ersehen ist und aus dem analogen Gebrauch von
toionde ti (...), *poion ti* (...)." Schmitz wendet gegen diese Auffassung, nach der
das Wort *ti* als unbestimmter Artikel fungiert, folgendes ein (1985, 23):
„Zunächst kann sie nicht erklären, warum Aristoteles so hartnäckig den unbestimmten Artikel, der im Griechischen überflüssig ist, mitschleppt. Außerdem könnte Aristoteles dann nicht ‚*to tode ti*' sagen, was er doch häufig und un-
befangen tut, weil bestimmter und unbestimmter Artikel unverträglich sind,
es sei denn, der bestimmte Artikel fungierte als Anführungszeichen, was z. B.
1030a19, wo es heißt, daß etwas das *tode ti* bezeichnet, sicher nicht der Fall ist,
und auch nicht an den anderen Stellen. Ferner verwendet Aristoteles den Aus-

Substanzen zu (1030a5 f.), so gibt er damit zu erkennen, daß er in dem Ausdruck *tode ti* das Demonstrativpronomen *tode* („das und das") als Platzhalter für Begriffswörter verstanden wissen will, die einen substantialen Sortalbegriff bedeuten, d. h. einen Begriff, der nicht nur, wie jeder Sortalbegriff, so beschaffen ist, daß er „das unter ihn Fallende bestimmt abgrenzt und keine beliebige Zertheilung gestattet" (Frege 1884, § 54; vgl. Tugendhat 1976, 453 f.; Wiggins 1980, 7 f., 73 f., 77–101), sondern für den überdies gilt, daß ein unter ihn fallender Gegenstand während der gesamten Dauer seiner Existenz unter ihn fällt.[21] Ein *tode ti* ist also ein unter einen substantialen Sortalbegriff fallender Gegenstand in seiner Eigenschaft als das, als was er mit dem diesen Begriff bedeutenden Begriffswort bezeichnet wird, z. B. ein Mensch in seiner Eigenschaft als Mensch.

Durch die Hinzufügung des Pronomens *hoper* („was genau") zu dem Ausdruck *tode ti* wird besonders hervorgehoben, daß der mit diesem Ausdruck gemeinte Gegenstand genau in

druck zur Bezeichnung eines ausgezeichneten Gegenstands*typs* (1028a12) und des für diesen – das Wesen – hauptsächlich charakteristischen Grundzugs (1029a28); die Wendung ‚ein Dieses' oder ‚ein Diesda', die vielmehr einen aufzeigbaren *Einzelfall* herausgreift, ist für diese Rolle nicht geeignet." Gegen diese drei Einwände ist erstens zu sagen, daß Aristoteles den unbestimmten Artikel (d. h. das dem *tode* nachgestellte *ti*) nicht selten wegläßt (vgl. die in der vorangehenden Anmerkung angeführten Stellen), zweitens, daß der bestimmte Artikel mit dem unbestimmten nicht nur dann nicht unverträglich ist, wenn er die Funktion von Anführungszeichen hat, sondern auch dann nicht, wenn er dazu dient, deutlich zu machen, daß der *Begriff* einer Sache oder eine Sache *im allgemeinen* gemeint ist (im vorliegenden Fall der Begriff des *tode ti* oder das *tode ti* im allgemeinen), und schließlich drittens, daß das Demonstrativpronomen *tode* nicht auf den mit dem Ausdruck *tode ti* jeweils gemeinten einzelnen Gegenstand verweist, sondern auf die Art, zu der dieser Gegenstand gehört, daß die Wendung „ein Dieses" also im Sinne der Wendung „etwas von dieser Art" zu verstehen ist (vgl. Liske 1985, 157 f., 384).

21 Wiggins nennt Sortalbegriffe, für die dies gilt, "substance-concepts" (1980, 24, 64). Nichtsubstantiale Sortalbegriffe sind Sortalbegriffe, die zusätzlich zu den Merkmalen eines Substanzbegriffs (d. h. eines substantialen Sortalbegriffs) akzidentelle Merkmale enthalten. So sind z. B. „Mensch" und „Pferd" substantiale, „weißer Mensch", „Knabe" und „Fohlen" hingegen nichtsubstantiale Sortalbegriffe (vgl. zu dieser Unterscheidung Liske 1985, 169–171).

seiner Eigenschaft als ein Individuum von der und der Art gemeint ist, also genau als ein Das-und-das. Wie sich den von
Bonitz gesammelten Stellen, an denen Aristoteles die Wendung (*auto/touth'*) *hoper estin* („genau das, was es ist") gebraucht
(*Index Arist.* 533b60–534a1; vgl. auch *An. post.* I 4, 73b8),
entnehmen läßt, bezieht sich in den von ihm nicht selten
gebrauchten Wendungen der Form „*hoper* x" das Pronomen
hoper nicht etwa als Subjekt, sondern als Prädikat auf den Ausdruck, für den der Buchstabe „x" steht (vgl. Buchanan 1962,
18–21).[22] Wendungen dieser Form sind elliptische Formulierungen, die Aristoteles gebraucht, um auszudrücken, daß
etwas in dem Sinne „genau das" ist, „was x ist" (*touth' hoper x
estin*), daß es nicht nur beiläufig, sondern seinem Wesen nach
und insofern exakt x ist (vgl. Bonitz, *Index Arist.* 533
b36–534a23; LSJ s. v. *hoper* II. 5. b; Wagner 1967, 408 f., 411;
Liske 1985, 270–272). Daß etwas *hoper tode ti* ist, heißt also,
daß es in dem Sinne „genau das" ist, „was ein Das-und-das ist",
daß es wesensmäßig oder exakt ein Das-und-das ist.[23]

Wir können nun auf die Frage zurückkommen, wie der an
der Stelle 1030a3 in zwei verschiedenen Lesarten überlieferte
Satz lauten müßte, um zusammen mit dem auf ihn folgenden
Satz als Begründung dafür dienen zu können, daß es für einen
Mantel (d. h. für einen weißen Menschen) kein zu ihm gehöriges Sein gibt. Den Satz, der auf den fraglichen Satz folgt, können wir jetzt folgendermaßen übersetzen: „Wenn aber (eine
Sache in der Weise als die Sache bezeichnet wird, die sie ist,
daß) etwas von etwas anderem ausgesagt wird, so ist (sie) nicht
exakt ein Das-und-das, wie denn z. B. ein weißer Mensch nicht
exakt ein Das-und-das ist, wenn anders ein Das-und-das zu

22 Die in Weidemann 1982 (180 mit Anm. 14) von mir vertretene Ansicht,
hoper beziehe sich in *Met.* Z 4, 1030a4.5 und in *Soph. El.* 22, 179a4.6 als Subjekt auf *tode ti*, *hoper tode ti* bedeute an diesen Stellen also nicht „genau das, was
ein Das-und-das ist", sondern „etwas, das genau ein Das-und-das ist", beruht
auf einem Irrtum. Schmitz ist bezüglich der Stelle *Top.* III 1, 116a23, an der
die Wendung *hoper tode ti* seiner Meinung nach „mit ‚etwas, das genau das Betreffende ist' zu übersetzen ist" (1985, 65), demselben Irrtum erlegen.
23 Die Wiedergabe von *hoper tode ti* durch „genau ein Das-und-das" hätte den
Nachteil, daß dieser Ausdruck im Sinne von „ein und nur ein Das-und-das"
mißverstanden werden könnte.

sein nur Substanzen zukommt" (1030a3–6). Was Aristoteles
mit diesem Satz sagen will, ist folgendes: Wenn einem Gegenstand eine Bezeichnung beigelegt wird, mit der er nicht
einfach nur als ein Gegenstand von der und der Art bezeichnet wird, sondern zugleich als ein Gegenstand von der und der
Beschaffenheit, so ist er unter dieser Bezeichnung nicht einfach ein Das-und-das, sondern ein so und so beschaffenes Das-
und-das und somit nicht exakt ein Das-und-das. Ein weißer
Mensch z. B. ist zwar unter der Bezeichnung „Mensch" (d. h.
in seiner Eigenschaft als Mensch), aber nicht unter der Bezeichnung „weißer Mensch" (d. h. nicht in seiner Eigenschaft
als ein Mensch, der weiß ist) exakt ein Das-und-das.[24]

Was muß nun der textkritisch problematische Satz der
Stelle 1030a3 vom *têe* aussagen, damit aus ihm und dem Satz,
der besagt, daß ein weißer Mensch (in seiner Eigenschaft als
weißer Mensch) nicht exakt ein Das-und-das ist, gefolgert
werden darf, daß es für einen weißen Menschen kein *têe* gibt?
Offensichtlich muß er vom *têe* aussagen – nicht, daß es exakt
ein Das-und-das *ist*, sondern –, daß es exakt zu einem Das-
und-das *gehört*, daß es also für einen Gegenstand nur insofern,
als *er* exakt ein Das-und-das ist, ein zu ihm gehöriges Sein
gibt. Der fragliche Satz muß demnach lauten: *hoper gar*
<tôide> ti<ni> einai esti to ti ên einai – „Denn das Was(-zu-sein-
für-etwas)-zu-sein-heißt ist ein exakt zu einem Das-und-das
gehöriges Sein" (vgl. Weidemann 1982, 182).

Gegen den Vorschlag, den überlieferten Wortlaut des fraglichen Satzes in dieser Weise zu ändern, hat Schmitz einge-
wandt, diese Änderung störe ebenso wie die von Bonitz vorgeschlagene den Sinn, „weil", so Schmitz wörtlich, „nicht
mehr verständlich ist, wie Aristoteles zu einer solchen Behauptung kommt und von da aus weiterschließt" (1985, 65,
Anm. 65). Genau diesem Einwand ist nun aber nicht die von
mir konjizierte Lesart *hoper gar <tôide> ti<ni> einai*, sondern
die von Schmitz verteidigte Variante *hoper gar ti* ebenso ausgesetzt wie die von Bonitz konjizierte Lesart *hoper gar <tode>*
ti. Denn im Gegensatz zur ersten dieser drei Lesarten läßt die
zweite ebensowenig wie die dritte Aristoteles das begründen,

---

24 Vgl. hierzu *Soph. El.* 22, 178b39–179a2.

was er nach seinen eigenen Worten begründen will. Liest man
mit Ross, dem sich Schmitz angeschlossen hat, *hoper gar ti*
oder mit Bonitz *hoper gar <tode> ti*, so erhält man lediglich eine
Begründung dafür, daß ein *Mantel* (d. h. ein *weißer Mensch*)
kein *tée* ist, aber keine Begründung dafür, daß das zu einem
Mantel gehörige *Sein* kein *tée* ist. Anders gesagt: Der Text von
Ross läßt ebenso wie derjenige von Bonitz Aristoteles zwar
begründen, daß ein *Mantel* nicht ein zu etwas gehöriges Sein
ist, aber nicht, daß ein *Mantel* (als Mantel) kein zu ihm gehöriges Sein *hat*.

Wie Liske, der seiner Interpretation den Bonitzschen Text
zugrunde legt, richtig gesehen hat, besteht die Schwierigkeit,
mit der dieser Text den Interpreten konfrontiert, darin, daß
„Aristoteles die Wendung ‚*hoper tode ti*' (was genau ein Individuum einer bestimmten substantiellen Art ist) zuerst auf das
tée bezieht und dann sofort auf ‚weißer Mensch', den Begriff
also, bei dem gefragt wird, ob es von ihm ein *tée* gibt" (Liske
1985, 273). Bei seinem Versuch, diese Schwierigkeit zu lösen,
geht Liske von der Annahme aus, daß Aristoteles den Ausdruck *hoper tode ti* in einem ganz anderen Sinne gebraucht als
andere Ausdrücke der Form „*hoper* x", daß er nämlich, wenn
er diesen Ausdruck von etwas prädiziert, wenn er also von etwas aussagt, es sei genau das, was ein *tode ti* ist, nicht etwa behaupten will, die betreffende Sache sei exakt, d. h. ihrem Wesen nach, ein *tode ti*, sondern vielmehr, die betreffende Sache
sei das (oder doch zumindest etwas von dem), was ein *tode ti*
seinem Wesen nach ist (vgl. 1985, 272 f.). Diese Annahme erlaubt es ihm, das Argument, das Aristoteles in 1030a3–6 vorbringt, in folgendem Sinne zu deuten: Ein weißer Mensch hat
als weißer Mensch deshalb kein *tée*, weil das *tée* jeweils das ist,
was ein *tode ti* seinem Wesen nach ist, der Begriff „weißer
Mensch" aber kein Begriff ist, unter den ein *tode ti* seinem
Wesen nach fällt, anders gesagt: weil das *tée* jeweils dasjenige
Sein ist, das einem *tode ti* wesentlich zukommt, ein weißer
Mensch zu sein aber keineswegs etwas ist, das einem *tode ti*
wesentlich zukommt.

Diese Deutung, die auf der Grundlage der von ihm in
1030a3 übernommenen Lesart *hoper gar ti* bereits Ross vorgelegt hat (vgl. II 170 [zu 1030a2]) und die auch Frede und

Patzig sich zu eigen gemacht haben (vgl. II 64), ist nun allerdings anfechtbar. Denn die Begründung, die Aristoteles ihr zufolge dafür gibt, daß ein weißer Mensch als weißer Mensch kein *tée* hat, ist nur unter der Voraussetzung stichhaltig, daß das vermeintliche *tée* eines weißen Menschen dasjenige Sein eines solchen Menschen ist, das darin besteht, daß er ein weißer Mensch ist, sein Ein-weißer-Mensch-Sein also. Die, wie es scheint, sowohl von Ross als auch von Frede und Patzig gemachte Annahme, daß dem so sei, ist jedoch falsch. Denn als das definitorische Sein einer mit dem Ausdruck „*A*" bezeichneten Sache, d. h. als dasjenige Sein, das einer solchen Sache ihrer Definition „*D*" gemäß zukommt, ist das *tée* einer solchen Sache nicht ihr *A*-Sein, sondern ihr *D*-Sein. Das *tée* einer solchen Sache besteht also nicht darin, daß sie das ist, als was sie mit dem Ausdruck „*A*" bezeichnet wird, sondern darin, daß sie das ist, als was sie mit dem sie definierenden Ausdruck „*D*" bezeichnet wird.

Vermutlich aus diesem Grund hat Liske die Schwierigkeit, auf die er mit den von mir zitierten Worten aufmerksam gemacht hat, nicht durch die Annahme zu lösen versucht, daß das vermeintliche *tée* eines weißen Menschen sein Ein-weißer-Mensch-Sein ist, sondern – wenn ich die knappen Bemerkungen, mit denen er sein Verständnis des Textes skizziert, richtig verstehe – durch die Annahme, daß sich Aristoteles bei seiner Argumentation auf eine unausgesprochene Zusatzprämisse stützt, die man folgendermaßen formulieren könnte (vgl. Liske 1985, 266 f., 273): „Das einem *tode ti* wesentlich zukommende Sein kommt ihm nur unter einer Bezeichnung zu, die seinem Wesen nach auf es zutrifft." Wenn man sich diese Zusatzprämisse zu ihnen hinzudenkt, kann man aus den beiden nach Liskes Deutung in 1030a3–6 aufgestellten Prämissen „Das *tée* ist jeweils das einem *tode ti* wesentlich zukommende Sein" und „Die Bezeichnung ,weißer Mensch' trifft auf ein *tode ti* nicht seinem Wesen nach zu" tatsächlich folgern, daß ein weißer Mensch unter dieser Bezeichnung, d. h. in seiner Eigenschaft als weißer Mensch, kein *tée* hat.

Nun gibt es aber für die Annahme, daß Aristoteles bei seiner Argumentation von der fraglichen Zusatzprämisse Gebrauch macht und sich demzufolge mit der Wendung *hoper tode ti* zuerst (nämlich in Zeile 3) auf das bezieht, als was ein unter einen bestimmten substantialen Sortalbegriff fallender Gegenstand mit dem Ausdruck bezeichnet wird, der diesen Begriff definiert, dann aber (nämlich in den Zeilen 4 und 5) auf das, als was ein solcher Gegenstand mit dem diesen Begriff bedeutenden Begriffswort bezeichnet wird – also beispielsweise zuerst auf das, als was ein Mensch mit dem Ausdruck „zweifüßiges Lebewesen"[25] bezeichnet wird, und dann auf das, als was ein Mensch mit dem Wort „Mensch" bezeichnet wird –, im Text nicht den geringsten Anhaltspunkt. Gegen Liskes Interpretation spricht überdies – und dasselbe gilt für die Interpretation, die Frede und Patzig im Anschluß an Ross vorgelegt haben –, daß sie den Ausdruck *hoper tode ti*, den Aristoteles doch in der *Topik* und den *Sophistischen Widerlegungen* ganz in dem für seinen Gebrauch von Ausdrücken der Form „*hoper* x" charakteristischen Sinne verwendet (vgl. *Top.* III 1, 116a23; *Soph. El.* 22, 179a4.6), in *Met.* Z 4 nicht in diesem Sinne zu verstehen erlaubt.

Die Feststellung, auf die es Aristoteles nach Liske in 1030a3–6 ankommt, nämlich die Feststellung, daß „das *tôe* sich auf einen substantiellen Begriff beziehen muß" (1985, 273), läßt sich aus dem überlieferten Text auch dann, wenn man ihn in der von Bonitz vorgeschlagenen Weise emendiert, nur mühsam, wenn überhaupt, herauslesen, während ihr mein Emendationsvorschlag, wie ich meine, klar und unmißverständlich Ausdruck verleiht. Liske hat diesen Vorschlag mit der Begründung zurückgewiesen, die von mir in 1030a3 konjizierte Wendung *hoper ... <tôide> ti<ni> einai*, die ich im Sinne von „ein gerade (oder exakt) zu einem Das-und-das gehöriges Sein" verstanden wissen möchte, könne unmöglich in diesem Sinne verstanden werden.[26] Ich lasse ihn am besten selbst zu Wort kommen. „Das Vorbild für diese Wendung ‚*hoper an-*

---

25 Zu dieser fiktiven Definition des Begriffs „Mensch", die Aristoteles lediglich „zur Veranschaulichung verwendet" (Frede/Patzig II 224), vgl. *Met.* Z 12, 1037b12 f.

26 Frede und Patzig die zu meinem Vorschlag lediglich bemerken, es scheine ihnen „untunlich zu sein", ihm zu folgen (II 64), haben sich nicht einmal die Mühe gemacht, ihn korrekt zu zitieren.

thrôpôi einai' (Γ 4, 1007a22 ff.)'', behauptet er (1985, 272, Anm. 28), „kann nur bedeuten: was genau Sein für den Menschen ist, nicht: das gerade zu einem Menschen gehörige Sein. Ebenso müßte sich in der fraglichen Wendung der Nominativ ‚*hoper*' auf ‚*einai*' beziehen, man kann ihn unmöglich mit dem Dativ ‚*tôide*' zusammenbringen, wo ‚*hoper*' nicht als hervorgehobenes Relativpronomen (was gerade), sondern nur als Hervorhebungspartikel (gerade) verstanden werden könnte, was sprachlich unmöglich ist. Bei dem einzig möglichen Verständnis als ‚was genau Sein für ein *tode ti* ist' (...) geht aber der mit der Konjektur intendierte Zweck verloren, und es wäre eine sehr schiefe Konstruktion, das ‚*hoper*' in dieser Zeile nicht auf ‚*tode ti*' zu beziehen, während es in den zwei folgenden darauf bezogen werden muß.''

Liskes Behauptung, in Ausdrücken der durch den Ausdruck *hoper anthrôpôi einai* exemplifizierten Form, als deren Verallgemeinerung der Ausdruck *hoper tôide tini einai* zu betrachten ist[27], könne sich das Pronomen *hoper* nicht auf das im Dativ stehende Wort, sondern nur auf das Wort *einai* beziehen, wird durch den Gebrauch, den Aristoteles an einer Stelle der *Zweiten Analytik* von dem Ausdruck *hoper anthrôpou* macht, klar widerlegt. Diese Stelle lautet: ... *ei hê men hoper anthrôpou estin, hê d' anthrôpou men, mê hoper d' anthrôpou* („... wenn sich jenes [d. h. das Wissen] auf genau das bezieht, was ein Mensch ist, und diese [d. h. die Meinung] zwar auf einen Menschen, aber nicht auf genau das, was ein Mensch ist'': *An. post.* I 33, 89a35 f.).

Daß sich *hoper* hier nur auf den Genitiv *anthrôpou* beziehen kann, steht außer Frage. Hält man sich vor Augen, daß Wendungen wie *hoper anthrôpou* oder *hoper anthrôpôi* elliptische Ausdrücke sind, die unverkürzt *toutou* (bzw. *toutôi*) *hoper anthrôpos estin* lauten würden (vgl. Ross 1949, 608), so sieht man leicht, daß sie durch eine sogenannte „Prolepsis" oder „Anti-

---

27 Ich habe zwar bei Aristoteles keinen Beleg für diesen Ausdruck finden können, aber doch immerhin bei Alexander von Aphrodisias einen Beleg für den Ausdruck *to einai tôide tini* (*In An. pr.* I 1, CAG II–1, S. 19, Z. 18) sowie bei Asklepios mehrere Belege für den Ausdruck *to tôide einai* (*In Met.* Z 6, CAG VI–2, S. 394, Z. 23, 26 f., 29; S. 395, Z. 33; S. 396, Z. 3, 8).

zipation" (Kühner/Gerth 1904, II–2 577) des im Genitiv bzw.
Dativ stehenden Wortes entstanden sind. In der griechischen
Grammatik von Kühner und Gerth wird die Prolepsis als eine
„sich über fast alle Arten von Nebensätzen erstreckende und
von den Autoren aller Zeiten sehr häufig gebrauchte, attrak-
tionsartige Verschränkung zweier Sätze", nämlich „des
Hauptsatzes mit dem Nebensatze", beschrieben, die darin besteht, daß „das *Subjekt des Nebensatzes in den Hauptsatz her-
übergenommen und hier zum Objekte gemacht wird*" (ebd.). Was
nun die fraglichen Wendungen betrifft, so verwandelt sich ihr
unverkürzter Wortlaut durch Prolepsis in *anthrôpou* (bzw. *anthrôpôi*) *hoper estin*, woraus dann durch Fortlassung des *estin*
schließlich *hoper anthrôpou* (bzw. *anthrôpôi*) wird.[28] Davon, daß
ich mit der Wiedergabe des Ausdrucks *hoper tôide tini einai*
durch „ein gerade (oder exakt) zu einem Das-und-das gehöriges Sein" meine eigene Konjektur falsch übersetze, wie Liske
mir vorwirft (1985, 272, Anm. 28), kann also keine Rede sein.
  Die fragliche Konjektur ist noch gegen einen letzten Einwand zu verteidigen, den Schmitz zusätzlich zu dem bereits
besprochenen Einwand, sie störe den Sinn, gegen sie vorge-
bracht hat. Sie „ist obendrein", behauptet Schmitz, „kon-
jekturalkritisch ganz unwahrscheinlich, während sich leicht
verstehen läßt, wie aus dem von Ross statt ‚*ti*' gelesenen be-
tonten ‚*ti*' durch Dittographie die gut bezeugte, aber unsin-
nige Lesart ‚*hoper gar ti ên einai esti to ti ên einai*' hervorgegangen ist" (1985, 65, Anm. 65).[29] Hierauf ist zu erwidern, daß die
Annahme, die zuletzt genannte Lesart, die zweifellos durch
Dittographie entstanden ist, sei aus den von mir konjizierten

---

28 "For the phrase *hê men hoper anthrôpou estin*", bemerkt Ross (1949, 608),
"strict grammar would require *hê men toutou estin hoper anthrôpos estin*. But
hoper anthrôpos has through constant usage almost coalesced into one word, so
that the genitive inflection can come at the end. Cf. *Met.* 1007a22, 23, 28 *hoper
anthrôpôi einai*."
29 Schmitz gibt diese Lesart mit falscher Akzentsetzung wieder – von einem
„Fortlassen des Akzents auf dem ersten ‚*ti*'" (ebd.) kann keine Rede sein (vgl.
Weidemann 1982, 184, Anm. 26) – und scheint überdies zu verkennen, daß
Ross das erste *ti* deshalb als ein betontes *ti* liest, weil das enklitische *esti*, das bei
ihm unmittelbar auf dieses *ti* folgt, seinen Akzent auf es abgibt. Ross will den
Ausdruck *hoper ti*, der seiner Meinung nach ja dasselbe bedeutet wie *hoper tode*

Worten *hoper gar <tôide> ti<ni> einai esti to ti ên einai* hervorgegangen, die Entstehung dieser Lesart mindestens ebenso
plausibel zu erklären vermag. Denn die Gefahr, daß ein Ausdruck versehentlich zweimal geschrieben wird, ist ja gerade
dann besonders groß, wenn in seiner Nähe ein ähnlich klin-
gender Ausdruck steht, der dann leicht mit ihm verwechselt
werden kann.[30]

Wenn man annehmen darf, daß Aristoteles an der Stelle
1030a3 darauf hinweisen will, daß das *têe* ein exakt zu einem
Das-und-das gehöriges Sein ist, so bekommt diese Stelle einen Sinn, in dem sie sich nicht nur in ihren engeren, sondern
auch in ihren weiteren Kontext bestens einfügt. Denn was
Aristoteles im Anschluß an sie bis zum Ende des Kapitels ausführt, macht deutlich, welch großen Wert er auf die Feststellung legt, daß es die substantiellen Dinge in ihrer Eigenschaft
als Individuen einer zu einer bestimmten Gattung gehören-
den Art sind, die „allein" (*monon*), wie er zunächst sagt
(1030a13), oder doch jedenfalls, wie er sich später selbst kor-
rigiert (1030a29 f., b5), „in erster Linie und ohne Einschränkung" (*prôtôs kai haplôs*) ein zu ihnen gehöriges Sein besitzen
(vgl. auch Z 5, 1031a11–14).

Von daher wird auch sein Vorschlag verständlich, als Bezeichnung für den Begriff des weißen Menschen das Wort
„Mantel" zu wählen. Aristoteles verfolgt mit diesem Vorschlag, auf den Bostock (vgl. 88) sich keinen Reim machen
kann, offenbar den Zweck zu zeigen, daß ein aus einem Begriffswort „*F*" gebildeter Ausdruck der Form „das zu einem *F*

ti, nämlich "just what a particular thing is" (II 170), also nicht in der Bedeutung „was genau ein Was ist" verstanden wissen, in der Schmitz ihn verstehen
zu können glaubt (1985, 65; vgl. auch Bassenge 1960b, 156 [1990, 162]: „unmittelbar ein Was").

30 Ein modernes Beispiel findet sich in einem 1978 erschienenen Aufsatz
über Aristoteles, dessen Verfasser in einer Anmerkung zu einer Stelle, an der
von der „Identität von Substanz und Essenz" die Rede ist, davon spricht, daß
„diese Entität [!] nur für materiefreie Entitäten gilt" (Graeser 1978, 133, Anm.
45). Wie hier die Nachbarschaft der ähnlich klingenden Wörter „Identität"
und „Entität" zu einer Dittographie geführt hat, so dürfte in 1030a3, wenn
meine Konjektur richtig ist, die Nachbarschaft der ähnlich klingenden Ausdrücke *<tôide> ti<ni> einai* und *to ti ên einai* die Dittographie verursacht haben,
die in den beiden Handschriften E und J an dieser Stelle vorliegt.

gehörige Sein" nicht in jedem Fall ein im eigentlichen Sinne
zu den unter den Begriff „*F*" fallenden Gegenständen gehöriges Sein bezeichnet, sondern nur dann, wenn der Begriff „*F*"
ein substantialer Sortalbegriff wie „Mensch", „Pferd", „Haus"
und dergleichen ist.[31] Hat man den Ausdruck to *tê* in dem
Sinne zu verstehen, in dem ich ihn im ersten Teil dieses Beitrags gedeutet habe, nämlich in dem Sinne, daß er als die
substantivierte Frage, *was* zu sein für etwas *schlechthin* zu sein
heißt, die allgemeine Formel für die auf diese Frage jeweils zu
gebende Antwort ist, so leuchtet ein, weshalb Aristoteles erstens nur Gegenständen, die unter einen substantialen Sortalbegriff fallen, und zweitens solchen Gegenständen nur
insofern, als sie unter einen solchen Begriff fallen, ein eigentliches *tê* zubilligt: Daß sie sind, kann im eigentlichen Sinne
nur von solchen Gegenständen, also von Substanzen, gesagt
werden (vgl. *Met.* Z 4, 1030a21–23); und zu sein heißt für eine
Substanz nichts anderes, als das zu sein, was sie der Definition
des Artbegriffs gemäß ist, unter den sie fällt.[32]

31 Während der Ausdruck „das zu einem Mantel (d. h. zu einem weißen Menschen) gehörige Sein" (*Met.* Z 4, 1030a2) deshalb kein eigentliches *tê* bezeichnet, weil das Wort „Mantel", wenn es soviel bedeutet wie „weißer
Mensch", kein *substantiales* Sortalprädikat ist, d. h. kein Sortalprädikat, das einen *substantialen* Sortalbegriff bedeutet, ist der Ausdruck „das zu Eis gehörige
Sein" (*Met.* H 2, 1042b27 f.) deshalb keine Bezeichnung für ein eigentliches
tê, weil das Wort „Eis" *überhaupt kein* Sortalprädikat ist. Die unter solche
nichtsortalen Begriffe wie „Wasser", „Feuer", „Erde" oder „Luft" fallenden
Gegenstände, die gewöhnlich auch für Substanzen gehalten werden (vgl. *Met.*
Δ 8, 1017b10 f.; Z 2, 1028b8–11), sind nach Aristoteles keine Substanzen im
eigentlichen Sinne, da sie zwar selbständig existieren, aber nicht die für eine
Substanz charakteristische Einheit besitzen (vgl. *Met.* Z 16, 1040b5–10), d. h.
keine Einheit in dem Sinne, daß sie durch den Begriff, unter den sie fallen, als
zählbare Individuen ein und derselben Art voneinander abgegrenzt wären
(vgl. Tugendhat 1958, 96–98; 1976, 470, Anm. 4; Frede/Patzig II 297–300).
32 Vgl. hierzu Weidemann 1982, 183 f. – Ob nach Aristoteles ein unter einen
bestimmten substantialen Artbegriff fallender Gegenstand nur insofern ein *tê*
hat, als er unter diesen Artbegriff fällt, oder auch insofern, als er unter den diesem Artbegriff übergeordneten Gattungsbegriff fällt, ist eine Frage, die deshalb nicht leicht zu beantworten ist, weil Aristoteles einerseits erklärt, ein *tê*
komme nur den Arten einer Gattung zu (*Met.* Z 4, 1030a11–13), andererseits
aber nicht nur von dem zu einem Menschen, sondern gelegentlich auch von
dem zu einem Lebewesen gehörigen Sein spricht (vgl. *Met.* Γ 4, 1007a22 f.; Z
6, 1031a32).

Literatur

Alexander von Aphrodisias, In Aristotelis Analyticorum priorum librum I commentarium, ed. M. Wallies (CAG II–1), Berlin 1883.

Ammonios, In Aristotelis De interpretatione commentarius, ed. A. Busse (CAG IV–5), Berlin 1897.

Asklepios, In Aristotelis Metaphysicorum libros A–Z commentaria, ed. M. Hayduck (CAG VI–2), Berlin 1888.

Aubenque, P. 1962, Le problème de l'être chez Aristote, Paris.

Bassenge, F. 1960a, Das *to heni einai, to agathôi einai* etc. etc. und das *to ti ên einai* bei Aristoteles, in: Philologus 104, 14–47, 201–222.

– 1960b, Aristoteles: Metaphysik. Übersetzt von F. Bassenge, Berlin (Neuausgabe Berlin 1990).

– 1963, Der Fall *to ti ên einai*, in: Helikon 3, 505–518.

Bonitz, H., Index Aristotelicus, Berlin 1870.

– 1966, Aristoteles: Metaphysik. Übersetzt von H. Bonitz (ed. Wellmann), hg. von H. Carvallo und E. Grassi (neu hg. von U. Wolf 1994), Reinbek bei Hamburg.

Buchanan, E. 1962, Aristotle's Theory of Being, University (Miss.)/Cambridge (Mass.).

Caujolle-Zaslawsky, F. 1981, Aristote: Sur quelques traductions récentes de *to ti ên einai*, in: Revue de Théologie et de Philosophie 113, 61–75.

Conde, I. 1989, Más sobre imperfecto: *to ti ên einai*, in: Revista Española de Lingüística 19, 85–109.

Couloubaritsis, L. 1981, Considérations sur la notion de *to ti ên einai*, in: L'Antiquité Classique 50, 148–157.

Courtès, P. 1964, L'origine de la formule *to ti ên einai*, in: Revue des Sciences philosophiques et théologiques 48, 169–197.

Frege, G. 1884, Die Grundlagen der Arithmetik, Breslau (Centenarausgabe, hg. von Ch. Thiel, Hamburg 1986).

Graeser, A. 1978, Aristoteles und das Problem von Substanzialität und Sein, in: Freiburger Zeitschrift für Philosophie und Theologie 25, 120–141.

Jaeger, W. 1957, Aristotelis Metaphysica. Recognovit brevique adnotatione critica instruxit, Oxford.

Kahn, C. H. 1973, The Verb 'Be' in Ancient Greek (J. W. M. Verhaar [Hg.], The Verb 'Be' and its Synonyms, Part 6), Dordrecht/Boston.

– 1978, Questions and Categories: Aristotle's doctrine of categories in the light of modern research, in: H. Hiż (Hg.), Questions, Dordrecht/Boston, 227–278.

Kühner, R./Gerth, B. II–1 1898/II–2 1904, Ausführliche Grammatik der griechischen Sprache. Zweiter Teil: Satzlehre, 2 Bde., 3. Aufl., Hannover/Leipzig.

Liske, M.-Th. 1985, Aristoteles und der aristotelische Essentialismus, Freiburg/München.

[LSJ:] A Greek-English Lexicon, compiled by H. G. Liddell and R. Scott, revised and augmented throughout by H. Stuart Jones. New (ninth) edition, Oxford 1940; ND (with a supplement) 1968.

Merlan, Ph. 1966, *to ti ên einai*, in: Classical Philology 61, 188.

Ralfs, G. 1964, Was bedeutet die aristotelische Formel *to ti ên einai?*, in: Kant-studien, Ergänzungsheft 86, Köln, 30–35.

Ross, W. D. 1949, Aristotle's Prior and Posterior Analytics. A revised text with introduction and commentary, Oxford.

Schmitz, H. 1985, Aristoteles: Kommentar zum 7. Buch der Metaphysik (Die Ideenlehre des Aristoteles, Bd. I, Teil 1), Bonn.

Schwegler, A. 1848, Die Metaphysik des Aristoteles. Grundtext, Übersetzung und Commentar nebst erläuternden Abhandlungen, Bd. IV, Tübingen.

Sonderegger, E. 1983, die Bildung des Ausdrucks *to ti ên einai* durch Aristoteles, in: Archiv für Geschichte der Philosophie 65, 18–39.

– 1993, Aristoteles, Metaphysik Z 1–12: Philosophische und philologische Erwägungen zum Text, Bern/Stuttgart/Wien.

Tugendhat, E. 1958, *Ti kata tinos*: Eine Untersuchung zu Struktur und Ursprung aristotelischer Grundbegriffe, Freiburg/München.

– 1961, [Besprechung von Bassenge 1960b, in:] Gnomon 33, 703–706.

– 1976, Vorlesungen zur Einführung in die sprachanalytische Philosophie, Frankfurt a.M.

Wagner, H. 1967, Aristoteles Physikvorlesung (Aristoteles, Werke in deutscher Übersetzung, begründet von E. Grumach, hg. von H. Flashar, Bd. 11), Berlin.

Weidemann, H. 1982, *Tode ti und ti ên einai*: Überlegungen zu Aristoteles, Metaph. Z 4, 1030a3, in: Hermes 110, 175–184.

Wiggins, D. 1980, Sameness and Substance, Oxford.

4

Thomas Buchheim

Genesis und substantielles Sein. Die Analytik des Werdens im Buch Z der *Metaphysik* (Z 7–9)[1]

In den Kapiteln 7–9 des Buches Z der *Metaphysik* analysiert Aristoteles den Begriff des *Werdens*, d. h. griechisch: der *genesis* dessen, was Seiendes ist. Die Rolle dieses Themas im Zusammenhang der aristotelischen Substanztheorie ist jedoch nicht sofort ersichtlich, und deshalb ist schon die Plazierung dieser Kapitel im Hauptbuch zur Substanztheorie in ihrer Authentizität umstritten[2]. So notieren etwa Frede/Patzig in ihrem Kommentar zu Buch Z, diese Kapitel unterbrächen die bisherige Gedankenführung, und es sei „nicht ersichtlich, was sie an dieser Stelle zum Gedankengang von Z beitragen sollen" (I 32). Andere, wie z. B. Mary Louise Gill (1991, 111 ff.) und Michael Loux (1991, 110 ff.), verteidigen zwar ihren Ort und gewinnen Beiträge zum Gedankengang des Aristoteles aus ihnen, können aber der darin behandelten Thematik des

---

1 Die folgende Abhandlung versteht sich zugleich als Pilotstudie zu einem von der Deutschen Forschungsgemeinschaft geförderten Projekt mit dem Titel „Physis als Objektivitätsbegründung". Den Mitarbeitern Andreas Eisemann, Juliane Garbe und Johannes Hübner danke ich für Beiträge, Anregungen und Kritik.
2 Die Kapitel 7–9 als „Abschweifung" aufzufassen ist seit W. D. Ross (II 181) zur fast allgemeinen Ansicht geworden; vgl. auch S. Mansion 1971, bes. 76 f. und neuerdings Bostock (119), der infolgedessen ihrem Thema, dem Werden, an dieser Stelle nicht viel abgewinnen kann. H. Schmitz rückt sie dagegen zwischen die Kapitel 3 und 4 (1985, I 2, 53 ff.), argumentiert aber damit, wie sich zeigen wird, an ihrer wahren Pointe vorbei.

Werdens selbst doch keinen entscheidenden Rang für die Begründung der Substanz beimessen. Demgegenüber möchte ich im folgenden versuchen, die große Bedeutung dieser Kapitel und ihres Themas für die Substanzuntersuchung[3] und damit auch ihren Ort im Zusammenhang des Buches zu begründen.

Bei Beurteilung dieser Frage ist zunächst daran zu erinnern, daß Aristoteles selbst im wichtigsten Kapitel der Abhandlung über die *Energeia* (also in Buch Θ, Kap. 8) just an seine Analyse der Genesis „in den Erörterungen über die Substanz" anknüpft[4], wo er gezeigt habe, daß „alles Werdende sowohl *aus etwas* als auch *auf Veranlassung von etwas* (*hypo tinos*) wird, wobei dieses dem *eidos* nach dasselbe ist" (Met. Θ 8, 1049b27–29). Dies nämlich könne die ihm sehr am Herzen gelegene Tatsache begründen, daß das *energische* Eidos primär gegenüber jeder bestimmten Möglichkeit eines Seienden sei. – Indem also alles Werden sich stets nur unter dem Einfluß eines schon Wirklichen desselben Eidos (d. h. *hypo tinos*) vollziehen kann, ist das Werden selbst gewissermaßen die permanente Diadoche der Wirklichkeit dieses *eidos* als solchen und so auf gewisse Weise wahr, was Aristoteles im Buch Λ (3, 1070a14–29) einmal ex negativo mehr verhohlen als offen ausgesprochen hat: daß „das Werden und Vergehen als eine Art und Weise" begriffen werden muß, „auf die das Immaterielle existiert und nicht existiert" (ebd. 15–17), ohne zugleich die platonische Paraexistenz einer Idee zu involvieren. Wie das genau zu verstehen ist, soll diese Studie zeigen. Bis jetzt ist indes soviel einzusehen, daß Aristoteles selbst aus der Analytik des Werdens eines seiner Hauptargumente für die Priorität des energischen Eidos glaubte entwickelt zu haben, was nicht unwichtig ist, wenn man bedenkt, daß die gesamte *Metaphysik* die Aufgabe hat, eben dieses Eidos als die *prôtê ousia* zu erweisen (z. B. Met. Z 7, 1032b1 f.; 11, 1037a28 f.).

---

3 S. bislang bes. S. Mansion 1971 sowie L. Couloubaritsis 1985.
4 Für weitere Anknüpfungen s. Met. Z 15, 1039b26 f. und H 3, 1043b16–18. Wichtig zu sehen ist auch, daß die Thematik der Kapitel 7–9 im Aporienbuch vorgestellt wird: B 3, 999b5–24.

Obwohl die genannten Rückverweise des Aristoteles anerkannt sind, werden die Zweifel an Rolle und ursprünglicher
Zugehörigkeit der Kapitel wiederum durch den Anschein
genährt, ihrer Thematik werde in der Zusammenfassung des
bisherigen Argumentationsgangs am Ende von Kap. 11 überhaupt nicht mehr gedacht. Doch solange unklar ist, welchen
Beitrag zum Gedankengang diese Kapitel leisten, kann auch
nicht deutlich sein, ob Aristoteles nicht vielleicht auch oder gerade sie mit seiner Zusammenfassung der bisherigen Erträge
hat treffen wollen. Die dafür in Frage kommenden Sätze lauten: „Was nun das wesentliche Sein (*to ti ên einai*) ist und auf welche Weise es an sich selbst existiert, ist im Großen und Ganzen
für alle Fälle gesagt, …" (Z 11, 1037a21 f.). Am Ende wird daher zu prüfen sein, ob und inwiefern die herausgestellten Ge-
dankenerträge der Kapitel 7–9 diesen Zielen entsprechen.

1. Das genetisch gebundene Eidos: die „Gattungsart"

Zu Anfang des 4. Kapitels und noch vor dem Eintritt in eine
nähere Untersuchung des „wesentlichen Seins" (*ti ên einai*)
und der „Art" (*eidos*) – welche ja am meisten dem Begriff der
Ousia gerecht zu werden versprechen (s. Z 3, 1029a29 f.) –
sagt Aristoteles, er wolle „zunächst auf logische Weise (*logi-
kôs*)"[5] dazu einiges sagen. Im weiteren Verlauf wird allerdings
nicht deutlich, bis zu welchem Punkt genau dies absolviert ist
und ab wann folglich andere Gesichtspunkte ergänzend hin-
zutreten. Dennoch ist zu vermuten, daß mit dem 7. Kapitel,
also der Analytik des Werdens, der Schritt in andere Gefilde
der Betrachtung offenbar getan ist[6], auch wenn Aristoteles

5 (1029b13); „logisch" ist dabei sehr direkt zu verstehen als ,ansetzend bei der
Analyse von Logoi, in denen wir über die Dinge sprechen' (s. z. B. *Phys.* III 5,
204b4 f.; *Gen. Corr.* I 2, 316a8–14) und steht im Gegensatz zur „physischen"
Betrachtungsweise (*physikôs* s. die angegebenen Stellen), d. h. der Betrachtung
des physischen Kontextes, in dem sie auftreten.
6 Diesen weiteren Bogen diagnostizieren z. B. L. Couloubaritsis 1985, 296;
299, E. C. Halper, 1989, 89–94.

dies nicht ausdrücklich sagt. Aus dieser Unklarheit konnte man auch zu der Ansicht gelangen, es gebe einen solchen Aspektwechsel überhaupt nicht oder erst in den folgenden Büchern, was schließlich die Kapitel 7–9 dem Verdacht aussetzte, ihrerseits fehl am Platze zu sein. Doch finden sich m. E. die Anzeichen eines fälligen Wechsels der Perspektive bereits im 4. Kapitel selbst und zudem an einer sehr prominenten Stelle, die allerdings das ‚Physische‘ ihrer Intention nicht leicht zu erkennen gibt. Ich meine die zwar oft beachtete[7], aber selten näher interpretierte Einschränkung des „wesentlichen Seins" auf einzig und allein solches, was eine „Gattungsart" (*genous eidos*) ist:

„[Eine Definition gibt es] nur von Primärem; solcherart aber ist das, was dargelegt wird, ohne daß man anderes von anderem aussagt; folglich kann nichts außer den Gattungsarten das wesentliche Sein zukommen, sondern diesen allein; denn sie scheinen nicht im Sinne von Teilhabe oder Eigenschaftsbestimmung dargelegt zu werden und auch nicht als Akzidenz" (Z 4, 1030a 10–14).

Was genau bedeutet es aber, daß etwas eine Gattungsart ist?[8] Der Ausdruck wird nur in zwei anderen Kapiteln in der *Metaphysik* (Z 12 und I 8) näher erläutert[9]. Im ersten der beiden fügt Aristoteles zu dem in Z 4 gegebenen Hinweis, daß eine Gattungsart nicht durch Teilhabebeziehung zwischen Gattungsbegriff und Differenzbestimmung konstituiert sei, eine Begründung hinzu: Weil nämlich andernfalls „dasselbe zugleich an Gegensätzen teilhätte; denn die Unterschiede, durch welche die Gattung sich unterscheidet, sind gegensätzlich" (Z 12, 1037b 18–21)[10]. Nach dieser Auskunft ist klar, daß eine Gattung, sofern sie durch Unterschiede zur Art diffe-

---

7 Vgl. z. B. E. Vollrath 1972, bes. 120 f.

8 W. D. Ross (II 170) erkennt hierin ohne weiteres und mit Recht den klassischen Begriff der "genuine species as opposed both to Platonic *eidê* [...] and to collocation of substance – accident like ‚white man'".

9 Vgl. außerdem Δ 10, 1018b 1–7; 5, 1079b34 f.; 9, 1085a 23–26; weitere Vergleichsstellen, die den Begriff aber nicht direkt enthalten, sind: A 9, 991a30 f.; B 3, 998b 23–26; 29; 999a 9–17; Δ 6, 1016a 24–32; 25, 1023b18; I 3, 1054b 30–32; 7, 1057b 4–7; K 1, 1059b 34–38.

10 Vgl. in Z außerdem: 14, 1039b 2–4.

renziert wird, offenbar nicht die *Beziehung zu den Gegensätzen*
verliert, in die als *andere* Unterschiede anderer Arten derselben Gattung sie ebenfalls differenziert ist. Wenn also bspw.
der Mensch als das „sich zweifüßig fortbewegende" von der
Gattung aller sich überhaupt fortbewegenden Lebewesen
aufzufassen ist, so bleibt ihm darin eine gewisse Beziehung auf
Tiere erhalten, die sich etwa nicht zwei-, sondern vierfüßig
fortbewegen oder gar mit Hilfe von Flossen. Warum muß
dies so sein, und was hat das für Konsequenzen für den Begriff
der Gattungsart? Es muß so sein, weil, wie Aristoteles im
zweiten der genannten Kapitel (I 8, vgl. auch I 3) ausführt, ein
jeder „Unterschied", der diesen Namen verdient, stets eine
Verschiedenheit *von etwas* sein muß, das dasselbe für beide
Unterschiedenen bleibt:

„Das durch Art Verschiedene ist von etwas etwas Verschiedenes, und dieses muß beiden zukommen: z. B. wenn ,Lebe-
wesen' etwas durch Art Verschiedenes ist, sind beides Lebewesen. Notwendig ist folglich, daß die durch Art Verschiedenen in derselben Gattung sind. Denn solches nenne ich
,Gattung', was in Beziehung auf beides als nur ein Identisches
dargelegt wird, während es nicht akzidentell eine Differenz
besitzt [...] Es muß nämlich nicht nur das Gemeinsame zukommen, wie etwa daß beides Lebewesen sind, sondern jedem von beiden muß das Lebewesen selbst Verschiedenes
sein, wie z. B. das eine Pferd, das andere Mensch, wodurch
dieses Gemeinsame ein durch Art Verschiedenes voneinander
ist" (I 8, 1057b35–1058a5).

Unzweifelhaft wird hier bekräftigt, daß das Genos, sofern
es das einer bestimmten Art ist, den *Unterschied an sich behalten* muß, der es zu demselben auch für die gegensätzlich bestimmte Art macht – denn sonst fielen beide, z. B. Mensch
und Pferd, denen „das Lebewesen selbst ein Verschiedenes"
ist, einfach wieder auseinander, und sie hätten gar nichts
Identisches mehr. Deshalb ist, wie Aristoteles hinzufügt, der
Unterschied, welcher die Art bildet, stets eine Verschiedenheit *des Genos* (und nicht etwa der Art): „Notwendigerweise ist
also dieser Unterschied [von Pferd und Mensch] eine Verschiedenheit der Gattung. Denn ich verstehe unter dem Unterschied einer Gattung eine Verschiedenheit, die diese selbst

verschieden macht. Das wird nun aber jedenfalls eine Entgegensetzung sein" (1058a 6–9).

Steht es nun so, daß die besagte Verschiedenheit eine des Genos selbst sein muß, jedoch immer in einer Gegensätzlichkeit beruht, dann folgt daraus sowohl für die Gattung, daß sie nichts selbständig Wirkliches sein kann, weil sonst ein aktueller Gegensatz in demselben bestünde, als auch für jede Art, daß die Gattung keine der Differenz gleichgestellte Komponente ihres Begriffs ist, da sonst derselbe Widerspruch einträte; eine Art stellt nämlich nach Aristoteles immer selbständige Wirklichkeit dar. Beide Konsequenzen zog Aristoteles bereits in Z 12, ohne dort eine Begründung dafür zu geben:

„Wenn nun die Gattung schlechthin nicht außer den Gattungsarten existiert, oder wenn sie wie eine Materie ist […], dann ist offenkundig, daß die Definition die [allein] aus den Differenzen bestehende Darlegung ist" (1037a5–9).

Die Gattung kann, als notwendig durch Gegensätze gegliedert, weder selbständig außerhalb der Arten existieren noch als eine gleichgeordnete Wesenskomponente in ihnen, mit der die Differenzbestimmungen ein wechselseitiges Teilhabe- oder Attributionsverhältnis eingehen würden; vielmehr kann sie nur *in* den Arten als eine gewisse Potentialität (Quasi-„Materie") oder Latenz *aller* artbildenden Unterschiede zugleich bestehen. Die Gattung ist, wenn alle angeführten Zitate strikt genommen werden, nicht so sehr die noch *unbestimmte* Potentialität[11] eines artbildenden Unterschieds als vielmehr das Feld der noch *unentschiedenen* Verzweigungen (Gegensätze), über die jede ihrer Arten allein zu erreichen ist. Daß eine Art als „Gattungsart" zu kennzeichnen ist, bedeutet somit, daß ihre Unterschiede in einer nicht akzidentellen Beziehung zu ihrem Gegensatz stehen müssen, jedoch so, daß dieser Gegensatz gleichsam absolviert als die gemeinsame Wurzel oder der Stamm der Unterschiede in jeder Art präsent ist. Aristoteles beschreibt diese Baumstruktur zwischen Gattung und Art folgendermaßen:

---

11 So die gleichwohl sehr interessante Deutung der Gattungsart (anhand von Z 12) durch H. Granger 1992, bes. 79–84.

„Das Verschiedene-Sein durch Art heißt somit, als unteilbar Seiende in derselben Gattung eine Entgegensetzung zu haben; dieselbe durch Art aber sind all die, die als unteilbar Seiende keine Entgegensetzung haben; denn in der Gliederung entstehen auch in den mittleren [Stadien] Entgegensetzungen, bevor sie zu den Unteilbaren gelangt" (I 8, 1058a17–21).

Die Übersetzung ist mit Absicht der griechischen Konstruktion genau angepaßt. Denn so wird besonders deutlich, daß Aristoteles erstens sämtliche Arten und ihre Gattung *zusammen* als eine strukturelle Einheit zu fassen sich bemüht, und zweitens, daß nur durch die *Absolvierung eines Weges* durch stetig sich auftuende Entgegensetzungen irgendeine der Arten erreicht wird: Jede Art enthält so in sich selbst den Gliederungsprozeß zu einem determinierten Endpunkt. Drittens aber, und besonders wichtig, erkennt man, daß Aristoteles auf diese Weise *Individuation* begründen kann. Denn „Unteilbarkeit" findet allein dort statt, wo keine Verzweigung in Gegensätze mehr zu passieren ist; das Unteilbarsein muß sich dabei zugleich auf die Art (vgl. *to heterois einai tôi eidei*) wie auf deren Instantiierung (vgl. *tauta tôi eidei, hosa*) beziehen[12], so daß Individuation der Instanz *eben dadurch geschieht*, daß der zugehörige Gliederungsprozeß keine Entgegensetzung mehr passieren kann. Es fragt sich nur, in welchen Fällen und wo so ein Punkt gegeben ist. Die einzige Antwort, die Aristoteles je darauf gegeben hat, lautet: da wo der Gliederungsprozeß dasselbe Eidos erreicht, wie dasjenige es besitzt, was ihn veranlaßt. Und gerade diese Antwort gibt Aristoteles in den Kapiteln 7–9 des Buches Z.[13]

---

12 Für dieselbe Gleichsetzung von indivisibler species (*eschaton eidos*) und Individuum selbst („Sokrates, Koriskos") s. *PA.* I 4, 644a23–25.

13 S. das dort ausgesprochene Prinzip „*anthrôpos anthrôpon gennai*" Z 7, 1032a 23–25 (vgl. dazu K. Oehler 1963 sowie im Detail: D. M. Balme 1990); ferner die Feststellungen des Aristoteles, daß da, wo „das Zeugende [...] ursächlich für das Sein des Eidos in der Materie" ist, „das Eidos unteilbar" sei (Z 8, 1034a4 f. u. 8) und daß bei Substanzen immer „eine andere Substanz, die bereits wirklich ist, vorausgehen muß, welche hervorbringt", wenn eine solche entstehen soll (Z 9, 1034b17 f.).

Es kann deshalb kaum mehr fraglich sein, wie die stets verlangte, nicht beiläufige Beziehung einer Art zu allen Gegensätzen ihrer eigenen Bestimmtheit und damit die Struktur der Gattungsarten *in re* zu interpretieren sei. Aristoteles hat auch darauf eine dezidierte, aber wenig gewürdigte Antwort zu bieten:

„Das [allein] durch die Gattung Unterschiedene hat keine Bahn (*hodos*) zueinander, sondern steht in mehrfachem Abstand und ist unverknüpfbar; hingegen haben durch Art Unterschiedene [stets] Werdegänge aus ihren Gegensätzen als äußersten Ausgangspunkten" (I 4, 1055a 6–9).

Die Beziehung einer Art zu den Gegensätzen ihrer eigenen Bestimmtheit, durch welche sie allein *derselben* Gattung wie eine von ihr unterschiedene angehört, besteht in der Tatsache, daß jene sie ausmachende Bestimmtheit durch ein *Werden* erreicht wird[14], das ja seinerseits immer von einer gegensätzlich verfaßten Materie auszugehen hat[15]. Die reale Interpretation des logisch notwendigen Bezugs einer Gattungsart zu den Gegensätzen ihrer eigenen unterschiedlichen Bestimmtheit ist also die systematische Bindung der Art an einen spezifischen Werdegang aus gegensätzlich (steretisch) verfaßter Materie. Deshalb betont Aristoteles in *De partibus animalium*, daß „der [Gattungs-]Unterschied" eigentlich „das Eidos *in der Materie*" sei (I 3, 643a24) und daher auf dem Weg der logischen Dichotomie des Gattungsbegriffs nicht immer sicher zu identifizieren ist[16]. Das logische Verfahren ahmt also den Ausprägungsprozeß des Unterschieds in einer Materie nur nach, kann ihn aber nicht als solchen konstituieren.

14 Daß die erklärte generische Theorie des Aristoteles starke *genetische*, d. h. eng mit dem Werdeprozeß der Sache verquickte Implikationen besitzt, haben bes. M. Furth 1988, S. 102 f.; 107 f.; 246 f. und J. Whiting 1990, 50–55 deutlich gemacht.

15 Aristoteles betont des öfteren: „Ein Werden erfolgt aus Gegensätzen" (N 4, 1091b34); ebenso: „woraus zuletzt die Verwandlungen hervorgehen, das sind die Gegensätze"(I 4, 1055b16 f.). Werden aber ist grundsätzlich materiell gebunden: „denn sie ist das, was beides werden kann" (Λ 5, 1071a10 f.), vgl. Z 7, 1032a 20–22 (s. u.).

16 Zwar gebe es immer einen „letzten" (*eschatê*) Unterschied, bei dem die Dichotomie der Gattung endet, aber dieser decke sich nicht in jedem Fall mit dem „vollendeten" (*teleutaia*), der das Eidos der Sache selbst ist (s. ebd. 644a2 f.).

Da nun, wie erklärt, die Gattung *alle* zueinander gegensätzlichen Unterschiede in jeder der Arten an sich behalten muß, ist sie nichts anderes als der *gemeinsame Stamm des
Werdens* von Dingen unterschiedlicher Art. Und nicht unmittelbar stehen demnach die Bestimmungen einer Art mit
ihrem Gegensatz in Verbindung, sondern stets vermittels eines Werdens dessen, was ein Ding von der Art wird, bzw. (logisch betrachtet) vermittels des oben beschriebenen Gliede-
rungsweges zu einer jeden Art. Also ist das Genos eines Eidos
auch nicht *selbst* eine Materie im gewohnten Sinne des Wortes, sondern ein rein formales Moment in ihm, es steht aber
im Logos der Sache für nichts anderes als die gemeinschaftli-
che Wurzel seiner sämtlichen Unterschiede, deren jeder nur
auf dem Weg eines materiegebundenen Werdens realisiert
wird. Generell deutet nach den angestellten Überlegungen
die ausdrückliche Kopplung eines Eidos an sein Genos auf
seine Bindung an ein Werden oder einen Bildungsprozeß der
Sache, wie eine Passage aus *De generatione et corruptione* noch
einmal unterstreichen kann:

„Nicht setzt dasjenige einander aus seiner Natur heraus,
was weder Gegensätzliches noch aus Gegensätzen ist. Da
vielmehr von Haus aus nicht Beliebiges erleidet und bewirkt,
sondern nur, was entweder Gegensätze sind oder eine Entgegensetzung enthält, besteht die Notwendigkeit, daß das
Bewirkende und Erleidende einerseits durch ihr *genos* gleich
und dasselbe sind, andererseits aber durch das *eidos* ungleich
und gegensätzlich […] So ist offenbar, daß miteinander lei-
dens- und wirkungsfähig nur das Gegensätzliche und das Da-
zwischenliegende ist; darin bestehen auch überhaupt Vergehen und Werden“ (I 7, 323b28–324a9).

Je nachdem nun, ob diese Verkoppelung von Gattung(s-
identität) und Art(verschiedenheit) für ein Werden der letzteren in der Art selbst fest verankert, oder auf ein anderweiti-
ges Arrangement zurückzuführen ist, bezeichnet Aristoteles
die betreffende nach meiner These als eine „Gattungsart“[17]
oder nicht. Zwar wird auch ein Tisch zu einem verfugten statt

---

17 Es scheint, als bezöge sich Aristoteles, wenn er ausdrücklich von *(hôs) genous eidê* spricht, nur auf Lebendiges, niemals aber auf technische Gegen-

losen und glatten statt rauhen und geraden statt krummen usw. Holz, wobei stets diese unterschiedlichen Zustände derselben Gattung angehören; dennoch sind diese Bahnen eines Wechsels der Zustände nicht in seinem Eidos als Tisch verankert, sondern gründen in der Absicht des Schreiners, von dem einen zum andersbestimmten Holz fortzuschreiten; er ist es, der alle die Wechsel so versammelt und organisiert, daß am Ende ein Tisch herauskommt; und er könnte das Holz auch beliebig weiterbearbeiten, so daß etwas ganz anderes als ein Tisch am Ende stünde. Das Eidos „Tisch" ist deshalb nicht eine *Gattungsart*, weil der Weg seines Werdens nicht *in ihm selbst* zugleich seinen Grund und sein determiniertes Ende hat (d. h. bei „Unteilbarem" mündet s. o.)[18], obwohl er mit Stuhl und Bank und vielen anderen „*eidê*" dennoch zur selben Gattung der Holzmöbel gehört. Anders ist dies bei allen sich selbst fortpflanzenden Organismen: deren Erzeugung und somit ihr Werden ist nach Aristoteles sogar der primäre Bestandteil ihres Eidos (nämlich der Seele)[19], und deshalb ist die Art bei ihnen unmittelbar durch die in Bahnen des Unterschieds zerteilte Gattung charakterisiert: die Gattung liegt ihnen, wie Aristoteles ebenfalls in I 8 sagt, „in der Physis": „Offenkundig ist demnach, daß im Vergleich mit dem sogenannten Genos keine der Gattungsarten entweder artidentisch oder artverschieden ist; und das mit Recht, denn die Materie wird durch Verneinung deutlich, das Genos aber ist Materie dessen, wovon es als Genos dargelegt wird – nicht freilich wie das der Herakliden, sondern als das in der Physis liegende" (I 8, 1058a21–25).

Hier ist ziemlich klar ausgesprochen, daß das Genos der Gattungsarten auf die *Physis* der Sache verweist, d. h. auf die reale Einheit von voll ausgebildetem Eidos (= Physis als *telos*)

---

stände und auch nicht auf Mathematika oder anderes Unselbständiges: instruktiv ist hierfür 9, 1085a23–27; ein anscheinendes Gegenbeispiel (I 7, 1057b7) ist m. E. anders zu erklären.

18 Zu dieser reproduktiven Struktur der Gattungsarten – auch mit Blick auf die aristotelische Embryologie – vgl. M. Furth 1988, bes. 121 ff.

19 S. am ausführlichsten dazu *De An.* II 4, sowie *GA.* II 1 u. 3.

und Entstehungsprozeß (= Physis als *genesis*)[20]. Daß sie ein
solches, in ihrer *Physis* liegendes Genos hätten, wird man von
technisch zu ihrer Art entwickelten Gegenständen wohl
kaum behaupten wollen. Deren „Genos" liegt vielmehr, wenn
es generell die Beziehungen der Sache zu den Gegensätzen
ihrer Bestimmtheit bedeutet, in den Gedanken des Menschen, der etwas hervorbringen will. Von dieser Unterscheidung insbesondere handeln die Kapitel 7–9. Sie zeigen daher
im Ganzen betrachtet, wovon die in Kapitel 4 ausgesprochene Bedingung für „wesentliches Sein" in vollem Umfang
erfüllt wird und wovon nicht. Dabei dürfte klargeworden
sein, daß die Erfüllung dieser Bedingung unumgänglich eine
Materialität der sie erfüllenden Dinge einhandelt. Das Materielle als solches aber kann nach Aristoteles nicht definiert
werden, wohin zu gelangen doch die Absicht des Buches Z
insgesamt ist. Dieselben Kapitel (7–9) zeigen aber zugleich
auch, warum und auf welche Weise die Materialität einer werdenden Sache von ihrer eidetischen Bestimmtheit auch *un-
terscheidbar* sein muß. Diese im Werden selbst bewerkstelligte
Unterscheidbarkeit greifen dann die anschließenden Kapitel
auf und nutzen sie, um Eidos und Materie methodisch auch
im Logos zu trennen. Denn nur wenn die durch das Werden
eingehandelte Materialität der Sache von ihrem Eidos auch
wieder getrennt werden kann, ist es möglich, ein immateriel-
les *ti ên einai* solcher Dinge als den unmittelbaren Gegenstand
einer Definition von ihnen zu isolieren. Sinnvoll ist dieses
ganze Vorgehen, um zum wirklich Definierbaren zu gelangen, jedoch nur dann, wenn das eigentlich definierte, also immaterielle Eidos der Sache oder ihr „wesentliches Sein"
nichts anderes ist als eben jenes, was, um Gattungsart zu rea-
lisieren, einem in seinem Eidos verankerten Werden ent-
stammt und also nur als Materielles vorkommt. Die damit erforderliche Identitätsbeziehung zwischen vorkommendem
Fall und seinem wesentlichen Sein erklärt Aristoteles auch
tatsächlich am Anfang des 6. Kapitels zu einer Bedingung der
Ousia:

---

20 Vgl. bes. *Phys.* II 1, 193b12 f.: „Die Physis im Sinne des Werdens ist ein
Weg *zur* Physis" – d. h. zu sich selbst qua *telos*.

„Ob das wesentliche Sein und ein jedes dasselbe oder Verschiedenes sind, ist zu betrachten. Denn das ist förderlich für die Betrachtung der Ousia. Ein jedes aber scheint nichts anderes zu sein als seine eigene Ousia, und das wesentliche Sein wird bezeichnet als das, was die Ousia eines jeden ist" (Z 6, 1031a15–19).

Auf dieses Kriterium der Ousia kommt Aristoteles auch in den Kapiteln nach 7–9 mehrfach zurück. Damit sind also Brücken geschlagen, sowohl vom Thema des 4. Kapitels zu dem der Kapitel 7–9, als auch von ihnen zum weiteren Fortgang des Buches; und es ist kein Grund zu erkennen, warum sie nicht mit ihrem Thema des Werdens einen Stammplatz in Z sollten beanspruchen können. Ihrer Auslegung wende ich mich nun zu, aber nur so weit, als sie die jetzt umrissene Thematik betreffen.

2. Die Matrix des Werdens

Aristoteles beginnt seine Analysen mit der Aufstellung einer Matrix aus drei Termen, durch die seiner Meinung nach jedes Werden als solches erfaßt und beschrieben werden kann. Die verschiedenen Verhältnisse, die diese drei Terme zueinander besitzen können, begründen im weiteren die unterschiedlichen Arten des Werdens, die Aristoteles unterscheiden möchte und die er in seinem Anfangssatz zuerst einmal nur benennt:

„Von allem, was wird, wird manches kraft Physis (*physei*), anderes kraft Kunstfertigkeit (*technê*) und wieder anderes von allein. Aber alles Werdende wird ‚auf Veranlassung von etwas'(*hypo tinos*) und ‚aus etwas'(*ek tinos*) und seinerseits ‚etwas' (*ti*). Das ‚etwas' verstehe ich im Sinne jeglicher Kategorie: entweder ‚dies-da' oder ‚wieviel' oder ‚wiebeschaffen' oder ‚wo'"(7, 1032a12–15).

Zu beachten ist zunächst, daß ein „Werden kraft Physis" unterschieden wird von einem „Werden von allein". Damit ist gesagt, daß nicht alles, was ‚in der Natur' wird, bei Aristoteles als „Werden kraft Physis" gelten kann, sondern nur solches, was dabei gewissen noch zu klärenden Bedingungen unterliegt. ‚In der Natur' geschieht vielmehr manches auch einfach „von allein"; als Beispiel führt Aristoteles zu Anfang des 9. Kapitels die Selbstheilung eines kranken Körpers an, bei der ohne Eingriff durch die Kunstfertigkeit eines Arztes irgendein Teil seiner Materie „von selbst [so] bewegt wird" (9, 1034a13), wie er auch durch die Kunst des Arztes hätte bewegt werden müssen, um denselben Heilungsprozeß einzuleiten. Würden wir hier nun durchaus von einer ‚natürlichen' Heilung sprechen, so reicht dies nach Aristoteles doch nicht aus, um schon ein „Werden kraft Physis" anzunehmen. Dafür müßte vielmehr noch eine äußere, veranlassende Ursache, die aber in der Physis selbst liegt, (und nicht nur die von sich aus so und so bewegte Materie) gegeben sein (s. u.). Folglich sind solche Geschehnisse wie Ausheilung, Vernarbung, Erstarrung, aber auch Erosion, Kristallbildung, Witterung nach Aristoteles nicht „kraft Physis" im strengen Sinn, sondern nur „von allein"; und man könnte sagen: Von allein ist alles, was geschieht, wenn die in ein Werden hineingezogenen Dinge dabei insgesamt sich selbst überlassen bleiben. Nicht von allein und damit entweder kraft Physis oder kraft Kunstfertigkeit geschieht hingegen das, was von woanders her gezielt zu seinem Werden veranlaßt ist.

Der genannte Unterschied beruht also auf dem ersten Term der aufgestellten Werde-Matrix, dem veranlassenden *hypo tinos*. Dieses ist, jedenfalls bei physischen Werdegängen (denen Aristoteles sich zunächst genauer zuwendet), stets ein anderes „kraft Physis seiendes Ding" (7, 1032a18) als das Werdende selbst. Bei dem an zweiter Stelle genannten *ek tinos* („aus etwas") handelt es sich dagegen um dasjenige, „was wir Materie nennen" (7, 1032a17). Die Materie ist allerdings, wie sich noch näher zeigen wird, nicht einfach wieder ein Ding, sondern besitzt vielmehr eine ontologisch komplexere Struktur. Hingegen ist auch das an dritter Stelle genannte *ti* (das „was" beim Werden herauskommt) wiederum ein Ding, nämlich „Mensch, Pflanze oder sonst eines der Dinge, die wir in hervorragendem Maß als ‚Substanzen' bezeichnen" (7, 1032a18 f.) Interessant ist, daß Aristoteles hier Seiende, die aus einem gewissen Werden hervorgegangen sind, als Substanzen im eminenten Sinn tituliert, gleich als würde das

Gewordensein etwas für den Status der Substantialität aus-
richten (vgl. ebenso *Met.* E 2, 1026b22–24; K 2, 1060b18 f.).
So hat es sich im 1. Abschnitt tatsächlich herausgestellt, und
so wird es sich auch noch weiter bestätigen. Freilich ist deshalb nicht alles, worein – als seinem *ti* – ein Werden mündet,
gleich Substanz in besonderem Maße. Aristoteles vermerkt
vielmehr ausdrücklich, daß er das Mündungs-ti in allen Kategorien versteht. Wohl aber ist das, was aus einem Werden
mit einer ganz bestimmten Organisation jener drei Terme
hervorgeht, eben *malista ousia*. Welche diese näheren Bedingungen sind, ist noch zu klären. Allein eine ist bisher genannt: daß auch das veranlassende *hypo tinos* ein kraft Physis
existierendes Ding ist. Weitere Bedingungen werden sogleich dargelegt werden. Zuvor aber wendet sich Aristoteles
mit einer näher erklärenden Bemerkung dem zweiten Term
in der Matrix des Werdens zu, nämlich dem *ek tinos*, das er
auch als „Materie" bezeichnen möchte:

„Alles Werdende überhaupt – ob kraft Physis oder kraft
Kunstfertigkeit – besitzt Materie: denn ein Vermögendes, je
eines dieser [werdenden] Dinge sowohl zu sein als auch nicht
zu sein, das ist dafür die Materie" (7, 1032a20–22).[21]

Materie ist nach diesem Satz nicht *das* Werdende insgesamt
(so wenig wie nach oben Gesagtem die Materie ein Ding oder
vollgültiges Seiendes ist), sondern immer nur etwas an einem
jeden Werdenden, das dieses sein kann (sonst könnte das betreffende nicht daraus werden), aber nicht sein muß. – Das
heißt, es könnte demgegenüber auch beim alten, was da ist,
bleiben oder etwas anderes daraus werden. Wo immer Seiendes *wird*, so möchte Aristoteles betonen, da muß man etwas
annehmen, das *Alternativen des Seins* besitzt, und wo keine

---

21 Wichtig ist, anders als bei üblicher Lesart, *dynaton* hier als Subjekt des Satzes zu verstehen, während *hekaston autôn* (sc. *tôn gignomenôn*) Prädikatsnomen
zu den von *dynaton* abhängigen Infinitiven *einai* und *mê einai* ist. Andernfalls
ergibt sich keine befriedigende Fortführung des Gedankens mit *touto*, weil
dieses sich dann auf „das Werdende" selbst beziehen müßte, das aber gerade
nicht insgesamt Materie ist (s. dazu 8, 1033b12 f. und vgl. im übrigen *Gen. Corr.*
II 9, 335a32 f.: *hôs men oun hylê tois genêtois estin aition to dynaton einai kai mê einai* – nämlich *ta genêta* und darüber hinaus, dem sachlichen Verständnis nach:
De An. III 5, 430a10 f.; *Met.* H 1, 1042a27 f. sowie *GA* II 1, 734b21f.).

Seinsalternativen bestehen, da kann auch keinerlei Werden stattfinden. So können z. B. platonische Ideen nicht werden, weil in ihnen gerade keine Seinsalternativen gegeben sein sollen. Es ist deshalb nur zu bezeichnend, daß Aristoteles seinen Begriff der Ousia bereits ausdrücklich dem Bereich vindiziert hat (s. o.), der als Bereich eines Werdens solche Alternativen zuläßt. Dergleichen also muß für alles Werden, sei es kraft Physis oder kraft Kunstfertigkeit angenommen werden.

Schon bis hierher ist zu erkennen, daß Aristoteles zwei Absichten in einem Zuge verfolgt, um die Rolle des Werdens für die Gegebenheit von Substanzen herauszustellen: Zum einen werden Strukturen aufgewiesen, die für *alle* Werdegänge überhaupt gelten. Von dieser Art sind die dreifache Matrix des Werdens und die Involvierung von Materie. Zum anderen werden verschiedene Formen des Werdens voneinander abgegrenzt durch die je unterschiedlichen Verhältnisse, wie sie zwischen den Termen der Matrix herrschen können. Z. B. ist beim Werden kraft Physis und kraft Kunstfertigkeit stets das *hypo tinos* ein anderes Seiendes gegenüber dem *ek tinos* und *ti* (nicht so diese beiden letzteren untereinander), während dies beim Werden „von allein" nicht gilt. Zweitens ist das „auf wessen Veranlassung" bei einem Werden kraft Physis immer selbst ein „kraft Physis Seiendes", was sich beim Werden durch Kunstfertigkeit, wie gleich zu sehen sein wird, nicht so verhält. Es folgt nun eine weitere solche Bedingung, die das spezielle Verhältnis der drei Terme, wie es beim Werden kraft Physis gegeben sein muß, vollends ins Licht setzt:

„Allgemein gesprochen gilt [für physische Werdegänge], daß sowohl das ‚woraus' Physis ist, als auch das ‚unter wessen Steuerung' (*kath' ho*) Physis ist: das, was wird, hat ja eine Physis, wie z. B. Pflanze oder Lebewesen. Und ebenso hat das ‚auf wessen Veranlassung' eine solche: nämlich die im Sinne des Eidos zu fassende, *eidos*-gleiche Physis; sie aber in einem anderen Ding – denn ein Mensch erzeugt einen [anderen] Menschen" (7, 1032a22–25).

Nachdem Aristoteles klargemacht hat, daß der zweite Terminus eines jeden Werdens (das *ek tinos*) immer eine Materie darstellen muß, kommt er auf die bereits ins Auge gefaßten Werdegänge kraft Physis zurück, um ihre Struktur – ganz im

Allgemeinen – zu umreißen. Und da zeigt sich das Besondere, daß die *gesamte Matrix des Werdens* von ein und derselben Gegebenheit (nicht ein und demselben Ding) besetzt zu
werden vermag, nämlich von derjenigen, die Aristoteles terminologisch als „*Physis*" bezeichnet (vgl. Couloubaritsis
1985, 299 f.). Denn eine Physis, so sagt er hier, ist *sowohl*
(nämlich wegen des in der ‚Gattungsart' verankerten Werdens, wie gesehen) Materie, also *ex hou*, als auch die „steuernde Ursache" (*kath' ho*)[22] eines aus ihr heraus anhebenden
und in ihr selbst vonstatten gehenden Werdens. „Steuernde
Ursache" aber ist nicht nur jenes, das die Veranlassung zu einem Werden gibt, wie auch ein Fehltritt zur Lawine, sondern
die ein Werden durchwegs bis in sein Ende *führende* Ursache.
Deswegen spaltet Aristoteles die Physis, die nun nicht qua
Materie, wie zuerst, sondern qua Eidos[23] aufzufassen ist (und
so das *kath' ho* des gesamten Werdegangs bildet) wiederum
auf in die beiden übrigen Terme der Matrix, nämlich in das
Eidos des *gignomenon ti* einerseits, das die betreffende Physis
am Ende besitzt, und das Eidos des *hypo tinos*, welches dasselbe Eidos hat, die *physis homoeidês*, aber dennoch (als *hypo
tinos* eines Werdens kraft Physis) ein *anderes* Ding sein muß:
Die Physis ist als ein und dieselbe Gegebenheit (nämlich
ousia) auf je verschiedene Weise *ek tinos* (Materie) und *kath'
ho* (Eidos) des Werdens, und vereinigt wiederum in der
Weise des *kath' ho*-Seins zwei Seiende desselben Eidos in
einem ursächlichen, generativen Zusammenhang, von denen
eines das *hypo tinos* des fraglichen Werdens und das andere
sein (*eis*) *ti* ist: *Die Physis besetzt so auf einmal die dreifache Matrix des Werdens.*

Daß eine Physis auf gewisse Weise auch die Materie eines
Werdens stellen muß, war schon früher aus dem Begriff der
Gattungsart einsichtig geworden, zu deren „ihr Genos ent-
haltenden Physis" es gehörte, daß ein gegensätzlich verfaßter
Ausgangspunkt des Werdens für sie existiert. Wichtig ist bei

---

22 Zum *kath' ho* als *aition* bes. im Sinne von *ousia* und *eidos* s. *Met.* Δ 18.
1022a14–20.
23 Zu dieser systematischen Doppelsinnigkeit des Physisbegriffs bei Aristoteles vgl. *Phys.* II 1, 193a 28–31; II 2, 194a12 f. sowie *Met.* Δ 3, 1015a7–10.

alledem, daß die Physis, von der Aristoteles spricht, nicht nur
als die *eines* Dinges begriffen wird (was bei einem bloßen Eidos, im Unterschied zum *genous eidos*, noch angehen mag),
sondern als das gleiche Eidos *mehrerer* Dinge in einem gene-
rativ-ursächlichen Nexus und *deshalb* zugleich auch als Materie zum je verursachten Werden des einen aus dem anderen.
Physis ist ein ursächlich organisierter Komplex homoeidetischer Dinge und genau deswegen in der Lage, alle drei Terme
der Werde-Matrix auf einmal zu besetzen. Wenn *etwas* eine
Physis hat, dann muß das Betreffende das je einzeln, materiell gewordene Glied in einer Kette homoeidetischer Vorgänger und Nachfolger sein. Damit ist aber die prinzipielle An-
gewiesenheit auf materielle Einzelheit in das Definiens solcher Dinge systematisch eingeschrieben[24] und ihre Ousia somit – wie Aristoteles in späteren Kapiteln des Buches Z betont
(z. B. 13, 1038b10; 16, 1041a3 f.) – nicht als Universale zu begreifen. Denn ein Universale begründet keinen ursächlichen
Nexus zwischen den Dingen, die es erfüllen, begründet deshalb auch nicht, wann und von was es tatsächlich erfüllt wird;
wohl aber, wie hier zu sehen, tut dies die Physis, indem die Re-
generation des Eidos in je anderen Individuen zu ihrem Begriff gehört. Dies bringt Aristoteles am Schluß des Zitats auf
die Formel: *anthrôpos anthrôpon gennai* – „ein Mensch zeugt einen [weiteren] Menschen"[25]. Derselbe Nexus von homoeidetischem Vorgänger und Nachfolger im Begriff der Physis gibt
auch in der *Physik* ihr Definiens ab, wo Aristoteles schreibt:
„Die Physis im Sinne von Genesis ist ein Gang zur Physis" (II
1, 193b12 f.) D. h. die vollständig begriffene Physis setzt sich
in sich zu sich selbst fort: Vorgänger regenerieren sich in
Nachfolgern, die wiederum sich in Nachfolgern regenerie-
rende Vorgänger sind. Die Ousia eines jeden Individuums hat
deshalb kraft Begriffs notwendig nur eine bestimmte Stelle
innerhalb dieser Verkettung inne, aber die Physis bleibt dabei
dennoch stets ein und dieselbe, ohne doch eine bloße Ge-

---

24 Interessante Denkanstöße in eine ähnliche Richtung gibt schon S. Mansion 1971, bes. 85 f.
25 K. Oehler (1963) versuchte diese Formel sogar als den wahren Mittel-
punkt des aristotelischen Substanzbegriffs zu profilieren.

meinsamkeit von Eigenschaften zu sein. Kraft ihrer muß vielmehr jedes beteiligte Individuum aus einer genos-typischen Materie *werden* – dem *genos en têi physei* (das also wiederum, wenn auch in einer anderen Auffassungsweise, die Physis selbst ist) – und entwickelt sich unter dem Einfluß des homoeidetischen Vorgängers (d. h. seines Samens) durch alle Verzweigungspunkte des betreffenden Genos hindurch zu einem homoeidetischen Nachfolger.[26] Nur unter dieser Bedingung ist das Ergebnis des Werdens etwas, „das wir als Substanz in besonderem Maße bezeichnen" (7, 1032a19; vgl. 9, 1034b16–18).

3. Mereologie des Werdens

Im Anschluß wendet sich Aristoteles zunächst dem Werden kraft Kunstfertigkeit zu. Dies aber zweifellos nicht, um damit eine völlig andere Art des Werdens zur Sprache zu bringen, sondern um unter gewissen Unterschieden zwischen beiden gerade die gemeinsame Bauart allen Werdens zum Vorschein zu bringen. Der Vorzug des Werdens aus Techne für diese Untersuchung besteht nämlich darin, daß wir die Binnenstruktur eines Werdens überhaupt an ihm leichter einsehen können, weil wir es selbst mit Bewußtsein hervorbringen. Deshalb faßt Aristoteles die technischen Werdegänge auch sogleich unter dem Titel „Hervorbringungen" (*poiêseis*) zusammen (7, 1032a27).

Seine zweite Überlegung zum Werden leitet Aristoteles allerdings mit der Hervorhebung eines einschneidenden Unterschieds des technischen gegenüber dem vorangegangenen physischen Werden ein:

„Kraft Kunstfertigkeit wird alles, wovon das Eidos in der Seele ist: Unter ,Eidos' verstehe ich aber das wesentliche Sein von jeglichem Ding und seine primäre Substanz" (7, 1032a32–b2).

---

26 Vgl. insbesondere *GA* II 3, 736a24–b5; IV 3, 767b29 ff. und im Ganzen II 1, 734a36–735a4.

Wurden bislang Fälle erörtert, wo das Eidos des künftig Werdenden in einem es Veranlassenden war, das mit dem Werdenden selbst ein und derselben Ousia (qua Physis) angehörte, so ist dieses Prinzip des physischen Werdens im Falle der Techne sogleich durchbrochen, und das Eidos des künftig Werdenden ist vielmehr in etwas Veranlassendem einer anderen Ousia zu suchen, als das Gewordene sein wird.[27] Das technische Werden ist so von beträchtlich geringerer *Geschlossenheit* als das kraft Physis erfolgende: Das Eidos des Werdenden ist nicht in einem Vorgänger, sondern in der „Seele" des Menschen. Jedoch wird dieser zugegebene Unterschied immerhin durch die Feststellung gemildert, daß das Eidos ja – auch in der Seele der ganz anderen Ousia ‚Mensch' – doch wiederum eigentlich die Ousia des Werdenden selbst, nämlich, wie Aristoteles sagt, dessen „primäre Substanz" (*prôtê ousia*) schon *ist*, so daß wie im Falle der Physis so auch hier das eigentlich Substantielle der Sache gar nicht erst wird, sondern bereits ist.

Aber wie läßt sich denn behaupten, daß die Ousia bspw. eines Haufens von Steinen und Holz eigentlich das Haus ist, das daraus wird und das der Baumeister in seiner Seele hegt? Dies versuchen die folgenden Sätze zu rechtfertigen:

„In gewisser Weise nämlich bezieht sich dasselbe Eidos auch auf die Gegensätze. Denn die Ousia der Privation (*sterêsis*) von etwas ist die entgegengesetzte Ousia, wie z. B. die Gesundheit Ousia der Krankheit. Denn durch die Abwesenheit jener wird die Krankheit deutlich. Aber die Gesundheit ist als ihre Darlegung in der Seele und d. h. in der Wissenschaft [des Arztes]" (7, 1032b2–6).

Die Rechtfertigung dafür, auch im Falle der technischen Hervorbringung von einem Schon-Sein der erst Werdenden Sache – wenn auch innerhalb einer ganz anderen Ousia – zu sprechen, liegt also in der Art und Weise der Seele, sich an der

---

27 Für diesen Unterschied vgl. *GA* II 1, 735a2–4: „Die Kunstfertigkeit ist nämlich der Anfangsgrund und das Eidos des Werdenden: jedoch in einem davon Verschiedenen, während die Bewegung der Physis in der Sache selbst liegt als eine, die von einer weiteren Physis kommt, die dieses Eidos als Wirklichkeit besitzt."

Gegensatzstruktur des Wirklichen zu orientieren, die zugleich, wie früher hervorgehoben, die Bahn allen möglichen Werdens vorzeichnet: Die Seele versteht oder „liest" gleichsam eine gegebene Lage in Orientierung an den spezifischen Abständen zwischen Erfüllung und Vorenthaltensein (Privation) bestimmter Eide. Das unmittelbare Aufeinander und Durcheinander von Steinen wird auf diese Weise u. U. genommen als Vorenthaltensein und somit Möglichkeit eines durch sie eingeschlossenen und getragenen Raumes, das hektische Fiebern und die Hinfälligkeit eines Organismus als Verwehrung eines kräftigen und effektiven Gebrauchs seiner Glieder usw. Jedes technische Vorhaben rechnet sozusagen die spezifischen Abstände zwischen seiner Erfüllung (dem Eidos in der Seele) und der gegebenen Lage der Dinge in solchen gegensätzlichen Strukturen aus, und je nachdem erhält das jeweils Gegebene auch seine spezifische „Deutlichkeit" als bestimmte Steresis von dem oder jenem. An diese auf das Hervorzubringende hin abgesehene Deutlichkeit der gegebenen Lage können dann die Tätigkeiten des Menschen anknüpfen, um jenes technische Werden zu vollbringen. Aristoteles beschreibt diesen Vorgang so:

„Das Gesunde entsteht also, wenn die Sache im Geist folgendermaßen abgesehen wird: Nachdem die Gesundheit dieses ist, muß, wenn das Gesunde sein soll, dies und dies stattfinden – z. B. Ausgeglichenheit; wenn aber wiederum das, so muß Wärme sein. So hat man die Sache immerfort abzusehen, bis man auf etwas stößt, das man selbst am Ende hervorbringen kann. Die davon anhebende Bewegung heißt dann eine Hervorbringung, nämlich die zur Gesundheit führende. Somit ergibt sich, daß auf gewisse Weise die Gesundheit aus der Gesundheit entsteht und das Gebäude aus dem Gebäude, nämlich aus dem ohne Materie das, was Materie besitzt" (7, 1032b5–12).

Man erkennt nun klar, daß durch den beschriebenen Kunstgriff der menschlichen Seele, welche ein bestimmtes, hervorzubringendes Eidos durch gedankliche Analyse auf die gegensätzlichen und bereits vorhandenen Anknüpfungspunkte zu seiner Hervorbringung zu beziehen vermag, um auf diese Weise den Anknüpfungspunkt der Hervorbringung zu ermitteln, nur die herausgestellte *Geschlossenheit* des physischen Werdens ersetzt wird[28], bei der das eidos-gleiche Wesen bereits existiert und seinerseits im Falle der Zeugung aus den herrschenden Gegebenheiten seine spezifischen Werdensbedingungen abzieht und für seinen Nachfolger requiriert. Das bedeutet aber: in *allem* Werden bedarf es eines *Prinzips der Auswahl* oder Selektion spezifischer Anfangsbedingungen als den ersten Gliedern eines darauf aufbauenden Werdegangs.[29] Wo ein Werden stattfinden soll, da muß eine Realität zunächst in bestimmtem Sinn (nämlich im Sinn des erst Werdenden) *artikuliert* werden und das, was zum betreffenden Werden führt, von dem Übrigen sich scheiden. In einer monolithischen Realität könnte also ein Werden niemals stattfinden:

„Daher ist es, wie man auch sagt, unmöglich, daß etwas wird, wenn nichts [davon] vorher schon besteht. Daß also notwendigerweise ein Glied der werdenden Sache schon besteht, ist klar. Denn die Materie ist eben dieses Glied: sie liegt in [den Gegebenheiten] darin und sie ist es, die etwas wird" (7, 1032b30–1033a1).

Wieder werden wir auf die Materie geführt als dem eigentlichen Zentralbegriff allen Werdens. Ohne Werden, so wurde früher klargemacht, ist substantielle Einheit (jedenfalls im Bereich des erfahrbaren Seins) nicht zu erreichen. Aber ohne Materie kann wiederum kein Werden stattfinden. Die Materie jedoch, an die ein jedes Werden anknüpfen muß, ist als solche nicht von allein zur Verfügung, nicht einfach „da"; denn sie ist ja die Materie eines erst noch werdenden Dinges. Vielmehr ist sie nur als eingebunden in irgendeine andere, nämlich die bisherige Realität. Also muß es in jedem Fall etwas geben, das in der bisherigen Realität die Materie eines erst künftig Seienden (als dessen Teil) gleichsam ausfindig macht, d. h. sie aus dieser Realität löst und so frei macht für den Aufbau des daraus Werdenden. Das ist im Fall der Techne das Eidos

---

28 Wie Aristoteles selbst hervorhebt: vgl. 9, 1034a23.
29 Denn die *sterêsis* ist nichts, was der Materie eines Werdens an ihr selbst zukommt, sondern *kata symbebêkos*, wie Aristoteles in *Phys.* I 7, 190b27 deutlich macht.

der Sache in der Seele des Menschen, das im Modus der *sterê-sis* abgesehen wird auf die gegebene Lage der Dinge; im Fall der Physis dagegen ist es dasselbe Eidos der erst werdenden Sache in ihrem Vorgänger, der im Wege der Zeugung gewissen materiellen Gegebenheiten sein eigenes Gepräge erteilt.

Auch dies: die Notwendigkeit einer Selektion von Anfangsbedingungen für ein Werden im Sinne des erst Werdenden (d. i. die Isolation eines „Gliedes" der Sache aus den übrigen Gegebenheiten) ist ein Argument dafür, daß in der Physis – d. h. ohne die Fähigkeit der menschlichen Seele – gar kein Werden stattfinden könnte, wenn ihre Organisationsform nicht eben den ursächlichen Konnex von homoeidetischem Vorgänger und Nachfolger *miteinbegriffe* und sie statt dessen nur in der eidetischen Gleichbestimmtheit einer Klasse von Individuen bestünde. Dies wird noch einmal am Ende des 8. Kapitels wichtig werden, aber vorläufig baut Aristoteles die genannte Grundeinsicht, daß ein jedes Werden, das diesen Namen verdient, an eine schon im Sinne seines Ergebnisses „gegliederte" Realität anknüpfen muß, noch weiter aus.[30] Sie ist zugleich Kern der berühmt berüchtigten teleologischen Verfassung aller Werdeprozesse bei Aristoteles, dergemäß „alles Werden zugleich auf seinen Anfangsgrund (*archê*) und sein Ende (*telos*) zugeht" (Met. Θ 8, 1050a7f.) Man kann dieselbe Einsicht auch so formulieren und zugleich einleuchtender machen: Nichts ist von sich aus die Materie eines anderen Dinges. Wenn also überhaupt andere Dinge entstehen sollen, als bereits gegebene Realität sind, so fragt sich immer, was die bisherige Realität dazu bestimmt, nicht die zu bleiben, die sie schon ist, sondern statt dessen mit gewissen Teilen – d. h. auf Kosten ihrer bisherigen Wirklichkeit – bloß die *Materie* eines anderen, Neuen und bislang Nichtseienden zu sein? Es handelt sich um die seit Parmenides gestellte und bis heute nicht anders auflösbare Alternative: entweder ist das Seiende schon *alles*, was es je ist, alle Wirklichkeit überhaupt – dann gibt es kein Werden, oder das Seiende selbst ist so, daß es zugleich

---

30 Vgl. auch im 9. Kapitel die zusammenfassende Feststellung, es verhalte sich mit den Werdegängen wie mit den Schlußfolgerungen: daß ihr Anfangsgrund bereits die ganze Ousia des Betreffenden sei (1034a30–32).

durch ein Nichtsein bestimmt wird. Aristoteles wählt sichtlich
die zweite Alternative und erklärt zugleich, inwiefern das
wahrhaft Seiende so verfaßt sein muß, daß es immerfort anderes Seiendes zu einem gewissen Nichtsein bestimmt, das
dann ein erst Werdendes sein kann[31]. Solches wahrhaft Seiende (*ousia*) ist zum einen die Seele des Menschen (und damit
natürlich der Mensch selbst) mit ihrem Vermögen technischer Hervorbringung, ist aber darüber hinaus auch die Physis des Lebendigen überhaupt, die im Modus des Werdens ihr
Eidos identisch erhält. Sofern man also eine *Wirklichkeit des
Werdens* behaupten will, muß man die Konsequenz ziehen und
sagen, daß das je Gewordene jedenfalls *nicht* das ist, woraus es
geworden ist. Man darf es aber ebensowenig als etwas nur Da-
nebengesetztes, an das Bisherige völlig Unangeknüpftes verstehen, sondern in der Institution des Werdens sind Fortsetzung des Seins und seine Unterbrechung durch Nichtsein auf
bestimmte Weise vereinigt. Diese Vereinigung leistet die Materie. So schreibt Aristoteles weiter:

„Woraus als Materie einiges wird, das heißt, wenn es geworden ist, *nicht* jenes, sondern ‚jenern‘ – so wie die Statue
nicht Stein, sondern steinern. Andererseits heißt im Fall eines
Menschen, der gesund wird, jenes Ding nicht das ‚woraus‘.
Das liegt daran, daß etwas aus der Privation *und* dem Zugrundeliegenden wird, was wir als Materie bezeichnen. *Eher*
allerdings wird etwas ‚aus‘ der Privation, wie z. B. aus einem
Kranken der Gesunde, anstatt aus dem Menschen. Deswegen
wird ja der Gesunde auch nicht als ‚Kranker‘ bezeichnet, wohl
aber als Mensch und gesunder Mensch. Wo freilich die Privation undeutlich und anonym ist, wie die irgendeiner Gestalt
im Erz oder die des Gebäudes in den Steinen, da scheint es so,
als geschehe das Werden aus ihnen wie dort aus dem Kranken. Deswegen wird wie auch dort jenes nicht bezeichnet
wird als das, woraus es wird, auch hier die Statue nicht ‚Holz‘

---

31 Das wahrhaft Seiende (die Ousia) muß deshalb so verfaßt sein, damit es als
ein *telos* gegenüber anderem, das nur *dynamei* das betreffende ist, seine Auszeichnung gewinnt; vgl. *Met.* Θ 8, 1050a 8–10: *tou telous d' heneka hê genesis:
telos d' hê energeia, kai toutou charin hê dynamis lambanetai*, sowie kurz und bün-
dig *PA* I 1, 640a18: *hê gar genesis heneka tês ousias estin.*

genannt, sondern man leitet ab zu ‚hölzern' [...] Denn man
kann ja, wenn man genau hinblickt, auch nicht schlechthin so
sprechen, als würde eine Statue aus Holz oder aus Ziegeln ein
Gebäude, weil es nämlich sein muß, daß etwas *wird*, indem ein
Woraus zum Umsturz kommt und nicht etwa bestehen
bleibt." (1033a5–23)

In diesem Passus wird jene doppelte Valenz des Materiebe-
griffs, der einerseits eine lückenlose Fortsetzung des Seins im
Werden, aber andererseits eine unbedingt durch Nichtsein zu
kennzeichnende Unterbrechung im Verhältnis zum Bisherigen gewährleisten muß[32], von Aristoteles scharf pointiert.
Dabei ist ihm der Aspekt des „Umsturzes" und der Alterna-
tion eines Bisherigen sogar wichtiger als der der Fortdauer eines schon Bestehenden, das als materieller Teil in das Werdende übernommen wird. Die entscheidende Bedingung des
Werdens ist, daß ein Bisheriges zum Nichtsein bestimmt wird
gegenüber dem darauf (als auf seiner Materie) aufbauenden
Neuen, das somit immer *statt* eines anderen Platz greift. Das
Werden, kann man sagen, schärft so die *Entschiedenheit*, mit
der etwas statt eines anderen ist. Das Werden wird bei Aristoteles nicht nur toleriert neben dem wahrhaft Seienden (wie
bei Platon), sondern wird sogar funktionalisiert für eben die
Wahrheit oder scharfe Eindeutigkeit des Seienden selbst, das
als *malista ousia* stets ein Werden hinter sich hat. Das Werden,
für Aristoteles, ist ein *Ferment des wahren Seins*, keineswegs
seine Beeinträchtigung.

Die erklärte Doppelvalenz des „woraus", die für jedes wirkliche Werden konstitutiv ist: einerseits das gegenüber einer
Alternative des Seins zum Umsturz gebrachte Bisherige zu
sein, andererseits aber als erstes Glied des Werdenden selbst
in dessen Bau übernommen zu werden, ist im übrigen die Ar-
gumentationsbasis auch der folgenden, wieder mehr „logisch" akzentuierten Kapitel 10 und 11, in denen Aristoteles
sich bemüht, einen prinzipiellen Unterschied zwischen materiellen und definitorischen (wesentlichen) Teilen einer Substanz zu entwickeln: Denn die in einem Werden *übernomme-*

---

32 Ähnlich wird diese Doppelvalenz der Materie herausgestellt in *Phys.* I 7,
190b19–191a3; vgl. 9, 192a3–25.

nen Teile, auf die „hinauf" das Werdende „wird" (*epigignetai*,
s. 9, 1034b10–14; 10, 1035a2–12; 11, 1036a31–b7), sind materiell, während wesentlich immer solche Momente einer Sache sind, die bei ihrem Werden eine das Bisherige *verdrän-
gende* Alternative bilden. So gibt das Werden geradezu ein
Maß und Kriterium dafür an die Hand, das primäre Ousia von
Materie unterscheidet. Diese Trennung aber ist bekanntlich
das weitere Thema des ganzen Buches Z.

4. Die Scheidung von Eidos und Materie im Werden

Aus der Tatsache, daß das Werden immer ein „Hinaufwer-
den" (Epigenesis) auf eine bisherige Wirklichkeit sein muß,
die dabei teils durch Alternativen verdrängt, teils aber auch
übernommen wird, zieht Aristoteles im 8. Kapitel noch eine
entscheidende Folgerung, mit der seine Reflexion der Genesis ihren Gipfel erreicht. Ihr Ansatzpunkt ist die so unschein-
bar klingende Einsicht: „Wenn eine Hervorbringung stattfindet, so bedeutet das immer: Hervorbringung aus einem anderen. Denn dies lag bereits zugrunde. Z. B. bringt man eine
eherne Kugel hervor; das aber so, daß man aus dem einen
Dies-da, was [ein Klumpen] Erz ist, ein anderes Dies-da
macht, was dann [eherne] Kugel ist" (8, 1033a34–b3).
   Wenn jedoch *alles* Werden überhaupt so definiert ist, daß
aus einem bisherigen ein nur partiell (wenn auch u. U. wesentlich) anders bestimmtes Ding wird, dann kann der jeweilige Inbegriff eines solchen Andersseins selbst *nicht* werden,
es sei denn, daß auch für ihn etwas Bisheriges angegeben werden könnte, aus dem dieses neue, andere Sein selbst wiederum
geworden wäre. Dadurch aber müßte jenes seinerseits wieder
etwas Materielles sein, von dessen im Werden erworbener
Andersbestimmtheit neuerlich zu fragen wäre, ob nicht auch
sie wiederum aus etwas geworden ist usf. So Aristoteles:
   „Wenn auch dies [sc. die erworbene Kugelbestimmtheit
laut obigem Zitat] hervorgebracht würde, so ist klar, daß es
genauso zustande käme – und die Werdegänge gingen ins
Unendliche" (8, 1033b3 f.)

Da *alles* Werden von einem Bisherigen zu einem partiell Andersbestimmten fortschreiten muß, kann also die Art und Weise des Bestimmtseins selbst, das „Eidos" (8, 1033b5), nichts Werdendes sein.[33] Nicht aus dem Rauh-Sein wird je ein Rund-Sein, sondern der rauhe Klumpen Erz wird eine eherne Kugel. Nur in letzterer Formel ist das Werden eine Vereinigung von Kontinuität des Seins und Unterbrechung durch Nichtsein, in der ersten dagegen wäre es notwendigerweise ein bloßes Springen von Bestimmtheit zu Bestimmtheit, von Eidos zu Eidos. So etwas aber ist unmöglich.

Das bedeutet nun: Das Werden selbst ist diejenige Institution der Wirklichkeit, durch welche Eidos und Materie überhaupt voneinander trennbar werden, die eine als Seins-kontinuierend, das andere als Seins-unterbrechend[34]: „Werdendes muß immer gliederbar (*dihaireton*) sein in das eine und das andere, ich meine in Materie und Eidos" (8, 1033b12f.) – Würde demzufolge ein Eidos, so wären auch in ihm Eidos und Materie zu unterscheiden, was absurd klingt.

An diesen Punkt seiner Überlegungen gelangt, stellt Aristoteles die fast spöttisch wirkende Frage, ob nunmehr nicht doch – wenn hier das Eidos als ein irgendwie trennbares „dies" neben der Materie als einem anderen „das" Profil gewann (*to men tode to de tode*: 8, 1033b19) – das platonische Leiden wiederkehre, daß ein Eidos an sich neben den jeweiligen materiellen Dingen existiert? Doch ist klar, daß dies verneint werden kann, ja muß und daß darin der wahre Vorzug der aristotelischen Reflexionen noch einmal deutlich zu Bewußtsein kommt: Denn weil es eben das *Werden selbst* war, durch das und in dem ein Eidos zu etwas Trennbarem von der betreffenden *Materie* (nicht etwa vom werdenden Ding insgesamt) wird, ein jedes Werden aber, wie gezeigt, nur in Materie stattfinden kann, ist die besagte Trennung des Eidos über-

33 Als Hauptertrag vorangegangener Untersuchungen präsentiert Aristoteles dieses Ergebnis auch in H 3. 1043b 16–18.
34 Deshalb ist es nach Aristoteles falsch, das „Beharrende" zur Substanz zu erklären, das sich dem Wandel nur verschließt, und richtig vielmehr, dem aus Wandel Bestätigten (das also mit einem zunächst Vorhandenen bricht) diesen Rang zuzusprechen: vgl. *Phys.* II 1, 193a 16 f. u. 26 f. mit 193a31–b2 und weniger radikal schon *Cat.* 5, 4a10 f.; 29 f. und b2–4.

all an das Materiell-Sein der betreffenden Dinge gebunden,
und diese insgesamt sind somit die konkreten, aus Materie
und Eidos hervorgehenden, die wir kennen:

„So ist offenkundig, daß man kein Eidos als Paradigma zu
installieren braucht (besonders bei den vorgenannten [natür-
lichen] Dingen wurde so etwas stets gesucht, denn diese sind
Substanzen in hervorragendem Maße), sondern daß es
genügt, das Erzeugende auch ursächlich dafür zu machen,
daß sein Eidos in der Materie wirklich ist. Das Betreffende
insgesamt, nämlich solch ein Eidos in diesem Fleisch und diesen Knochen, ist dann schon Kallias oder Sokrates; und verschieden sind beide durch die Materie, denn sie ist das Verschiedene dabei, dasselbe aber durch ihr Eidos: denn das Eidos ist unteilbar" (8, 1034a2–8).

Der Triumph gegenüber Platon tritt offen zutage; gegen
ihn, der nicht nur überhaupt die jeweilige Ousia glaubte vor
dem Werden in Schutz nehmen zu müssen, sondern der darüber hinaus – damit das Werdende trotzdem noch ein je Bestimmtes sein könne – eben diese neben dem Werdenden als
immer selbe Idee existierende Ousia zur Ursache aller Bestimmtheit der Dinge im Kontext des Werdens erklären
wollte. So schrieb Platon z. B. im *Phaidon*: „Und du wirst laut
ausrufen, daß du nicht wüßtest, wie auf andere Weise jegliches
werde, als indem es teilhabe an der eigentümlichen Ousia eines jeden, woran es eben teilhat, und daß du somit keine andere Ursache z. B. des Zwei-Werdens zur Verfügung habest
als die Teilhabe an der Zweiheit" (101c).

Dagegen setzt Aristoteles sein oben erklärtes Konzept, daß
eine relative Trennung des Bestimmtseins (des Eidos als *prôtê
ousia*) in demselben Zusammenhang stattfinden könne, in
dem es als regierende Ursache auch gebraucht wird, nämlich
im Kontext des Werdens selbst. Das aber wird allein dadurch
möglich, daß jene das Eidos trennende Institution – d. i. die
Genesis – in den Begriff der Ousia miteinbezogen wird, so
daß diese den gesamten Komplex von „woraus", „auf wessen
Veranlassung" und „was" eines stattfindenden Werdens um-
spannt. Solche Ousia aber gibt es in der Tat: Die regenerative
Physis des Lebendigen, die selbst für ihre Perennierung sorgt
durch den ihr eingeschriebenen Konnex von zeugendem Vor-

gänger und homoeidetischem Nachfolger. Im so orga-
nisierten Komplex einer Physis ist, wie Aristoteles schreibt,
„das Zeugende auch die Ursache dafür, daß das betreffende
Eidos in Materie existiert" (1034a 4f. s. o.). Weil dies immer
so bleibt, ist immer ein Werden, durch welches das Eidos
seine Unteilbarkeit und Unterscheidbarkeit von der wechselnden Materie behauptet.

Dieser Status einer *in* der Materie gleichwohl stets unter-
scheidbar bleibenden Ursächlichkeit der Sache für sich selbst
(in Form der genetischen Reproduktion) ist nun aber auch,
nach der vorgelegten Deutung, die einzige Art und Weise
„wie das wesentliche Sein [einer Sache] an sich selbst existiert" (so jene Zusammenfassung des Aristoteles in Z 11,
1037a21 f.): nämlich nicht als platonische Idee und d. h. als
ousia kath' heautê, wie Aristoteles in 8, 1033b29 betont, sondern als sich fortzeugende Gattungsart, wo immer die schon
in vollendeter Wirklichkeit vorausgesetzte Physis die Ursache ihres auch ferneren Existierens abgibt[35]. Denn auch dies
letztere *ist* eine Weise des *kath' hauto*-Seins des Eidos[36] oder
tou ti ên einai einer Sache, jedenfalls wenn man der
diesbezüglichen Feststellung des Aristoteles in Δ 18 Glauben
schenken mag:

„[*Kath' hauto*] ist ferner dasjenige, wofür nichts anderes ursächlich ist; denn für den Menschen ist zwar mancherlei ursächlich, etwa das ‚Lebewesen‘ und das ‚zweifüßig‘, aber dennoch existiert der Mensch an sich selbst als Mensch" (1022a
33–35).[37]

Damit sind es insgesamt zwei wichtige Momente, durch
welche die Kapitel 7–9 der Zusammenfassung des Aristoteles

35 Wie Arist. noch einmal am Schluß von Kap. 9 hervorhebt: „Das Eigentümliche der Substanz ist daraus zu begreifen, daß notwendigerweise eine
andere Substanz als vollendet wirkliche vorher da ist, welche hervorbringt, wie
z. B. ein Lebewesen, wenn ein Lebewesen entsteht" (Z 9, 1034b 16–18).
36 Eine Weise, die Aristoteles selbst im Aporienbuch als freilich „nicht leicht
zu explizieren" ankündigte: s. B 3, 999a 15–19.
37 D. h., man braucht, wenn man den Menschen als Gattungsart im erklär-
ten Sinne hat, nicht *noch einmal* eine weitere Ursache dafür anzugeben, daß er
in Gestalt von Menschen auch existiert (so wie man dies bei der Idee „Mensch"
sehr wohl müßte): vgl. H 6, 1045b 2–7.

in Kapitel 11 entsprecher: zum einen, daß in ihnen überhaupt „das wesentliche Sein" in Gestalt der Gattungsart als eine *Ursache* oder *archê* klassifiziert wird (was vorher nirgends geschieht), zum andern, daß eben die physische Fortpflanzung der Art durch sich selbst zugleich die (einzig zulässige) Weise seines Ansichseins darstellt.

Literatur

Balme, D. M. 1990, *Anthrôpo: anthrôpon gennai.* Human is Generated by Human, In: G. R. Dunstan (Hrsg.), The Human Embryo. Aristotle and the Arabic European Traditions, Exeto, 20–31.

Couloubaritsis, L. 1985, Le statut du devenir dans Métaphysique Z et H, in: J. Wiesner (Hrsg.), Aristoteles – Werk und Wirkung, Bd. 1: Aristoteles und seine Schule, Berlin , 288–310.

Gill, M. L. 1991, Aristotle on Substance. The Paradox of Unity, Princeton.

Granger, H. 1992, Aristotle on Genus and Differentia, in: A. Preuss, J. P. Anton (Hrsg.), Essays in Ancient Greek Philos. 5: Aristotle's Ontology, Albany, 69–93.

Halper, C. 1989, One and Many in Aristotle's Metaphysics. The Central Books, Columbus (Ohio).

Loux, M. 1991, Primary OUSIA. An Essay on Aristotle's Metaphysics Z and H, Ithaca.

Mansion, S. 1971, Sur la composition ontologique de substances sensibles chez Aristote (Métaphysique 7–9), in: R. B. Palmer/R. Hamerton-Kelly (Hrsg.), Philomathes, Mélanges Ph. Merlan, Den Haag, 75–87.

Oehler, K. 1963, Ein Mensch zeugt einen Menschen. Über den Mißbrauch der Sprachanalyse in der Aristotelesforschung, Frankfurt a. M.

Schmitz, H. 1985, Die Ideenlehre des Aristoteles, 3 Bde., Bonn.

Vollrath, E. 1972, Aristoteles, das Problem der Substanz, in: J. Speck (Hrsg.), Grundprobleme der großen Philosophen, Philosophie der Antike, Göttingen, 84–128.

Whiting, J. 1990, Aristotle on Form and Generation, in: Boston Area Colloquium in Ancient Philosophy, 35–63.

5

Walter Mesch

Die Teile der Definition (Z 10–11)

Die Kapitel Z 10–11 gehören traditionell sicher nicht zu den prominentesten Partien der *Metaphysik*. In gewisser Weise hat sich daran auch im Zuge ihrer jüngeren Kommentierung und Interpretation nichts geändert. So sind einzelne Abhandlungen über sie verglichen mit Z 4–6 oder dem besonders kontroversen Kapitel Z 13 immer noch recht selten. Gleichwohl beginnt sich die Einsicht durchzusetzen, daß man es bei ihrer Frage nach den Teilen der Definition nicht nur mit einem Spezialproblem zu tun hat, das für das Verständnis der in Buch Z untersuchten *ousia* (Substanz[1]) von untergeordneter Bedeutung ist. Dies liegt vor allem an einer veränderten Einschätzung der grundsätzlichen Tendenz der Aristotelischen Ontologie und dem Versuch, diese plausibel zu machen. Bis vor wenigen Jahrzehnten dominierte nämlich die Ansicht, Aristoteles habe in Übereinstimmung mit der frühen *Kategorienschrift* auch in der *Metaphysik* wahrnehmbare Einzeldinge, wie z. B. einen bestimmten Menschen namens Sokrates, als *prôtê ousia* (erste Substanz) aufgefaßt, weil sie als letzte Aussagesubjekte allem übrigen Seienden, und zwar

---

1 Ich werde im folgenden weiterhin von „*ousia*" sprechen, weil die traditionelle lateinische Übersetzung „substantia" nicht unproblematisch ist und „essentia" (Wesen) häufig treffender wäre. Dasselbe gilt für „*prôtê ousia*". Um der besseren Lesbarkeit willen, bediene ich mich ansonsten der üblichen deutschen Übersetzungen.

auch ihrer untersten Art (*atomon eidos*), zugrunde liegen (*Cat.* 5, 2a34). Mittlerweile wird dagegen weitgehend davon ausgegangen, daß die Analyse solcher Einzeldinge nach Stoff (*hylê*) und Form (*eidos* im Sinne von *morphê*), auf die Aristoteles in Z 3 zurückgreift[2], darauf abzielt, sie von einem als Form aufgefaßten *eidos* her verständlich zu machen und damit dieses, also zwar nicht die Art des Menschen, wohl aber die Form des Menschseins, als *prôtê ousia* auszuweisen. Und so schwer zu leugnen ist, daß sehr vieles für eine solche Vertiefung der Aristotelischen Auffassung spricht, so offenkundig sind auch die Schwierigkeiten, in die sie führt. Fraglich ist vor allem, wie Aristoteles bei einer Kennzeichnung des *eidos* als *prôtê ousia* der Kritik entgehen soll, die er noch in Z 14–16 gegen Platons Ideen geltend macht.

Diese Frage hat nicht nur damit zu tun, ob Aristoteles mit allgemeinen oder individuellen Formen rechnet, was im Hinblick auf die These von Z 13, nichts Allgemeines könne *ousia* sein, ausführlich diskutiert wurde, sondern auch mit der auf den ersten Blick so unscheinbaren Definitionsproblematik der Kapitel Z 10–11. Einerseits sieht es nämlich so aus, als werfe Aristoteles die Frage nach den Teilen der Definition, genauer die Frage danach, ob die Definitionen der Teile der Sache in der Definition der ganzen Sache enthalten sein müssen oder nicht, nur auf, um sie ohne größeres Zögern dahingehend zu beantworten, daß zwar nicht die Definitionen der stofflichen Teile, wohl aber die der formalen Teile in der Definition der ganzen Sache enthalten sein müssen. Und dies dürfte wohl als Bestätigung für die Auffassung anzusehen sein, daß tatsächlich die Form, und zwar die allein definierbare allgemeine Form, als *prôtê ousia* zu betrachten ist.[3] Kommt nach der gut platonischen Ansicht des Aristoteles in

2 Eine solche Analyse fehlt bekanntlich in der *Kategorienschrift*. Wie häufig betont worden ist, stammt sie vermutlich aus der Bewegungsanalyse der physikalischen Schriften (Vgl. unter jüngeren Arbeiten Graham 1987). Besonders aufschlußreich ist dafür *Phys.* I 7.

3 Ich kann mich im folgenden nicht mit der These auseinandersetzen, Aristoteles habe seine Ontologie auf die Annahme individueller Formen gestützt, die besonders nachdrücklich von Frede/Patzig vertreten worden ist. Wenn ich mich von vornherein auf allgemeine Formen beziehe, so ist dies gleichwohl

Definitionen doch nichts anderes zum Ausdruck als das eigentliche Sein der definierten Sache. Andererseits gibt es aber auch in Z 10, vor allem aber in Z 11 Stellen, an denen Aristoteles den Ausschluß stofflicher Teile aus der Definition wenigstens für das von Natur aus Seiende ausdrücklich in Frage stellt. Und diese Stellen mögen umgekehrt eher nahelegen, an der traditionellen Deutung festzuhalten. Denn auch wenn das Einzelding als solches natürlich nicht zu definieren ist, wird auf diese Weise die Definition der allgemeinen Form doch von einem Stoff abhängig gemacht, der über die Analyse des Seins von Einzeldingen überhaupt erst ins Spiel gekommen war. Es ist also davon auszugehen, daß sich auch die Kapitel Z 10–11 mit der in Buch Z durchweg verfolgten Frage nach der *ousia* auseinandersetzen. Ich möchte im folgenden untersuchen, welchen Beitrag sie zur Klärung dieser Leitfrage zu leisten vermögen.

I

Aristoteles nennt zu Beginn von Z 10 ohne Umschweife die Schwierigkeit, die er in den folgenden zwei Kapiteln zu lösen gedenkt: „Da aber die Definition (*horismos*) ein *logos* ist und jeder *logos* Teile hat und der Teil des *logos* zum Teil der Sache (*pragma*) im gleichen Verhältnis steht wie der *logos* zur Sache, so ergibt sich die Frage, ob der *logos* der Teile im *logos* des Ganzen enthalten sein muß oder nicht." (1034b20) Wie ich einleitend bereits angedeutet habe, scheint mir Aristoteles hier die Frage aufzuwerfen, ob die *Definitionen* der Teile der Sache in der *Definition* der ganzen Sache enthalten sein müssen. Dies mag insofern nicht unmittelbar einleuchten, als Aristoteles dabei nicht das terminologische Wort „*horismos*" benutzt, und „*logos*" in dieser Passage sicher nicht durchgängig „Definition" bedeuten kann, weil damit schon die Eingangsbehauptung, jede Definition sei ein *logos*, überflüssig

nicht unbegründet. Ich bin vielmehr der Ansicht, daß bereits wegen der Undefinierbarkeit des Einzelnen die Annahme individueller Formen grundsätzlich fragwürdig erscheinen muß.

würde. Es bleibt jedoch meines Erachtens gar nichts anderes übrig, als einzuräumen, daß Aristoteles das Wort „*logos*" in der zitierten Passage tatsächlich in verschiedenen Bedeutungen gebraucht. Wenn die erste Prämisse sagt, daß jede Definition ein *logos* sei, so kann dies nämlich nur bedeuten, daß jede Definition ein sprachliches Gebilde ist, welches, wie die zweite Prämisse behauptet, Teile hat. Es handelt sich hier also einfach um jene Bedeutung von „*logos*", wie sie in *Int.* 4 gegenüber dem Wort (*onoma*) erläutert wird. Demnach hat zwar in gewisser Weise auch das Wort Teile, nur der *logos* hat aber Teile, die auch für sich genommen etwas bedeuten (16b26). Und nur von diesen bedeutungsvollen Teilen ist zu erwarten, daß sie für die Bedeutung des aus ihnen gebildeten Zusammenhangs, sei es nun eines ganzen Satzes oder komplexer Satzteile,[4] überhaupt von Belang sein könnten.

Die sprachliche Komplexität eines *logos* kann für das Verständnis der Frage, die aus jenen Prämissen gewonnen wird, nun aber offenkundig nicht ausreichen. In ihr muß mit „*logos*" auf jeden Fall mehr gemeint sein. Denn „vernünftiges Lebewesen" und „gebildeter Mensch" weisen dieselbe sprachliche Komplexität auf, so daß es, wenn man „*logos*" in dieser Bedeutung nimmt, *logoi* über etwas beliebig viele gibt (*Met.* Δ 29,

---

4 Man hat hier nicht notwendig an Aussagesätze (*logoi apophantikoi*), die wahr oder falsch sein müssen (17a2), oder überhaupt an vollständige Sätze zu denken. Entscheidend ist lediglich, daß mit „*logos*" zunächst nur auf die Komplexität eines sprachlichen Gebildes abgezielt wird, wie sie auch Satzteile des Typs „vernünftiges Lebewesen" aufweisen, die noch nicht behaupten, daß etwas ist (17a11). Dies ist für das Folgende im Auge zu behalten. Man hat nämlich vorrangig an solche Satzteile zu denken, in denen ein Substantiv mit einem Adjektiv ergänzt wird, wenn man verstehen möchte, inwiefern eine Definition überhaupt eine Definition enthalten kann. Denn aus rein sprachlichen Gründen ist klar, daß eine Definition wie „Der Mensch ist ein vernünftiges Lebewesen" keine Definition als einen weiteren vollständigen Satz zu enthalten vermag, sondern allenfalls einen Satzteil, der wie das Definiens „vernünftiges Lebewesen" das Definiendum „Mensch" bestimmt. Es müßte also genau genommen ein weiteres Definiens im ursprünglichen Definiens enthalten sein. Um die Sache im Ausdruck nicht unnötig zu komplizieren, werde ich freilich auch da weiterhin einfach von Definitionen bzw. Sätzen sprechen, wo eigentlich Definientes bzw. definierende Satzteile gemeint sind.

1024b29). Die Frage, ob der *logos* der Teile im *logos* des Ganzen enthalten sein muß, macht aber nur Sinn, wenn dabei an *bestimmte* Sätze gedacht ist. Es ist also sicher nicht belanglos, daß Aristoteles von *dem logos* der Sache und *dem* (jeweiligen) *logos* ihrer Teile und nicht von irgendeinem *logos* bzw. *logoi* über sie spricht. Vielmehr weist dies darauf hin, daß hier allenfalls Sätze gemeint sein können, die ihrer Sache derart eindeutig zugeordnet sind, daß nicht nur jeder *logos* bloß eine Sache, sondern auch jede Sache bloß einen *logos* besitzt. Dabei kann es sich aber nur um Definitionen handeln. Ist doch, wie Aristoteles schon in der *Topik* ausführt, eine Definition ein Satz, der zum Ausdruck bringt, was deren eigentliches Sein (*ti ên einai*) ist (I 5, 101b38). Und so wird auch im Anschluß an die zitierte Eingangspassage das Wort „*logos*", wie die Rede vom *logos* des Kreises, der Silbe, des rechten Winkels oder des Menschen unmißverständlich zeigt, als ein alternativer Ausdruck für „Definition" gebraucht. Es ist demnach kaum zu bestreiten, daß Aristoteles in Z 10 die Frage aufwirft, ob die Definitionen der Teile in der Definition der ganzen Sache enthalten sein müssen. Doch warum hat er dann nicht ausdrücklich von *horismoi* gesprochen? Vermutlich einfach deshalb, weil der Terminus „*horismos*" nicht zum Ausdruck bringt, daß Definitionen sprachliche Gebilde sind, die wesentlich als zusammengesetzt begriffen werden müssen. Und genau diese Zusammengesetztheit von Definitionen ist es, um die es geht, wenn nach ihren Teilen gefragt wird.

Nun geht Aristoteles in der zitierten Eingangspassage nicht nur davon aus, daß die Definition ein *logos* sei und jeder *logos* Teile habe, sondern nennt als dritte Prämisse, daß der Teil des *logos* zum Teil der Sache im selben Verhältnis stehe, wie der (ganze) *logos* zur (ganzen) Sache. Zwar sagt er nicht ausdrücklich, um was für ein Verhältnis es sich dabei handelt. Dennoch kann wohl kaum ein Zweifel daran bestehen, daß er nur ein *definitorisches* Verhältnis gemeint haben kann. Die Behauptung des fraglichen Satzes wäre dann die, daß auch die Teile der Definition ein Verhältnis zu den Teilen der Sache unterhalten, wie die (ganze) Definition zur (ganzen) Sache, nämlich ein definitorisches. Auch die Teile der Definition, die zunächst als bloße Wörter aufzufassen waren, müßten als Definitionen betrachtet werden. Die Teile der Definition einer Sache wären letztlich nichts anderes als die Definitionen der Teile jener Sache. Erst damit ist ein Motiv für die von Aristoteles gestellte Frage gefunden. Denn angesichts dieser Identifikation der Teile der Definition mit den Definitionen der Teile liegt es natürlich nahe, in Definitionen, von denen wir schon wissen, daß sie als Sätze Teile enthalten, auch Definitionen der Teile ihrer *Sache* zu vermuten. Außerdem dürfte von hierher auch zu verstehen sein, wieso diese Frage nicht umstandslos beantwortet werden kann, sondern in eine ausführlich zu diskutierende Schwierigkeit führt. Ist die Identifikation von Teilen der Definition mit Definitionen der Teile, in der sich die eben diagnostizierte Verschiebung in der Bedeutung von *„logos"* ereignet, doch bestimmt nicht in jeder Hinsicht unproblematisch. Zunächst gilt es freilich, danach zu fragen, in welcher Hinsicht auch diese auf den ersten Blick weitaus schwierigere Prämisse ebenso einzuleuchten vermag, wie wir dies für die beiden ersten Prämissen feststellen konnten. Denn offensichtlich hat Aristoteles auch sie nicht einfach mit der im folgenden zu diskutierenden Schwierigkeit gleichgesetzt.

Die naheliegende Antwort ist, daß dies unproblematisch erscheinen kann, sofern Wörter als implizite Definitionen aufzufassen sind. Denn auf diese Weise hat die Differenz zwischen Wörtern und Definitionen nur noch mit der Deutlichkeit im Ausdruck zu tun und steht der Identifikation von Teilen der Definition und Definitionen der Teile damit nicht mehr im Wege. Daß Aristoteles Wörter als implizite Definitionen aufgefaßt hat, ist angesichts der Widerspruchskapitel der *Metaphysik*, die diesen Zusammenhang besonders deutlich herausarbeiten, kaum zu bestreiten. Die dortige Widerlegung einer Leugnung des sogenannten Satzes vom Widerspruch zielt im Kern nämlich auf den Nachweis, daß bereits im Aussprechen eines bloßen Wortes wie „Mensch" etwas Bestimmtes wie „zweifüßiges Lebewesen", also eine mögliche Definition des Menschen, ausgesagt und damit uneingestandenermaßen auch das Widerspruchsprinzip als Bedingung der Möglichkeit alles Definierens akzeptiert ist (Γ 4, 1006a18 f.). Dies kann natürlich nicht bedeuten, daß jeder, der ein Wort gebraucht, auch über die Definition des von ihm bezeichneten Seienden zu verfügen hätte, sondern nur, daß im vorwissenschaftlichen Sprachgebrauch bestimmte Bedeutungen von Wörtern unterstellt sind, die für ihre wissenschaftliche Aufklärung einen unabdingbaren Ansatzpunkt liefern. Ansonsten ergäbe sich nämlich die absurde Konsequenz, daß jeder Sprecher einer Sprache bereits über ein wissenschaftliches Verständnis des jeweils besprochenen Seienden verfügen müßte. Es ist deshalb wichtig zu betonen, daß es sich bei Wörtern allenfalls um *implizite* Definitionen handeln kann.[5]

II

Die Schwierigkeit, die Aristoteles in Z 10–11 diskutiert, liegt, wie wir gesehen haben, nicht unmittelbar in der von der dritten Prämisse unterstellten Identifikation von Wörtern mit impliziten Definitionen. Woraus aber ergibt sie sich dann? Auf dem gegenwärtigen Stand unserer Überlegungen scheint jeder Ansatzpunkt dafür verschwunden zu sein. Es sieht sogar so aus, als müßten die drei Prämissen, von denen Aristoteles ausgeht, die gestellte Frage sogleich zu beantworten erlauben. Wenn jede Definition ein Satz ist (1), jeder Satz Wörter als Teile besitzt (2), die Teile der Definition im gleichen Verhältnis zu den Teilen der Sache stehen, wie die ganze Definition zur ganzen Sache (3), und dies nichts anderes bedeutet, als daß die Teile der Definition einer Sache Definitionen der Teile dieser Sache sind (3'), dann muß, so scheint es mittlerweile, jede Definition einer (ganzen) Sache, in den Wörtern, aus denen sie besteht, notwendig die Definitionen der

5 Auch damit ist die Sache freilich keineswegs erledigt. So ist zu fragen, auf welche Weise die implizite Definiertheit von Wörtern im Sprachgebrauch präsent sein kann. Man mag etwa mit Blick auf den späten Wittgenstein sogar bezweifeln, ob eine solche Unterstellung dem tatsächlichen Sprachgebrauch überhaupt angemessen ist. Es ist aber kaum zu übersehen, daß Aristoteles Zweifeln dieser Art nicht allzuviel abgewinnen konnte. Er hat sich deshalb auf sie, wenn ich recht sehe, auch nie wirklich eingelassen.

Teile dieser Sache enthalten. Auf den ersten Blick fraglich
mag dann nur noch erscheinen, was genau hier mit „enthalten" (*enhyparchein*) gemeint ist. Doch im Grunde ist auch
diese Frage durch unsere Überlegungen zur Berechtigung
der dritten Prämisse bereits beantwortet. Wenn Wörter lediglich *implizite* Definitionen sind, so können die Definitionen der Teile einer Sache in der Definition der ganzen Sache ebenfalls nur so enthalten sein, daß sie in den von ihr verwandten Wörtern *impliziert* sind. In der Definition des Menschen als eines vernünftigen Lebewesens müßte die Definition des Lebewesens also nicht zum Ausdruck gebracht sein.
Dennoch enthielte die genannte Definition des Menschen
jene des Lebewesens wenigstens insofern, als in ihr das Wort
„Lebewesen" auftritt und dieses nur deshalb eine bestimmte
Bedeutung besitzt, weil es sich auf ein Seiendes bezieht, dessen Bestimmtheit durch eine Definition zum Ausdruck gebracht werden kann.

Müssen unsere Überlegungen zu den Prämissen, aus denen
Aristoteles eine Schwierigkeit zu gewinnen versucht, aber
nicht fragwürdig werden, wenn aus ihnen nicht verständlich
zu machen ist, worin diese Schwierigkeit überhaupt liegt?
Wie mir scheint, ist dies nicht der Fall, allerdings nur deshalb
nicht, weil auch nach der Aristotelischen Darstellung nur
dann Zweifel daran entstehen, ob die Definitionen der Teile
in der Definition der ganzen Sache enthalten sein müssen,
wenn jene drei Prämissen durch eine weitere Begründung ergänzt werden. Denn Aristoteles fährt fort: „Bei einigen nämlich ist er (d. h. der Teil der Sache) offenbar darin enthalten,
bei anderen nicht (1034b24)." Offenkundig handelt es sich
hier nicht einfach um einen weiteren generellen Gesichtspunkt, der als vierte Prämisse angeführt würde, sondern um
eine Unterscheidung von Definitionen, die Definitionen von
Teilen der Sache enthalten, und solchen, die dies nicht tun,
wobei diese Unterscheidung, wie der Fortgang zeigt, aus einer Betrachtung einschlägiger Einzelfälle gewonnen ist. Es
liegt deshalb nahe, davon auszugehen, daß Aristoteles hier
eine allgemeine Konsequenz, die sich eigentlich aus jenen
drei Prämissen ergeben müßte, mit bestimmten Einzelfällen
konfrontiert. Dabei wird in Frage gestellt, daß das Enthalten-

sein von Definitionen der Teile in den Definitionen der
ganzen Sache im Ausgang von den diskutierten Prämissen
zureichend begründet worden sein kann. Und deshalb ist danach zu fragen, ob Definitionen der Teile wirklich in der Definition der ganzen Sache enthalten sein müssen.

Wenn in manchen Fällen tatsächlich festzustellen ist, daß
die Definitionen der Teile entsprechend der ursprünglichen
Erwartung in der Definition der ganzen Sache enthalten sind,
müssen die Prämissen, von denen wir mit Aristoteles ausgegangen sind, nicht grundsätzlich revidiert werden. Sie sind
vielmehr lediglich in mindestens einem entscheidenden
Punkt zu präzisieren. Wie bereits die erste Gruppe von Beispielen zeigt, geht es darin nun in der Tat um die von der dritten Prämisse behauptete Identität von Teilen der Definition
mit den Definitionen der Teile. Weist Aristoteles doch darauf
hin, daß der Kreis anders als die Silbe Teile besitzt, die nicht
als Teile seiner Definition anzusehen sind (1024b25). Auch
eine zweite Gruppe von Beispielen deutet bei genauerer Betrachtung in dieselbe Richtung. Aristoteles stellt hier anhand
zweier paralleler Fälle die Annahme in Frage, daß die Teile
früher sind als das Ganze. Dies mag insofern irritieren, als davon bislang ausdrücklich noch gar nicht die Rede war. Dennoch geht Aristoteles davon aus, daß diese Annahme erfüllt
sein müßte, wenn die Definitionen der Teile notwendig in der
Definition der ganzen Sache enthalten wären. Inwiefern dies
der Fall ist, zeigt sich, sobald man geklärt hat, was dabei mit
„früher" gemeint ist. Aristoteles unterscheidet zwei Bedeutungen (1034b31) nämlich eine Priorität der Definition nach
(*tôi logôi*) und eine Priorität dem Sein nach (*tôi einai*). Dabei
meint die erste, daß ein Seiendes früher ist als ein anderes,
wenn seine Definition als Ausgangspunkt für das Verständnis
der Definition des anderen Seienden vorauszusetzen ist. Wenigstens was diese definitorische Abhängigkeit betrifft, ist der
Zusammenhang mit der übergeordneten Schwierigkeit nicht
allzu schwer zu erkennen.

Es ist offenkundig nichts anderes als die für Aristoteles
grundlegende Einsicht, daß Definitionen Seiendes nicht nur
in irgendeiner Weise von anderem Seienden zu unterscheiden, sondern in seinem eigentlichen Sein zu bestimmen ha-

ben, die dazu führt, daß die Definitionen der Teile nur dann
in der Definition der ganzen Sache enthalten sein können,
wenn die Teile im definitorischen Sinne früher sind als das
Ganze. Denn dazu ist erforderlich, daß die in den Teilen einer Definition implizierten Definitionen an sich verständ-
licher sind als die Definition, die aus ihnen verständlich gemacht werden soll. Und dies bedeutet nichts anderes, als daß
die Teile der Sache (der Definition nach) früher sein müssen
als diese Sache, wenn es sich dabei wirklich um ihre Definition handeln soll. Aristoteles führt dies in Z 10 zwar nicht aus,
macht es aber durch seine Diskussion der angeführten Beispiele deutlich. So geht er zweifellos davon aus, daß nur die
Erläuterungen des spitzen Winkels durch den rechten und
des Fingers durch das Lebewesen wirklich als Definitionen
aufzufassen sind, nicht aber deren Umkehrungen. Eben diese
Einsicht ist nun aber in den drei diskutierten Prämissen und
damit auch in der durch sie nahegelegten Konsequenz noch
nicht berücksichtigt worden. Vielmehr behauptet die dritte
Prämisse ohne nähere Spezifizierung, daß der Teil der Definition zu dem Teil einer Sache im gleichen Verhältnis steht,
wie die ganze Definition zur ganzen Sache, und legt dadurch
angesichts der Vielheit von Teilen in Definition und Sache
nahe, daß dabei nicht nur an alle Teile der Definition, sondern
auch an alle Teile jener Sache gedacht ist. Und nur weil dies
so ist, kann daraus die nicht weiter spezifizierte Konsequenz
gezogen werden, daß umgekehrt die (jeweilige) Definition
der Teile einer Sache in der Definition jener Sache enthalten
sein muß, wobei nunmehr eindeutig *alle* Teile der Sache
mitgemeint sind.

Wie sich gezeigt hat, ist diese unspezifizierte Konsequenz
falsch, weil das Aristotelische Verständnis der Definition
nicht alle Teile einer Sache, sondern nur solche, die (im
definitorischen Sinne) früher sind als diese, als Definienda
der Teile ihrer Definition in Frage kommen läßt. Wie aber
verhält es sich mit der Priorität dem Sein nach, also der Un-
abhängigkeit eines Seienden in seinem Dasein? Warum hat
Aristoteles sie in diesem Kontext überhaupt erwähnt? Eine
eindeutige Auskunft dazu ist dem Text leider nicht zu entnehmen. Da die Priorität dem Sein nach als weiterer Beleg dafür

angeführt wird, daß die Teile einer Sache nicht generell
früher sein können als die ganze Sache, ist wenigstens die Vermutung, daß hier gar nicht von anderen Teilen der Sache die
Rede sein kann, als von jenen, denen bereits eine definitorische Priorität zugesprochen werden mußte, allerdings kaum
von der Hand zu weisen. Die Priorität dem Sein nach lieferte
demnach lediglich eine weitere Bedingung dafür, was wirklich als definitorische Priorität zu gelten vermag. Naheliegend wäre dies nicht zuletzt deshalb, weil auf diese Weise
ein Zusammenhang zwischen der Definitionsproblematik
von Z 10–11 und der ontologischen Fragestellung deutlich
würde, wie sie in den vorausgegangenen Kapiteln von Buch Z
verfolgt wurde: Die definitorisch primären Teile eines Seienden wären auch jene Teile, die sein eigentliches Sein ausmachen. Wir müssen die Vermutung an dieser Stelle allerdings
zunächst auf sich beruhen lassen, um nach der Exposition der
Schwierigkeit nun endlich zu betrachten, wie Aristoteles sie
zu lösen versucht.

III

Der entscheidende Schritt liegt offenbar in der Unterscheidung von verschiedenen Bedeutungen, in denen das Wort
„Teil" (*meros*) ausgesagt wird. Dies kann auf der Grundlage
unserer bisherigen Überlegungen kaum überraschen. Haben
wir doch gesehen, daß die von Aristoteles aufgeworfene
Schwierigkeit sich deshalb ergibt, weil aus drei einleuchten-
den Prämissen zwar zu folgen scheint, daß die Definitionen
aller Teile einer Sache in der Definition der ganzen Sache enthalten sein müssen, eine Untersuchung von einschlägigen
Einzelfällen aber zeigt, daß dies nicht generell gilt und auch
nicht alle Teile (der Definition nach) früher sind als das
Ganze. Ebensowenig überraschen kann von hieraus, daß Aristoteles „das Maß der Quantität" (*to metroun kata to poson*) nur
darum als eine Bedeutung von „Teil" bezeichnet, um sie sofort wieder beiseite zu lassen und seine Aufmerksamkeit auf
jene Bedeutungen von „Teil" zu beschränken, aus denen die
ousia besteht. Denn für die aufgeworfene Schwierigkeit kön-

nen nur jene Teile relevant sein, aus denen eine zu definierende Sache selbst besteht, und nicht solche, die sich lediglich
an ihr finden mögen. Und zumindest soviel ist angesichts der
vorangegangenen Kapitel Z 4–6 nicht zu bestreiten: Definitionen richten sich, wenn schon nicht ausschließlich, so doch
vorrangig auf etwas, das *ousia* genannt zu werden verdient.
Schließlich können auch die Bedeutungen von „Teil“, die
Aristoteles ins Spiel bringt, nämlich Stoff (*hylê*) und Form (*eidos*), kaum überraschen. Sind sie doch zumindest aus Z 3, also
jenem Kapitel, in dem die zentrale Weichenstellung in Richtung auf die Form motiviert wird, wohlbekannt. Zwar sind sie
in Z 3 noch nicht ausdrücklich „Teile“ der *ousia* genannt worden. Bereits dort hatte Aristoteles das Einzelding aber als ein
zusammengesetztes Ganzes (*synholon*) bestimmt, das aus Stoff
und Form besteht. Und in eben dieser Weise werden Stoff
und Form nun auch im vorliegenden Kapitel wieder aufgegriffen.

Doch welche Konsequenz zieht Aristoteles aus dieser Bezugnahme auf das seit Z 3 vertraute Begriffspaar? Es ist einleitend bereits angedeutet worden, welche Interpretation sich
zunächst aufdrängen muß: In der Definition einer ganzen Sache sind nicht die Definitionen aller Teile enthalten, sondern
nur die der formalen, nicht aber die der stofflichen Teile.
Auch wenn Aristoteles dies nicht genau so sagt, sondern
zunächst lediglich darauf hinweist, daß das Stoffliche (*to hyli-
kon*) nie an sich ausgesagt werden könne (1035a8), so scheint
es doch unmittelbar aus seiner Erläuterung der bereits erwähnten ersten Gruppe von Beispielen zu folgen. „Darum
enthält die Definition des Kreises die der Segmente nicht,
wohl aber die Definition der Silbe die der Buchstaben. Denn
die Buchstaben sind Teile der Definition der Form und nicht
Stoff, die Segmente aber sind Teile in dem Sinne, wie sie der
Stoff sind, an welchem die Form entsteht (1035a9).“ Auch die
Weise, in der Aristoteles auf die zweite Gruppe von Beispielen in einem späteren Abschnitt von Z 10 zurückkommt,
deutet in dieselbe Richtung. „Was also stoffliche Teile einer
Sache sind und worin sie als in den Stoff zerlegt wird, das ist
später. Was aber Teile der Definition und der definierbaren
ousia sind, das ist entweder alles oder doch einiges früher

(1035b12)." Daraus scheint zwingend zu folgen, daß nur die Definitionen der formalen Teile in der Definition der ganzen Sache enthalten sein müssen, weil nur sie, nicht aber die stofflichen Teile (der Definition nach) früher sind als die ganze Sache. Und etwas anderes mag angesichts jener bekannten Überlegung aus Z 3, nach der die Form auch früher und mehr seiend sein muß als das Einzelding, wenn es früher und mehr seiend ist als der Stoff, auch gar nicht zu erwarten sein (1029a5). Eine Interpretation von Z 10–11, die sie als Bestätigung für die Auffassung heranzuziehen versucht, daß nur die allgemeine Form nach der Ontologie des reifen Aristoteles als *prôtê ousia* gelten kann, mag von daher unanfechtbar erscheinen.

Gleichwohl zeigt eine eingehendere Betrachtung der vorliegenden Passage, daß die Dinge nicht ganz so einfach liegen können. Denn genau genommen spricht Aristoteles ebensowenig von formalen *Teilen*, wie überhaupt von der Form als von einem *Teil* der *ousia* bzw. des Einzeldings. Während er den Stoff ohne Zögern als Teil des Einzeldings bezeichnen (1035a3) und deshalb auch von Teilen im Sinne des Stoffes sprechen kann (12), ist seine Formulierung für die Form auffallend umständlich, nennt er die fraglichen Teile hier doch „das, woraus die Definition der Form besteht" (3) bzw. „Teile der Definition der Form" (11). Dies sollte schon deshalb nicht übersehen werden, weil die Formulierungen nicht nur umständlich, sondern auch problematisch sind. Müssen sie doch zunächst den Anschein erwecken, als sei Aristoteles, indem er auf sie zurückgegriffen hat, die Antwort auf die von ihm aufgeworfene Frage schuldig geblieben. Nachdem angesichts von Gegenbeispielen fragwürdig geworden war, ob die Definitionen aller Teile einer Sache in ihrer Definition enthalten sein müssen, hatten wir gehofft, durch eine Unterscheidung von verschiedenen Bedeutungen, in denen eine Sache Teile haben kann, herauszufinden, welche Teile dabei tatsächlich zu berücksichtigen sind. Und nun sieht es so aus, als bekämen wir von Aristoteles gesagt, daß tatsächlich nicht die Definitionen aller Teile in der Definition der ganzen Sache enthalten sein müssen, sondern nur diejenigen, die eben in ihr enthalten sind. Und dies wäre freilich nicht sonderlich hilfreich. Ich sage, es sieht so aus. Denn natürlich spricht Aristoteles hier nicht einfach von den Teilen, die in der Definition einer Sache enthalten sind, sondern von den Teilen der Definition der Form. Inwiefern damit der eben aufgewiesene Zirkel wirklich aufgebrochen ist, kann allerdings gar nicht so einfach gesehen werden.

Zweierlei ist dafür vorauszusetzen. Einmal darf mit der Definition der Form nicht schlechthin dasselbe gemeint sein, wie mit der Definition der Sache, von der zu Beginn des Kapitels die Rede war. Denn sonst könnte auch mit den Teilen der Definition der Form nichts anderes gemeint sein als mit den Teilen der Definition der Sache, nach denen anfangs gefragt wurde, und die von Aristoteles gegebene Auskunft hätte überhaupt keinen Gehalt. Zum anderen darf es sich bei der Definition der Form aber auch nicht um etwas handeln, das von jener Definition der Sache schlechthin verschieden ist. Wäre doch damit lediglich das Thema der Erörterung gewechselt worden und die ursprüngliche Frage ebenfalls unbeantwortet geblieben. Der naheliegende Ausweg ist natürlich, daß es sich in der Rede von einer Definition der Form um eine *Präzisierung* dessen handeln dürfte, was mit der Rede von einer Definition der Sache von Anfang an gemeint war. In gewisser Weise würde dies sicher gut mit dem Rekurs auf die Teile der *ousia* zusammenpassen. Wir hätten dann damit zu rechnen, daß die anfängliche Rede von einer Definition der Sache dadurch präzisiert würde, daß die fragliche Sache als *ousia* aufgefaßt, diese wiederum als ein aus Stoff und Form bestehendes Ganzes bestimmt und die Form schließlich als dasjenige an jenem Ganzen ausgewiesen würde, das überhaupt definierbar ist. Attraktiv wäre dies nicht zuletzt deshalb, weil dadurch auch verständlich gemacht werden könnte, warum die Form von Aristoteles nicht ausdrücklich als Teil des Einzeldinges angesprochen wird, obwohl die Konzeption dies doch zu verlangen scheint. Denn als eigentlich Definierbares am Einzelding wäre die Form zumindest der Definition nach früher als dieses und damit wenigstens in einem bestimmten Sinne auch als eigentliche *ousia* ausgewiesen, nämlich als das, was Aristoteles in unserem Kapitel häufig *ousia* „gemäß der Definition (*kata ton logon*)" nennt, womit er, wie zumindest eine Stelle klarmacht, vermutlich nichts anderes meint als das in früheren Kapiteln untersuchte *ti ên einai* (1035b15). Und damit wäre das *eidos* weniger ein Teil des Einzeldinges als dessen eigentliches Sein.

Ganz abgesehen davon, daß Aristoteles dafür nicht wirklich argumentiert, sondern statt dessen vielmehr zu zeigen bemüht ist, daß die Form ihrerseits keine stofflichen Teile haben kann, ergibt sich für diese Lesart aber wenigstens jene eine grundlegende Schwierigkeit, die wir einleitend ebenfalls bereits angedeutet haben. Aristoteles sagt zwar, daß das Stoffliche niemals an sich bezeichnet werden kann, weshalb das einzelne Ding auch keinen besonderen Namen besitzt, sondern nach seiner Form benannt wird (1035a7, 34). Er sagt aber nicht, daß es nur Definitionen der Form als solcher gibt. Vielmehr rechnet er offenkundig bereits in Z 10 auch mit Definitionen, in denen die Definitionen stofflicher Teile enthalten sind. „In einigen Definitionen also findet sich die Definition derartiger Teile (und hier können nur stoffliche Teile gemeint sein), in anderen aber kann sie sich nicht finden, wenn die Definition nicht auf die mit dem Stoff zusammengefaßte Form geht (1035a22)." Entsprechend wird etwas später gesagt: „Was aber nicht mit dem Stoff zusammengefaßt ist, sondern ohne Stoff besteht, und dessen Definition nur eine solche der Form ist, das vergeht nicht, entweder überhaupt nicht oder doch nicht auf diese Weise (1035a28)." Dies macht aber nur Sinn, wenn es auch Definitionen gibt, die nicht nur auf die Form gehen. Und daß dies von Aristoteles tatsächlich so angesehen wurde, macht spätestens Z 11 unmißverständlich klar: „Die Vergleichung, welche Sokrates der jüngere beim Lebewesen anzuwenden pflegte, ist nicht richtig. [...] Denn ein Lebewesen ist etwas Sinnliches und nicht ohne Bewegung zu definieren, darum auch nicht ohne Teile von bestimmter Beschaffenheit. Denn nicht die irgendwie beschaffene Hand ist ein Teil des Menschen, sondern die, welche ihr Werk vollbringen kann, also die lebendige, die aber nicht lebendige ist nicht Teil (1036b24)." Wie ist diese Schwierigkeit zu lösen?

Nun, ausgeschlossen ist meines Erachtens *erstens*, einfach zu leugnen, daß die Form eigentlicher Definitionsgegenstand ist. Denn als solcher wird sie in Z 10 zwar nicht ausführlich

entwickelt. Unbestreitbar ist aber, daß wir es hier mit einer
Konzentration auf die Definition von Formen zu tun haben,
und daß die Definition von Formen immer wieder so behandelt wird, als sei sie die Definition schlechthin. Unbestreitbar
ist weiter, daß an solchen Stellen nicht nur mathematische
Fälle angeführt werden, sondern auch von Natur aus Seiendes (z. B. 1035a17). Ausgeschlossen ist also auch *zweitens*, die
verschiedenen Arten von Definitionen einfach auf mathema-
tisches und von Natur aus Seiendes zu verteilen. Dies wird
auch dadurch bestätigt, daß Aristoteles dem ersten zwar einen
denkbaren Stoff (*hylê noêtê*) und dem zweiten einen wahrnehmbaren Stoff (*hylê aisthêtê*) zuordnet, diesem Unterschied
im Hinblick auf seine Definierbarkeit jedoch jede Relevanz
abspricht. Sollen doch beide gleichermaßen undefinierbar
sein (1036a5). Ausgeschlossen ist schließlich auch *drittens*, die
Form zwar als eigentlichen Definitionsgegenstand zu betrachten, nicht aber als das eigentliche Sein von Natürlichem.
So beginnt Z 10 mit einer Identifikation von Teilen der Definition und Teilen der Sache, die zwar nicht unproblematisch
ist, keineswegs aber zu einer generellen Differenzierung zwischen Definition und Sache führt, sondern lediglich zu einer
Spezifizierung dessen, was hier als Teil der Sache zu gelten
vermag. Entsprechend können die Priorität der Definition
nach und die Priorität im Dasein, wie wir gesehen haben,
selbst bei der Erläuterung der Gegenbeispiele parallel behandelt werden. Vor allem aber werden in Z 10–11 zwar das Einzelding und die Form als *ousiai* betrachtet, nicht aber die unterste Art, die nach der skizzierten Auffassung als die allgemeine Charakteristik des zusammengesetzten Einzeldinges
das eigentliche Sein von Natürlichem ausmachen müßte. Von
diesem *synholon* mit *allgemeinem* Stoff (*ek toudi tou logou kai
têsdi tês hylês hôs katholou*) wird vielmehr ausdrücklich gesagt,
daß es keine *ousia* ist (1035b28).

Gleichwohl ist es offenkundig nichts anderes als der Fall
des von Natur aus Seienden, der Aristoteles dazu bringt, die
Berücksichtigung des Stoffes in Definitionen zu fordern. Wie
ist dies mit dem eben Gesagten zu vereinbaren? Meines Erachtens ist dies nur unter einer Bedingung möglich: die Form
muß auch im Falle von Natürlichem den eigentlichen

Definitionsgegenstand und das eigentliche Sein des Einzeldinges ausmachen, dabei aber zugleich in einem besonderen
Bezug zum Stoff stehen. Und zwar muß dieser Bezug derart
sein, daß eine Definition der Form auch ohne explizite
Berücksichtigung des Stoffes verständlich macht, mit welchem Stoff diese Form notwendig verbunden ist.[6] Nun ist
freilich sofort einzuräumen, daß Aristoteles dies in Z 10–11
nirgendwo sagt. Deutlich herausgestellt wird von ihm aber
zumindest, daß die Form des Menschen, anders als etwa diejenige des Kreises, die sich sowohl an Erz, wie an Stein oder
Holz findet, nur in Fleisch, Knochen und derartigen Teilen
auftreten kann, ohne daß sie deshalb selbst aus diesem bestimmten Stoff bestehen müßte (1036a31 ff). Und dies würde
wenigstens gut zu der behaupteten Besonderheit für den Bezug natürlicher Formen auf ihren Stoff passen. Außerdem
weist Aristoteles dabei, ähnlich wie in *Metaphysik* E 1, darauf
hin, daß mathematische Formen abtrennbar sind (*chôriston*),
natürliche jedoch nicht. Damit ist aber sicher nicht eine
Selbständigkeit im Dasein gemeint, die den mathematischen
Formen gerade abzusprechen wäre, sondern nur die Abtrenn-
barkeit im Denken (*têi dianoiai*). Und wenn selbst diese den

---

6 Ich lehne mich damit an einen Gedanken an, der bereits von Frede 1990 erwogen (120), dann aber zugunsten der These, genau genommen hätte *nur* die
Form eine Definition, aufgegeben wurde (126). Ausschlaggebend ist dabei
Fredes Ansicht, daß die Form vom Stoff immer als „etwas anderes vom anderen" prädiziert werde, die ich schon deshalb für nicht zutreffend halte, weil damit das Verhältnis zwischen dem Stoff, der zur Art des Menschen gehört, und
seiner Form an das ganz andere Verhältnis zwischen einem bestimmten Menschen und seinem bloß akzidentellen Weißsein angeglichen wird. Obwohl
Morrison 1990 in seiner Kritik an Frede von der irreführenden These ausgeht,
in Z 10–11 seien mit der Form und der zusammengesetzten *ousia* zwei verschiedene Definitionsgegenstände im Blick (135), nähert er sich in seiner Zusammenfassung wieder dem bereits von Frede erwogenen und hier aufgegriffenen Gedanken an, ohne dies freilich ausdrücklich einzuräumen. So vertritt Morrison die Ansicht, daß nur der Metaphysiker ein „tieferes Interesse"
an der Identität der Form und der zusammengesetzten *ousia* habe, die vom
Physiker unter ausdrücklicher Erwähnung des Stoffes definiert werde. Es
fragt sich allerdings, ob dieses Interesse überhaupt anders zu rechtfertigen ist,
als durch den Nachweis, daß die recht verstandene natürliche Form selbst erklärt, wieso sie zusammen mit einem bestimmten Stoff vorliegt.

natürlichen Formen abgesprochen werden muß, so dürfte
dies darauf hindeuten, daß natürliche Formen anders als mathematische auch ihrem Sein nach auf einen bestimmten Stoff
bezogen sind.

Dies ist nur dann denkbar, ohne daß die Form ihren her-
ausragenden Status verliert, wenn die Form darin zugleich
das eigentliche Sein des Stoffes ausmacht. Es darf, um im
Beispiel zu reden, also gar nicht möglich sein, den Stoff des
Menschen ohne seine Form zu verstehen, während dies für
Erz, Stein oder Holz ohne Bezugnahme auf den Kreis ohne
weiteres möglich ist. Als Beleg dafür könnte auf die bereits
zitierte Überlegung verwiesen werden, nach der das Lebewesen früher ist als der Finger, und zwar nicht nur der Definition, sondern auch dem Sein nach. Wichtiger noch scheint
mir aber zu sein, daß Aristoteles als die Form, die definierbare *ousia* und das eigentliche Sein des Lebewesens die Seele
anführt (1035b14). Denn die Seele unterhält zum Leib eine
Beziehung, die unserer Forderung entspricht. So mag strittig sein, ob es eine Seele ohne Leib geben kann, ein Leib
ohne Seele ist aber sicher nicht denkbar. Wichtig ist der Rekurs auf die Seele auch noch in einer zweiten Hinsicht.
Macht er doch klar, daß selbst bei einer Definition, in der
scheinbar nur die Form eines natürlich Seienden unter Ab-
sehung von seiner Bewegtheit und seinem Stoff definiert ist,
die von Aristoteles geforderte Berücksichtigung seiner Bewegtheit und seines Stoffes tatsächlich gewährleistet ist.
Entscheidend ist dabei offenbar nur, daß wirklich seine
natürliche Form thematisiert und diese nicht auf eine höhere
Abstraktionsstufe reduziert wurde. Denn wie mir scheint,
macht der Kontext jenes Zitats, in dem Aristoteles sich gegen Sokrates den jüngeren wendet, hinreichend klar, daß
seine Forderung, bei natürlich Seiendem müßten seine Bewegtheit und sein Stoff berücksichtigt werden, vorrangig
gegen eine solche Reduktion (*anagousi panta eis tous arith-
mous*) gerichtet ist (1036b7 f.).

Damit soll keine schematische Differenz zwischen natürlichem und technisch hervorgebrachtem Seienden behauptet
werden. Selbstverständlich ist es auch im Falle der technischen Hervorbringung nichts anderes als die Form, die ange-

sichts eines bestimmten Zieles den Rückgriff auf einen bestimmten Stoff anleitet.[7] Und nur weil dies so ist, besteht
überhaupt die Möglichkeit, eine anhand des Handwerks besonders leicht zu erläuternde Vier-Ursachen-Lehre auf die
Verhältnisse im Natürlichen zu übertragen (vgl. bes. *Phys.* II
3). Dies schließt aber keineswegs aus, daß sich dabei für das
Verhältnis der vier Ursachen wichtige Besonderheiten ergeben. So betont Aristoteles, daß die drei Ursachen Form, Ziel
und Bewegungsgrund im Natürlichen als *eine* zu betrachten
sind (*Phys.* II 7, 198a24). Doch was ist mit dem Stoff? Hat unsere Deutung von Z 10–11 nicht die problematische Konsequenz, daß auch die Stoffursache, wenigstens für das von Natur aus Seiende, mit der anderen in eins fallen muß? In gewisser Weise ja, es kommt freilich darauf an zu sehen, inwiefern. Natürlich kann nicht geleugnet werden, daß Fleisch,
Knochen etc. keineswegs nur dem Menschen zukommen.
Dies darf aber nicht so mißverstanden werden, als machten sie
damit einen Stoff aus, der unabhängig von jeder Form ist.
Denn der Stoff ist für Aristoteles etwas *Relatives* (*pros ti*), und
zwar relativ auf eine bestimmte Form (*Phys.* II 2, 194b9). Entsprechend ist der Stoff unabhängig von der Form nur das völlig Unbestimmte, das traditionell als *prima materia* interpretiert wird. So kommt Fleisch als bestimmter Stoff immer einem Lebewesen zu, und menschliches Fleisch immer einem
Menschen. Auch dabei kann es, wie jeder Tod eines Lebewesens aufs neue demonstriert, in gewissem Sinne nicht mit dessen Form identisch sein. Wie unschwer zu sehen ist, gilt dies
aber nur für das Fleisch des individuellen Lebewesens, das
Aristoteles letzten Stoff (*eschatê hylê*) nennt, und nicht für den
allgemeinen Stoff, der als solcher einen unabdingbaren
Bestandteil der jeweiligen Art darstellt (1035b30). Und es ist
ausschließlich dieser Stoff, von dem meines Erachtens in
Z 10–11 unterstellt wird, daß er mit seiner Form identisch
sein muß. Denn das so und so bestimmte Fleisch etwa der Art
des Menschen kann nur dann nicht ohne dessen Form sein,

---

7 Jeder Handwerker weiß, daß sich nur bestimmte Stoffe für die Realisierung
bestimmter Formen eignen, z. B. nur etwas wie Eisen für die Säge (*Phys.* II 9,
200a11).

wenn bereits seine eigene Bestimmtheit als dieses Fleisch keine andere als die der Form ist.[8]

IV

Zusammenfassend kann also festgehalten werden, daß die Deutung, nach der in der Definition einer Sache nicht alle, sondern nur ihre formalen Teile zu berücksichtigen sind, wenigstens was ihre grundlegende Einsicht betrifft, bestätigt werden kann. Die Form ist auch in Z 10–11 eigentlicher Definitionsgegenstand. Hierin braucht sie sich durch Stellen, in denen für die Definition von Natürlichem die Berücksichtigung des Stoffes gefordert wird, nicht in Frage stellen oder auch nur entwicklungsgeschichtlich relativieren lassen (wie bei Bostock). Dies ändert jedoch nichts daran, daß diese Stellen bloß dann zu verstehen sein dürften, wenn die Form im Falle von Natürlichem einen besonderen Bezug zum Stoff unterhält, nämlich einen solchen, der diesen selbst dort im Spiel beläßt, wo er nicht ausdrücklich erwähnt wird. Sollte dies zutreffen, so lieferten die Kapitel Z 10–11 trotz aller Übereinstimmung mit den vorausgegangenen Kapiteln doch einen so interessanten Beitrag zu deren Untersuchung der Form als eigentlichen Seins, daß das in letzter Zeit erwachte Interesse an ihnen gerechtfertigt erscheinen muß. Dieser Beitrag kann folgendermaßen charakterisiert werden: Im Anschluß an die Weichenstellung von Z 3 in Richtung auf die Form zeigen Z 4–6, daß die Form als eigentlicher Definitionsgegenstand auch eigentliches Sein ist, wobei das seit Γ 2

8 Ich wende mich damit gegen Loux 1991, der die Differenz von Art und Form durch die Differenz einer „species-" und einer „form- predication" erläutert. Demnach ist allein die Prädikation der Art von ihren Individuen, nicht aber die der Form von ihrem Stoff als essentiell aufzufassen. In der „form- predication" werde nämlich nur ausgesagt, wie ein bestimmter Stoff vorliege, und nicht, was er sei (129). Abgesehen davon, daß es kaum einleuchten würde, wenn Aristoteles eine essentielle auf eine akzidentelle Prädikation zu gründen versuchte, liegt die Schwäche dieser Deutung vor allem darin, daß sie im Stoff ein wohlbestimmtes Subjekt einer Form-Prädikation unterstellen muß, ohne verständlich machen zu können, woher es kommt.

leitende Ausgesagtwerden im Hinblick auf Eines (*pros hen*) die
Etablierung einer Hierarchie von Formen erlaubt. Z 7–9
sichern dieses Ergebnis durch Rückgriff auf die Bewegungsanalyse der *Physik* ab indem sie die Form gegenüber den An-
sprüchen des Stoffes als *prôtê ousia* auszuweisen vermögen.
Vor diesem Hintergrund interpretieren Z 10–11 das Verhältnis von Stoff und Form aus der Perspektive der Definitionsproblematik so, daß darin einerseits die Rolle der Form als
prôtê ousia bestätigt wird und sich andererseits doch auch
schon abzeichnet, in welcher Weise der Stoff damit nicht einfach ausgegrenzt ist, sondern zumindest als Vermögen (*dynamis*) einer als Verwirklichung (*energeia*) betrachteten Form
weiterhin im Spiel bleibt.

Einzuräumen ist, daß der Ausschluß stofflicher Teile aus
der Definition nicht zwangsläufig die Konsequenz nach sich
zieht, daß die Form deshalb *prôtê ousia* sein muß. So konnten
auch Autoren, die Einzeldinge bei Aristoteles durchgängig als
prôtê ousia betrachten, darin die Grundthese von Z 10–11 erblicken.[9] Gleichwohl scheint mir eine solche Auffassung
keine wirkliche Alternative darzustellen. Denn ihr Preis ist
eine fundamentale Inkonsistenz der Aristotelischen Position.
Wären damit doch Einzeldinge als letzte Aussagesubjekte
zwar das eigentlich Seiende, nicht aber das eigentlich Er-
kennbare, weil Definitionen mit dem Stoff, der ein Bestandteil jenes Seienden ist, gar nichts zu schaffen haben. Und dies
heißt nichts anderes, als daß, pointiert gesagt, was ist, nicht
mehr gewußt werden, und was gewußt wird, nicht mehr sein
könnte. Es ist deshalb viel naheliegender, sich an das Aristotelische Verständnis der Definition zu halten, nach dem in
dieser zum Ausdruck kommt, was das definierte Seiende eigentlich ist. Dies hat aber unweigerlich zur Folge, daß der
Ausschluß stofflicher Teile aus der Definition zugleich aus-

---

9 Man denke etwa an Mansion 1979, die darin die „solution générale du problème" erblicken konnte (193), obwohl sie von einer „inadéquation du concept à la réalité" ausgeht und entsprechend nur das sinnliche Einzelding als
„chose réelle" gelten lassen möchte (188). Es kann deshalb kaum überraschen,
daß sie schließlich doch eine „complémentarité" zweier Perspektiven einräumt, weil die Form die stofflichen Bedingungen, denen die „réalisation" des
Lebens unterworfen sei, nicht vollständig berücksichtigen könne (200).

schließt, daß der Stoff der Einzeldinge das eigentlich Seiende unter ihren Teilen sein kann. Entsprechend kann nur die Form die *prôtê ousia* sein. Anders als für Platon bedeutet dies für Aristoteles freilich nicht, daß die Form sinnlicher *ousiai* Selbständigkeit beanspruchen könnte. Wie spätestens Z 13–16 gegen diese naheliegende Vermutung zeigen, ist vielmehr auch sie ein Relativum, sofern sie nicht ohne Stoff vorzuliegen vermag. Bereits in Z 10–11 zeichnet sich ab, warum dies so ist und wieso darin die Form nicht in gleicher Weise vom Stoff abhängig gemacht wird, wie dieser von ihr abhängig ist. So dürfte die Form des Menschen nur deshalb immer im letzten Stoff eines bestimmten Menschen vorliegen, weil sie selbst gar nichts anderes ist als die Bestimmtheit von dessen allgemeinem Stoff, als die er in jenem lediglich zur Geltung gebracht wird.

Literatur

Frede, M. 1990, The Definition of Sensible Substances in Metaphysics Z, in: D.T. Devereux/P. Pellegrin (Hrsg.), Biologie, Logique et Métaphysique chez Aristote, Paris.

Graham, D. W. 1987, Aristotle's Two Systems, Oxford.

Loux, M. 1991, Primary OUSIA. An Essay on Aristotle's Metaphysics Z and H, Ithaca.

Mansion, S. 1979, La notion de la matière en Métaphysique d'Aristote, Z 10 et 11, in: P. Aubenque (Hrsg.), Études sur la Métaphysique d'Aristote.

Morrison, D. 1990, Some Remarks on Definition in *Metaphysics* Z, in: D. T. Devereux/P. Pellegrin (Hrsg.), Biologie, Logique et Métaphysique chez Aristote, Paris.

6

Christof Rapp

„Kein Allgemeines ist Substanz" (Z 13, 14–16)

Zu Beginn von Kapitel 13 kommt Aristoteles auf die in Z 3 genannten (1028b34 ff.) vier *ousia*-Kandidaten *ti ên einai*, Allgemeines (*katholou*) und Gattung (*genos*) sowie Zugrundeliegendes oder Substrat (*hypokeimenon*) zurück (1038b1 ff.). Über
das *ti ên einai* und das Zugrundeliegende, stellt Aristoteles
fest, sei bereits gesprochen worden, so daß sich die Untersuchung jetzt dem Allgemeinen zuwenden müsse. Diese Behandlung des Allgemeinen in Z 13 wird zeigen, inwiefern es
unmöglich ist, „daß etwas von dem allgemein Ausgesagten
(*katholou legomenon*) Substanz (*ousia*) ist" (1038b9). Kapitel 14
leitet aus den Ausführungen in Z 13 eine Kritik an der akademischen Konzeption der Ideen ab, die in Kapitel 15 weiter-
geführt wird durch das Argument, daß das Individuelle und
mithin auch die Ideen nicht definierbar sind. Z 16 zeigt, inwiefern weder die Elemente noch das Eine und das Seiende
ousia sein können, und endet mit einem Resümee der Kapitel
13–16: „Daß also nichts von dem allgemein Ausgesagten Substanz (*ousia*) ist und daß keine Substanz aus Substanzen besteht, das ist klar." (1041a3 ff.)
Die Zurückweisung des Allgemeinen in Z 13–16 wirft ein
für die Gesamtinterpretation des Buches Z zentrales Problem
auf: Zweifelsfrei hatten nämlich die vorausgehenden Kapitel
das *ti ên einai* bzw. die Artform (*eidos*) als „erste Substanz"
(*prôtê ousia*) erwiesen. Wenn aber das *eidos* Substanz ist und
„nichts von dem allgemein Ausgesagten" Substanz sein soll,

dann folgt, daß auch das *eidos* nicht allgemein sein kann. Nun scheint Aristoteles nur folgende Alternative einzuräumen:

T1 Teils sind die Dinge allgemein, teils sind sie einzeln (z. B. *Int.* 7, 17a38 ff.).

Wenn es nach T1 zwischen Allgemeinem und Einzelnem kein Drittes gibt, folgt aus der erschlossenen Nicht-Allgemeinheit der Artform unmittelbar dessen Individualität, so daß auch artgleiche Gegenstände über verschiedene Artformen (*eidê*) verfügen würden. Diese Konsequenz wiederum ist mit anderen Kernaussagen des Buches Z nicht zu vereinbaren, wie etwa erstens mit der Forderung, in erster Linie müsse es von der Substanz eine Definition geben (z. B. 13, 1039a19 f.) zusammen mit dem Argument aus Z 15, vom Individuellen könne es keine Definition geben, und zweitens mit dem Schlußsatz von Z 8, zwei artgleiche Gegenstände wie etwa Sokrates und Kallias seien nur der Materie (*hylê*) nach verschieden, aber dem *eidos* nach dieselbe (1034a7 f.).

Es hat daher den Anschein, als bringe sich Aristoteles mit seiner Ablehnung des Allgemeinen als einer Eigenschaft der Substantialität in folgendes Dilemma (vgl. Lesher 1971, 196):

T2 Kein Allgemeines kann Substanz sein.

T3 Die Artform (*eidos*) ist ein Allgemeines (denn sie ist definierbar).

T4 Die Artform (*eidos*) ist „erste Substanz" oder in erster Linie Substanz.

Weil es nun keinen Hinweis darauf gibt, daß Aristoteles selbst seine Anforderungen an die Substanz als unerfüllbar aufgefaßt haben könnte, liegt der Schluß nahe, daß er einen der drei Sätze nicht wirklich oder nicht uneingeschränkt und ausnahmslos vertreten hat. So bliebe etwa der Ausweg offen, daß entweder für den Ausdruck „allgemein" in T2 und T3 unterschiedliche Bedeutungen anzusetzen sind oder daß der Forderung nach Definierbarkeit auch durch eine schwächere Form als T3 nachgekommen werden kann, nämlich durch:

T3' Die Artform (*eidos*) ist nicht individuell (denn das Individuelle ist nicht definierbar).

T3' würde zusammen mit der Annahme, daß der für die logischen Schriften formulierte Grundsatz T1 für den vorliegenden Zusammenhang irrelevant ist, die Möglichkeit einer Artform eröffnen, die zwischen dem undefinierbaren Individuellen und dem als Substanz abzulehnenden Allgemeinen anzusiedeln ist.

In den zurückliegenden Jahren wurde in der Forschungsliteratur jedoch besonders die Frage diskutiert, ob der Satz T3 nicht ersatzlos zu streichen und die Artform (*eidos*) als etwas Individuelles anzusehen sei. Sowohl die Vertreter einer solchen individualisierenden *eidos*-Konzeption (darunter: Sellars 1957, Albritton 1957, Heinaman 1980, Lloyd 1981, Irwin 1988, Frede 1987a, Frede/Patzig 1988, Witt 1989) als auch deren Opponenten (darunter: Woods 1967 und 1991, Loux 1979 und 1991, Code 1984, Lear 1988, Lewis 1991) räumen dabei der Interpretation von Z 13 eine zentrale Rolle ein. Die Beweislast, die so dem – ohnehin recht undurchsichtigen – Kapitel von konträren Seiten aus aufgebürdet wurde, bringt mit sich, daß sich die Kommentatoren inzwischen über fast jeden Satz aus Z 13 uneinig sind. Der vorliegende Text wird sich deshalb darauf beschränken, eine Lesart des Kapitels durchzuspielen, bei der kein Widerspruch zu den übrigen Kapiteln der Substanzabhandlung folgt und die ohne die Voraussetzungen einer individualisierenden *eidos*-Konzeption auskommt.

Der Gedankengang von Z 13

Die Argumentationsstruktur von Z 13 gilt als außerordentlich verworren. Eine besondere Schwierigkeit entsteht dadurch, daß Aristoteles nach den ersten beiden Argumenten gegen die Annahme, das Allgemeine könne Substanz sein (in der nachfolgenden Gliederung: 2.1 und 2.2), einem Einwand der angenommenen Fürsprecher des Allgemeinen entgegenzukommen scheint, indem er die Möglichkeit durchspielt, das Allgemeine könne als ein Teil der Wesensdefinition Substanz sein (Abschnitt 3). Nun bedeutet dieses vermeintliche Entgegenkommen jedoch nicht, daß der ganze darauffolgende Absatz nur die Auffassung der angenommenen Opponenten wiedergibt. Noch weniger bedeutet es, daß Aristoteles selbst der Ansicht ist, das Allgemeine sei in dieser Weise Substanz; im Gegenteil: er liefert einige Argumente (auf jeden Fall:

3.1–3.4; nach der unten vorgetragenen Interpretation außerdem Abschnitt 4–5) gegen diese Annahme. Somit kommt Aristoteles beim Übergang von Abschnitt 2 zu Abschnitt 3 (1038b16–18) den Fürsprechern des Allgemeinen im Grunde gar nicht entgegen, sondern trägt lediglich zur Präzisierung der gegnerischen Position bei, die es für ihn zu widerlegen gilt. Der Gedankengang von Z 13 läßt sich demnach folgendermaßen untergliedern:

1. (1038b1–8) Weil das Allgemeine (*katholou*) nach manchen in höchstem Maße Ursache (*aition*) ist (und weil das Ursache-sein – etwa nach Δ 8, 1017b14 f. – tatsächlich einen Aspekt der Substanz darstellt), ist es als weiterer Substanz-Kandidat zu berücksichtigen.

2. (b8–16) Die Auffassung, das Allgemeine sei Substanz, wird jedoch zurückgewiesen:

2.1 (b9–15) Weil das Allgemeine per definitionem Mehrerem zukommt, müßte es von allem, wovon es ausgesagt wird, Substanz sein, die Substanz ist aber einem jeden, dessen Substanz sie ist, eigen (*idion*). Wäre es aber von einem Substanz, dann müßte dies auch das andere sein, weil das, wovon die Substanz und das *ti ên einai* eines ist, selbst eines ist (= *idion*-Argument).

2.2 (b15–16) Die Substanz kann nicht von einem Zugrundeliegenden prädiziert werden, das Allgemeine jedoch wird stets prädiziert.

3. (b16–34) Auch wenn das Allgemeine nicht wie das *ti ên einai* die *idion*-Anforderung erfüllen kann (was in 2.1 erläutert wurde), ist dennoch zu prüfen, ob das Allgemeine nicht auf folgende Weise Substanz sein kann: Als Gattung (*genos*) ist das Allgemeine ein Teil des *ti ên einai*, so wie „Lebewesen" in der Wesensdefinition von „Mensch" oder „Pferd", und könnte sich auf diese Weise als Substanz erweisen. Dagegen spricht jedoch folgendes:

3.1 (b16–23) Unter der Voraussetzung, daß das Allgemeine in der Weise der Gattung – nämlich als ein Teil – Substanz sein soll, gäbe es davon auch eine Definition. Nun macht es aber keinen Unterschied, daß diese Definition nicht die Definition von allem in der Substanz Enthaltenen ist. Es wird nämlich um nichts weniger (als das *ti ên einai* selbst) die Sub-

stanz von etwas sein, so wie die Bestimmung „Mensch" die
Substanz des Menschen ist, worin sie vorkommt, woraus sich
dasselbe wie zuvor (in 2.1) ergibt. Denn es müßte ja die Substanz von jenem sein, in dem es als ein ihm Eigentümliches
(*idion*) vorkommt.

3.2 (b23–29) Unmöglich und abwegig wäre ferner der Gedanke, daß ein Dieses und die Substanz aus einem So-Beschaffenen, also aus einer Qualität bestehen sollte. Denn
dann wäre das So-Beschaffene oder Qualitative früher als die
Substanz, was aufgrund der dreifachen Priorität der Substanz
gegenüber den bloßen Affektionen (*pathê*) aber ausgeschlossen ist. Außerdem müßten die Affektionen (wozu die Qualitäten zu rechnen sind) selbständig (*chôriston*) sein.

3.3 (b29–30) Ferner müßte das Allgemeine in Sokrates als
Substanz vorhanden sein, so daß es die Substanz von zweien
wäre (nämlich von Sokrates und vom *eidos* „Mensch").

3.4 (b30–34) Überhaupt ergibt sich: Wenn das *eidos*
„Mensch" und alles, was auf diese Weise ausgesagt wird, Substanz ist, dann kann kein Teil der Definition dieses *eidos* Substanz von etwas sein noch getrennt davon (also selbständig)
noch in anderem vorkommen, wie es ja auch keine Lebewesen neben den einzelnen *eidê* der Gattung „Lebewesen" gibt.

4. (b34–1039a3) Nichts von dem allgemein Ausgesagten
bezeichnet ein Dieses (*tode ti*), sondern nur ein So-Beschaffenes. Räumt man dies nicht ein, folgt unter anderem der dritte
Mensch.[1]

---

1 Aristoteles spielt hier auf ein Argument an, das auf Platons *Parmenides* (132a
ff.) zurückgeht und unter dem Schlagwort „dritter Mensch" (*tritos anthrôpos*)
bekannt war. Der Grundgedanke des Arguments ist folgender: Alle Menschen
haben etwas gemeinsam, nämlich den Allgemeinbegriff oder die Form
„Mensch". Dieser Mensch ist mit keinem der Menschen identisch, deren Gemeinsamkeit er repräsentiert (und ist somit ein „zweiter" Mensch neben den
vielen Einzelmenschen). Weil er aber selbst ein Mensch ist (Selbstprädika-
tion), kann man sagen, daß auch er etwas mit den Einzelmenschen gemeinsam
hat, und diese Gemeinsamkeit würde nun schon einen dritten Menschen ausmachen (und die Gemeinsamkeit zwischen dem dritten und dem zweiten
Menschen einen vierten, usw.). Aristoteles selbst meint diesem Problem entgehen zu können, indem er vermeidet, den Universalien den Status eines *tode
ti* zuzugestehen (vgl. *Soph.El.* 178b36 ff.) und sie so den selbständigen Einzeldingen gleichzusetzen (vgl. zum Thema Kung 1981 und Lewis 1985).

5. (1039a3–a14) Eine Substanz kann nicht aus mehreren in ihr befindlichen wirklichen Substanzen zusammengesetzt sein (was aber der Fall wäre, wenn das Allgemeine Substanz sein sollte). Aus *zwei* wirklichen Substanzen (im Unterschied zu zwei nur dem Vermögen nach existierenden Bestandteilen) kann nämlich niemals *eine* werden, denn es ist ja gerade die Wirklichkeit, die Trennungen vollzieht (*entelecheia chôrizei*) und somit dafür verantwortlich ist, ob etwas eines oder zwei ist.

6. (a14–23) Die Zurückweisung des Allgemeinen scheint die Definierbarkeit der Substanz aufzuheben. Denn die Definition als eine stets komplexe Erklärung müßte eine ebenfalls zusammengesetzte Substanz zum Gegenstand haben. Zusammengesetzt sein könnte die Substanz entweder aus So-Beschaffenem oder aus Substanzen. Die erste Möglichkeit wurde in Abschnitt 3.2, die zweite Möglichkeit in Abschnitt 5 zurückgewiesen. Gerade von der Substanz soll es jedoch anerkanntermaßen eine Definition geben.

Das Kapitel schließt in Abschnitt 6 mit einer Aporie, was jedoch nicht bedeutet, daß die Auseinandersetzung mit dem Allgemeinen insgesamt in eine Aporie führen muß. Vermutlich meint Aristoteles, daß er sich selbst über dieses Problem durch seine Konzeption des Zusammengesetztseins im Sinne von Wirklichkeit und Vermögen hinwegsetzen kann, weil er auf diese Weise einen bestimmten Sinn des Zusammengesetztseins (wie aus Form und Materie) mit einem bestimmten Sinn des Einheitlichseins (denn als Wirklichkeit ist die Form zugleich Grund für die Einheit des Zusammengesetzten) vereinbaren kann.

Nachdem Aristoteles in den vorausgegangenen Kapiteln klargemacht hat, daß sich die Definition auf Allgemeines (Z 10, 1035b34 f.) und auf die Form (Z 11, 1036a28 f.) bezieht und daß Definierbarkeit zur Substanz gehört (denn das definierbare *ti ên einai* und damit das *eidos* sollen erste Substanz sein, vgl. Z 7, 1032b1 f.) bzw. daß es im eigentlichen Sinne sogar nur von der Substanz eine Definition geben kann (Z 5 1031a1 f.), kann es nicht ausbleiben, daß mit der Kernthese von Kapitel 13 (T2), daß kein Allgemeines Substanz sein

kann, der Anschein eines Widerspruchs oder zumindest einer
Kehrtwendung gegenüber den vorausliegenden Kapiteln er-
weckt wird. Daß dies nicht der Fall ist, soll in zwei Schritten
gezeigt werden: Zuerst ist zu untersuchen, wogegen genau
sich Aristoteles mit der Formel „Kein Allgemeines ist Substanz" richtet und welches Merkmal des Allgemeinen er in
Kapitel 13 attackiert. Weil das *eidos*, das erste Substanz sein
soll, von dieser Kritik ausgenommen wird, werden in einem
nächsten Schritt Gründe aufgezeigt, mit welchen Aristoteles
einen Unterschied macht zwischen dem substantialen *eidos*
und dem Allgemeinen, das Gegenstand der Kritik in Z 13–16
ist.

Wogegen richtet sich die These
von Kapitel 13?

*Markiert Kapitel 13 ein Kehrtwendung in der Substanzabhand-
lung?* Verschiedenen Interpreten scheint folgendes eine angemessene Beschreibung der Rolle von Kapitel 13 innerhalb
des Buches Z zu sein: Von Z 4 an hatte Aristoteles die These
entfaltet, daß das *ti ên einai* und mithin die Form (*eidos*) Substanz sei, bei der Entfaltung dieser These hatte er aber nicht
in Rechnung gestellt, daß Allgemeines, wie das definierbare *ti
ên einai*, überhaupt nicht Substanz sein kann. Diesen Gesichtspunkt ruft er sich nun mit Kapitel 13 wieder in Erinne-
rung, so daß er entweder (1.) den dilemmatischen Ausgang
des gesamten Projekts anerkennen oder (2.) die bisher vertretene These fallenlassen oder (3.) sich mit Ad-hoc-Modifika-
tionen am bisher Gesagten verteidigen oder (4.) zu einer
Würdigung des individuellen Zugrundeliegenden auf Kosten
des *ti ên einai* zurückkehren muß.

Für diese Lesart enthält der Text von Kapitel 13 jedoch
überhaupt keinen Anhaltspunkt: Der kurze Rückblick am Anfang des Kapitels bestätigt ausdrücklich die Ergebnisse der
bisherigen Untersuchung – einschließlich der Identifikation
von *ti ên einai* und Substanz. Ferner: Wie in Abschnitt 3 deutlich wird, wo Aristoteles zugesteht, daß das Allgemeine vielleicht nicht in der Weise des *ti ên einai* Substanz sein könne,

war er schon in Abschnitt 2 davon ausgegangen, daß das Allgemeine, wenn überhaupt, dann im Sinne des *ti ên einai* Substanz sein müsse. Schließlich: Die einzelnen Argumente von Abschnitt 3 setzen voraus, daß das im Sinne einer Spezies oder Artform definierbare *eidos* Substanz sein muß. Wogegen auch immer sich die These von Kapitel 13 richten mag, sie richtet sich also keinesfalls gegen Aspekte der vorausgegangenen Untersuchung. Das Kapitel markiert daher auch keine Kehrtwendung innerhalb der Substanzabhandlung.

Die Formel „Kein Allgemeines ist Substanz“: In Kapitel Z 3 hatte Aristoteles unter anderem die Behandlung des Allgemeinen und der Gattung angekündigt. Zu Beginn von Kapitel 13 verweist Aristoteles zwar auf diese Ankündigung, nimmt sich dann aber explizit nur die Prüfung des Allgemeinen vor. Die Gattung dagegen wird keinen eigenen Auftritt in Buch Z mehr haben; allerdings wird in maßgeblichen Argumenten von Kapitel 13 vorausgesetzt, daß das Allgemeine im Sinne der Gattungen allgemein ist. Man kann also davon ausgehen, daß die Gattung deswegen nicht mehr eigens diskutiert wird, weil ihre Behandlung unter dem Titel des Allgemeinen miterfolgt ist.

Neben dem Begriff der Gattung ist für Aristoteles ein weiterer Begriff auf das engste mit dem des Allgemeinen verknüpft, der Begriff der Idee. Das wird bei der Zusammenfassung, die Aristoteles zu Beginn von Buch H gibt, besonders deutlich (H 1, 1042a15 f.): „Mit dem Allgemeinen und der Gattung hängen die Ideen eng zusammen, denn sie scheinen mit derselben Begründung Substanz zu sein." Somit bilden die Ideen neben der Gattung den zweiten Aspekt, der unter dem Begriff des Allgemeinen attackiert wird. Daraus resultiert eine erste Präzisierung von T2:

T2' Als Allgemeines sind Gattungen und Ideen keine Substanz.

Die zitierte H 1-Stelle spricht von einem gemeinsamen Grund (*logos*), durch den Allgemeines, Gattung und Ideen als Substanz erscheinen. Was könnte das für ein Grund sein? In Z 13 erläutert Aristoteles den zu prüfenden Anspruch des Allgemeinen damit, daß es „manchen in höchstem Maße Ursa-

che (*aition*) und Prinzip (*archê*) zu sein scheint" (1038b6–8).
Nun geht auch Aristoteles davon aus, daß das Ursächlich-
Sein ein Aspekt der Substanz ist (Δ 8, 1017b14 und Z 17); er
muß daher meinen, daß die Vertreter dieser Auffassung
falsche Schlüsse daraus gezogen haben, etwa den Schluß: Je
allgemeiner eine Sache ist, desto ursächlicher und substantieller ist sie (B 1, 995b27–31; 3, 998b17 f.; 4, 1001a 20–22). Das
wäre die Argumentationsweise von jemandem, der die Allgemeinheit als solche für ein Merkmal der Substantialität hält
und daher das eigentlich Seiende am oberen Ende der Allge-
meinheitsskala zu finden hofft. Man kann kaum falsch liegen,
wenn man annimmt, daß Aristoteles diese Auffassung Platon
zugeschrieben hat. Diese Platonische Auffassung ist auch in
den wichtigsten Aporien von Buch B präsent, und es wäre
nicht weiter überraschend, wenn sich Aristoteles in Kapitel 13
genau diese Position wieder vornehmen würde, zumal die
Fragestellung von Z 13 im Aporienbuch bereits angeschnit-
ten wurde (B 6, 1003a5 ff.). Somit wäre das Folgende eine angemessene Interpretation der Formel, daß kein Allgemeines
Substanz ist:
T2" Allgemeinheit ist kein Merkmal der Substanz,
oder, um den Wortlaut von T2 wiederaufzunehmen:
T2'" Kein Allgemeines ist als solches (= dadurch, daß es all-
    gemein ist) Substanz.[2]
Mit dieser Fassung des Beweisziels von Kapitel 13–16 wäre
eine Rolle für die Behandlung des Allgemeinen bestimmt,
welche der Behandlung des Zugrundeliegenden und des *ti ên
einai* völlig analog ist: Beide Aspekte wurden als Merkmale
der Substanz eingeführt, um mit ihrer Hilfe einen Vergleich
zwischen *eidos*, *hylê* und *synholon* sowie zwischen einfachem
eidos und materialen oder interkategorialen Zusammenset-

---

2 Man gelangt zu einer T 2'" nahekommenden Übersetzung, wenn man den
Ausdruck *ta katholou legomena* im Sinne von „das (Allgemeine), was als allgemein bezeichnet wird" liest, so daß die Formel ein gewissermaßen elliptischer
Ausdruck für die (natürlich ungebräuchliche) Formulierung *ta katholou legomena katholou* wäre, wodurch die Herausstellung desjenigen Aspektes (hier:
die Allgemeinheit) erreicht wird, unter dem auf eine Sache (hier: alle allgemeinen Entitäten) Bezug genommen wird.

zungen anzustellen. Entsprechend müßte bei der Behandlung des Allgemeinen die Frage im Vordergrund stehen, ob Allgemeinheit legitimerweise zu denjenigen Kriterien gezählt wird, durch die die Identifizierung der ersten Substanz möglich werden soll (im Sinne von T2" und T2'"); dagegen gibt sich die Formel T2 als Antwort auf die extensional interpretierte Frage „Was ist Substanz?" im Sinne von „Welche Dinge gehören zur Klasse der Substanzen?" Der Unterschied besteht offenbar darin, daß T2 die gesamte Extension des Begriffs „Allgemeines" von der Substantialität ausschließt, während nach T2'" Entitäten, auf die die Beschreibung „allgemein" zutrifft, durchaus Substanz sein können, auch wenn ihre Allgemeinheit kein Kennzeichen der Substantialität ist. Aufgrund der in Z 3 nahegelegten Analogie des Allgemeinen zum Zugrundeliegenden und zum *ti ên einai* ist es jedoch unwahrscheinlich, daß die Behandlung des Allgemeinen direkt eine Antwort auf die extensional verstandene Frage nach der Substanz geben soll; eher schon wird (im Sinne von T2') aufgrund der Ablehnung des Allgemeinen als Merkmal der Substanz bestritten, daß Gattungen und Ideen zur Extension des Substanzbegriffs gehören.

Die Unselbständigkeit des Gattungsallgemeinen nach Z 12: Aristoteles hebt in der *Metaphysik* wiederholt (etwa in Z 12 oder I 8) die Unselbständigkeit des Gattungsallgemeinen gegenüber den Arten hervor, die es umfaßt. Weil nun auch in Z 13 von Abschnitt 3 an die Auffassung geprüft wird, das Allgemeine könnte in der Weise der Gattung (*genos*) Teil des *ti ên einai* sein, dürfte dieses Merkmal des Gattungsallgemeinen auch für unseren Versuch wichtig sein, das Argumentationsziel von Z 13 näher zu bestimmen:

In Z 12 behandelt Aristoteles die Frage, wie denn etwas eines sein kann, wenn die Definition davon aus mehreren Teilen zusammengesetzt ist: wie kann z. B. das substantiale *eidos* „Mensch" eines sein, wenn die Definition davon aus „Lebewesen" und „zweifüßig" zusammengesetzt ist? Die Antwort, die Aristoteles auf diese Frage entwickelt, ist für den Status der Gattungen von großer Bedeutung: Die scheinbar komplexe Definition „zweifüßiges Lebeweisen" könne nämlich nicht nach dem Vorbild des komplexen Ausdrucks „musischer Mensch" verstanden werden, weil dann die Gattung (z. B. „Lebewesen") an ihren Differenzen (z. B. „zweifüßig") und folglich auch entgegengesetzten Differenzen („zweifüßig" – „vierfüßig"), also an Gegensätzlichem, teilhaben würde. Schwierigkeiten dieser Art und somit die dargestellte Einheitsproblematik können nur überwunden werden, wenn man die Gattung gar nicht erst wie eine selbständige Bestimmung behandelt, sondern erkennt, daß sie gewissermaßen nur auf halbem Weg dazu ist, eine Bestimmung zu sein. Es wäre daher falsch, die Gattung „Lebewesen" ihren Gattungsarten „Mensch", „Pferd" usw. irgendwie gleichzustellen; deshalb sagt Aristoteles sogar, das Lebewesen-Sein sei bei den verschiedenen Spezies unterschiedlich, bei den einen etwa als Mensch, bei den anderen als Pferd (I 8, 1058a2–5). Diese eigentümliche Unentschiedenheit der Gattung schlägt sich für Aristoteles in der Unselbständigkeit der Gattungen nieder: „Wenn nun die Gattung schlechthin nicht neben den Gattungsarten besteht oder wenn sie im Sinne der Materie [nämlich nur dem Vermögen nach] besteht, [...] dann ist offenkundig, daß die Definition die [allein] aus den Differenzen bestehende Beschreibung ist" (Z 12, 1037a5–9). Eine Gattung ist demnach nur das, was mehreren Arten gemeinsam ist; ein und dieselbe Gattung ist ein Teil der Definition von jeder ihrer Arten. Deshalb ist es unsinnig zu fragen, was eine Gattung unabhängig von ihren Arten ist, so als habe sie auch neben ihren Arten Bestand. Genaugenommen sind es nach Z 12 nur die in einer Definition enthaltenen spezifischen Differenzen, die mit den Arten identisch sind, so daß die Angabe der Gattung in der Definition nichts zur Bestimmtheit der Art beiträgt.

Z 13 erweist die Unvereinbarkeit von Substanzbegriff und Unselbständigkeit des Gattungsallgemeinen: Nach Z 12 steht fest, daß eine Gattung nichts ist, was neben oder über den Arten, die sie umfaßt, Bestand hat. Selbstverständlich ist dieses Merkmal von Bedeutung, wenn es – wie in Z 13 – um die Frage geht, ob Allgemeinheit ein Merkmal der Substanz ist. Sieht man zunächst von den beiden Argumenten aus Abschnitt 2, insbesondere von dem umstrittenen *idion*-Argument, ab, dann läßt sich zeigen, daß in Z 13 die Allgemeinheit der Substanz im Hinblick auf das Gattungsallgemeine zurückgewiesen wird und daß es genau die in Z 12 erwiesene Unselbständigkeit der Gattung ist, die das Allgemeine als ein Merkmal der Substanz disqualifiziert:

Beim Übergang von Abschnitt 2 zu Abschnitt 3 sagt Aristoteles, es genüge nicht zu zeigen, daß das Allgemeine nicht im Sinne des *ti ên einai* Substanz sein kann. Vielmehr sei zu prüfen, ob nicht das Allgemeine im Sinne eines Gattungsallgemeinen nur einen Teil der Wesensdefinition ausmache und in diesem Sinn Substanz sei. Beide Argumentationsteile, sowohl das vorausgegangene Argument 2.1, das in dem Nachweis bestand, daß sich das Allgemeine per definitionem anders verhält als das *ti ên einai*, als auch die unter Abschnitt 3 folgenden Argumente, machen von der Voraussetzung Gebrauch, daß das Allgemeine auf Mehreres zutrifft, während das *ti ên einai* dies nicht tut; und zumindest für Abschnitt 3 kann man mit Sicherheit sagen, daß „auf Mehreres zutreffen" meint, auf mehrere selbständige Bestimmungen zuzutreffen, so wie „Lebewesen" auf die Spezies „Mensch", „Pferd" usw. zutrifft. Es ist daher ein Merkmal des von Abschnitt 3 an kritisierten Allgemeinen, daß es wie eine Gattung mehreren selbständigen Bestimmungen bzw. Arten zukommt. Und es ist eine Voraussetzung dieser Kritik, daß es Bestimmungen im Sinne von Arten oder Artformen gibt, die von dieser Kritik nicht betroffen sind.

Inwiefern es die Unselbständigkeit des Gattungsallgemeinen ist, die Aristoteles dem Substanzbegriff entgegenhält, läßt sich an den Abschnitten 3 bis 5 zeigen: In Abschnitt 3.1 wiederholt Aristoteles im Grunde nur die Anforderung aus 2.1, daß Substanz derjenigen Sache, deren Substanz sie ist, eigentümlich sein müsse. Die gegen die Unselbständigkeit der Gattung gerichtete Argumentationsstrategie kommt somit erst in 3.2 zum Tragen: Dort wird argumentiert, daß ein Dieses und die Substanz aus einem So-Beschaffenen bzw. einer Qualität bestehen müßten, wenn das Allgemeine als ein Teil der Wesensdefinition Substanz sein soll. Das sei aber nicht möglich, weil dann etwas Qualitatives früher als die

Substanz sein müßte und, wie Aristoteles hinzufügt, die (qualitativen) Affektionen selbständig sein müßten. Das Argument setzt voraus, daß Gattungen als Teile der Wesensdefinition nichts weiter sind als qualitative Beschreibungen (was für Aristoteles vermutlich daraus folgt, daß sie nicht neben oder über ihren Arten bestehen); will man diese Qualitäten nach Voraussetzung als Substanzen behandeln, dann müßten sie (gegenüber der Substanz, deren Teil sie sind) vorrangig sein und selbständig, was mit ihrem Status als Qualität unverträglich ist.

Abschnitt 3.3 enthält zwar nur eine Andeutung; diese läßt sich aber durch die hier unterstellte Beweisabsicht erklären: Die Gattung besteht nicht neben und über ihren Arten. Beachtet man dies jedoch nicht, indem man die Gattung als selbständige Substanz ansieht, dann wäre etwa die Gattung „Lebewesen" Substanz von zweien, nämlich von Sokrates und von der Art „Mensch" (eine Lesart, die übrigens auch von B 6, 1003a10 ff. bestätigt wird), von der die Gattung nach Voraussetzung unabhängig sein soll.

Abschnitt 3.4, der das zuvor Gesagte irgendwie zu verallgemeinern scheint (durch den Ausdruck *holôs* – „überhaupt"), nennt das bisher nur vorausgesetzte Argument beim Namen: Wenn das *eidos* „Mensch" substantial ist, dann kann kein Teil der Definition dieses *eidos* Substanz von etwas sein noch getrennt noch in anderem vorkommen, wie es ja auch keine Lebewesen *neben* den einzelnen Arten der Gattung „Lebewesen" gibt. Indem Abschnitt 4 mit Verweis auf den „dritten Menschen" folgert, daß das Allgemeine kein *tode ti* sein kann, wird erneut vor der unzulässigen Verselbständigung des Gattungsallgemeinen gewarnt (vgl. dazu oben Fußnote 1).

Wenn schließlich in Abschnitt 5 argumentiert wird, eine Substanz könne nicht aus (wirklichen) Substanzen bestehen, ist dieselbe Voraussetzung am Werk: Eine Gattung besteht nicht neben oder über ihren Arten. Wenn sie jedoch zur Substanz gemacht wird, muß sie von den anderen Teilen der Wesensdefinition unabhängig und als Substanz im vollen Sinne wirklich sein, so daß eine Substanz aus mehreren wirklichen Substanzen bestehen müßte. Insofern letzteres grundsätzlich auszuschließen ist, erweist sich erneut, daß die Unselbstän-

digkeit des Gattungsallgemeinen mit den Begriffsmerkmalen
der Substanz unvereinbar ist.

Die voranstehenden Bemerkungen ermöglichen eine
kohärente Interpretation von Kapitel 13, bei der erstens deutlich wird, daß das *eidos*, das erste Substanz sein soll, nicht von
der Kritik betroffen ist, und die dafür zweitens nicht anzunehmen braucht, daß das *eidos* individuell sei. Allerdings
wurde für diese Interpretation ein Argument zurückgestellt,
das vielen Interpreten das wichtigste des ganzen Kapitels zu
sein scheint, nämlich das *idion*-Argument aus Abschnitt 2.1.
Im Lichte der vorliegenden Interpretation der Abschnitte
3–5 wäre es denkbar, daß das *idion*-Argument nur die Rolle einer Vorklärung spielt, die deutlich machen soll, was der Fürsprecher des Allgemeinen wirklich vertreten will.

Es fällt bei Abschnitt 2.1 auf, daß Aristoteles für die eigentlich interessante These – die Anforderung nämlich, daß die
Substanz demjenigen eigentümlich sein soll, dessen Substanz
sie ist – überhaupt nicht argumentiert, so als sage er etwas, was
schon die ganze Zeit vorausgesetzt wurde. Das Argument besteht genaugenommen nur darin zu zeigen, daß das Allgemeine, insofern es immer mehrerem zukommt, seiner Definition nach nicht die *idion*-Anforderung erfüllt, wonach die
Substanz von etwas allein demjenigen zukommt, dessen Substanz sie ist. Aus dieser begrifflichen Vorbetrachtung wird
deutlich, daß das Allgemeine nicht in der Weise des *ti ên einai*
(das die *idion*-Anforderung erfüllt) Substanz sein kann. Demnach würde mit Abschnitt 2 und dem darauffolgenden Übergang zu Abschnitt 3 lediglich die Einsicht vorgeführt, daß jeder Versuch, die Allgemeinheit als ein Merkmal der Substanz
zu erweisen, die Unvereinbarkeit von Allgemeinheit und
idion-Anforderung zugestehen und deshalb bei demjenigen
ansetzen wird, was – wie die Gattung – als ein Teil des *ti ên
einai* mehrerem zukommt.

Inwiefern unterscheidet sich das *eidos* vom Allgemeinen?

Merkmale des Allgemeinen in Z 13: Nun genügt es natürlich nicht zu zeigen, daß sich Aristoteles in Z 13 und den folgenden Kapiteln ausdrücklich nur gegen bestimmte Erscheinungsweisen des Allgemeinen, nämlich gegen Gattungen und Ideen aussprechen will; denn es könnte ja sein, daß er im Zuge der Kritik am Allgemeinen Argumente vorbringt, die auch auf das *eidos* zurückfallen und somit die Grundlage für die Auszeichnung des *eidos* als erster Substanz in Frage stellen. Worauf es ankommt, ist deshalb die Frage, wie es Aristoteles gelingt, einen Unterschied zwischen dem kritisierten Allgemeinen und dem substantialen *eidos* plausibel zu machen. Um dies zu beantworten, sollen zunächst die näheren Merkmale des in Z 13 zurückgewiesenen Allgemeinen herausgestellt werden:

Das folgende ist die Standardbeschreibung für das Allgemeine, die Aristoteles in den logischen Schriften gibt (*Int.* 7, 17a40 f.) und die ihm auch in Z 13 als Einstieg dient (1038b11 f.):

T5 Allgemein ist, was von Natur aus Mehreren zukommt/von mehreren ausgesagt wird.

Nichts wesentlich anderes als T5 scheint eine Beschreibung zu besagen, die Aristoteles immer wieder (vgl. 1038b11) für das Allgemeine gebraucht:

T6 Das Allgemeine ist gemeinsam/etwas Gemeinsames (*koinon*), die Substanz ist nie etwas Gemeinsames.

Während in T5 eine gewisse Emphase auf dem Ausgesagt-werden liegt, womit das Allgemeine auf die Rolle eines Prädikats festgelegt wird, fehlt dieser Aspekt in T6; jedoch scheint klar zu sein: die Gemeinsamkeit einer Bestimmung schlägt sich immer auch darin nieder, daß diese Bestimmung von denjenigen Subjekten prädiziert werden kann, denen sie gemeinsam ist.

Was von Mehrerem ausgesagt wird, muß erst recht von einem ausgesagt werden; darin scheint nun ein Merkmal zu liegen, das Aristoteles unmittelbar gegen den Anspruch des Allgemeinen, Substanz zu sein, verwendet, nämlich in Abschnitt 2.2:

T7 Das Allgemeine wird immer von einem Zugrundeliegenden ausgesagt, Substanz dagegen kann nur sein, was nicht von einem Zugrundeliegenden ausgesagt wird.

Des öfteren stellt Aristoteles das in T6 genannte Merkmal des Allgemeinen, die Gemeinsamkeit, dem Kriterium für Substanz gegenüber, ein Dieses (*tode ti*) zu sein: „Nichts von dem Gemeinsamen nämlich bezeichnet ein *tode ti*, sondern ein So-Beschaffenes (*toionde*), die Substanz aber (bezeichnet) ein *tode ti*" (B 6, 1003a8 f.). Auch in Z 13 wird in Abschnitt 3.2 vorausgesetzt, und in Abschnitt 4 klar ausgesprochen, daß das Allgemeine immer nur etwas Qualitatives oder So-Beschaffenes bezeichnet. Wir erhalten:

T8 Nichts von dem allgemein Ausgesagten bezeichnet ein Dieses (*tode ti*), sondern nur ein So-Beschaffenes (*toionde*), Substanz dagegen bezeichnet nie ein So-Beschaffenes oder Qualitatives, sondern immer ein *tode ti*.

Bei der Diskussion der Frage, wogegen sich Aristoteles in Z 13 eigentlich richtet und welche Merkmale des Allgemeinen er attackiert, hatte sich außerdem ergeben, daß Aristoteles von folgenden beiden Voraussetzungen Gebrauch macht:

T9 Das Allgemeine mit Ausnahme des untersten Allgemeinen trifft auf mehrere selbständige Bestimmungen zu.

T10 Das Allgemeine, das allgemeiner als das *eidos* ist, also die Gattung, besteht nicht neben den betreffenden *eidê* und ist in diesem Sinn unselbständig.

Die Definierbarkeit der Artform impliziert nur deren Nicht-Partikularität (Z 15): Wie gesagt, wird die These von Z 13 deswegen als problematisch empfunden, weil sie der Forderung zu widersprechen scheint, das bereits als erste Substanz identifizierte *eidos* müsse als Substanz definierbar und mithin allgemein sein. Nachdem nun mit den Sätzen T5 bis T10 die wichtigsten Merkmale und zugleich die wichtigsten Angriffspunkte vorliegen, die Aristoteles in Z 13 am Allgemeinen hervorhebt, kann man eine wichtige Beobachtung festhalten: Derjenige Zusammenhang, der allein die Allgemeinheit des *eidos* begründete, nämlich die Forderung nach Definierbarkeit und Erkennbarkeit der Substanz, spielt bei der Charakterisierung des Allgemeinen in Kapitel 13 überhaupt keine

Rolle; kritisiert wird das Allgemeine, insofern es die in T5 bis T10 gegebenen Kennzeichnungen erfüllt, und nicht das Allgemeine als adäquater Gegenstand von Definitionen. Es soll deshalb gezeigt werden, daß die vom *eidos* erfüllte Definierbarkeitsforderung einen anderen Sinn von Allgemeinheit voraussetzt als das in Z 13 zurückwiesene Allgemeine. Als ein solcher Sinn von Allgemeinheit bietet sich die Nicht-Partikularität an, wie sie in Z 15 als Voraussetzung für die Definierbarkeit tatsächlich entwickelt wird.

Gewiß darf man die Redeweise von „zwei verschiedenen Bedeutungen" des Allgemeinen nicht allzu sehr pressen, weil Aristoteles selbst keine entsprechende Unterscheidung vornimmt. Daß der Begriff des Allgemeinen jedoch unterschiedliche Implikationsmengen mit sich führt, je nachdem, ob er im einen oder im anderen Zusammenhang auftritt, läßt sich einwandfrei zeigen: Die Implikationen, die der Begriff in Z 13 mit sich führt, sind bereits klar. Das Kriterium der Definierbarkeit dagegen impliziert nicht mehr und nicht weniger als die Nicht-Partikularität des Definitionsgegenstandes:

In Kapitel Z 15 zeigt Aristoteles, daß das Einzelne nicht definiert werden kann. Er führt dazu zwei Argumente an, wovon das erste auf veränderliche und vergängliche Gegenstände zugeschnitten ist: Wenn wir etwas wirklich wissen (und mithin in einer Definition erfassen können), dann ist das Gewußte notwendig der Fall und nicht nur jetzt, sondern zu jedem beliebigen Zeitpunkt wahr. Beim vergänglichen und veränderlichen Einzelding jedoch mag etwas vermeintlich Gewußtes zwar im Moment richtig sein, kann aber zu einem anderen Zeitpunkt schon wieder falsch sein, so daß es von solchen Dingen kein eigentliches Wissen und keine Definition geben kann (vgl. 1039b20–1040a7).

Daß das Einzelne aber auch dann nicht definiert werden kann, wenn es vergänglich ist, zeigt Aristoteles in einem ingeniösen zweiten Argument am Beispiel unvergänglicher Himmelskörper: Angenommen, die Definition der Sonne laute „um die Erde kreisend und in der Nacht nicht sichtbar"; weil es (für Aristoteles) nur eine einzige Sonne gibt, könnte man meinen, mit dieser Definition etwas Einzelnes erfaßt zu haben. Daß die Definition jedoch nicht die Sonne in ihrer

Partikularität erfaßt, wird aus der Betrachtung zweier kontrafaktischer Szenarien deutlich: Erstens könnte die Sonne aufhören, sich um die Erde zu drehen, oder könnte in der Nacht sichtbar sein; auch dann bliebe sie dieselbe Sonne. Hätte die gegebene Beschreibung aber tatsächlich die Sonne als einzelne getroffen, hätte ein anderer Gegenstand an die Stelle der Sonne treten müsse. Zweitens könnte etwas anderes entstehen, was um die Erde kreist und in der Nacht nicht sichtbar ist; dann wäre dieses andere jedoch nicht dieselbe Sonne. Es müßte aber dieselbe Sonne sein, wenn die gegebene Beschreibung eine Definition von Partikulärem gewesen wäre.

Wir sehen: Was definiert werden kann, ist nicht partikulär; die Artform kann definiert werden; die Artform ist nicht partikulär (vgl. T3'). Die Artform ist für Aristoteles definierbar, weil sie das Wiederkehrende am einzelnen bezeichnet im Unterschied zum Singulären und Unwiederholbaren, das definitorisch nicht erfaßbar ist. Man kann sie aus diesem Grund als „allgemein" bezeichnen, aber es ist klar, daß sie auf *dieser* Grundlage nicht zur Menge der durch T5–T10 bestimmten allgemein Entitäten, gerechnet werden muß. Auch die in T1 formulierte Disjunktion erweist sich vor diesem Hintergrund als irreführend; hilfreicher ist die Feststellung:

T11 Die Artform ist allgemein genau in dem Sinn, daß sie geeigneter Gegenstand von Definitionen und als solcher nicht-partikulär ist.

Die Artform bezeichnet ein Dieses (tode ti): Daß eine Bestimmung von Mehrerem ausgesagt wird oder allgemein ist, wird, wie wir gesehen haben, im Zusammenhang von Z 13 unmittelbar mit zwei weiteren Merkmalen in Zusammenhang gebracht, nämlich daß die betreffende Bestimmung etwas Gemeinsames (*koinon*) sei und daß sie ein So-Beschaffenes (*toionde*) im Unterschied zu einem *tode ti* bezeichnet. Das Allgemeine wird auf diese Weise nicht dem Individuellen gegenübergestellt, sondern dem *tode ti.* Weil Aristoteles aber in der *Metaphysik* das Merkmal, ein Dieses bzw. *tode ti* zu sein, wiederholt mit dem *eidos* in Verbindung bringt, wird das Allgemeine zugleich dem *eidos,* der Artform, gegenübergestellt.

Für unseren Zusammenhang entscheidend ist nun die Frage, welchen sachlichen Unterschied Aristoteles mit dieser Gegenüberstellung im Auge hat. Halten wir uns zunächst an den Ausdruck *tode ti*.

In den *Kategorien* wird der Ausdruck klarerweise noch dazu gebraucht, ein individuelles Exemplar einer Art und somit ein genuines Subjekt den Art- und Gattungsprädikaten sowie den akzidentellen Eigenschaften gegenüberzustellen (*Cat.* 3b10 ff.). Mit der Auffassung darüber, was als erste Substanz anzusehen ist, änderte Aristoteles aber offenbar auch seine Verwendung des Kriteriums, ob etwas ein *tode ti* sei. Das wird am deutlichsten, wenn er das *eidos* selbst als ein *tode ti* bezeichnet (z. B. Δ 8, 1017b23–26, H 1, 1042a28 f.), oder das *tode ti* als etwas behandelt, das von der Materie ausgesagt werden kann (Θ 7, 1049a34 f.). Ungeachtet der Frage, ob die Artform selbst oder die individuelle Instantiierung einer solchen Artform angesprochen wird (vgl. *De An.* B 1, 412a7–9), kennzeichnet das Merkmal *tode ti* die Substanz im Unterschied zu nicht-substantialen Kategorien oder zu interkatorialen Zusammensetzungen wie „weißer Mensch" (Z 4, 1030a2 ff.); insofern scheint Aristoteles mit der Verwendung dieses Kriteriums in der *Metaphysik* jenseits der Unterscheidung von individuell und allgemein zu operieren.

Für die Frage, was diesen unterschiedlichen Verwendungsweisen von *tode ti* gemeinsam ist, ist das Auftreten des Ausdrucks in Z 3 aufschlußreich: Dort hatte sich ergeben, daß die Materie (*hylê*) zwar in einem gewissen Sinn Zugrundeliegendes ist, daß bei dieser Betrachtungsweise jedoch das letzte Zugrundeliegende durch nichts bestimmt wäre, wodurch sonst das Seiende bestimmt ist. An diesem Punkt erinnert Aristoteles daran, daß die Substanz *chôriston* und *tode ti*, selbständig und ein Dieses, sein müsse, um von dieser Feststellung aus zum *eidos* und zum zusammengesetzten Gegenstand überzuleiten. Das „ein Dieses"-sein wird hier deutlich dem Unbestimmt- oder Unentschiedensein gegenübergestellt (so auch Gill 1989, 31–34). Im Unterschied zum unbestimmt Zugrundeliegenden aus Z 3 ist „ein Dieses"-sein (wie auch schon in *Cat.*) das Merkmal eines durch Bestimmtheit qualifizierten Subjekts, durch das Gegenstände selbständig in die Rede eingeführt werden können (vgl. *An. post.* I 4, 73b5–10); dabei kann mit der Kennzeichnung als „ein Dieses" sowohl die Bestimmtheit eines Subjekts gemeint sein, insofern es das individuelle Exemplar einer Artform ist, als auch die Artform selbst, entweder weil sie diese Bestimmtheit verleiht oder weil sie selbst Subjekt (etwa für Gattungsprädikate) ist.

Wenn nun mit dem Merkmal, „ein Dieses" zu sein, gewisse Anforderungen an die Bestimmtheit der betreffende Sache verbunden sind, und wenn das *eidos*, die Artform, als „ein Dieses" bezeichnet wird (egal, ob die Artform als solche so bezeichnet wird oder ob sie – so die schwächere Version – so bezeichnet wird, weil sie der hinreichende Grund für die Bestimmtheit ihrer individuellen Instanzen ist), dann ist klar, mit welchen sachlichen Gründen das als *tode ti* eingestufte *eidos* den Gattungen entgegengesetzt ist: Die Artform, das *eidos*, ist eine selbständige, definite Bestimmung und ist in diesem Sinn unteilbar (*atomon*); jede Instanz einer Artform, also jedes Vorkommen dieser Form in Materie, markiert ohne weiteres ein qualifiziertes Subjekt. Dagegen ist die Gattung hinsichtlich der verschiedenen, in ihr angelegten Differenzen, unentschieden und enthält in sich kein Prinzip, das erlaubt, eine der in ihr angelegten Arten zu unterscheiden. Insofern sie erst durch Unterteilung zu einer Bestimmung hingeführt werden muß, besteht sie nicht neben oder über ihren Arten. Im Gegensatz zur Artform stellt die Gattung daher keine Basis-Bestimmung dar, welche als Seins- und Einheitsgrund für anderes Seiende dienen könnte, weil sie erst durch ihre Arten bzw. Differenzen zu etwas Bestimmtem wird.

Die Artform wird nicht von einer Vielheit ausgesagt: Wir haben bereits gesehen, daß Aristoteles in Z 13 das Allgemeine wegen seiner charakteristischen Unselbständigkeit zurückweist und daß er die Artform (*eidos*) in dieser Hinsicht dem Allgemeinen strikt gegenüberstellt. Dennoch bleibt ein wichtiger Punkt zu klären: Nach T5–T7 ist das Allgemeine dadurch gekennzeichnet, daß es von mehreren zugrundeliegenden Subjekten ausgesagt wird, während die Substanz überhaupt nicht von anderem ausgesagt werden kann. Nach der traditionellen Lesart ist nun die Artform etwas, was mehreren

Einzeldingen in gewisser Hinsicht gemeinsam ist, insofern etwa Sokrates und Kallias als numerisch verschiedene Instantiierungen derselben Artform „Mensch" angesehen werden können. Wenn damit aber das *eidos* die in T5–T7 gegebene Beschreibung des Allgemeinen zu erfüllen scheint, wie kann dann Aristoteles darauf kommen, die Artform bzw. das *eidos* nicht zum Allgemeinen zu zählen? Dieser Punkt ist in der Forschung kontrovers; in den nächsten Absätzen will ich für die folgende Antwort argumentieren: In dem für die Kennzeichnung des Allgemeinen relevanten Sinn des Ausgesagtwerdens wird die Artform, die erste Substanz sein soll, überhaupt nicht von einem anderen und schon gleich gar nicht von mehreren Subjekten ausgesagt (obgleich weiterhin gelten soll, daß mehrere Individuen über ein und dieselbe Artform verfügen können).

Die Frage, ob etwas von etwas anderem ausgesagt wird, zielt im Kontext des Substanzbegriffs natürlich nicht nur auf den syntaktischen Sinn des Ausgesagtwerdens, sondern dient als Leitfaden, um bestimmte Abhängigkeitsverhältnisse aufzudecken. Daß auch die Bestimmung des Allgemeinen als desjenigen, was von Natur aus Mehrerem zukommt oder von Mehrerem ausgesagt wird, bereits solche ontologisch relevanten Implikationen enthält, wird deutlich, wenn Aristoteles in 2.2 sagt, das Allgemeine werde immer, die Substanz dagegen nie von einem Zugrundeliegenden ausgesagt. Weil Aristoteles nun den paradigmatischen Fall des Allgemeinen offenbar dann vorliegen sieht, wenn ein Prädikat von mehreren selbständigen und als *tode ti* qualifizierten Subjekten ausgesagt wird, scheint er die folgenden Schlüsse für den Status des Allgemeinen zu ziehen: Erstens tritt das Allgemeine nur dann auf, wenn bereits geeignete Subjekte gegeben sind, an denen eine gemeinsame Bestimmung hervorgehoben werden kann, so daß das Allgemeine immer von solchen Subjekten abhängig ist; denn die Natur oder das Wesen des Allgemeinen ist es, nichts anderes als ein mehreren Subjekten zukommendes Prädikat zu sein (... *ho pleiosin hyparchein pephyken*, 1038b11 f.). Zweitens hat das Allgemeine keinen Anteil daran, daß diese Subjekte das sind, was sie sind, und daß es überhaupt bestimmte Subjekte sind. Die Subjekte, an denen das Allgemeine vorkommt, sind gegenüber dem Allgemeinen völlig autark.

Wenn etwa das die Implikationen sind, die sich aus der Natur des Allgemeinen, ein stets von Mehrerem Ausgesagtes zu sein, ergeben, dann wäre es im Kontext der *Metaphysik* offenbar abwegig, das Allgemein-Ausgesagtwerden im selben Sinn auch auf die Artform bzw. das *eidos*, das erste Substanz sein soll, anzuwenden. Denn die Auszeichnung „erste Substanz" erhielt das *eidos* hier gerade deswegen, weil es als Grund für das Sein und das Einheitlich-Sein der konkreten Einzelsubstanzen sowie als eigentlicher Definitionsgegenstand dafür verantwortlich ist, daß diese Einzelsubstanzen das sind, was sie sind. Für dieses *eidos*, das es erst ermöglicht, aus dem mannigfaltig Vorliegenden wohlbestimmte Einzeldinge herauszugreifen, welche ihrerseits als Träger für alle weiteren, qualitativen (im weiteren Aristotelischen Sinn von „nicht die Substanz betreffenden") Bestimmungen fungiert, gäbe es kaum eine unangemessenere Beschreibung als zu sagen, es werde von Mehrerem ausgesagt – insofern damit gemeint ist, eine Gemeinsamkeit von mehreren, unabhängig davon gegebenen Subjekten zu bezeichnen. Daß das *eidos* nicht als das gemeinsame Prädikat mehrerer, unabhängig davon individuierbarer Gegenstände konstruiert werden darf, wenn seine Rolle als Seins- und Erkenntnisgrund des auf andere Weise Seienden angemessen herausgestellt werden soll, kann als eine für die reife Substanztheorie der *Metaphysik* zentrale Einsichten gelten; das wird daran deutlich, daß Aristoteles in den *Kategorien*, wo er das *eidos* noch als Artprädikat zu vorab als *tode ti* qualifizierten Einzelsubstanzen etablierte, sich zu den Zugeständnissen veranlaßt sah, daß zwischen dem *eidos* und dem Gattungsallgemeinen nur ein gradueller Unterschied besteht (*Cat.* 5, 2b7 ff.) und daß das *eidos* nicht grundsätzlich vom So-Beschaffenen oder Qualitativen zu unterscheiden sei (*Cat.* 5, 3b13 ff.), wodurch das *eidos* grundsätzlich für alle gegen das Platonische Allgemeine gerichteten Einwände anfällig wird.[3]

---

3 Eine prägnante Zusammenfassung des damit umrissenen Standpunktes gab M. Woods 1967, 137 f.: „Um von einer Vielheit von Gegenständen zu spre-

An den grundlegenden Unterschied zwischen der Relation von Einzelsubstanz zu qualitativem Prädikat und der Relation von konkretem Einzelding (*synholon*) zu dem es konstituierenden *eidos* erinnert Aristoteles auch zu Beginn von Z 13, wenn er zwei Arten des Zugrundeliegenden (*hypokeimenon*) unterscheidet: „entweder liegt es zugrunde als ein Dieses (*tode ti*), wie das Lebewesen den Affektionen (*pathê*), oder wie die Materie der Verwirklichung" (1038b5–6). Neben dem Standardfall der Prädikation, bei der eine qualitative Bestimmung einem substantialen Subjekt zugesprochen wird, führt Aristoteles hier ausdrücklich die Form-Materie-Prädikation ein, durch welche die interne Konstitution eines konkreten Gegenstandes offengelegt wird, etwa bei „Diesen Steinen kommt die Hausform zu", „Dieser Ansammlung von Fleisch und Knochen kommt das Mensch-Sein zu". Den beiden von Aristoteles genannten Weisen des Zugrundeliegens korrespondieren deswegen auch zwei Weisen der Prädikation und des Ausgesagtwerdens:

T12 Es gibt mindestens zwei Weisen des Ausgesagtwerdens:
  1. Eine Affektion (*pathos*) wird von einem *tode ti* ausgesagt.
  2. Die Artform wird von der letzten bzw. höchsten Materie ausgesagt (Form-Materie-Prädikation).

Bei dieser Gegenüberstellung kommt es darauf an, daß Aristoteles deutlich eine subjekt-präsupponierende Weise des Ausgesagtwerdens, bei der das Vorliegen eines qualifizierten Subjekts die Voraussetzung für die Verwendung eines Prädi-

chen, bedarf ich einer Handhabe, mit der ich jedes Element dieser Menge von anderen Dingen unterscheiden kann; Aristoteles zufolge tue ich das, indem ich Vorkommnisse einer bestimmten Form in Materie erkenne. Auf diese Weise muß ich Dinge bereits als über eine Form verfügend betrachten, bevor ich von Objekten als von einer genuinen Vielheit sprechen kann. Insoweit die Behauptung, die Form einer Spezies werde allgemein von deren Exemplaren ausgesagt, das Gegenteil davon impliziert, ist sie unkorrekt." Woods vertritt in diesem Aufsatz die – unzutreffende – Auffassung, Aristoteles unterscheide in Z 13 zwischen dem Allgemeinen und dem allgemein Ausgesagten, wobei die Kritik von Z 13 genaugenommen nur letzterem gelte. Der im oben angeführten Zitat zusammengefaßte Interpretationsansatz läßt sich jedoch auch ohne diese problematische Unterscheidung durchführen: vgl. Woods 1991, 45 ff., Code 1978, Burnyeat Z 107 ff.

kats ist, von solchen Aussagen unterscheidet, die gar kein Subjekt im eigentlichen Sinn voraussetzen, sondern lediglich die Konstitution eines solchen Subjekts „zergliedernd" (Z 17, 1041b 2) darlegen (in diesem Sinn könnte man von „subjekt-konstituierenden" Aussagen sprechen).

T13 Von den subjekt-präsupponierenden Aussagen[4] sind die subjekt-konstituierenden Aussagen, bei denen kein eigenständiges Subjekt vorausgesetzt wird, zu unterscheiden.

Die Aussagen des subjekt-konstituierenden Typs, die Form-Materie-Prädikationen, haben den Sinn, den zusammengesetzten Charakter der konkreten Einzelsubstanzen und den unterschiedlichen Beitrag der beteiligten Konstituenten darzustellen, weil auch nur so deutlich wird, worin der Grund für das Sein und Einheitlich-Sein des Ganzen besteht (vgl. Z 17). Dabei stehen die Materie-Stücke, von denen die substantiale Artform ausgesagt wird, natürlich nicht auf einer Ebene mit den eigentlichen Subjekten der subjekt-präsupponierenden Aussagen, weil sie gewissermaßen nur transitorische Subjekte darstellen, die aus Gründen der „zergliedernden" Darstellung isoliert werden, die aber über keine eigenständigen Identitätskriterien verfügen. Das Fleisch und die Knochen eines bestimmten Menschen sind nur dadurch begrenzt und identifizierbar, daß sie die Materie eines bestimmten Menschen sind, wofür bereits die Artform auf die entsprechenden Materiestücke angewandt werden muß. Insofern solche Materie-Stücke in Isolation von der betreffenden Artform nicht individuierbar oder reidentifizierbar sind, verfügen subjekt-konstituierende Aussagen über kein eigenständiges Subjekt. Deshalb wird auch die Artform in einer solchen Aussage nicht von etwas anderem als Zugrundeliegendem ausgesagt, denn diese Materie-Ansammlung ist ja nur das der Möglichkeit

---

4 Insofern die erste in T12 genannte Gruppe von Aussagen wohl nur Aussagen mit Akzidens-Prädikaten umfaßt, ist die Gruppe der subjekt-präsupponierenden Aussagen weiter, weil sie zusätzlich Gattungsprädikate beinhaltet, die ja an-sich ausgesagt werden. Nun ist die Gleichbehandlung von nicht-substantialen Kategorien und Gattungen in dieser Hinsicht nicht weiter überraschend, denn Aristoteles sagt auch wiederholt vom Allgemeinen, es bezeichne ein So-Beschaffenes oder Qualitatives; es scheint, als wolle er damit alle Universalien gleichermaßen dem *eidos* gegenüberstellen, das ein *tode ti* bezeichnet.

nach, was die Artform der Wirklichkeit nach ist (H 6, 1045b18
f.), nämlich das konkrete Ganze. Die Artform als Prädikat einer subjekt-konstituierenden Aussage wird daher weder von
einem (eigenständigen, als *tode ti* qualifizierten) Subjekt noch
von mehreren solchen Subjekten ausgesagt und erfüllt somit
auch nicht die in T5–T7 genannten Merkmale des Allgemeinen. Wir können deshalb zusammenfassen:

T14 Die Materie-Stücke als transitorisches Subjekt der
Form-Materie-Prädikation bilden kein eigenständiges, als
tode ti qualifiziertes Subjekt.

T15 Allgemein ist, was von mehreren eigenständigen, (unabhängig vom Prädikat) als *tode ti* qualifizierten Subjekten
ausgesagt wird bzw. eine Gemeinsamkeit an diesen Subjekten bezeichnet (T15 ist somit eine Erläuterung von
T5–T7).

T16 Die Artform (*eidos*) ist als erste Substanz nicht das Prädikat von subjekt-präsupponierenden, sondern von subjekt-konstituierenden Aussagen. Sie wird deswegen (im
Sinne von T15) nicht allgemein ausgesagt (wenngleich sie
im Sinne von T11 allgemein ist).

Nach der mit T12–T16 umrissenen Erklärung erweist sich
das *eidos* durch seinen Beitrag zur Konstitution wohlgeformter Subjekte als erste Substanz; aus diesem Grund schien es
unsachgemäß, von dem *eidos*, das erste Substanz sein soll, zu
sagen, es werde von mehreren Subjekten ausgesagt, so daß es
die Existenz wohlgeformter Subjekte schon voraussetzen
müßte. Was aber, wenn der Term, mit dem wir ein *eidos* bezeichnen, in einem Satz de facto nicht dieser individuieren-
den Rolle (worin genuinerweise der Beitrag der Artform für
die Konstitution des Gegenstandes zum Ausdruck kommt)
auftritt, sondern von einem oder mehreren Subjekten ausgesagt wird, die nicht nur die jeweiligen Materiestücke sind,
sondern einzelne Instanzen der betreffenden Artform? Stellen solche Fälle ein Gegenbeispiel zu T 16 dar? Weil Aristoteles auch sonst zwischen natürlichen und unnatürlichen Prä-
dikationen unterscheidet – unnatürlich ist, wenn der Träger
einer Eigenschaft als syntaktisches Prädikat erscheint wie in
„Das Weiße ist ein Mensch" (vgl. *An. post.* I 22) –, liegt die
Vermutung nahe, daß er auch in diesem Fall zwischen der

syntaktischen Form und dem logischen oder sachlichen Bedingungsverhältnis unterscheiden würde: Logisch gesehen ist es stets und ausschließlich das *eidos*, das Gegenstände bereitstellt, über die wir Aussagen treffen können, selbst wenn es in der Rolle des syntaktischen Prädikats auftritt. Eine ähnliche Erklärung verfolgt offenbar auch Woods (1968, 226): daß das *eidos* in dem für Buch Z relevanten Sinn nicht allgemein ausgesagt wird, heißt Woods zufolge weder, daß auch der Name eines *eidos* nicht allgemein ausgesagt werden kann, noch, daß es unter gar keinen Umständen allgemein ausgesagt werden kann.

Die „relationale" Lösung von Loux und Lewis: Eine bemerkenswerte Lösung für das Problem, wie die These von Z 13 mit der Substantialität des *eidos* vereinbart werden kann, wurde in den Arbeiten von Loux (1991) und Lewis (1991) entwickelt. Auch für diese Erklärungsstrategie spielt die Form-Materie-Prädikation, in der die Form als Prädikat von Materie-Stücken prädiziert wird, eine zentrale Rolle; sie wird insbesondere der Spezies-Prädikation gegenübergestellt, bei der das *eidos* als Art- und nicht als Formbegriff von den konkreten, aus Form und Materie zusammengesetzten Exemplaren ausgesagt wird und die im Gegensatz zur Form-Materie-Prädikation eine An-sich-Aussage darstellt. Entscheidend ist nun, daß „x wird allgemein ausgesagt von y" und „x ist Substanz von y" als zwei verschiedene und sich gegenseitig ausschließende Relationen angesehen werden (vgl. z. B. Lewis 1991, 311). Wenn sich die beiden Relationen ausschließen, dann besagt die These von Z 13 nicht mehr, als daß x, wenn es von y allgemein ausgesagt wird, nicht zugleich die Substanz von y sein kann. Ein und dasselbe kann also sowohl Substanz als auch allgemein sein, nur nicht hinsichtlich desselben Relats. So ist die Form allgemein, insofern sie von mehreren Materie-Paketen ausgesagt wird, aber sie ist nicht die Substanz dieser Materie-Pakete, von denen sie allgemein ausgesagt wird; sie ist die Substanz derjenigen zusammengesetzten Einzeldinge, die Exemplare der entsprechenden Spezies sind, von denen sie aber nicht allgemein ausgesagt wird (vgl. z. B. Loux 1991, 207 ff.).

Richtig ist sicherlich, daß Aristoteles in vielen Zusammenhängen die Allgemeinheit einer Sache davon abhängig macht,
in bezug worauf sie gerade betrachtet wird. Problematisch erscheint dagegen der Versuch, eine strikte Unterscheidung
von *eidos* als Form und *eidos* als Art (wie sie schon von Thomas
von Aquin intendiert wurde) durchzuhalten. Im Vergleich mit
der oben skizzierten Erklärung scheint vor allem die Deutung
der Form-Materie-Prädikation fraglich: Die konkreten Materie-Stücke, von denen die Form ausgesagt werden soll,
können nur als Subjekt bestimmbar sein, wenn sie bereits als
Materie zu dieser und jener Form angesehen werden. Die relationale Erklärung unterstellt daher dem Subjekt der Form-
Materie-Prädikation eine Bestimmtheit, die es erst durch die
Anwendung des Form-Prädikats verliehen bekommt. Es wird
übersehen, daß den betreffenden Materieteilen in der Verbindung mit der Form nur ein potentieller Status zukommt.
Wenn hingegen die Form auf gar kein eigenständig individu-
ierbares Subjekt trifft, dann ist auch die Auffassung hinfällig,
daß die Form von vielem ausgesagt werde und daher allgemein sei.

Impliziert das idion-Argument die Individualität der Formen?
Wie schon in der Einleitung zu diesem Beitrag ausgeführt, er-
regte Z 13 vor allem deswegen Aufmerksamkeit, weil die
Hauptthese dieses Kapitels unmittelbar die Individualität der
Artform[5] zu implizieren scheint. Genaugenommen ist es das
idion-Argument (Abschnitt 2.1), das prima facie eine solche
Interpretation nahezulegen scheint: Wenn Aristoteles dort
sagt, die Substanz sei demjenigen eigentümlich (*idion*), dessen
Substanz sie ist, kann man darin plausiblerweise die These
ausgedrückt sehen, daß das *eidos* „Mensch", wenn es Substanz
eines einzelnen Menschen sein soll, allein diesem einen Menschen zugehörig sein muß und nicht zugleich die Substanz
von weiteren Menschen sein kann (vgl. Frede/Patzig I 52 f.).

5 Zur Verteidigung und Kritik der Individualitätsthese vgl. besonders Lloyd
1981, Frede/Patzig I 48–57, Steinfath 1991, 205–248, 249–333, Loux 1991,
223–235, Bostock 187–190.

Bedenkt man jedoch das allgemeine Beweisziel des Kapitels, wie es sich in den voranstehenden Ausführungen darstellte, dann erscheint diese individualisierende Lesart als unwahrscheinlich: Erstens schien es Aristoteles nicht darauf anzukommen, daß kein Allgemeines Substanz ist (T2), sondern darauf, daß Allgemeinheit kein Merkmal der Substanz ist (T2'''). Zweitens erwies sich die aus den logischen Schriften übernommene Disjunktion von Allgemeinem und Individuellem (T1) als irreführend. Drittens richtete sich die explizite Kritik am Allgemeinen in Z 13 nicht gegen alles, was im syntaktischen Sinn Prädikat mehrerer Subjekte sein kann, sondern nur gegen das Gattungsallgemeine, und zwar gegen dessen eigentümliche Unselbständigkeit (T9–10). Viertens wurde das Allgemeine mit solchen Attributen versehen, die es ausdrücklich dem *eidos* gegenüberstellten (T8), so daß Aristoteles mit der Ablehnung des Allgemeinen gar keine unmittelbare Aussage über den Charakter des *eidos* zu intendieren scheint. Fünftens gab es gute Gründe, das *eidos* nicht zum Allgemeinen oder allgemein Ausgesagten zu zählen (T12–16), ohne dafür dessen Individualität behaupten zu müssen. Und schließlich zeigte der Vorgriff auf Z 15, daß das *eidos*, wenn es denn individuell wäre, zumindest nicht als individuelles definiert werden und so eine wichtige Anforderung an die Substanz nicht erfüllen könnte.

Man wird sich aus diesen Gründen für eine andere Lesart des *idion*-Arguments umsehen müssen: Leitend in der Argumentation von Z 13 ist nicht die Gegenüberstellung von Individuellem und Allgemeinem, sondern die von selbständigen und unselbständigen Bestimmungen. Das ergibt sich etwa aus der Gegenüberstellung von *tode ti* (ein Dieses) und *toionde* (ein So-Beschaffenes) in T8 zusammen mit der für die *Metaphysik* charakteristischen Verwendungsweise von *tode ti* sowie aus der Unselbständigkeit der Gattungen gegenüber den Arten oder Artformen gemäß T10. Dabei meint die „Selbständigkeit" einer Bestimmung kein getrenntes Vorkommen, sondern meint nur, daß die Bestimmung als solche vollständig ist oder daß sie einen vollständigen Gehalt ausdrückt. Im Verhältnis zu den einzelnen Instanzen äußert sich die Vollständigkeit einer Bestimmung F darin, daß es keiner weiteren Be-

stimmung bedarf, um die Instanzen von F zu individuieren,
daß das Sein einer jeden Instanz von F darin besteht, ein F zu
sein und daß sich unter den Instanzen von F infolgedessen
kein Gegenstand einer anderen Art als F findet. Solcherart ist
das Verhältnis etwa des *eidos* „Mensch" zu den einzelnen
Menschen. Dagegen äußert sich die Unvollständigkeit einer
Gattung G darin, daß ihre Instanzen, die Artbestimmungen,
nicht durch G individuiert werden können, insofern die zu einer Gattung gehörigen Differenzierungsmerkmale auf der
Ebene der Gattung noch nicht zur einen oder anderen Art hin
entschieden sind. Unter den Instanzen von G findet sich daher keine Art und kein Gegenstand, deren Sein darin besteht,
ein G zu sein: es gibt Pferde, es gibt Menschen, aber wir können auf keinen Gegenstand zeigen, dessen Sein nur darin bestünde, ein Lebewesen zu sein. Unter den Instanzen von G
befinden sich daher verschiedenartige Gegenstände, so daß G
signifikanterweise in einem unaufhebbar mehrdeutigen Verhältnis zu seinen Instanzen steht.

Daß Aristoteles diesen Unterschied innerhalb der Substanzabhandlung thematisiert, ist naheliegend, weil das
Verhältnis, in dem das Allgemeine im Sinne einer unvoll-
ständigen Bestimmung zu seinen Instanzen steht, ein Ange-
wiesen-Sein auf anderes bedingt, das der uneingeschränkten
Vorrangigkeit der Substanz natürlich im Wege steht. Es liegt
daher die Vermutung nahe, daß mit der *idion*-Anforderung
vollständige Bestimmungen wie das *eidos* von dem nur un-
vollständige Bestimmungen ausdrückenden Allgemeinen
unterschieden werden sollen. Die Aristotelische Formulierung für das *idion*-Kriterium, daß nämlich Substanz demjenigen eigentümlich sei, dessen Substanz sie ist, läßt sich ohne
Schwierigkeit so verstehen, daß sie durch die ein-eindeutige
Relation zwischen einer vollständigen Bestimmung und
ihren Instanzen erfüllt wird („Jede Instanz von ‚Mensch' ist
ein Mensch"):

Die Substanz einer Sache muß dieser Sache eigentümlich
sein, insofern Bestimmungen, die vage genug sind, um verschiedenartige Dinge zu umfassen und in diesem Sinn mehrerem zuzukommen, auch nicht dazu geeignet sind anzugeben, worin das Sein einer Sache (*ti ên einai*) besteht; denn die

Bestimmung „Lebewesen" gibt nicht an, worin das Sein eines
Pferdes oder eines Menschen besteht, Gegenstände jedoch,
die nur Lebewesen, aber nicht Pferd, Mensch usw. sind, gibt
es wie gesagt nicht. Nur vollständige Bestimmungen kommen daher als das *ti ên einai* einer Sache in Betracht, wegen ihrer Vollständigkeit ist aber ausgeschlossen, daß sie auch auf
anderes zutreffen. Weil nach dieser Rekonstruktion das Argument insgesamt keineswegs leugnen soll, daß mehrere Gegenstände unter dieselbe unteilbare Bestimmung fallen können (was nach Z 8, 1034a7–8, *De An.* II 4, 415a3–8 u. a. auch
gar kein Problem darstellt), sondern sich gegen unvollstän-
dige und teilbare Bestimmungen richtet, ist es nur konsequent, auch die Formulierung „Wovon aber die Substanz und
das *ti ên einai* eines ist, das ist auch selbst eines" (1038b14 f.)
im Sinne der begrifflichen Unteilbarkeit[6] zu lesen: Wovon
der Begriff, der das *ti ên einai* angibt, unzerlegbar ist, das ist
selbst eine einzige Artform bzw. das sind selbst Gegenstände
ein und derselben Artform.

Das *idion*-Argument impliziert somit nicht die Individualität der Artform, wenngleich der Wortlaut des entsprechenden Passus die individualisierende Lesart gewiß nicht ausschließt. Es entfällt aber auch der Anlaß, das Argument im
Sinne der Individualitätsthese zu lesen, wenn sich (wie oben
durchgespielt) erstens ein anderes Beweisziel für Kapitel 13
nachweisen und zweitens die Unterscheidung von *eidos* und
kritisiertem Allgemeinen auch ohne Individualitätsthese hinreichend plausibel machen läßt. Außerdem kann dem vielleicht zentralen philosophischen Anliegen, das etwa Frede
und Patzig mit der individualisierenden Interpretation von
Z 13 verbinden, auch auf andere Weise begegnet werden:
Frede und Patzig schreiben über das Kapitel, es stehe jener traditionellen Interpretation entgegen, wonach Aristoteles auch
noch in der *Metaphysik* an der realen Existenz von Arten und
Gattungen festhalte. Auch heute noch versuchten Interpreten
das Kapitel so zu lesen, „als ob Aristoteles nicht rundweg die
Existenz des Allgemeinen bestritte" (II 241; vgl. I 53 f.).

---

6 Vgl. *Met.* Δ 6, 1016a32 f.: „Ferner wird dasjenige eines genannt, wovon der
Begriff, der das *ti ên einai* angibt, unzerlegbar ist ..."

Man kann nun die Beschreibung, daß Aristoteles dem Allgemeinen eine eigene Realität abspricht, der Tendenz nach un-
terschreiben, ohne dafür jedoch bestreiten zu müssen, daß
mehrere Gegenstände ein und dieselbe Artform gemeinsam
haben. Die entscheidende Frage hierbei ist, ob Aristoteles
meint, bereits eine ontologische Verpflichtung für die Realität des Allgemeinen einzugehen, wenn er mehrere Gegenstände ein und dieselbe Artform gemeinsam haben läßt. Weil
Aristoteles klar trennt zwischen der Weise, wie eine Artform
ihre einzelnen Exemplare zu dem macht, was sie sind, und
dem Allgemeinen, dessen Realität sich darauf reduziert, ein
gemeinsames Prädikat mehrerer Gegenstände zu sein, sowie
dem Akzidens, das nur über Realität verfügt, insofern es die
Qualität, die Quantität usw. einer Substanz ist, scheint er
selbst diese Frage eher zu verneinen.

Die Natur einer solchen Artform besteht nämlich, selbst
wenn sie mehreren Individuen gemeinsam ist, keineswegs
darin, nur ein gemeinsames Prädikat zu sein, wie es sich als für
dasjenige Allgemeine kennzeichnend erwiesen hat, dessen
Realität zu Recht bestritten wird. Für die Artform, die erste
Substanz sein soll, ist es gerade typisch, daß jede ihrer Instantiierungen unmittelbar ein selbständiges, individuelles Subjekt für andere Bestimmungen darstellt, so daß sie selbst gar
nicht darauf angewiesen ist, als ein Prädikat von unabhängigen Subjekten vorzukommen. Sie ist stets diejenige Bestimmung eines individuellen Gegenstandes, ohne die es gar nicht
möglich wäre, von einem einzelnen oder einem bestimmten
Gegenstand zu sprechen, und in diesem Sinn in ihrem Beitrag
zur Konstitution dieser Gegenstände aufgeht. Auch als die
gemeinsame Form mehrerer Gegenstände braucht sie deshalb nicht als Allgemeines neben ihren individuellen Instantiierungen vorzukommen.

Anhang: Die Argumentation von Z 14–16

Der nun folgende Ausblick auf die Argumentation von
Z 14–16 hat die Aufgabe zu zeigen, daß sich die zu Kapitel
Z 13 gemachten Aussagen über das allgemeine Beweisziel, das

Aristoteles mit der Formel „Kein Allgemeines ist Substanz"
verfolgt, auch aus dem Argumentationsverlauf der auf Z 13
folgenden Kapiteln erhärten lassen.

Kapitel Z 13 hatte nach kurzer Vorbetrachtung (in Abschnitt 2) darüber, daß das Allgemeine nicht im Sinn des *ti ên
einai* Substanz sein kann, gegen die Substantialität des Gattungsallgemeinen argumentiert. Gemäß der Zusammenfassung von H 1 sollen aber unter dem Titel des Allgemeinen
nicht nur die Gattungen, sondern auch die Ideen zurückgewiesen werden (vgl. T2'); diesem Argumentationsziel wendet
sich Aristoteles in den Kapiteln 14–16 zu. In Kapitel 14 zielt
die Kritik an den Ideen auf die Unvereinbarkeit der Ideenannahme mit der dihairetischen, aus Gattung und spezifischem
Unterschied zusammengesetzten Definition. Wenn nämlich
die Ideen als selbständige Substanzen existieren, dann müßte
die (der Gattung entsprechende) Idee „Lebewesen" in der
Idee „Mensch" und in der Idee „Pferd" entweder numerisch
eine oder numerisch zwei sein (1039a26–28). Beide Alternativen führen jedoch in Schwierigkeiten: Ein und dieselbe
kann sie nicht sein (a33–b6), da es sich ja um getrennt Existierendes handelt und da sie auf diese Weise zugleich an Gegensätzen teilhaben müßte. Aber auch verschieden kann sie
nicht sein (b7–16), unter anderem weil auf diese Weise das
Lebewesen an sich, die Idee des Lebewesens, selbst zu einer
Vielheit würde.

Aristoteles stellt im ersten Satz von Kapitel 14 die zu er-
weisende Unvereinbarkeit von Ideenannahme und dihairetischer Definition als eine Konsequenz aus dem zuvor (also in
Z 13) Gesagten dar. Am ehesten könnte damit die Bemerkung
aus der sogenannten Schlußaporie von Z 13 (Abschnitt 6) gemeint sein, daß die Substanz nicht aus Substanzen zusammengesetzt sein kann, aber in irgendeinem Sinn zusammengesetzt sein muß, um definierbar zu sein. Auf diese Weise
wäre auch klar, warum Aristoteles gerade auf die Unvereinbarkeit von dihairetischer Definition und Ideenannahme abhebt: Als Substanz müßte die Idee definierbar sein und daher
in einem gewissen Sinn Teile aufweisen; insofern die Teile
aber selbst Ideen sind, folgen die in Z 14 aufgezeigten Aporien.

Trotz dieser gemeinsamen Voraussetzungen ist ein ge-
danklicher Fortschritt gegenüber Z 13 gegeben: Dort hatte
sich gezeigt, daß die Unselbständigkeit der Gattung unvereinbar ist mit dem Begriff der Substanz; die entscheidende
Beweisidee bestand darin, daß die Gattung nicht über die für
das *eidos* kennzeichnende Selbständigkeit und Bestimmtheit
verfügt. Dagegen wird bei dem in der Weise einer Idee Allgemeinen unmittelbar durch den Begriff der Idee impliziert,
daß es sich um eine selbständig existierende Entität handelt.
Daß Aristoteles dabei die Selbständigkeit der Idee nicht als
Selbständigkeit der Definition nach, sondern als die Selbständigkeit getrennt voneinander existierender Einzelsubstanzen auffaßt, wird etwa deutlich, wenn er in Z 14 gegen die
Annahme argumentiert, ein und dieselbe Idee könne nicht in
zwei unabhängig existierenden anderen Ideen vorkommen.
Dieser Status der Idee als eines selbständigen Einzeldings bedingt dann auch in Kapitel 14 die Unvereinbarkeit mit der dihairetischen Definition.

Auch in Kapitel Z 15 bleibt das durch die Schlußaporie von
Kapitel 13 vorgegebene Thema bestimmend: Aristoteles
zeigt, daß das Einzelne als solches (aus Gründen, die uns bereits oben beschäftigten) nicht definiert werden kann; dabei
bezieht er sich in einem ersten Abschnitt auf vergängliche,
wahrnehmbare Einzeldinge (1039b20–40a7), im zweiten
Schritt auf (unvergängliche) Ideen (a8–27) und im dritten
Schritt auf bestimmte singuläre und unvergängliche Gestirne
(40a27–b4). Wenn das vorrangige Ziel dieses Kapitels die
Kritik an den Ideen ist, dann scheint es erstaunlich, daß Aristoteles dafür zuerst auf die vergänglichen Einzeldinge ein-
geht, zumal der Grund für die Undefinierbarkeit beim Übergang vom ersten zum zweiten Schritt wechselt, insofern ja die
Ideen nicht wegen ihrer Vergänglichkeit undefinierbar sind.
Möglicherweise ist der argumentative Aufbau von Kapitel 15
daher folgendermaßen zu verstehen: Aristoteles möchte
durch den Übergang vom vergänglichen zum unvergänglichen Bereich deutlich machen, daß es nicht die Vergänglichkeit allein ist, die die (bereits bekannte) Undefinierbarkeit der
wahrnehmbaren Einzeldinge bedingt, so daß das Argument
der Undefinierbarkeit auch auf Unvergängliches angewandt

werden kann, das wie die Ideen nach dem Vorbild selbständiger Einzeldinge konstruiert wird.

Nachdem Aristoteles schon im ersten Teil von Z 15 den unmodifizierten Anspruch der wahrnehmbaren Einzeldinge, Substanz zu sein, zurückgewiesen hatte, greift er im ersten Abschnitt (1040b5–16) von Z 16 erneut auf den Katalog allgemein anerkannter (endoxischer) Substanzen aus Δ 8, Z 2 und H 1 zurück, um jetzt den Teilen und Elementen der konkreten Dinge den Substanzcharakter abzusprechen, weil diese nur dem Vermögen nach seien und ihnen daher die nötige Einheit abgehe. Der Zusammenhang mit dem Vorangehenden und mit dem zweiten Teil des Kapitels ist nicht ohne weiteres klar. Vermutlich versteht Aristoteles seine Kritik an den Teilen des Konkreten als Einzelfall des Grundsatzes, daß keine Substanz aus wirklichen Substanzen zusammengesetzt sein kann. Dieser Grundsatz, den Aristoteles bei seinem knappen Resümee der Kapitel 13–16 eigens wiederholt (16, 1041a4–6), ist aufs engste mit der Kritik am Allgemeinen verbunden (wie schon in Abschnitt 5 und in der Schlußaporie von Z 13 deutlich wurde), da sich das Allgemeine bestenfalls als Bestandteil der Wesensdefinition zur Substanz eignet.

Wenn Aristoteles schließlich im zweiten Teil von Z 16 (1040b16–27) die Substantialität des Einen und des Seienden als der gewissermaßen allgemeinsten Gattungen bestreitet, wird klar, daß er seinem Kontrahenten die in T2" und T2'" formulierte Logik unterstellt, wonach die Allgemeinheit als Merkmal der Substanz letztlich auf das Allgemeinste als Inbegriff des eigentlich und uneingeschränkt Seienden führen muß.

Literatur

Albritton, R. 1957, Forms of Particular Substances in Aristotle's Metaphysics, in: Journal of Philosophy 54, 699–708.

Code, A. 1978, No Universal is a Substance; an Interpretation of Met. Z 13, 1038b8–15, in: Paideia 7, 65–76.

– 1984, The Aporematic Approach to Primary Being in Metaphysics Z, in: Canadian Journal of Philosophy, Supplementary Volume 10, 1–20.

Creswell, M. J. 1975, What is Aristotle's Theory of Universals, in: Australian Journal of Philosophy 53, 238–247.

Elugardo, R. 1975, M. Woods on Metaphysics Zeta, Chapter 13, in: Apeiron 9, 30–42.

Engmann, J. 1978, Aristotelian Universals, in: Classical Philology 73, 17–23.

Frede, M. 1987a, Substance in Aristotle's Metaphysics in: ders., Essays in Ancient Philosophy, Oxford, 72–80.

Heinaman, R. 1980, An Argument in Metaphysics Z 13, in: Classical Quarterly 30, 72–85.

Hughes, G. J. 1979, Universals as Potential Substances: The Interpretation of Metaphysics Z 13, in: M. Burnyeat (Hrsg.), Notes on Book Z of Aristotle's Metaphysics, 107–126.

Irwin, T. 1988, Aristotle's First Principles, Oxford.

Kung, J. 1981, Aristotle on Thises, Suches, and the Third Man Argument, in: Phronesis 26, 207–247.

Lear, J. 1988, Aristotle, The Desire to Understand, Cambridge.

Lesher, J. 1971, Aristotle on Form, Substance and Universal: A Dilemma, in: Phronesis 16 (1971), 169–178.

Lewis, F. A. 1985, Plato's Third Man Argument and the 'Platonism' of Aristotle, in: J. Bogen/J. E. McGuire (Hrsg.), How Things Are, Dordrecht, 133–174.

– 1991, Substance and Predication in Aristotle, Cambridge.

Lloyd, A. C. 1981, Form and Universal in Aristotle, Liverpool.

Loux, M. 1979, Forms, Species and Predication in Metaphysics Z, H and Θ, in: Mind 88, 1–23.

– 1991, Primary OUSIA. An Essay on Aristotle's Metaphysics Z and H, Ithaca.

Modrak, D. K. 1979, Forms, Types and Tokens in Aristotle's Metaphysics, in: Journal of the History of Philosophy 17, 371–384.

Rapp, Ch. 1995, Allgemeines konkret, in: Philosophisches Jahrbuch 102, 83–100.

Sellars, W. 1957, Substance and Form in Aristotle, in: Journal of Philosophy 54, 688–699.

Steinfath, H. 1991, Selbständigkeit und Einfachheit. Zur Substanztheorie des Aristoteles, Frankfurt a. M.

Teloh, H. 1979a, The Universal in Aristotle, in: Apeiron 13, 77–89.

– 1979b, Aristotle's Metaphysics Z 13, in: Canadian Journal of Philosophy 9, 70–78.

Witt, Ch. E. 1989, Substance and Essence in Aristotle. An Interpretation of Metaphysics VII–IX, Ithaca/London.

Woods, M., Problems in Met. Z, Chapter 13, in: Moravcsic (Hrsg.), Aristotle. A Collection of Critical Essays, London 1968.

– 1991, Universals and Particular Forms in Aristotle's Metaphysics, in: Oxford Studies in Ancient Philosophy, Supplementary Volume: Aristotle and the Later Tradition, 41–56.

7

Donald Morrison

Substance as Cause: *Metaphysics* Z 17

The seventeenth chapter of the seventh book of Aristotle's *Metaphysics* has the appearance of an independent treatise on substance. Making "as if a new beginning" (1041a7) from the idea that substance is a cause and principle, the chapter reasons to the conclusions that substance is form and that form is a principle. The argument of the chapter is limited to sensible or material objects, which are composites of matter and form. Aristotle suggests that the results of the chapter will be helpful in answering the question, "What is substance?" also for the higher and more important case of immaterial substances, but he does not say how.

The question of this chapter (as of *Met.* Z as a whole) is, "What is substance, and what is it like"? To understand the chapter, one must first understand this question. Unfortunately, this is a very difficult question to understand; and we in our philosophical culture are still far from being able to ask this question with a clear and vivid sense of what it meant to Plato and Aristotle.

Nonetheless a few elementary considerations can help avoid misunderstandings, and can help make sense of the initially very puzzling connection in Aristotle's thought between substance and cause. The Greek word typically translated as "substance" is *ousia*. "Substance" has the connotation in modern philosophy of "thing", "object". This connotation is not entirely absent in Aristotle's usage, but the primary connotation of the word is rather different. *Ousia* is a nominalization of the participle of the verb "to be". A grammatically revealing translation into English might be "Beingness", or into German "Seiend-heit". The philosophically misleading translation "substance" (Latin: *substantia*) gained ground in late antiquity as the Latin Fathers cast about in Greek philosophy for help in solving problems in the metaphysics of the Trinity. But even Boethius recognized that the accurate translation of *ousia* into Latin is *essentia*. In translating *ousia*, the term "essence" is less misleading for modern readers than "substance" (though it too has its dangers). For both Plato and Aristotle, metaphysics has its roots in the Socratic question, "What is X?" ("What is justice?" "What is man?"). The answer to this question expresses what-X-is, its being, its essence. And according to both Plato and Aristotle, this is its *ousia*.

In the rest of this essay, I shall however bend to the heavy weight of tradition and translate *ousia* by the word "substance".

Ousia in classical Greek philosophy is an honorific term for "being". Plato called his Forms *ousiai*, in contrast with the sensible beings which are less real, less true, less purely being and more contaminated with non-being. For Aristotle, too, *ousiai* are primary beings and more real than what are not *ousiai*. Aristotle's theory of substance implies a theory of degrees of being. (This claim is controversial. For more on degrees of being, see Morrison 1993a and 1991.)

Why Aristotle's *Metaphysics* should be concerned with first principles and causes is relatively easy to understand. For as the very first chapter of the *Metaphysics* tells us, the subject of the book is wisdom, and wisdom is commonly acknowledged to reside in the knowledge of first principles and causes. The science that we call "metaphysics" is called by Aristotle "first philosophy", and this is simply knowledge of the ultimate explanations of things, i.e., knowledge of first principles and causes.

Very much less obvious is why the science of wisdom should coincide with, or even include, the study of substance. That wisdom is the same as the science of being in one sense follows from the fact that wisdom is not only ultimate but also comprehensive: wisdom is science of the first principles and causes of *all beings*, and hence (in that sense) of *being*. But Aristotle thinks that wisdom is, or at least includes, the science of being in a stronger sense. As he claims at the beginning of *Metaphysics* E: "We are seeking the principles and causes of beings, and obviously of them *qua* being" (1025b 3–4). Wisdom is a complete and ultimate understanding of things, and no one can have a complete and ultimate understanding of things without being able to fully explain what things are, and why they are what they are.

This feature of wisdom reveals its inherent concern with substance. For the substance – *ousia* – of something is what makes it what it is. And to be a substance – an *ousia* – is to be a principle and cause of being. Plato's Forms merit the honorific appellation *ousia* because (1) their being is unchanging, perfect, and true; and (2) they are the cause of being for whatever participates in them. In Plato's mind, these two facts have a reciprocal connection. Because the Forms' being is perfect and true, they can serve as the source of being for what participates in them; and since they are the source of being for the participants, their being must be more perfect and true than the lesser being which they cause. Aristotle's conception of *ousia* is not essentially different from Plato's. The dramatic differences in their doctrines result primarily from the fact that Aristotle, unlike Plato, insists that the cause of being of a thing cannot be separate from that of whose being it is the cause.

On Aristotle's view (unlike Plato's) 'being' and 'unity' indicate the same underlying feature of things. (For a defense of this thesis, see Morrison 1993b.) Common-sense material objects like an individual man and an individual horse are 'one', are unities, in a very strong sense (*Met. Δ* 6, 1016a1–9, I 1, 1052a15–1052b1). Therefore they are also beings in a strong sense, and deserve to be called *ousiai*. But these common-sense material objects are themselves made up of and contain a large number of beings: spatial parts, chemical constituents, and a whole host of essential and accidental properties. On Aristotle's view, each common-sense material object owes its unity and its being to a single indwelling principle. This single indwelling principle is the cause of the being and unity of the material *ousia*. It therefore has a higher degree of being and unity than the material *ousia*, and is a prior *ousia* and merits the title "*ousia*" to a higher degree. This indwelling principle of being and unity is called by Aristotle the *to ti ên einai* or *eidos*, traditionally translated into English as "essence" and "form".

Against the background of the foregoing remarks, a basic line of argument underlying *Metaphysics* Z 17 can be stated very simply. Substance – *ousia* – is cause and principle of being. In the case of material objects, the cause and principle of their being is the form. Therefore in the case of material objects, substance is form.

Surprisingly, nowhere in Z 17 does Aristotle give an explicit answer to his opening question. Nonetheless it is possible to discern an implicit answer. To the first half of his opening question, "What is substance?" Aristotle's answer in Z 17 is: "Substance is form." To the other half, "What is substance like?", his answer is, "Substance is a principle of being."

The text of the chapter falls into two parts, corresponding to the two halves of the opening question. The first part (1041a10–1041b9), is devoted to the thesis that substance is form. This part can be usefully divided in turn into two sections. The first (1) contains a discussion of the proper form of "Why?" questions (1041a10–1041b7); the second (2) draws from this the conclusion that substance is form (1041b7–9). The second major division of the chapter is devoted to (3) the thesis that form is a principle (1041b11–1041b33). Near the end of this part, Aristotle includes as a kind of afterthought or digression a remark (4) that only objects which are constituted by nature are substances (1041b28–29).

The rest of this essay will take up these four sections of text in turn, and then return to the beginning of the chapter (1041a7–9) in an attempt to speculate how the results of Z 17 are meant to shed light on separate immaterial substance.

The form of "Why?" questions

Immediately after saying that substance is a principle and cause at 1041a10, Aristotle launches into an extended discussion of the proper form of "why?" questions. This discussion has two parts. First he argues that "why?" questions must always have the form, "Why does one thing belong to another?" (1041a10–b4). Then he argues that in the case of the being of material objects this question must have the more precise form, "Why does this belong to the matter?", or "Why are these materials this?" (1041b4–9).

Aristotle's claim that "Why?" questions must always have the form, "Why does one thing belong to another?", i.e., "Why is X, Y?", is implausible. He denies that there is a point to inquiring why a thing is itself, i.e. "Why is X, X?" But the question "Why is a man a man?" does seem to be a very good question. This question has the sense, "What is it about a human being that makes it a human being?", which is a perfectly sensible and important question. In fact, the answer to this question will be a statement of the human essence. So the question, "Why is a man a man?" seems to be equivalent to the question, "What is man?" which is an example of the classic Socratic "What is X?" question. Aristotle recognizes that answers to the classic "What is X?" question provide the basis for all scientific knowledge. So what is Aristotle's objection to "Why is X, X"?

Part of what bothers Aristotle is that statements of the form "X is X" appear trivially true: they are tautologies. He believes that such questions are meaningful, but they cannot be the basis of an "inquiry", because they are too easy to answer. One answer which Aristotle claims can be given universally to all questions of this type is, "Each thing is itself" (1041a16). If one wishes, he admits, a longer answer could be given, e.g. "Each thing is indivisible from itself," since this is "what it is to be one" for each thing (1041a18–20).

However, the second answer is not as trivial as Aristotle pretends. This answer, that each thing is indivisible from itself, relies on a doctrine stated by Aristotle at *Metaphysics* I 1 1052b16, that the essence of unity is indivisibility. Given this doctrine, "X is indivisible from itself" is indeed a universally valid answer to the question, "Why is X, X?" But as Aristotle explains in *Metaphysics* I 2 and also in Δ 6, indivisibility comes in many different kinds. To the answer, "X is X because it is indivisible from itself," it makes sense to respond, "Yes, but *exactly* what sort of indivisibility does X have from itself?" So the universal availability of this answer does not imply that there is no room for meaningful inquiry.

Aristotle's argument against "Why is X, X?" questions is therefore not very convincing. Despite this, one may discern a defensible claim underlying his remarks. In order for a question to be sensibly asked and inquired into, there must be, phenomenologically, something that is clear to the inquirer, and something that is unclear. What is clear to the inquirer must be sufficient to successfully identify what is being asked about, and what is unclear will be the information sought.

In the second part of his discussion of the proper form of "Why?" questions (1041b4–9), Aristotle argues that in the case of material objects this question must have the form, "Why is the matter this?", where the sought-for answer is the form or essence. Aristotle has prepared the way for this argument by his earlier choice of examples: "Why does it thunder=Why does noise occur in the clouds?" (1041a24–25) and "Why are these bricks and stones a house?" (1041a27). These are examples of asking "Why is the matter this?"[1]

Aristotle cannot mean that we must already know the matter in order to sensibly ask what a thing is. Scientific knowledge of the matter of a natural substance is just as difficult to acquire, or nearly so, as knowledge of its form or essence. Surely we can inquire into the essence, without already having precise knowledge of the matter.

More probably, what Aristotle means is that in order to ask, "What is X?" in a way that is equivalent to asking, "What is the indwelling principle in X which is the cause of X's being

---

1 The examples of thunder and the eclipse (1041a16) are prominent in *An. post.* II 2 and II 8, where Aristotle argues that the questions, "What is X?" and "Why is X?" are the same. *Met.* Z 17 draws upon the doctrine of *An. post.* II 2 for aid in the analysis of substance.

X?", one needs to have some grasp of or way of referring to that part or those aspects of X (my formulation here is deliberately vague) which are *different from* the indwelling cause of being, and are that component of X which is *caused* by the indwelling principle to *be* or *become* X. Aristotle's term for the component of a material object which is complementary to the indwelling principle of being, and is caused by that principle to be (a component of) the object that it is, is "matter". The matter of a material object is what precedes the coming-into-being of the object and survives its destruction: it is what is "made into" that object by the form. Aristotle believes, plausibly, that unless we have some way of referring to and picking out that aspect or component of the object which is *not* the form, i.e. is not the cause but what is caused, we will not make very good progress in specifying its complement, i.e. the cause of being or form.

And certainly, what Aristotle believes is that we cannot correctly *answer* the question "What is the cause of being of X?" without being in a position to specify that *this* form causes *that* matter to be X. It is impossible to have knowledge of the cause of being, the form, without having a pretty good grasp of the nature of its complement, the matter. Since Aristotle thinks that a full expression of our knowledge of the answer to the "What is X?" question has the form "This form causes that matter to be X," it is not unreasonable for him to think that the proper or best way to pose the question is in the form, "Why is this matter X?" This is true, even if it is incorrect or an exaggeration for him to suggest that having the question posed in this form is the only way for the inquiry to get started.

First conclusion: substance is form

I have claimed that Aristotle's answer in Z 17 to the question, "What is substance?" is, "Substance is form." The concluding lines of this section of text certainly suggest that this interpretation is correct. Aristotle says: "So what is sought is the cause by which the matter is X, [and this is the form]. And this is *ousia*" (1041b7–9).

However, the stretch of text containing the explicit reference to form (marked off by brackets in the translation) has been doubted, on reasonable but not conclusive grounds, by a number of important scholars. (For discussion, see Frede/Patzig *ad loc.*) What is worse, the only explicit reference to essence (*to ti ên einai*) in the chapter,[2] at 1041a28, has also been rejected, starting at least as far back as pseudo-Alexander of Aphrodisias. (For discussion, see Ross, Bostock, and Frede/Patzig *ad loc.*) It is difficult to claim that Aristotle means to provide an argument for a conclusion whose subject-term – form or essence – nowhere appears in the text.

On the other hand, the passage just quoted does unquestionably express the conclusion that the cause by which the matter is what it is, is *ousia*. And even if Aristotle does not here say that this cause is essence or form, clearly that is his opinion.

From what is this conclusion supposed to follow? That "what is sought is the cause by which the matter is X" is obviously meant to follow from Aristotle's argument in the immediately preceding section of text, 1041b4–7. But what about the addition "And this is *ousia*"? Is this intended by Aristotle also to follow from what has already been said? Or is this a further comment about the cause of being, one which Aristotle expects to be obvious enough that he does not have to state the hidden premise from which it would explicitly follow?

The first alternative can be ruled out on the grounds that nowhere in the extended discussion of the form of "why" questions, 1041a10–b7, does Aristotle even use the term *ousia*. So no conclusion involving this term can follow directly from that discussion. The comment that "this is *ousia*" must therefore be justified in some other way, one which is obvious enough that Aristotle did not feel required to state it explicitly. What could this be? My (necessarily speculative) suggestion is that Aristotle's hidden premise is "the cause of being is *ousia*", and that Aristotle felt comfortable omitting this premise because, as I suggested earlier, the conception of *ousia* as

---

2 1041b6 does, however, contain a particular example that is expressed in Aristotle's typical language for essence: "what it is to be a house".

cause of being is so deeply rooted in Plato's and Aristotle's philosophizing that for them it was virtually a conceptual truth. (I say only "virtually" a conceptual truth, because *ousia* also meant "what has an especially high degree of being", and both Plato and Aristotle recognized that the principle that the cause of being is superior, qua being, to what it causes, is a very substantive claim. Nonetheless both of them employed this principle as an armature of their metaphysical thinking.)

Where does this leave us? Aristotle begins Z 17 announcing that he will make a new beginning in the effort to determine "What is substance?" Yet what we seem to have learned is that, after some preliminary ground-clearing about the form of "why" questions, Aristotle's crucial argument for his answer to the question, "What is substance?" depends on a suppressed premise which he took as obvious. This is not a very flattering conclusion concerning the construction and organization of this chapter. However, it is one more illustration of the pervasive truth that Aristotle, although a very great philosopher, often failed to attain the standards of clarity and precision in exposition that modern university professors demand of their undergraduates.

Second conclusion: form is a principle

After a short remark concerning inquiry into simples (to which I shall return), at 1041b11 Aristotle abruptly lauches into a discussion of the principles and elements of wholes. This discussion continues to the end of the chapter. If the central books of the *Metaphysics* were indeed put together in their present form by Aristotle himself, then this discussion is meant to be preliminary to *Metaphysics* H 2–3, where this topic is taken up again in more detail.

This discussion is cast in the form of an argument for an existence claim. The stretch of text from 1041b11–25 presents an argument (or connected series of arguments) for the conclusion (1041b25–27) that in genuine wholes *there is* something over and above the elements, which causes them to be the whole that they are. Let us divide this conclusion into two parts: (1) in genuine wholes there is something, i.e. a principle, over and above the constituent elements; and (2) this principle is the cause of being for that whole.

In this section of Z 17 Aristotle appears to argue for the first part of the conclusion. But this appearance is deceptive. Here in Z 17 Aristotle takes for granted, rather than proves, that genuine wholes exist. And that genuine wholes contain something, i.e. a principle, over and above the constituent elements is true by definition for Aristotle: that is what it is to be a genuine whole ("what is not like a heap but like a syllable" 1041b11–12).[3]

Aristotle says at 1041b14–15 that in the case of a genuine unity or whole, when the elements are separated from each other the whole is destroyed, but the elements are not (1041b14–15). This may seem to give an independent criterion of whether a whole is genuine or not. But this criterion fails. At least some pseudo-unities meet this test (this is what makes them "pseudo-"): when the grains of sand in a heap are separated so that each lies one centimeter from its nearest neighbor, the "heap" no longer exists.

Genuine wholes cannot be distinguished from pseudo-wholes by this criterion. What is needed to distinguish genuine wholes from pseudo-wholes is a substantive theory of per-se unities of the sort that Aristotle sketches in *Metaphysics* I 1. A genuine whole is one in which the object *really is* something over and above the elements. ("Elements" are understood here as the primary constitutents which survive dissolution. For the sense in which elements are primary, see Δ 3.) To know whether an object is a genuine whole or not, you must determine whether it is united by a genuine principle of unity, or a merely apparent one.

At 1041b20–22 Aristotle gives a regress argument for the conclusion that the "principle" in a genuine whole cannot itself be an element. He suggests that if the principle P_1 is an element, along with (say) elements E_1 and E_2, then we need to

---

3 For the Platonic background to this passage, see the discussion of letters and syllables at *Theaetetus* 201e–206b. For more on Aristotle's notion of "whole", see *Met.* Δ 26 and I 1.

search for a further principle P_2, which unites the elements P_1, E_1 and E_2 into a genuine whole. This argument is sound, but unnecessary. A shorter and more direct argument for the same conclusion would have been: if the principle P_1 is an element, so that the object is made up entirely of elements (e.g. P_1, E_1, and E_2) then the object is *by definition* not a genuine whole at all, but a heap.

At 1041b22-24 Aristotle argues that the principle cannot be composed out of either (1) one element or (2) more than one element. If what Aristotle means here is that the principle cannot be *nothing but* one or more elements (i.e., items which would survive the dissolution of the whole), his conclusion once again follows from the definition of genuine whole. If the "principle" contributes nothing to the object but additional elements, then the object is nothing but a collection of elements, and thus it is not a genuine whole.

However, Aristotle may intend to rule out a more sophisticated possibility. What if someone were to argue that, at least in some cases, the principle P_1 is itself a genuine whole, made up of an element or elements together with a further principle, P_2. In such cases, the principle P_2 will be the cause of being which makes P_1 what it is, and P_1 will be the cause of being which makes the original material object what it is.

Judging from what Aristotle says elsewhere, this more sophisticated possibility should be perfectly acceptable to him. That the form (i.e. the principle of unity) should itself have parts, and that some of these parts might be matter in relation to another part which plays the role of principle and form, is a possibility that Aristotle entertains in Z 10 and again in H 6. What Aristotle insists on, however, is that the process of hylomorphic analysis of principles into higher principles must stop somewhere. Ultimately there must be a simple, unanalyzable principle which stops the regress, and is the source of being and unity for the whole. (Aristotle does think that this occurs only one or two steps up.) Perhaps Aristotle's use of regress argument at 1041b22–24 is not meant to prevent any regress from getting started, but only to insist that whatever regress gets started must end.

The second part of Aristotle's conclusion at 1041b25–27 is that the principle (as contrasted with the elements) is what causes them to be the whole that they are. Aristotle does not give an explicit argument for this part of the conclusion. Although a deeper and more adequate explanation might be sought in *Metaphysics* H 2 and I 1 (where Aristotle gives a more detailed discussion of principles of unity), a simple argument for the conclusion can be provided on the basis of what is implicit in Z 17. A genuine whole consists of a principle and elements. By definition, the elements survive the dissolution of the object. So if any element or combination of the elements were the principle of being of the object, the object should continue to exist as long as that element or combination of elements continues to exist. But this contradicts the definition of element. By contrast, the principle is the constituent ("part" in an extended sense of "part") of the object which comes to be present in the elements simultaneously with the coming-into-existence of the object, and which passes away when the object does. Therefore it, and not the elements, must be the cause of being.

Afterthought: Natural substances and natures

As a kind of afterthought or appendix to his main argument, at 1041b28–29 Aristotle asserts that only objects which are constituted by nature are substances. This statement is puzzling in several respects.

At *Metaphysics* Λ 3, 1070a5 Aristotle expressly includes non-natural objects as substances, whereas here and at H 2, 1043a4–5 and H 3, 1043b21–22 he excludes them. Probably this was a complicated issue for Aristotle, on which he had difficulty making up his mind.

Clearly, Aristotle intends here to reject the common-sense tendency to regard artifacts (such as beds and buggies) and body parts (such as heads and hands) as substances. Less clear is whether Aristotle means to restrict the class of substances only to living things, or whether stuffs like fire, earth, bronze and flesh are still included, since they are "natural" and have natures. The language of the present passage suggests that such stuffs do count as substances, whereas Aristotle's discussion in H 2 implies the opposite.

The thesis that only living things are substances faces a decisive philosophical objection. From that thesis it follows that there are large portions of the world which are outside of any substance, namely all those portions which are not part of some living thing. If those portions of the world are devoid of substance, then in those portions of the world there is nothing for properties and attributes – "accidents" in Aristotle's language – to inhere in. But a deep and defensible feature of Aristotle's metaphysics (built into the scheme of the *Categories*) is the view that free-floating accidents are impossible. Earth, air, bronze and granite must be counted as substances, in order for their attributes to have something to inhere in. This objection does not affect the decision not to count artifacts as substances. For the stuffs (or portions of stuff – which is the better formulation is a problem I pass by) which make up the artifacts are available to serve as the underlying substances in each case. But if Aristotle in this passage did mean to exclude everything but living things from the class of substances, he was making a mistake.

A final puzzling feature is that the sentence at 1041b27–31 appears self-contradictory, and to contradict the overall argument of the chapter. The question of the chapter is, "What is substance?" In this sentence Aristotle says that natural objects are substance, and also that the *natures*, the indwelling principles which cause these natural objects to be what they are, are substance. Well, which is it? In answer to the question, "What is substance?" should we answer, "Natural objects are substance," or should we answer, "The natures of natural objects are substance"? The overall argument of the chapter favors the second answer, but in this sentence Aristotle surprisingly seems to give both answers at once.

An obvious way to resolve this problem is to interpret Aristotle as meaning that natural objects are substance, but the natures of natural objects are substance in a different way and to a higher degree. The natures of natural objects are primary substance, relative to the natural objects themselves. (By implication, natural objects would be secondary substances, although Aristotle uses this language in the *Categories* and not in the *Metaphysics*.) After all, Aristotle's view is that of the three candidates for substratum in Z 3, matter, form, and composite, two of them, matter and composite, are substance in a way, even though form is primary substance. If the "natural objects" in this sentence are taken to be instances of the "composite" of Z 3, then to say that they are substances in a way, although the form=nature is substance to a higher degree, seems consistent with the overall argument of Z and H.

Immaterial substance

Finally, let us return to the beginning of the chapter and ask, how are the results of this inquiry into sensible or material substance supposed to help clarify imperceptible or immaterial substance? At first glance the prospects seem poor. What we are told in this chapter is that in the case of material objects, substance is the indwelling principle which makes the matter what it is. Since immaterial objects are precisely those in which this causal mechanism does not operate, the analysis given in Z 17 would seem to be irrelevant to their case.

Perhaps the solution is that the analysis of material objects is supposed to clarify immaterial substance, not by extension, but by contrast. In this chapter, Aristotle argues that whenever an object contains within it a distinction between matter and form, the form is a prior cause and higher substance, as compared to the composite object. Notice the possibility of a regress: if this form is itself a compound of matter and form, the "form of the form" will be a prior cause and higher substance, as compared to the original form. (The argument at 1041b19–25 is aimed at ruling this out.) Immaterial objects do not contain within themselves a distinction between matter and form, and so they have no distinguishable indwelling principle of being which causes them to be what they are. In contrast to material objects, immaterial substances have no higher substance prior to them. Immaterial substances are immediately what they are, and therefore they are primary substances.[4]

Literature

Morrison, D. 1987, The Evidence for Degrees of Being in Aristotle, in: Classical Quarterly 37, 382–402.

– 1993a, Aristotle's Theory of Degrees of Being, in: F. Berger et al. (eds.), Symbolae Berolinenses für Dieter Harlfinger, Amsterdam, 95–115.

– 1993b, "The Place of Unity in Aristotle's Metaphysical Project", in: Proceedings of the Boston Area Colloquium in Ancient Philosophy, Vol. IX, 131–156.

Scaltsas, T./Charles, D./Gill, M. L. (eds.) 1994, Unity, Identity, and Explanation in Aristotle's Metaphysics, Oxford, Chaps. 4–6.

Tugendhat, E. 1958, [4]1988 Ti kata tinos, Freiburg/München, Chap. IV.

Witt, C. 1989, Substance and Essence in Aristotle. Ithaca, NY, Chap. 4, sect. 3.

---

4 Because of this, as Aristotle mentions at 1041b9–11, inquiry and teaching concerning these substances must proceed differently. He will discuss this form of cognition later, in Θ 10.

8

Mary Louise Gill

Metaphysics H 1–5 on Perceptible Substances

Metaphysics Z and H constitute a unit, but readers often turn directly from Z 17 to H 6, looking to H 1–5 only for scattered insights into Z and H 6. For instance, H 1 contains a summary of Z which is regularly used to clarify the contours of the original Z and to supplement its argument; a claim later in H 1, that matter is potentially but not actually a this (*tode ti*), is regarded as evidence for the nature of matter in Z 3; and claims in the same passage about the ways in which form and the compound are separate are taken to illuminate the notion of separation in Z 3. Although mining H in this way is no doubt a useful enterprise, there is a pressing need for an investigation of H 1–5 in their own right. What is the project of these largely neglected chapters? How do they relate to the argument of Z and prepare the way for H 6?

The Project of H

H 1 begins with a summary of Z to which we shall return. The main discussion of H, directly following the summary, opens with the following statement:

> Now let us proceed to the agreed substances. These are the perceptible substances. And all perceptible substances have matter. (1042a24–26)

If we observe Aristotle's signposts in H, it becomes evident that this statement describes the focus of at least the first five chapters, and perhaps of the whole book.

The remainder of H 1 discusses the notion of subjecthood and the sense in which matter is substance. H 2 then opens with the claim that, "Since substance as subject and matter is agreed, it remains to say what the substance of perceptible substances as actuality is" (1042b9–11). In this chapter Aristotle argues that the actuality or form is the cause of being for perceptible substance (1043a3–4), and he claims that this actuality is predicated of the matter (1043a5–6). He discusses three ways to define composite substances, and ends the chapter with the following claim: "it is apparent from what has been said what perceptible substance is and how; for the substance exists in one way as matter, in another way as shape and actuality; and the third substance is the substance from these" (1043a26–28). Thus the first two chapters of *Metaphysics* H analyze perceptible substances by investigating their matter as subject and their form as cause of their being.

H 3 seems more like a collection of notes than a coherently organized chapter,[1] but here too we find clues to the main project. There is a curious clash between the architectonic and the content of the chapter. H 3 opens with some remarks about the ambiguity of terms like "house" and "living thing" which can apply both to the composite and to the actuality or form (1043a29–b4). In the midst of this discussion Aristotle dismisses a comment he has just made as irrelevant to the investigation of perceptible substance (1043a38–b1) – an indication that he regards the investigation of perceptible substance as his central topic. The chapter also ends with a statement that the preceding discussion concerned the generation and destruction of things called substances, how generation and destruction are possible and how they are not, and the resolution of things into number (1044a11–14). In fact, only one section of H 3 bears on the topic of generation and destruc-

---

1 Ross II 231, describes H 3 as "a collection of ill-connected remarks on various topics relating to essence and definition".

tion (1043b14–23), and most editors and translators put the entire passage in parentheses, because it breaks the flow of the surrounding discussion of essence and definition.[2]

The fact that the signposts in H 3 conflict with the main content of the chapter, and that the chapter itself lacks a coherent structure, suggests that H 3 as it stands is not in its final form, and perhaps not even intended as a single discussion in this location. If this observation is correct, scholars are justified in treating the chapter as a text to be mined for insights into other passages in Z and H. But the justification for treating H 3 in this way does not sanction a similar treatment of the rest of H 1–5.

H 4 and 5 plainly address Aristotle's main topic. H 4 treats matter as one of the four causes, and discusses it both as a constituent into which a composite substance is analyzed and as a preexisting stuff from which a composite is generated. H 5 then argues that only things subject to generation have matter, and proceeds to explain the role of matter in the destruction of composite substances.

This survey confirms that the main project of H is the investigation of perceptible substances, and of the role of matter and form in their generation, constitution, and definition. I have said nothing about H 6, because the aim of this final chapter is controversial and the subject of a separate chapter in the present volume. But let me say this much. If the rest of H is primarily devoted to perceptible substances, this should strengthen the hand of those who would argue that perceptible substances are also the primary topic of H 6.

The Summary of *Metaphysics* Z in H 1

The summary at the beginning of H 1 is odd in many respects. For the most part it ignores Z's conclusions and merely charts

---

2 The conclusion about generation and destruction would probably be better placed at the end of H 5, which is wholly devoted to that topic and repeats some of the material contained in the passage on generation and destruction in H 3.

its route. The summary also neglects a number of important topics, and adds one point that Z skipped.[3]

The first section of the summary makes the following statement:

It has been said that we are seeking the causes and principles and elements of substances. (1042a4–6)

Ross claims that this statement refers roughly to Z 1 (II 226), but Z 1 said nothing about the causes, principles, and elements of substances. Later we shall reassess the significance of this first section.

The second section is by far the longest in the summary. Aristotle spends six and a half lines (1042a6–12) enumerating the various candidates for substance from Z 2, some of which everyone agrees on, including the natural bodies, such as fire, earth, water, and air, plants and animals and their parts, the heaven and its parts; and some of which are advocated by particular groups, such as (Platonic) forms and the objects of mathematics.

He then devotes three lines (1042a12–15) to the program of Z outlined at the beginning of Z 3 (1028b33–36). By substance one might mean the essence, the subject, the genus, or the universal. Z contained separate treatments of three of these items: Z 3 on the subject, Z 4–6 and 10–11 on the essence, and Z 13–16 on the universal. The genus received no separate treatment. In H's summary the entire discussion of the agenda is summarized in a mere ten lines (1042a15–24).

There are some obvious gaps. Many scholars take the neglect of Z 7–9 on generation and of Z 12 on definition as confirmation that these chapters were not part of the original Z, and they argue that H 1 summarizes a version that did not include them. But even if these scholars are right, there are other significant omissions. What about Z 17? Z 17 made a fresh start in the investigation of substance after Aristotle had completed the inquiry based on the program outlined at the beginning of Z 3. Instead of citing Z 17 at the end of the sum-

---

3 Aristotle's claim at 1042a21–22 that the genus is not substance corresponds to nothing explicit in Z.

mary, as one might expect, the final section forecasts topics to be treated in *Metaphysics* M and N (1042a22–24).

Myles Burnyeat has recently made a provocative suggestion: There is in fact a reference to Z 17, but it occurs in the *first* section of the summary quoted above (1042a4–6).[4] Recall that in the opening section Aristotle said that we are seeking the causes and principles and elements of substances. It was Z 17, not Z 1, that undertook the investigation of substances from this perspective. Z 17 made a fresh start in the inquiry, and there Aristotle argued that substance as form is a principle and cause of the being of composite substances (1041a9–10, b7–9, b27–28) and contrasted it with the elements, or matter, that constitute the object (1041b25–33). Burnyeat's suggestion has important implications for our understanding of book H. If the summary starts with a reminder about Z 17, we have good reason to assume that *Metaphysics* H continues the investigation of substance based on the new perspective of that final chapter.

With this insight, let us look again at the rest of the summary. Not only are we missing a reference to Z 7–9 on the generation of composite substances and to Z 12 on definition; after the long second section, we are missing references to all topics relevant to perceptible substances and their composition from matter and form. The most remarkable omission is the discussion of subjecthood in Z 3. This lacuna stands out, because Aristotle says something about each of the other three items on the agenda (essence, universal, and genus), including the genus, which received no separate treatment in Z.

Consider again the long second section which recalls Z 2's list of items that people regard as substances. Anyone who comes to H fresh from Z will be startled by the fact that the four elements and the parts of organisms are listed as agreed substances in the summary, although they were rejected as mere potentialities and matter in Z 16 (1040b5–16). Why does the summary ignore the verdict of Z 16?

4 Burnyeat unpublished, 50–51.

These observations suggest that the summary disregards everything from the previous book that bears on the status of perceptible substances, except for the fresh start in Z 17 alluded to in the opening section, that we are seeking the causes, principles, and elements of substances. Precisely the topics overlooked in the summary – subjecthood (Z 3), the generation of composites (Z 7–9), their constitution and definability (Z 10–12) – will be the central focus of *Metaphysics* H. Aristotle will address these issues as though from scratch, starting from the perspective of Z 17.

The Proposal of Z 17

Z 17 starts from the assumption that substance is a principle and cause. The question Aristotle asks in the first part of the chapter is, Why does Y belong to X? or alternatively, Why is X Y? (1041a9–11; a23; a25–26). For instance, why are these bricks and stones a house? (1041a26–27). Why is this body in this state a human being? (1041b6–7). We are trying to explain why the matter (X) is some definite object (Y). He claims that what explains this relation is substance as form (1041b7–9). Aristotle's proposal is that the form, as principle and cause, explains why the matter is some composite object.

In the second part of the chapter, he argues that the form makes the matter into a composite by organizing it in a particular way. For instance, the syllable "ba" consists of the letters A and B. What makes that collection of letters be the syllable "ba" rather than the syllable "ab" is the arrangement of the letters. The form is not another element in addition to the letters, but the cause or principle that makes the syllable be the syllable it is. Aristotle calls form the substance of the syllable and the first cause of the being (1041b28).

Aristotle thinks that entities depend on each other in various ways: If an entity B depends on an entity A in some way or other, then A is prior to B in that respect. So entities can be ranked as prior or posterior to each other based on several dependency relations. How should we rank the form, the matter, and the composite in Z 17? Clearly Aristotle thinks that form as the first cause of being is prior to the composite as its effect, since the form determines what the composite is. If we appeal to the sorts of priority that Aristotle distinguishes in Z 1 (1028a31–b2),[5] form is prior to the composite in formula (*logos*) and knowledge. Our account of a composite must mention the form, since the form determines the composite as what it is; and consequently we must know the form in order to know what the composite is – our account of the syllable "ba" must mention the arrangement of the letters, and we must know that arrangement if we are to know the syllable. Let us say that the form is *logically* and *epistemologically* prior to the composite.

Ranking the form as prior to the composite seems unproblematic. More troubling for Aristotle's metaphysics is the status of the matter. If we define the syllable "ba", is it sufficient to mention the arrangement? Must we not also mention the letters A and B that stand in that arrangement? This observation suggests that the definition of a composite should mention both the form and the matter. If this suggestion is correct, then the matter, as well as the form, is logically and epistemologically prior to the composite.

How should the matter be ranked relative to the form? In giving the formula of A and B, we need not mention the arrangement that yields the syllable "ba", since the letters can exist on their own or in a different arrangement. At the end of Z 17 Aristotle says: "The element is that into which the object is divided, which is present in it as matter – for instance, A and B [are elements] of the syllable" (1041b31–33). When the whole is divided, whether by analysis or by destruction, the letters are left behind. So they can apparently be defined and exist apart from the form of the syllable. According to this discussion, the matter is logically (and therefore also epistemologically) independent of the form of the composite object.

Is matter merely independent of form, or is there some way to determine the relationship between matter and form and

---

5 Cf. Z 13, 1038b23–29. Another important discussion of priority occurs in Θ 8, but there Aristotle is discussing the notions of potentiality and actuality, which are conspicuously absent from the discussion in Z 17.

thus to establish the order of priority? How is form related to matter? In Aristotle's example of the syllable, the form appears to depend on the matter, and in more ways than one. First, how can we define the arrangement without mentioning what it is an arrangement of? Surely the letters A and B must be mentioned in the formula of the arrangement.[6] So the letters can be what they are without that arrangement, but the arrangement cannot be what it is without the letters. This suggests that the letters are logically prior to the arrangement.

Second, and perhaps more important, the matter seems to be prior to the form in another way, because the form depends on the matter for its realization. Aristotle mentions another type of priority in Z 1, which he calls priority in time. Never mind the label, which is difficult to square with Aristotle's explication,[7] but consider the explication itself. He says that substance is prior to nonsubstance, "because none of the things predicated is separate, but this [substance] alone" (1028a33–34). In Z 1 Aristotle is discussing the priority of substance to nonsubstance, and his point resembles one he made in the *Categories*: Primary substances are prior to everything else, because they are the ultimate subjects on which all other things depend. Remove the primary substances and everything else is removed as well (*Cat.* 5, 2b1–6). In Z 17 he is concerned with different grades of substance, but now matter seems to claim the role of ultimate subject. Just as in the case of substance and items in other categories, substance is prior, because they depend on it for their realization, so in the present case matter is prior to form, because form depends on matter for its realization. I shall call this type of priority *existential* priority.

The account in Z 17 clearly suggests that form is predicated of matter. This predication explains why the matter is a par-

6 I am suggesting that the arrangement resembles snubness, Aristotle's favorite analogy (see, e. g., Z 5, 1030b14–28). Although snubness is a quality, not a composite (like snub nose) that contains matter, nose must nonetheless be mentioned in the account of what snubness is. Similarly, although the arrangement is not composed of the letters (cf. Z 17, 1041b19–25), the account of the arrangement must mention the letters.

7 For discussions, see Ross II 160–61; Burnyeat Z 4–5; Frede/Patzig II 19–22.

ticular composite. Aristotle will exploit the idea that form is predicated of matter in his treatment of perceptible substances in *Metaphysics* H (see esp. 1043a5–6). The trouble is that, if form is predicated of matter, matter as subject is existentially prior to the form predicated of it. We moderns may find this an innocuous result, because our metaphysics is a metaphysics of matter. But we should be aware that Aristotle does not share our perspective. He gives many indications that he thinks that matter is, or should be, *posterior* to both the form and the composite. To cite just one example, consider Z 3, where he investigated the claims of matter to be substance as subject. When the argument showed that matter is substance, he objected that the outcome is impossible, because substance should be separate and a this (*tode ti*) – and apparently matter does not satisfy these criteria. He then concluded that the form and the composite each have a better claim than matter to be substance (1029a26–30).[8]

The proposal in Z 17 presents a challenge. Is there a way to interpret the contributions of matter and form to perceptible substances that yields an order of priorities that renders matter posterior to both the form and the composite? I take it that this question explains the new emphasis on matter as potential, and form as actual, which Aristotle explores in *Metaphysics* H and Θ. I shall argue that the treatment of matter as potential in H 1–5 is not sufficient to solve the problem. Only in H 6 does Aristotle offer a viable framework for a solution he develops in *Metaphysics* Θ.

Matter as Subject in H 1

After the summary in H 1, and following the statement that the project concerns perceptible substances, Aristotle turns in H 1 to the notion of subjecthood. Subjecthood was already the

8 Note, however, that his claim is couched more tentatively than my statement suggests. He says, literally: "Hence the form and that from both *would seem* to be more substance than matter is" (1029a29–30). I discuss this issue in Gill 1989, ch. 1.

focus of Z 3, and we remarked that the earlier discussion was ignored in H's summary. In H 1 Aristotle repeats a claim from Z 3 that the matter, the form, and the composite are all substance as subjects. But this time he goes beyond what he said in Z 3 to clarify the sense in which each candidate is a subject. He says:

> The subject is substance, in one way the matter (by matter I mean that which, though not actually a this is a this potentially); in another way the formula and the shape, which is a this and is separate in formula; and third is that from these, which alone admits of generation and destruction, and is separate without qualification. And of the substances in accordance with the formula some are [simply separate], and some not. (1042a26–31)

Notice the comment that matter is not actually a this (*tode ti*) but is a this potentially. Does this proposal avoid the difficulty we raised about Z 17? The idea seems promising. If matter is potentially F, then it is determined as what it is by the actuality F that is the realization of the potentiality. We can say that some bricks and pieces of wood are potentially a house because, if acted on in an appropriate way, that collection of materials will be an actual house. A potentiality is defined with reference to the corresponding actuality. So the actuality is logically prior to the potentiality. Consider the syllable again. If the matter of the syllable "ba" is a collection of elements specified as potentially "ba", then the cause determines them as what they are: potentially "ba".

This proposal does not to solve the whole problem, however. For even if the elements are specified as potential, they are still *actually* the letters A and B. Does Aristotle exclude this suggestion when he claims in H 1 that matter is *not actually* a this but is a this potentially? At first sight he does appear to exclude it. But if we turn to the next section of the text, we find that this inference would be premature.

Aristotle offers an argument to show that matter, too, is substance:

> That matter too is substance is clear. For in all the opposite changes there is some subject for the changes – for instance, in respect of place what is now here and again elsewhere, in

respect of growth what is now so big and again smaller or greater, and in respect of alteration what is now healthy and again sick. And similarly in respect of substance what is now in generation and again in destruction, and is now a subject as a this (*tode ti*) and again is a subject as deprived (*kata ste-resin*). (1042a32–b3)

According to Aristotle, changes can occur in four categories – locomotion in the category of place, increase and diminution in the category of quantity, alteration in the category of quality, and generation and destruction in the category of substance. In all four situations there is a subject that undergoes the change. The subject in the first three cases is an ordinary perceptible substance, such as a human being or a horse, which changes its location or nonsubstantial properties. But in the final case a perceptible substance is either the product of a generation or the object that is destroyed. Aristotle introduced the notion of matter in *Physics* I 7 to serve as subject in substantial generation and destruction. Matter preexists the generation, acquires form through the generation, and survives the removal of form when the product is destroyed. Although the subject of any of the four sorts of changes can be called "matter", matter in the strict sense is the subject for substantial generation and destruction.[9] We should therefore focus on the fourth case, which Aristotle lists in the final sentence of the passage quoted above.

About this fourth case he says, "what is now in generation, and again in destruction, is now a subject *as a this*, and again a subject as deprived". Why does he speak of the subject in generation as a this, rather than as *potentially* a this? Without the crucial qualifier, he appears to be claiming that matter in generation is *actually* a this. Ross tried to avoid this outcome by claiming that the subject described as a this is the subject in destruction, thereby leaving the subject in generation to be a subject deprived (Ross II 227). For Ross, then, the subject that is a this is not matter at all, but an ordinary composite sub-

---

9 Cf. *Met.* H 4, 1044b8–20, where Aristotle points out that the subject for nonsubstantial properties is not matter but substance Cf. *Gen. Corr.* I 4, 320a2–5.

stance, like a human being, which undergoes destruction. But Ross is mistaken. Aristotle has made very clear by his repetition of "now ... and again" throughout the passage that the subject he is calling a "this" is the subject in generation. If we take the text at its word, his claim is that the subject in generation is an actual this, whereas the subject in destruction is a subject deprived of the form it previously had.

Consider a concrete example, the generation and destruction of a human being. The subject in the generation of a human being is *katamenia*, the menstrual blood contributed by the mother. According to Aristotle, *katamenia* is the matter in human reproduction, and the soul principle contributed by the father and transmitted by the semen is the form.[10] If we apply Aristotle's claim to our illustration, he appears to be saying that the *katamenia* is a this. The subject in the destruction of a human being is whatever survives its death. Aristotle regularly insists that the parts of a dead organism, including nonuniform parts like arms and legs, and uniform parts like flesh, are what they were in name only, and no better than images made out of wood or stone.[11] So the subject in destruction is characterized by the privation of the form it previously had.

Aristotle's claim that the subject in generation is a this is consistent with the perspective of Z 17, though Z 17 focused on objects already constituted, not on their generation. The pair of letters A and B that are made into the syllable "ba" are definite individuals in their own right of which the particular arrangement is predicated. This fact was troubling, as we saw, because it entails that matter is existentially prior to both the composite and the form. H 1 suggests that Aristotle cannot avoid that outcome by claiming, as he does in the passage on subjecthood, that matter is potentially but not actually a this. For although matter is potentially but not actually *the product*, it is also something actual in its own right. And if this actual subject constitutes the generated object, as the letters A and B

10 For the details of the theory, see *GA* II 1–6.
11 See *De An.* II 1, 412b10–26; *Meteor.* IV 12, 389b31–32, 390a10–13; *PA* I 1, 640b33–641a5; *GA* I 19, 726b2–24; II 1, 734b24–27, 735a4–9; *Met.* Z 10, 1035b23–25.

constitute the syllable "ba", the subject is existentially prior to both the form and the composite, since the form is a property of it, and the composite is merely the compound of that subject characterized by that property.

We must wait until *Metaphysics* H 6 and Θ for Aristotle to revise his treatment of matter in a way that avoids this outcome. In H 2–5 he spells out the problem more fully.

Form as Actuality in H 2

Metaphysics H 2 investigates the constitution of perceptible substances and spells out various ways to define them.[12] As in Z 17, Aristotle focuses on objects that are not genuine substances (1043a4–7). Presumably his reason for not discussing living organisms, which he views as genuine perceptible substances, and for discussing artifacts and nonsubstantial compounds instead is that artificial examples are more easily analyzed. We can straightforwardly isolate the components and consider the relation between them. There may be another reason for his choice as well. By proceeding as he does, the problem about matter that we detected in Z 17 is spotlighted in a way that it could not have been had he turned directly to living things.

Aristotle's aim in H 2 is to clarify a central point from Z 17, that form, which he now specifies as actuality, is the cause of being for a composite substance. Consider a threshold and a lintel. These two objects can be made of the same materials, typically a piece of wood or stone. They are distinguished from each other by their position. A threshold is a piece of wood or stone located under a doorway, and a lintel is a piece of wood or stone located over a doorway. Aristotle says that if we are to define a threshold, we should say that it is "wood or stone lying in such and such a way" (1043a7–8). Similarly, if we are to define a house, we should say that it is "bricks and stones lying in such and such a way" (1043a8–9). He adds that in some cases we also specify the final cause. He then gives a

12 A very helpful discussion of H 2 is given by Kosman 1987.

more detailed analysis of a house, spelling out three ways to define it (1043a14–21). We can define a house as "stones, bricks, and pieces of wood" and thus define a potential house, since the items specified are matter. Alternatively, we can define a house as "a container for sheltering goods and bodies" and thus define the actuality. Or third, we can combine the two and produce a third definition, such as "a shelter from bricks and stones lying thus" (H 3, 1043a31–32). This final version is a definition of the composite house, and it mentions both the form and the matter.

As this analysis reveals, both the matter and the form contribute to the being of a house. Even if the form is the primary cause of being, as asserted in Z 17 (1041b28), the matter makes an independent contribution as well. If in addition we consider existential priority, the matter seems to claim priority over the form. For Aristotle says that the thing predicated of the matter is the actuality itself (1043a5–6). To be sure, the examples he has been talking about are not genuine substances. Even so, he claims that the actuality in each case is analogous to that in the genuine case, and his claim that the actuality is predicated of the matter is extended from the genuine case to his illustrations. So our previous problem remains. Even if bricks and stones are potentially a house, they are also actually bricks and stones. The arrangement that yields a house is a property of them. So they are existentially prior to the arrangement, since they can exist without it, whereas the arrangement requires a subject for its realization. This observation seems flatly at odds with the implication of Aristotle's statements in Z 3 and H 1 – that form and the composite are separate and *tode ti*, while matter is not. Our discussion suggests on the contrary that the matter that composes a composite is something definite in its own right (a this) and can exist separately from the object it temporarily composes.

Matter and Generation in H 4

Metaphysics H 4 and 5 explore the implications of a passage we talked about earlier from H 1, where Aristotle defended his claim that matter too is substance: "And similarly [in the case of changes] in respect of substance, what is now in generation and again in destruction, and is now a subject as a this, and again is a subject as deprived" (1042b1–3). H 4 focuses on the role of matter in the generation and constitution of perceptible substances, and H 5 on its role in their destruction.

H 4 contains several important claims about matter. Aristotle points out that there are two sorts of items that can count as the matter of something. He says: "This is *from that* in two ways: either because the one is enroute to the other, or because it is reached by analyzing the thing into its principle" (1044a23–25). According to this distinction, X is the matter for Y, (1) if X is the preexisting item from which Y emerges, or (2) if Y can be analyzed into X. Call matter in the first case the *preexisting matter*, and matter in the second case the *constituent matter*. In some situations the same entity will count as the preexisting and constituent matter. For instance, bronze is both the preexisting matter from which a statue is made and the constituent matter of which it is composed; similarly bricks and stones are both the preexisting and constituent matter of a house. But in many situations different things will count as the preexisting and constituent matter of Y.

Take an example we talked about earlier, the generation of a human being. The *katamenia* contributed by the mother in reproduction is the preexisting matter, since that is the stuff from which a human being is generated. An analysis of a human being will not yield *katamenia* as the constituent matter, however. In *Generation of Animals* I 1, Aristotle says that the nonuniform parts are the matter for the whole animal, the uniform parts for the nonuniform parts, and the bodily elements for the uniform parts (715a9–11).[13] If we consider the constituent matter of a human being, our analysis will yield matter at various levels – first the nonuniform parts, like hands and feet, which make up the human body; then the uniform parts, like flesh and bone, which constitute the nonuni-

---

13 Cf. *PA* II 1, 646a12–b10. Nonuniform parts (e. g., hands and feet) are entities whose parts are unlike the whole. Uniform parts (e. g., flesh and bone) are entities whose parts are like the whole.

form parts; and finally the elements earth, water, air, and fire which compose the uniform parts.

Although the two notions of matter deliver different results, there is a connection between them. A necessary (though by no means sufficient) condition for X to be the pre-existing matter for Y is that an analysis of X and Y into their constituent materials will eventually yield the same material principle.[14] Thus one reason why a human being can come to be from *katamenia* is that a material analysis of the preexisting matter and the product will uncover the same ultimate matter – some combination of the four elements, earth, water, air, and fire.

Sameness of ultimate matter is not a sufficient condition for X to be the preexisting matter for Y, because in some cases the product can be made out of various materials, as a box can be made out of wood or bronze. Furthermore, the same material can be suitable for various products, as wood can be made into either a box or a bed (1044a25–27). Not only that; even if some preexisting stuff and the product have the same ultimate matter, the higher level matter may be unsuitable. A black-smith cannot make a saw from wool or wood (1044a27–29): the matter for a particular product must have the appropriate causal and dispositional properties. For instance, the matter for a saw must be hard, resistant, and ductile. Indeed, recog-nizing the sameness of ultimate matter proves to be virtually useless in determining the matter of something, because Aris-totle thinks that all bodies subject to generation and destruc-tion are composed of one or more of the four elements. So if we focus on ultimate materials, almost any perceptible sub-stance could in principle come to be from any other. Since this cannot actually happen, he insists that we locate the matter proper to each thing. We should therefore speak of the mat-ter of a human being not as fire or earth, even though these are the ultimate matter; instead we should speak of the *kata-menia*, since that is the proximate matter from which a human being is generated (1044a34–b3).

14 This is the point of Aristotle's discussion of phlegm and bile at the begin-ning of the chapter (1044a15–23).

Matter and Destruction in H 5

Aristotle opens H 5 by pointing out that everything subject to generation has matter. Substantial forms do not have matter, since they do not come to be or pass away; the existence of a form depends on the existence of the object whose form it is. Matter belongs to composite objects, since they are the things that are generated and destroyed.

H 5 states two puzzles about the constituent matter. First, how is the matter of an object related to a pair of opposites? Aristotle starts with an easy case. If the body is potentially healthy, and sickness is the opposite of health, is the body potentially both healthy and sick? We expect an affirmative answer. Now take a trickier case, which illustrates substantial destruction. Is water potentially both wine and vinegar? Or is it the matter of the one in virtue of a positive state (*kath hexin*) and in virtue of the form (*kata to eidos*), and the matter of the other in virtue of a privation (*kata steresin*) and destruction contrary to nature? (1044b31–34).

Aristotle's question should remind us of the passage we talked about earlier from H 1 (1042b1–3), but his point may be different in the two texts. In H 1 he said that the item in generation is a subject as a this (*tode ti*), and the item in destruction is a subject deprived (*kata steresin*). The passages agree on the second item in the contrast, the subject in destruction. But Aristotle may be making two separate claims about the first item in the contrast. Whereas H 1 was talking about the *preexisting* matter, which is the subject in substantial generation, H 5 could be talking about the *constituent* matter of the generated product. But whether H 5 is talking about the preexisting or constituent matter, Aristotle's claim is that the matter is potential in virtue of the form *of the product* – for instance, water is potentially wine in virtue of the form of wine. This does nothing to soften the claim in H 1: Even if water is potentially wine in virtue of the form of wine, it is also *actually* water.

In the last part of H 5 Aristotle mentions a further, related puzzle. Why is wine not the matter of vinegar and potentially vinegar, even though vinegar comes to be from wine? And why is an animal not potentially a corpse? (1044b34–36). In

H 4 we learned that X is the matter for Y, if X is the preexisting item from which Y emerges, as a human being from *katamenia*. Why, then, is not wine the matter for vinegar and potentially vinegar, since vinegar comes to be from wine? Aristotle answers that when vinegar comes to be from wine or a corpse from a human being, the change is like the emergence of night from day (1045a1–3). In processes like this, which yield a degenerate state from a positive state, the preexisting item is not the matter of the product: wine is not the matter of vinegar. Instead, the matter of wine is potentially vinegar and the matter of vinegar. Water, which was potentially wine in virtue of the form of wine, is also potentially vinegar in virtue of the privation of that same form – the form of wine.

These puzzles indicate that when we describe the emergence of Y from X, we cannot arbitrarily choose to call it a generation of Y or a destruction of X. One of the terms is positive, the other a privation of the positive term.

In H 5 Aristotle proposes that generation and destruction are parts of a single cyclical process. Generation is *constructive*. Simpler matter is worked up into an object of greater complexity. Destruction is a falling away from that positive state. At the end of the chapter he suggests that the process ends and begins with some simple elemental material. He says:

> Everything that changes into each other in this way must return to the matter – for instance, if an animal comes to be from a corpse, it must first return to the matter, then in this way an animal [comes to be]; and vinegar must return to water, then in this way wine [comes to be]. (1045a3–6)

Let us put together the pieces of this story. A product like wine is from the ultimate matter in both ways that Aristotle distinguished in H 4. Water is both the first item enroute to wine (and the last item into which wine is destroyed) and also the material into which wine is analyzed. Similarly, some elemental material principle is both the first step in the generation of an animal (and the last item into which the animal is destroyed) and also the matter into which the animal is ultimately analyzed.[15]

---

15 See *Meteor.* IV 1, 379a2–b3, which suggests that earth is the final outcome of organic decomposition.

Metaphysics H 1 suggests that the matter from which a complex object is generated is actually a this and potentially the product: The water from which wine is generated is actually water and potentially wine. Although the same water is also potentially vinegar, it is potentially vinegar but not in virtue of the form of vinegar. The water that constitutes wine is potentially vinegar in virtue of a privation of the form of wine.

This story still leaves our original question unanswered. What is the status of the water that constitutes the wine? What is the status of the elements that constitute an animal? Is the water that constitutes the wine still *actually* water as well as potentially wine? Is the earth that constitutes an animal still *actually* earth as well as potentially the animal? And to return to our initial example, are the letters A and B that constitute the syllable "ba" still *actually* A and B? Aristotle's observations about the definition of composites in H 2 suggest that the answer to all of these questions is "yes". But if that is his answer, he does not yet have a solution to the original difficulty. Although he can now claim that the matter of a house, as potentially a house, is logically posterior to the form of a house, since the potentiality is determined by the corresponding actuality, the matter as actual bricks and stones remains logically independent of that actuality. Furthermore, H 2 fosters the impression that a house is a compound of bricks and stones characterized by a particular arrangement. But on that view the bricks and stones are not only logically independent of the arrangement; they are also existentially prior to it – and so also existentially prior to the compound of both.

Is there some interpretation of matter that renders it both logically and existentially posterior to form? I suggest that there is, and that Aristotle offers the framework for his solution in *Metaphysics* H 6.[16]

---

16 For my interpretation of the solution in H 6 and Θ, see Gill 1989, esp. chs. 5 and 7.

Bibliography

Burnyeat, M. unpublished: "A Map of *Metaphysics* Z."

Gill, M. L. 1989: Aristotle on Substance – The Paradox of Unity, Princeton.

Kosman, L. A. 1987: Animals and other Beings in Aristotle, in: A. Gotthelf and J. G. Lennox (eds.): Philosophical Issues in Aristotle's Biology, Cambridge, 360–91.

9

Holmer Steinfath

Die Einheit der Definition und die Einheit der Substanz. Zum Verhältnis von *Met.* Z 12 und H 6

I

Sowohl die Stellung von *Met.* Z 12 und H 6 im Zusammenhang von ZH als auch ihr gegenseitiges Verhältnis sind umstritten. Unstrittig ist dagegen, daß Aristoteles in beiden Kapiteln ein Problem aufgreift und zu lösen versucht, dem er selbst einen wichtigen Platz in seiner Lehre von der Substanz (*ousia*) einräumt. Er spricht es vorausweisend in Z 11 an, indem er fragt, wie eine Definition (*horismos*) als Angabe dessen, was eine Sache wesentlich ist, eine einheitliche Bestimmung (*heis logos*) darstellen kann (1037a18–20). Definitionen sind komplexe sprachliche Ausdrücke, in denen zumindest der äußeren Form nach etwas von etwas anderem ausgesagt wird (vgl. 1043b30–32). Sie haben, wie es in Z 10 und 11 heißt, Teile (*merê*), und eben das macht ihre Einheit erklärungsbedürftig. Zwar sieht Aristoteles diese Schwierigkeit grundsätzlich dadurch gelöst, daß es Definitionen im strengen Sinne nur von Substanzen geben soll und Substanzen durch eine besondere Form von Einheit ausgezeichnet sind. Die Einheit der Teile der Definition soll in der Einheit der Substanz gründen, die ihr Gegenstand ist (vgl. 1037a19, b24–27, 1045a12–13). Aber da er meint, die Teile der Definition entsprächen den Teilen des Definierten (1034b20–22), muß die Substanz als das Definierte selbst über Teile verfügen, so daß auch ihre Einheit verständlich zu machen ist. Die Frage nach

der Einheit der Definition erweitert sich so zur Frage nach
der Einheit der Substanz. Aristoteles behandelt beide Fragen
als komplementäre Seiten einer einzigen Frage.

Das in Z 12 und H 6 thematisierte Einheitsproblem verweist jedoch auch noch auf eine andere Frage, die sich zur
Frage nach der Einheit der Definition und der der Substanz
genau gegenläufig verhält. Aristoteles fragt nämlich nicht
nur, wie die Mehrgliedrigkeit der Definition mit der Einheit
der Substanz zusammenstimmen kann, sondern auch umgekehrt, wie die Substanz Gegenstand der Definition sein kann,
wenn sie etwas Einheitliches und nicht eine Verbindung von
Verschiedenem ist. Die Schlußaporie von Z 13 macht deutlich, daß sich die Substanz nicht nur als etwas, das nicht allgemein ist, sondern auch als etwas, das nicht zusammengesetzt ist, der Definierbarkeit entzieht (1039a14–23). Definitorisches Wissen gibt es nur dort, wo etwas etwas anderem
zukommt. Die Einheit der Substanz – und damit die der
Definition – muß daher auf irgendeine Weise eine Differenz
einschließen; sie darf nicht die eines Punktes sein, wie es in
H 3 heißt (1044a8).

Es ist nicht leicht zu sehen, ob und wie es Aristoteles gelingt, sowohl die Frage nach der Einheit der Definition und
der der Substanz, auf die sich die Ausführungen von Z 12 und
H 6 konzentrieren, als auch die Frage nach der Definierbarkeit der Substanz befriedigend zu beantworten. Prima facie
ist es eher so, daß die Beantwortung der einen Frage der der
anderen entgegensteht. Ist damit schon eine wesentliche
Schwierigkeit für die Deutung von Z 12 und H 6 angeschnit-
ten, so kommt eine weitere hinzu. Aristoteles verwendet die
Ausdrücke „Definition" und „Substanz" in verschiedenen
Bedeutungen. In ZH ist Substanz im primären Sinn – *prôtê ousia* (*eidos*). Sie ist deswegen auch der primäre Gegenstand der Definition (vgl. 1037a21 ff.). Substanz sind jedoch auch die Materie (*hylê*) und das konkrete Zusammengesetzte (*synholon*), das aus Materie und Form bestehende
Einzelding (1035a1–2, 1042a24 ff.). Zwar gibt es von der Materie als solcher keine Definition (vgl. aber 1043a14–16),
denn sie ist Substanz nur der Potentialität nach, wohl aber
vom Zusammengesetzten (vgl. 1035a22 ff., 1036b21 ff.,

1043a14 ff., 1043b28 ff.). Und während die Form besonders
gut dem Erfordernis der Einheit der Definition und der ihres
Gegenstands zu genügen scheint, scheint das Zusammengesetzte paradigmatisch die für Definierbarkeit erforderliche
Differenziertheit aufzuweisen. Aus diesem Grund stellt sich
nicht nur die Frage, ob und wie Aristoteles das Problem der
Einheit *und* Differenziertheit von Definition und Substanz
zu lösen vermag, sondern auch für welche Definition und
welchen Definitionsgegenstand dieses Problem gelöst werden soll.

Angesichts dieser komplexen Ausgangssituation bietet sich
für die Interpretation von Z 12 und H 6 ein schrittweises Vorgehen an. Ich werde als erstes die Überlegungen von Z 12
nachzeichnen und kommentieren (II). Die Definition, um deren Einheit es in diesem Kapitel geht, ist die der Form. Viel
weniger klar ist dagegen, was in H 6 erörtert wird. Mir
scheint, daß es in diesem Kapitel zumindest auch um die Einheit des konkreten Zusammengesetzten geht. Ich werde es
deswegen zunächst und vordringlich unter diesem Aspekt betrachten (III). Erst im Anschluß daran werde ich fragen, was
die Ausführungen von H 6 für das Problem der Einheit der
Definition besagen und wie dementsprechend das Verhältnis
von H 6 und Z 12 zu sehen ist (IV). Der Text ist hier für verschiedene Deutungen offen, mit denen jeweils eigene
Schwierigkeiten verbunden sind. Meines Erachtens ist das
kein der bloßen Textgestalt geschuldeter Zufall. Die Deu-
tungsoffenheit und die Deutungsschwierigkeiten von H 6
sind vielmehr Ausdruck für die fundamentalen Spannungen
der Substanzlehre von ZH, die Aristoteles auch in H 6 nicht
endgültig hat auflösen können.

II

Der Gedankengang von Z 12 läßt sich relativ leicht rekon-
struieren und trotz der philologisch begründeten Zweifel an
seiner ursprünglichen Zugehörigkeit zu Z (vgl. Jaeger 1912,
53–62, Frede/Patzig I 25 f.) gut an die Argumentation der
vorangegangenen Kapitel anschließen.

Das Kapitel kann in drei Abschnitte gegliedert werden: Im ersten Abschnitt (1037b7–27) fragt Aristoteles ganz allgemein, „wodurch dasjenige wohl eine Einheit (*hen*) ist, von dessen Bestimmung (*logos*) wir sagen, es sei eine Definition (*horismos*)" (b11–12). Zugleich sagt er, wie diese Einheit jedenfalls nicht zu denken ist (b14–25). Im zweiten Abschnitt (1037b28–1038a4) wird die allgemeine Ausgangsfrage speziell auf den Typus der dihäretischen Definitionen bezogen, die sich ergeben, wenn allgemeine Gattungen (*genê*) mit Hilfe von Differenzen (*diaphorai*) in Untergattungen und Formen (*eidê*) eingeteilt werden. Und im dritten Abschnitt (1038a5–35) wird die solchermaßen spezifizierte Frage beantwortet.[1]

Die Beschränkung der Erörterung auf den Fall der dihäretischen Definitionen macht zweierlei unmißverständlich deutlich: Erstens, daß in Z 12 als „Teile" der Definition und des Definitionsgegenstands nur die „erste Gattung" (*prôton genos*) – der Ausgangspunkt der Dihärese – und die Differenzen in Frage kommen, die die erste Gattung näher bestimmen (1037b29–30). Das Problem der Einheit der Definition und der des Definierten läßt sich somit als Problem der Einheit von (erster) Gattung und Differenzen reformulieren. Zweitens wird aber auch, wie schon erwähnt, deutlich, was in Z 12 der Gegenstand der Definition ist bzw. was Aristoteles hier unter der „Substanz" versteht, von der er ausdrücklich sagt, sie sei der Gegenstand der Definition (b25–26). Gattung und Differenzen sind nämlich Teile der Form (*eidos*). Nur so läßt sich begreifen, daß Aristoteles am Ende von Z 12 die „letzte Differenz" (*teleutaia diaphora*) mit der Substanz und der Form gleichsetzen kann (1038a26). Dabei erscheint es am natürlichsten, unter der Form die unterste Art oder Spezies zu verstehen, die sich nicht mehr in weitere Arten differenzieren läßt. Jedenfalls gibt es in Z 12 keinen Hinweis darauf, daß Aristoteles „Lebewesen" und „zweifüßig" – seine bevorzugten Beispiele für eine Gattung und eine Differenz – als Teile der

---

1 Die angedeutete Auflösung des Einheitsproblems auch für andere Definitionstypen (vgl. „*prôton*" in 1037b28 und „*tên prôtên*" in 1038a35) bleibt Aristoteles in Z 12 schuldig.

Seele des Menschen oder gar als Teile des Menschen als Zusammengesetztes aufgefaßt sehen möchte. Außerdem spricht
er ausdrücklich von den „Formen einer Gattung" (a5: *genous
eidê*; vgl. 1030a12), womit schwerlich anderes als Arten oder
Spezies gemeint sein können.

Das damit berührte Verhältnis von Form und Zusammengesetztem rückt in Z 12 jedoch gar nicht in den Blick. Aristoteles ist hier ausschließlich an der Frage interessiert, wie sich
die Mannigfaltigkeit von Gattung und Differenzen mit der
Einheit zusammendenken läßt, die der Form als Substanz zukommt.

Die extreme Verknappung der Argumentation im ersten
Abschnitt des Kapitels (die auf einen Textausfall hindeuten
könnte; vgl. Frede/Patzig II 227) macht es dabei nahezu unmöglich, zu entscheiden, welche und wie viele Erklärungen
für die fragliche Einheit Aristoteles zurückweist, bevor er sich
im dritten Abschnitt seinem eigenen positiven Vorschlag zuwendet. Das Verhältnis zwischen Gattung und Differenzen
soll weder ein Prädikationsverhältnis wie im Fall von „weißer
Mensch" (1037b14–18) noch ein Teilhabeverhältnis (b18–22)
noch eines des Enthaltenseins (b23–24: *enhyparchein*) sein.
Nur ist unklar, ob die letzten beiden Möglichkeiten untereinander und von der ersten Möglichkeit verschieden (Bonitz
1848, 343; Frede/ Patzig II 225 ff.) oder ob sie mit dieser identisch (Ross II 206) sind. Im Rahmen von Z 12 ist das aber auch
wenig erheblich, denn die beiden Kritikpunkte, die Aristoteles vorbringt, lassen sich mutatis mutandis gegen alle drei
Einheitsmodelle wenden: Gleich ob die Differenzen von der
Gattung prädiziert werden, diese an ihnen teilhat oder sie in
dieser enthalten sind, stets würde gelten, daß der Gattung zugleich (*hama*) Entgegengesetztes (*enantiai*) – also zum Beispiel „zweifüßig" und „nicht-zweifüßig" – zugesprochen
(b18–21) und sie selbst zu einer Substanz hypostasiert werden
würde, die die substantiellen Unterschiede des unter sie Begriffenen aufhöbe (b23–24). Beide Konsequenzen sind für
Aristoteles indiskutabel.

Ich glaube allerdings, daß die Zurückweisung zumal der
Möglichkeit, die Einheit der Definition und die des Definierten nach dem Modell der Prädikation oder genauer: dem Ver-

hältnis von Zugrundeliegendem (*hypokeimenon*) und Eigenschaften (*pathê*) zu denken, noch einen tieferen Grund hat.
Das Beispiel „weißer Mensch" als Fall einer ungenügenden
Einheit und die Hervorhebung der Einheit der Definition als
einer der Substanz oder eines Dieses (b27: *tode ti*) haben nämlich eine auffallende sachliche und zum Teil auch wörtliche
Parallele in Z 4 (1030a2–14). Dort sagt Aristoteles, daß es eine
Bestimmung, die zugleich Definition ist, nur von den Dingen
geben kann, die primär sind (*prôta*), und d. h. von solchen
Dingen, die das, was sie sind, nicht wie „weißer Mensch" dadurch sind, daß etwas von etwas anderem ausgesagt wird
(1030a4–5,10–11). Eben diese Bedingung sollen allein „Formen einer Gattung" (*eidê genous*) erfüllen (a11–13), weswegen
auch nur diese ein „Wesenswas" (*ti ên einai*) und das, was ein
„Dieses" eigentlich ist (*hoper tode ti*), sein sollen (1030a2–14;
vgl. *An. post.* I 4, 73b8–9). Implizit werden damit nicht nur
akzidentelle Verbindungen wie „weißer Mensch" als Gegenstand der Definition ausgeschlossen, sondern auch zusammengesetzte Substanzen (vgl. 1037b2–4), die als Materie-
Form-Komplexe streng genommen ebenfalls Verbindungen
von Differentem sind, in denen etwas (die Form) von etwas
anderem (dem Stoff) „ausgesagt" wird (vgl. 1029a23–24,
1038b6, 1043a6, 1043b30–32, 1049a35). Zwar schwächt Aristoteles diese Auffassung an einigen Stellen von Z 10 und 11
ab, indem er auch Definitionen von zusammengesetzten Substanzen zuläßt (1035a22 ff., 1036b21 ff.). Aber gerade auch in
diesen Kapiteln bleibt das Paradigma der Definition die Definition der Form (1037a21 ff.), die als „Substanz ohne Materie" (1032b13–14, vgl. 1035a29) keine Verknüpfung von Verschiedenem ist. Ich vermute daher, daß Aristoteles in Z 12 die
Möglichkeit, die Einheit der Definition und die des Definierten nach dem Modell der Prädikation (und erst recht nach
dem der Teilhabe) zu begreifen, ablehnt, weil er an einem
Modell von Einheit orientiert ist, in dem Einheit als Einfachheit gedacht und jede wirkliche Komplexität ausgeschlossen
ist.

Genau diese Vermutung wird nun durch die positive Lösung des Einheitsproblems bestätigt, die Aristoteles in Z 12
vorschlägt. Vom Ende her gelesen besteht sie in der Reduk

tion der „Teile" der dihäretischen Definition auf die letzte
Differenz und der Identifikation dieser mit der Substanz und
der Form. Die Frage, wie sich die Mehrgliedrigkeit der
dihäretischen Definition mit der Einheit der Substanz bzw.
der Form vereinbaren läßt, wird mithin durch die Feststellung beantwortet, daß diese Mehrgliedrigkeit eigentlich gar
keine ist.

Zu diesem, zunächst etwas bizarr anmutenden, Ergebnis
gelangt Aristoteles in zwei Schritten: In einem ersten Schritt
erklärt er, daß es eine Gattung neben den Formen bzw. Differenzen – denn zwischen Formen und Differenzen wird in
Z 12 kein Unterschied gemacht – entweder überhaupt nicht
oder nur als Materie (*hôs hylê*) gibt, so „daß die Definition
die Bestimmung ist, die aus den Differenzen besteht"
(1038a5–9). Im zweiten Schritt werden dann die verschiedenen Differenzen auf dem Weg einer kontinuierlich fort-
schreitenden und dichotomisch verfahrenden Dihärese, die
sie auf nicht-akzidentelle Weise einteilt (a12, 26), auf die
letzte und einheitliche Differenz zurückgeführt (a9–32; vgl.
1037b29–38a4 sowie *An. post.* II 13, 96b15–97a7). Dabei liefert der zweite Schritt die Erklärung für den ersten (vgl. Halper 1984, 147 ff.): Nur weil sich eine Gattung – wie sich in einer korrekten Dihärese zeigt – vollständig in ihre letzten Differenzen ausdifferenziert, existiert sie überhaupt nicht neben
(sondern nur in) ihren Formen. Dem als Alternative und eher
beiläufig angeführten Vergleich zwischen Gattung und Materie kommt in diesem Zusammenhang meines Erachtens
keine eigenständige argumentative Funktion zu (vgl. Bostock
181 f.). Vielmehr hat er den Sinn, die Ausdifferenzierung der
Gattung zu veranschaulichen: Die Differenzen arbeiten die
Gattungs"materie" gleichsam restlos in die konkreten Ge-
stalten der Formen um (vgl. I 8, 1058a1–2, a23–24 sowie Δ 28,
1024b8–9), die selbst nicht weiter teilbar (*atomon*) sind
(1058a18–21) und daher auch nicht über eine innere Komplexität und Ordnung (*taxis*) von Früherem und Späterem
verfügen (1038a33–34). Die Gattungen gleichen der Materie,
die an anderer Stelle als etwas „Unbestimmtes" (*aoriston*) bezeichnet wird (1037a27, 1049b1–2), dadurch, daß sie erst
durch die Differenzen zu etwas Bestimmtem werden.

Aristoteles sagt in Z 12 nicht, was diese – formal gesehen ja recht schlichte – Lösung des Problems der Einheit der Definition und der der Substanz sachlich bedeutet. Vielleicht will er einfach nur sagen, daß man, will man wissen, was ein Gegenstand einer Art ist, nur die spezifische Differenz anzugeben braucht, weil die Angabe der Gattung keine neue Information enthält. Sind alle Lebewesen Selbstbeweger und ist der Mensch ein Wesen, das sich zweifüßig fortbewegt, dann schließt die Angabe der Zweifüßigkeit die Information ein, die über die Nennung der Gattung vermittelt wird. Ich denke jedoch, daß sich aus der in Z 12 vorgeschlagenen Lösung zwei keineswegs harmlose Konsequenzen ziehen lassen.

Die erste bringt Aristoteles in *Met.* I 8 – einem Kapitel, das viele Parallelen zu Z 12 aufweist – formelhaft zum Ausdruck, indem er die letzte oder vollendete (*teleia*) Differenz (1058a11) als „Anderssein" (*heterotêta*) der Gattung bezeichnet, die die Gattung selbst zu etwas anderem macht (a8). Konkret heißt das, daß z. B. die Formen (bzw. Spezies) Mensch und Pferd zwar beide Lebewesen sind, Lebewesensein aber für beide etwas je anderes bedeutet (a2–4). Und wenn sich nicht nur die (erste) Gattung, sondern mit ihr auch alle der letzten Differenz vorausgehenden Differenzen in die letzte Differenz und Form differenzieren, dann ergibt sich, daß am Ende alle einer bestimmten Form (bzw. Spezies) nicht-akzidentell zukommenden Eigenschaften dieser in einer unverwechselbaren Weise zukommen (vgl. *PA* I 3, 643a4). Beim Wort genommen könnte man so zwischen den Formen Mensch und Pferd keine tatsächlichen Gemeinsamkeiten mehr benennen, sondern nur noch analogisierende Vergleiche anstellen.

Die zweite Konsequenz ist gewissermaßen das Spiegelbild der ersten: Wenn nämlich die Definition streng genommen in der Angabe allein der letzten Differenz besteht, dann müßte es prinzipiell möglich sein, im Ausgang von der letzten Differenz alle anderen Differenzen zu entwickeln. In den *An. post.*, auf die der Anfang von Z 12 zurückverweist, deutet Aristoteles ein Modell dafür an, indem er der Definition die Funktion beimißt, einen Erklärungsgrund dafür anzugeben, warum die nicht-akzidentellen Eigenschaften einer Form

(bzw. Spezies) dieser tatsächlich notwendig zukommen
(*An. post.* II 5–6; vgl. Charles 1992, 233).

Sachlich gesehen sind beide Konsequenzen problematisch.
Zumindest heute, wo wir weitgehende genetische Überein-
stimmungen zwischen verschiedenen Tierarten feststellen
können, erscheint die Behauptung einer bloß strukturellen
Ähnlichkeit zwischen ihnen verkürzt. Sofern sie die These
einschließt, es könne zwischen Arten keine Kontinuitäten geben, gerät sie darüber hinaus in Konflikt mit den Grundannahmen der Evolutionstheorie. In seinen biologischen
Schriften hat Aristoteles aber auch schon selbst die strikte
Einmaligkeit einzelner Arten durch ihre Zusammenfassung
zu charakteristischen Artgruppen (*megista genê*) abge-
schwächt; eine bloß strukturelle Ähnlichkeit wird dann zwischen solchen Gruppen, etwa der Gruppe der Fische und der
der Vögel, konstatiert, nicht mehr zwischen den einzelnen
untersten Arten (vgl. *PA* I 4, 644a16–21, b8–15, *HA* I 1,
486a21–24). Ganz ähnlich scheint er auch von der Vorstellung einer explanatorischen Rückführung der Komplexität
eines tierischen Organismus auf eine einzige spezifische Differenz abgerückt zu sein (vgl. *PA* I 2–3); sie wird offensichtlich schon der Vielfalt der Funktionen nicht gerecht, die Aristoteles der Seele als der Form eines Lebewesens zuschreibt.[2]

Die in Z 12 vorgeschlagene Lösung des Einheitsproblems
kann aber auch nicht systematisch befriedigen: Indem sie sich
an einem Modell von Einheit orientiert, das Einheit als Einfachheit begreift, überspielt sie die interne Differenziertheit

---

2 Aus all dem müssen keine entwicklungsgeschichtlichen Folgerungen für
das Verhältnis von *Met.* Z 12 und zum Beispiel *PA* I gezogen werden. Die sachliche Diskrepanz zwischen diesen beiden Texten ist geringer als oft behauptet
wird. Zwar wird in *PA* I ein Dihäreseverfahren empfohlen, das von mehreren,
horizontal gleichgeordneten Anfangspunkten ausgeht. Die vertikale Gliederung innerhalb eines Dihäresestrangs erfolgt aber nach ähnlichen Gesichtspunkten wie in Z 12, so daß in Z 12 ein bewußt vereinfachtes Modell vorliegen könnte, an dem Aristoteles das Problem der Einheit der Definition zu verdeutlichen versucht. Davon unbenommen ist allerdings zu fragen, ob bei der
Übertragung der am vereinfachten Modell abgelesenen Ergebnisse auf das
komplexere Modell der biologischen Schriften nicht mit ernsten sachlichen
Verschiebungen zu rechnen ist.

der Substanz, ohne die es von ihr kein definitorisches Wissen geben kann. Am Ende bleibt deswegen unklar nicht so sehr, wie Gattung und Differenz als Teile der Definition und der Form eine Einheit bilden können, als vielmehr, auf welcher Grundlage überhaupt zu ihrer Unterscheidung zu gelangen ist.

III

Aufgrund der Schwächen der Erörterung von Z 12 betrachten viele Interpreten die Ausführungen von H 6 als den reiferen Versuch, das Problem der Einheit der Definition und der der Substanz zu lösen. Das erscheint insofern berechtigt, als in diesem Kapitel neben den Begriffen der Materie und der Form auch die Begriffe der Potentialität (*dynamis*) und der Aktualität (*energeia*) zum Tragen kommen, von denen sich in Z 12 keine Spur findet. Dessen ungeachtet kann von einer einfachen Wiederaufnahme von Z 12 in H 6 keine Rede sein (vgl. dagegen Jaeger 1912, 52 ff., Ross I civ ff., II 206). Beide Kapitel unterscheiden sich schon dadurch, daß es in H 6 zumindest auch um die Einheit des konkreten Zusammengesetzten geht (vgl. Halper 1984 und 1989, 179 ff.). Das zeigen vor allem die Beispiele, an denen Aristoteles in H 6 seine Überlegungen illustriert, insbesondere das an Z 8 erinnernde Beispiel der ehernen Kugel, sofern es mit der Erwähnung von Wirkursache (1045a31, b22) und Entstehungsvorgang (a31) verbunden wird. Zuweilen kann man sogar den Eindruck gewinnen, als träte das Problem der Einheit der Definition in H 6 ganz zurück. Ich halte es deswegen für gerechtfertigt, das Kapitel zunächst daraufhin zu befragen, was sich ihm in bezug auf die Einheit des konkreten Zusammengesetzten abgewinnen läßt.

Zwei Auslegungsmöglichkeiten bieten sich an (vgl. Charles 1994). Die erste läuft der Sache nach auf eine Entschärfung des Aristoteles beschäftigenden Einheitsproblems hinaus. Ihr zufolge hält er die Einheit des Zusammengesetzten für „gar kein Problem" (a24–25, 29), weil er die konstitutiven Momente „Materie" und „Form" bzw. „Gestalt" (*morphê*)

nicht als selbständige Komponenten, sondern als bloße
Aspekte der konkreten Sache betrachtet, die das Zusammengesetzte ist. Letztlich würden die Ausdrücke „Materie" und
„Form" dann nur für verschiedene Weisen, einen Gegenstand anzusprechen, stehen (vgl. Sellars 1967, 118). So kann
man beispielsweise, wie Aristoteles in H 2 darlegt, ein Haus
als Steine, Ziegel, Holz definieren und es so der Materie oder
der Potentialität nach (*dynamei*) bestimmen (1043a14–16).
Man kann es aber auch als einen Schutzraum für Sachen und
Körper bezeichnen und es so in seiner Form oder Aktualität
(*energeia*) kenntlich machen (a16–18). Schließlich kann man
beides zusammennehmen und so das Zusammengesetzte sowohl der Materie oder Potentialität als auch der Form oder
Aktualität nach bestimmen (a18–19). Im Fall von Artefakten
wie einem Haus oder der in H 6 genannten ehernen Kugel lassen sich die Materie und die Form allerdings auch als selbständige Momente verstehen. Denn selbst wenn beide im fertigen Artefakt eine Einheit bilden, so kann ein Haus doch wieder zu einem Haufen von Steinen, Ziegeln, Holz und eine
eherne Kugel zu einem Klumpen Erz verfallen, wie auch die
jeweilige Form zunächst als Entwurf „in der Seele" des Her-
stellenden (1032b1, b5) oder auch als die entsprechende
Kunstfertigkeit (vgl. b13–14) unabhängig von der Materie
besteht. Vertreter der ersten Interpretation orientieren sich
deswegen in der Regel stärker an dem Einheitsmodell, das
Aristoteles durch Lebewesen, den eigentlichen Substanzen in
der sublunaren Welt (1032a19, 1034a4), verwirklicht sieht
(vgl. bes. Kosman 1987 und 1994). In diesem Fall fungieren
die Seele (*psychê*) und der Körper (*sôma*) so als Form bzw. Materie, daß das eine nicht ohne das andere existieren kann. Indem die Seele erste Verwirklichung (*prôtê entelecheia*) eines or-
ganischen Körpers ist (*De An.* II 1, 412 a 27–29), läßt sie sich
nicht einmal ohne einen spezifischen Körper denken. Umgekehrt kann auch dieser als Körper eines Lebewesens nur identifiziert werden, sofern er lebendig und d. h. beseelt ist (vgl.
Ackrill 1972/3); der Körper eines Leichnams ist für Aristoteles Körper nur dem Namen nach (*Meteor.* 389b31, vgl.
1035b24, *De An.* 412b21–23). Als notwendig verkörperte
scheint die Seele aber mit dem Körper als notwendig beseel-

tem realiter identisch zu sein, so daß ihr Unterschied allenfalls einer der Betrachtung sein zu können scheint. „Seele" und „Körper" scheinen begriffliche Differenzierungen zu sein, die dem, was real als Ununterschiedenes vorliegt, von außen – etwa aufgrund eines Abstraktionsaktes (vgl. Scaltsas 1994) – zugeschrieben werden. Eben diese „konzeptionalistische" Auffassung, die den Kern der ersten Auslegungsmöglichkeit darstellt, sehen viele Interpreten durch den Schluß von H 6 bestätigt, wo es heißt, die „letzte Materie" (*eschatê hylê*) und die „Gestalt" seien dasselbe (*tauto*) und eins (*hen*), das eine der Potentialität nach, das andere der Aktualität nach (1045b18–19).

Gegen eine derartige Deutung sind jedoch erheblich Einwände geltend zu machen. Zweifel sind schon an der Auslegung des Verhältnisses von letzter Materie und Form als Identitätsverhältnis angebracht. Die Materie-Form-Begrifflichkeit macht nur Sinn, wenn zwischen Materie und Form ein realer Unterschied gemacht werden kann. So wie ich die herangezogene Schlußaussage verstehe, besagt sie, daß die letzte Materie, die Potentialität (Nominativ!), das der Potentialität nach (Dativ!) ist, was die Form, die Aktualität, der Aktualität nach ist, nämlich das konkrete Einzelding bzw. Zusammengesetzte. Letzte Materie und Form sind nicht identisch miteinander, sondern sie sind beide auf je verschiedene Weise ein Drittes, eben dasselbe konkrete Einzelding.[3] Bei dieser Lesart bleibt auch im vorliegenden Zusammengesetzten eine Differenz zwischen der letzten Materie qua Potentialität und der Form qua Aktualität erhalten. Vor allem spricht gegen die erste Auslegungsmöglichkeit jedoch eins: Träfe sie zu, dann müßte Aristoteles das Zusammengesetzte als ontologisch primär gegenüber seiner Form betrachten; seine Einheit gründete ja nicht in einer besonderen Beziehung zwischen Materie und Form, sondern es wäre umgekehrt diese Einheit, die als schon gegebene die Einheit (und

---

3 Hermann Weidemann hat mich darauf aufmerksam gemacht, daß diese Lesart auch die philologisch überzeugendste, wenn nicht zwingende ist. Schließlich heißt es von der „*hylê eschatê*" und der „*morphê*" nicht einfach, daß sie „*tauto*", sondern daß sie „*tauto kai hen*" sind.

Identität) von Materie und Form erklärte. In *Met.* Z wird aber
die Form und nicht das Zusammengesetzte als „erste Substanz" und damit als ontologisch primär ausgezeichnet
(1029a6, a31, 1030a10–12, 1032b1–2, 1037a5 u. ö.), und trotz
der stärkeren Konzentration auf das Zusammengesetzte in H
scheint Aristoteles diese Auszeichnung nicht revidieren zu
wollen (vgl. bes. H 3, 1043a29–b3). Deswegen ist grundsätzlich eine Deutung vorzuziehen, die die Ausführungen von H 6
enger an die Argumentation von ZH insgesamt anzuschließen
erlaubt. Einen solchen Brückenschlag leistet die zweite Auslegungsmöglichkeit.

Ihre textliche Grundlage hat diese Interpretation in dem
Umstand, daß Aristoteles in H 6 schon mit dem ersten Satz
besonderen Nachdruck auf den Begriff der „Ursache" (*aition*)
einer Einheit legt (1045a7–8). Wird das beachtet, so drängt
sich auf, die Überlegungen von H 6 mit denen von Z 17, H 2
und H 3 zu verbinden, wo die mit dem Wesenswas (*ti ên einai*)
identifizierte Form als Ursache der Einheit des Zusammengesetzten begriffen wird (vgl. 1041a28, b8, 1042b32–43a4,
1044a2–11). Die Einheit des Zusammengesetzten fände
demnach auch in H 6 ihre Erklärung in der Form als Ursache
dieser Einheit.[4] Die Frage ist allerdings, wie diese Erklärung
genau zu verstehen ist, d. h. in welcher Weise die Form als
Einheitsursache fungiert.

Die allgemeine Antwort, die Aristoteles darauf in H 6 gibt,
bringt die Begriffe der Potentialität und der Aktualität zur
Geltung. Die Form soll nämlich als Aktualität Ursache dafür
sein, daß die Materie, die der Potentialität nach ein bestimmtes Zusammengesetztes ist, dieses Zusammengesetzte auch
der Aktualität nach ist (1045a30–33). Die Einheit des Zusammengesetzten soll auf einer besonderen Beziehung von Materie und Form beruhen, die Aristoteles überspitzt dadurch
zum Ausdruck bringt, daß er die Form qua Aktualität als We-

---

4 Der schwierige Satz 1045a32–33, wo es heißt, nichts anderes sei „die Ursache dafür, daß das, was potentiell eine Kugel ist, aktual eine Kugel ist, sondern
dies war das Wesenswas für ein jedes von beiden", ist dementsprechend so zu
lesen, daß sich das „dies" (*touto*) in a 33 auf „Ursache" (*aition*) in a 32 zurück-
bezieht.

senswas nicht nur des Zusammengesetzten, sondern auch der Materie bezeichnet (a33: *hekaterôi*). Qua Potentialität ist die Materie ganz durch ihr Bezogensein auf die Form qua Aktualität bestimmt.

Was diese Antwort konkret besagt, läßt sich am besten am Vorgang der Herstellung von Artefakten explizieren. Im Fall eines Hauses beispielsweise sind Steine und Ziegel die „letzte Materie", weil sie ohne Zwischenschritte in einem einzigen Herstellungsvorgang zu einem Haus gebildet werden können (vgl. Θ 7, 1049a8–12). Sie haben die unmittelbare passive Fähigkeit, ein Haus abzugeben, und sind insofern das Haus der Potentialität nach. Als Form tritt demgegenüber der Zweck auf, den Häuser haben sollen, also etwa der Zweck, ein Schutzraum für Sachen und Körper zu sein.[5] Der Zweck gibt dem Baumeister die Wahl der für seine Realisierung geeigneten Materialien vor, wobei er zwischen verschiedenen Materialien wählen kann, wenn es mehrere gibt, die über die entsprechenden dispositionellen Eigenschaften verfügen. Sobald aber die geeigneten Materialien, also zum Beispiel die Steine und Ziegel, so geordnet sind, daß sie den Zweck eines Hauses erfüllen, sind sie nicht mehr nur der Potentialität nach ein Haus, sondern tatsächlich, d. h. der Aktualität nach. Vorausgesetzt ist dabei allerdings, daß das fertige Haus tatsächlich Resultat eines zweckgerichteten Herstellungsprozesses ist und sich nicht etwa, was denkbar ist, einem Zufall verdankt (vgl. Z 9, 1034a21–26). Nur wenn die Ziegel und Steine zu dem Zweck, einen Schutzraum zu schaffen, so und so geordnet werden, bilden sie ein Haus im strengen Sinne. Und nur unter dieser Bedingung fungiert die Form qua Zweck als Ursache der Einheit (und des Seins (vgl. Z 17, 1041b28)) der Materie wie des Zusammengesetzten.

Was für die Herstellung von Artefakten gilt, gilt im wesentlichen auch für die fertigen Produkte. Die Steine und Ziegel, die dadurch zum Haus werden, daß sie einen bestimmten Zweck erfüllen, sind und bleiben ja solange ein Haus, wie sie eben diesen Zweck erfüllen. Daß sie nach Abschluß des Her-

---

5 Ich übergehe der Einfachheit halber, daß die Form auch als Gestalt (= Formursache) und Kunstfertigkeit, *technê* (= Wirkursache) auftreten kann.

stellungsvorgangs ein Haus darstellen, bedeutet jedoch nicht,
daß sie damit ihren Potentialitätscharakter verlören. Sie bleiben nicht nur aktualiter Stein und Ziegel, sondern auch potentiell ein Haus. Zwar mögen sie ihre passive Fähigkeit, zu
einem Haus *gebildet* zu werden, einbüßen (obwohl dies nicht
notwendig so ist, lassen sich aus einmal verbauten Ziegeln
und Steinen doch auch wieder neue Häuser errichten (vgl.
Frede 1994, 192)). Entscheidend ist aber, daß Aristoteles ihnen in Analogie zu dieser Fähigkeit die ebenfalls passive
Fähigkeit zuschreibt, ein Haus zu *sein* (vgl. Θ 6–8). Kraft dieser Fähigkeit sollen sie den dauerhaften Bestand der
Zweckerfüllung ermöglichen. Ebenso bleibt die Form, die
sich in einem bestimmten Haus verwirklicht hat, als Aktualität erhalten, denn der Zweck, einen Schutzraum für Sachen
und Körper abzugeben, läßt sich ja weiterhin als solcher angeben. Daraus wird ersichtlich, daß sich Aristoteles zumindest bei der Analyse der Einheit von Artefakten am Modell einer Einheit orientiert, die zwar durch die Form zu erklären
ist, mit der Berücksichtigung der Materie zugleich aber eine
bleibende Differenz einschließt.

Ich denke nun, daß das mit gewissen Modifikationen auch
auf die Einheit der Lebewesen, Aristoteles' bevorzugten Fällen von Substanz, zutrifft. Jedenfalls scheint mir diesbezüg-
lich Aristoteles' Intention ganz unzweifelhaft zu sein; zwei-
felhaft ist nur, ob die Übertragung der an Artefakten gewon-
nenen begrifflichen und sachlichen Unterscheidungen auf die
Analyse von Lebewesen durchgängig befriedigen kann. Auch
ist nicht immer klar, wie die Materie, die eine Differenz in der
Einheit markiert, im Fall von Lebewesen genau zu fassen ist.

Allem Anschein nach schwankt Aristoteles zwischen zwei
verschiedenen Betrachtungsweisen. Zuweilen gleicht er die
Einheit von Lebewesen der der Artefakte soweit an, daß er
auch die Lebewesen durch eine eigenständige oder bedingt
eigenständige Materie konstituiert sieht. Das geschieht dort,
wo er das Blut als die Materie bestimmt, aus der Lebewesen
entstehen und bestehen (vgl. *GA* II 22, 730b5–32, *PA* III 5,
668a1 ff.; zum Ganzen Freeland 1987, 398 ff.), wo er die
gleichteiligen Bestandteile Fleisch und Knochen gegen die
funktional auf die Lebenstätigkeit bezogenen Organe abhebt

(vgl. 1035a18–19, a31–b1, 1036b4) oder die vier Grundele-
mente für die Vergänglichkeit von Lebewesen verantwortlich
macht (dazu ausführlich Gill 1989, 2. und 7. Kap.). Zuweilen
betrachtet er aber auch diese verschiedenen materiellen Bestandteile als so auf die Lebenstätigkeit bezogen, daß sie wie
die Organe und der Körper als Ganzes als das, was sie sind,
nur identifiziert werden können, sofern sie beseelt sind (vgl.
Meteor. IV 12, 390a10 ff. sowie Lloyd 1992, 149 ff.). Selbst
dann bleibt jedoch eine Differenz von Form und Materie,
Seele und Körper oder Körperbestandteilen erhalten, nämlich die von Aktualität und Potentialität. Wenn Aristoteles die
Seele als Aktualität bezeichnet und den Körper als Potentialität, muß er damit nicht behaupten, das eine könnte ohne das
andere existieren oder auch nur zu denken sein. Vielmehr
kann man ihn so verstehen, daß die Seele als Aktualität die
durch den Körper repräsentierte Potentialität auf ähnliche
Weise einschließt, wie die Ausübung einer Fähigkeit (eine
„zweite" Verwirklichung) diese Fähigkeit selbst (als „erste"
Verwirklichung) einschließt, nur daß im Fall der Lebenstätigkeit die Ausübung der Fähigkeit keine Unterbrechung
leidet (vgl. Θ 7, 1048b26–27, *De An.* II 1, 412b25–26, 413a2).
Als dauerhaft Aktivierendes und Aktiviertes müssen Aktualität und Potentialität stets simultan auftreten, ohne deswegen doch miteinander identisch zu werden. Das simultane
Auftreten beider hindert nicht, daß das eine – die Potentialität
(z. B. in Form der am Stoffwechsel beteiligten Organe) –
funktional und explanatorisch auf das von ihm unterschiedene andere – die Aktualität (z. B. in Form des vegetativen
Seelenvermögens) – bezogen ist. Auch wenn es sich um ein
Lebewesen handelt, bleibt das Zusammengesetzte eine Einheit von Differentem, wenn auch eine im Vergleich zu Artefakten gleichsam geschlossenere; es ist nicht identisch mit seiner Form, wie manchmal behauptet wird (dazu Steinfath
1991, 271 ff.).
Mit Hilfe der Begriffe von Potentialität und Aktualität wird
die Einheit des Zusammengesetzten in H 6 also so gedacht,
daß das konkrete Einzelding mehr ist als eine bloße Verbindung von an und für sich selbständigen Momenten, aber weniger als ein schlechthin Einfaches. Es steht damit für ein Ein-

heitsmodell, das anders als das in Z 12 anvisierte dem eingangs
erwähnten doppelten Erfordernis von Einheit und Differenziertheit genügt. Dieses Zusammen von Einheit und Differenziertheit ist für Aristoteles jedoch kein spannungsfreies. In
H 6 unterstreicht er dies dadurch, daß er die Einheit des Zusammengesetzten mit der der Form kontrastiert. Anders als
jene bedarf diese nämlich keiner Begründung, denn als Einheit eines Einfachen ist sie eine unmittelbare, nicht weiter
vermittelte Einheit. In diesem Sinne verstehe ich die sich an
die vorgeschlagene Lösung des Problems der Einheit des Zusammengesetzten anschließenden Ausführungen von H 6, die
dem gelten, was „unmittelbar jeweils das ist, was eigentlich
eine Einheit ist, wie auch das, was eigentlich ein Seiendes ist"
(1045a36–b1).

Ross hat (wie vor ihm Schwegler) diese Bemerkungen auf
die Kategorien als „obersten Gattungen" beziehen wollen,
die weder wahrnehmbare noch denkbare Materie besäßen,
weil sie unter keine andere Gattungen fielen (II 238). Aber
diese Deutung ist wenig plausibel, fehlt doch gerade den Kategorien als den allgemeinsten Ordnungsgesichtspunkten
jene Form von Bestimmtheit, die Aristoteles normalerweise
als Bedingung für Einheit annimmt. Wenn man dagegen bedenkt, daß in ZH immer wieder die Einfachheit und Materie-
losigkeit des Wesenswas bzw. der Form betont wird, dann erscheint es überzeugender, die Rede von einer unmittelbaren
Einheit genauso auf das Wesenswas und die Form zu beziehen, wie schon die Rede von den „einfachen Dingen" (hapla)
in Z 17 (1041b9). Das würde auch verständlich machen, wieso
Aristoteles sagt, daß das, was unmittelbar eine Einheit ist,
nicht „getrennt von den Einzeldingen (kath'hekasta)" existiert
(1045b5–7). Zwar bleibt auch so erklärungsbedürftig, warum
Aristoteles als Beispiele für das, was unmittelbar eine Einheit
ist, „das Dieses" (to tode), „das Wiebeschaffen" (to poion) und
„das Wieviel" (to poson) anführt (a35–b2). Aber dafür könnte
es einen besseren Grund geben als den von Ross: An der
schon partiell zitierten Stelle in Z 4, wo das Wesenswas und
„die Formen einer Gattung" als das ausgezeichnet werden,
daß das, was es ist, nicht dadurch ist, daß etwas von etwas ausgesagt wird, werden das Wesenswas und die Form nämlich,

wie der nähere Kontext zeigt, auf Entitäten aller Kategorien bezogen (vgl. 1030a2–27, a31–32, besonders aber b4–13 sowie Z 6, 1031b22–28 und Z 9, 1034b7–16). Für sich genommen gilt auch von dem, was unter die sekundären Kategorien fällt, daß es anders als „weißer Mensch" nicht dadurch ist, was es ist, daß „etwas von etwas ausgesagt" wird. Und soweit, wie dies der Fall ist, sind auch die unter die sekundären Kategorien fallenden Dinge „unmittelbar eine Einheit und ein Seiendes" (vgl. Halper 1984, 154 f.).

IV

Damit ist der Punkt erreicht, an dem ich mich dem bisher ausgesparten Problem der Einheit der Definition in H 6 zuwenden kann. Von seiner Deutung hängt ab, wie man das Verhältnis von H 6 und Z 12 faßt und beide Kapitel in die Gesamtargumentation von ZH einordnet.

Daß es in H 6 auch um die Einheit des konkreten Zusammengesetzten geht, heißt nicht, daß es nur um diese ginge. Vielmehr ist Aristoteles in H 6 bestrebt, das Verhältnis von Form und Materie für die Lösung verschiedener Einheitsprobleme fruchtbar zu machen. Hält man sich an die Beispiele von Verbindungen, die nicht erklären zu können er anderen Philosophen vorhält (1045b9 ff.), dann glaubt er mit dem Begriff der Form und der Materie, der Aktualität und der Potentialität auch akzidentelle Einheiten wie die zwischen Seele und Wissenschaft, Seele und Gesundheit und Fläche und weißer Farbe begreiflich machen zu können. Und der gleiche Anspruch wird in der ersten Hälfte des Kapitels für die Einheit der Bestandteile der Definition erhoben.

Dem vorherrschenden Verständnis von H 6 zufolge wird das Problem der Einheit der Definition hier ganz ähnlich angegangen wie in Z 12. Wenn Aristoteles fragt, „was es nun wohl ist, das den Menschen zu einer Einheit macht, und wodurch er eine Einheit und nicht Vieles ist, zum Beispiel Lebewesen und Zweifüßiges" (a14–15), dann ist es naheliegend, ihn so zu verstehen, als wollte er im weiteren die Gattung „Lebewesen" als Materie und Potentialität und die Differenz

„zweifüßig" als Gestalt und Aktualität begreifen. Er würde so
den in Z 12 eher beiläufig erwähnten und argumentativ nicht
ausgeschöpften Vergleich von Gattung und Materie und die
Gleichsetzung von letzter Differenz und Form in H 6 vertiefen. Ich denke, diese Deutung trifft einen möglichen Sinn der
Überlegungen von H 6. Dennoch sind mit ihr größere
Schwierigkeiten verbunden, als gemeinhin gesehen wird.

Zum einen ist ihr Anhalt im Text kein völlig sicherer. Ausdrücklich sagt Aristoteles nur, daß in der Definition stets das
eine Materie, das andere Form oder Aktualität ist (a22–25,
34). Eine explizite Identifizierung oder Analogisierung von
Gattung und Differenz mit beidem fehlt. Auch die oft
bemühte Unterscheidung von „wahrnehmbarer" (*aisthêtê*)
und „denkbarer" (*noêtê*) Materie (a34) bietet dem vorherrschenden Verständnis keinen unabhängigen Halt. Aristoteles
illustriert diese Unterscheidung in Z 10 am Unterschied zwischen ehernen (bzw. hölzernen) und mathematischen Kreisen
(1036a3–5,10–11, vgl. Z 11, 1037a4–5), wobei letztere nur
über denkbare Materie verfügen sollen, und das entspricht
dem (von Jaeger athetierten) Beispiel des als „ebene Figur"
bestimmten Kreises in H 6 (1045a35). Meinem Verständnis
nach sagt Aristoteles, in der Definition sei das eine Materie,
das andere Form und dies gelte auch, wenn das eine die Gattung und das andere die Differenz ist. Das läßt Raum für andere Arten der Definition neben der Angabe von Gattung und
Differenz.

Zum anderen wirft die Deutung der Gattung als Materie
und der Differenz als Form sachliche Probleme auf, von denen allerdings unklar ist, wieweit sie Aristoteles bewußt waren. Vor dem Hintergrund der relativ komplexen Analyse der
Einheit des Zusammengesetzten kann es schon verwundern,
daß er überhaupt glauben konnte, die Einheit von Gattung
und Differenz analog zum Verhältnis von Materie und Form
oder Potentialität und Aktualität aufschlüsseln zu können.
Noch gravierender ist aber, daß die Erhellung der Beziehung
von Gattung und Differenz an der von Materie und Form faktisch darauf hinausläuft, die Einheit der Form, die ja nach Z 12
Gattung und Differenz zu ihren Teilen hat, der Einheit des
Zusammengesetzten anzugleichen, obwohl die Form gerade

Substanz ohne Materie sein soll! Aristoteles mag deswegen in Z 12 gezögert haben, die Gattung umstandslos als Materie zu betrachten (vgl. Frede 1990, 127 ff.). Hält man H 6 und Z 12 zusammen, wird jedenfalls erklärungsbedürftig, wie die Einheit der Form einmal über das Verhältnis von Form und Materie gefaßt werden können und einmal als ohne Materie behaftet keiner weiteren Begründung bedürftig sein soll. Ein Ausweg wäre der, zwischen zwei verschiedenen Formbegriffen zu unterscheiden, etwa zwischen der Artform und der immanenten Form (im Fall der Lebewesen der Seele) und nur die Artform als Gegenstand der Definition zu betrachten, die immanente Form dagegen dem intuitiven Erfassen (*noein*) der nicht zusammengesetzten Dinge (*ta asyntheta*) zuzuordnen, von dem vorausweisend in Z 17 (1041b9–11) und ausführlich in Θ 10 (1051b17–32) die Rede ist. Aber auf der einen Seite hat Aristoteles versucht, die Form als Art und als immanentes Einheitsprinzip zusammenzudenken. Und auf der anderen Seite spricht viel dafür, daß auch das in Θ 10 genannte intuitive Erfassen ein zumindest implizit propositionales Wissen ist, das sich in die Mehrgliedrigkeit einer Definition auseinanderfalten läßt (vgl. Liske 1985, 423 ff.); es könnte sich gut auf die letzte Differenz von Z 12 beziehen, die ja auch etwas Einfaches sein soll, aus der sich eine Pluralität entwickeln läßt.

Einen anderen Ausweg hat Bostock in seiner unorthodoxen Kommentierung von H 6 ins Auge gefaßt (28f., 287 ff.). Für Bostock ist der Gegenstand der Definition in H 6 anders als in Z 12 gar nicht die Form, sondern allein das Zusammengesetzte. Auch diese Sicht trifft einen möglichen Sinn der Überlegungen von H 6. Die Einheit der Definition soll ja in der ihres Gegenstands gründen, und da es in H 6 zumindest auch um die Einheit des Zusammengesetzten geht, erscheint es denkbar, daß dieses hier der Gegenstand ist, der die Definitionseinheit sichert. Außerdem ist zuzugestehen, daß Aristoteles schon in Z 10 und 11 (1035a22 ff., 1036a21 ff.) und verstärkt dann in H 2 und 3 Definitionen von Zusammengesetztem zuläßt, wenn nicht sogar favorisiert (vgl. bes. 1043b23–32). Zwar ist es unwahrscheinlich, daß Gattung und Differenz Teile des Zusammengesetzten sein sollen. Bostock kann aber darauf hinweisen, daß sich Aristoteles in H die Definition des Zusammengesetzten als Angabe von Form und Materie denkt, ein Lebewesen also als „so und so beschaffene Seele in einem so und so beschaffenen Körper" definiert werden kann (vgl. 1043a18 ff.). Da Aristoteles von Einzeldingen keine Definition zuläßt (1036a2–6, 1039b27–30), könnte das auf diese Weise definierte Zusammengesetzte allerdings nicht das konkrete sein, sondern nur das Zusammengesetzte als Allgemeines, von dem in Z 10 und 11 kurz gesprochen wird (1035b27–30, 1037a5–7) und das nicht mit der Form von Z 12 zu verwechseln ist. Auch mit dieser Deutung sind jedoch Schwierigkeiten verbunden.

Der Sache nach läuft sie entweder auf ein Nebeneinander zweier Definitionsgegenstände und -formen hinaus, wie es in ZH über weite Strecken tatsächlich zu beobachten ist (vgl. Morrison 1990), der gleichzeitigen Ausrichtung der Substanzbücher auf die Form als eigentlichem Definitionsgegenstand aber widerspricht. Oder sie läuft, wie bei Bostock, sogar auf eine Negierung der Definierbarkeit der Form zugunsten des Zusammengesetzten hinaus, was mir mit dem Duktus von ZH insgesamt gänzlich unvereinbar scheint. Außerdem ist auch in H 3, auf dessen Schluß der Anfang von H 6 zurückverweist, explikativ von der „Definition und dem Wesenswas" die Rede (1044a1–2), was bei einer Identifikation von Wesenswas und Form eine Auszeichnung der Form als eigentlicher Definitionsgegenstand auch in H bedeuten muß (vgl. auch 1044a10–11: „*hē kata to eidos ousia*").

Die Schwierigkeiten, in die sowohl die vorherrschende wie Bostocks unorthodoxe Interpretation führen, sind nun aber Schwierigkeiten, die in der Substanzlehre von ZH selbst begründet liegen. Hinter dem doppelten Ausgangsproblem der Einheit und Differenziertheit von Definition und Substanz, steht die Orientierung an zwei verschiedenen Einheitsmodellen: einem Modell, das Einheit als Einfachheit versteht und deswegen die Form als Substanz und Definitionsgegenstand auszeichnet, und einem zweiten Modell, das Einheit als differenzeinschließend begreift und deswegen auch das Zusammengesetzte als Substanz und Definitionsgegenstand gelten läßt. Soweit ich sehe, hat sich Aristoteles zwischen diesen beiden Einheitsmodellen nie wirklich entschieden. Wohl hat er zuweilen – besonders in Z – versucht, sie durch die Bestimmung des Zusammengesetzten allein über die Form miteinander zu verbinden (vgl. Z 11, 1037a27–30). Bei der dabei vorausgesetzten vollständigen Durchdringung des Zusammengesetzten durch die Form verlöre diese jedoch entweder ihre in Z 12 unterstellte Einfachheit oder jenes seine in H 6 aufrechterhaltene Differenziertheit und Materialität. Man dürfte Aristoteles deswegen am ehesten gerecht werden, wenn man die ZH durchziehenden Spannungen zwischen Form und Zusammengesetztem, Einfachheit und Differenziertheit, die Materie ein– und sie ausschließender Definition bestehen läßt. Die Substanzbücher der Metaphysik werden nicht durch einen konsistenten Gedankengang zusammengehalten, sondern durch ein in verschiedene Facetten zerfallendes Grundproblem. Es läßt sich in die Frage bringen, wie es überhaupt ein sicheres Wissen von der materiellen und veränderlichen Welt, in der wir leben, geben kann, oder auch in die Frage, wie diese Welt an der besonderen Stabilität und Dignität teilhaben kann, die Aristoteles der Welt der reinen Formen zuschreibt, zu der die Untersuchung von ZH hinleiten soll (vgl. Z 2, 1028b27–32, Z 11, 1037a10–17, Z 17, 1041a7–9).

Literatur

Ackrill, J. L. 1972/3, Aristotle's Definition of Psuche, in: Proceedings of the Aristotelian Society 73, 119–133.

Bonitz, H. 1848, Aristotelis Metaphysica, Bonn.

Charles, D. 1992, Aristotle on Substance, Essence and Biological Kinds, in: J. Cleary/D. Shartin (Hrsg.), Proceedings of the Boston Area Colloquium in Ancient Philosophy 6, 215–249.

– 1994, Matter and Form: Unity, Persistence, and Identity, in: T. Scaltsas/D. Charles/M. L. Gill (Hrsg.), Unity, Identity, and Explanation in Aristotle's Metaphysics, Oxford, 75–105.

Frede, M. 1990, The Definition of Sensible Substances in *Met.* Z, in: D. Devereux/P. Pellegrin (Hrsg.), Biologie, logique, et metaphysique chez Aristote, Paris, 113–129.

– 1994, Aristotle's Notion of Potentiality in Metaphysics Θ, in: T. Scaltsas/D. Charles/M. Gill (Hrsg.), Unity, Identity, and Explanation in Aristotle's Metaphysics, Oxford, 173–193.

Freeland, C. A. 1987, Aristotle on Bodies, Matter, and Potentiality, in: A. Gotthelf/J. Lennox (Hrsg.), Philosophical Issues in Aristotle's Biology, Cambridge, 392–407.

Gill, M. L. 1989, Aristotle on Substance. The Paradox of Unity, Princeton.

Halper, E. 1984, Metaphysics Z 12 and H 6: The Unity of Form and Composite, in: Ancient Philosophy 4, 146–159.

– 1989, One and Many in Aristotle's Metaphysics, Columbus.

Jaeger, W. 1912, Studien zur Entstehungsgeschichte der Metaphysik des Aristoteles, Berlin.

Kosman, A. 1987, Animals and other Beings in Aristotle, in: A. Gotthelf/J. Lennox (Hrsg.), Philosophical Issues in Aristotle's Biology, Cambridge, 360–391.

– 1994, The Activity of Being in Aristotle's Metaphysics, in: T. Scaltsas/D. Charles/M. L. Gill (Hrsg.), Unity, Identity, and Explanation in Aristotle's Metaphysics, Oxford, 195–213.

Liske, M.-Th. 1985, Aristoteles und der aristotelische Essentialismus. Individuum, Art, Gattung, Freiburg/München.

Lloyd, G. E. R. 1992, Aspects of the Relationship between Aristotle's Psychology and his Zoology, in: M. Nussbaum/A. O. Rorty (Hrsg.), Essays on Aristotle's De Anima, Oxford, 147–167.

Morrison, D. 1990, Some Remarks on Definition in Metaphysics Z, in: D. Devereux/P. Pellegrin (Hrsg.), Biologie, logique, et metaphysique chez Aristote, Paris 131–144.

Scaltsas, Th. 1994, Substantial Holism, in: T. Scaltsas/D. Charles/M. L. Gill (Hrsg.), Unity, Identity, and Explanation in Aristotle's Metaphysics, Oxford, 107–128.

Sellars, W. 1967, Aristotle's Metaphysics: An Interpretation, in: –, Philosophical Perspectives, Springfield, 73–124.

Steinfath, H. 1991, Selbständigkeit und Einfachheit. Zur Substanztheorie des Aristoteles, Frankfurt a. M.

10

Michael-Thomas Liske

Inwieweit sind Vermögen intrinsische dispositionelle Eigenschaften? (Θ 1–5)

,

Die Interpretation von Aristoteles' *Metaphysik* Θ ist vielfach von der Unterscheidung einer Total- und einer Partialmöglichkeit beherrscht, die auf Nicolai Hartmann zurückgeht. Hartmann (bes. 1937 und 1938) entwickelte seine eigene Konzeption der Realmöglichkeit im Ausgang von der Megarischen These: etwas sei nur dann möglich, wenn es wirklich ist; wenn es aber nicht wirklich ist, dann sei es auch nicht möglich (*Met.* Θ 3, 1046b29 f.). In diesem von Aristoteles angegriffenen Grundsatz sieht er gerade das Realgesetz der Möglichkeit. Um Hartmann zu verstehen, müssen wir uns klarmachen: Im Unterschied zu den zeitlosen logischen Möglichkeiten ist für die Realmöglichkeit der Bezug auf das zeitliche reale Geschehen konstitutiv. Genauer herrscht hier sogar eine zwiefache zeitliche Bindung. Einmal ist die Zeit wichtig, zu der diese Möglichkeit besteht. Denn die zu dieser Zeit vorliegende Situation ist die reale Grundlage dafür, daß etwas möglich ist. Sodann ist zu fragen, für welche Zeit etwas möglich ist, d. h., wann das mögliche Ereignis, der Zustand etc. eintreten kann. Formal gesprochen heißt dies: Wir müssen die Zeitbestimmung sowohl auf den Modaloperator beziehen als auch auf den modalisierten Sachverhalt (oder die ihn bezeichnende Aussage).[1]

---

1 Der Megarische Grundsatz „*hotan energêi monon dynasthai*" (1046b29 f.) läßt so auch zwei Deutungen zu: Nur dann, wenn einer das Vermögen ausübt, be-

Hartmann orientiert sich nun vornehmlich an der unmittelbaren (d. h. gleichzeitigen) Realmöglichkeit und gelangt so zur Lehre der Totalmöglichkeit in der megarischen Form: Damit ein Sachverhalt möglich ist, im Sinne von: jetzt im gegenwärtigen Augenblick realisierbar, muß die Totalität seiner notwendigen Einzelbedingungen erfüllt sein. Diese machen die hinreichende Gesamtbedingung aus, die unweigerlich das wirkliche Bestehen des Sachverhalts bewirkt. So gesehen ist nur das möglich, was augenblicklich wirklich ist. In dieser Fassung hat Aristoteles sicher nicht die Lehre der Totalmöglichkeit vertreten, und so hält Hartmann ihm denn auch vor, zum Begriff einer bloßen Teilmöglichkeit gelangt zu sein. Seel (1982), der Aristoteles auf dem Hintergrund der Hartmannschen Modaltheorie auslegt, hat indes gezeigt: Wenn man von der mittelbaren (auf eine künftige Realisierung bezogenen) Realmöglichkeit ausgeht, dann braucht die Totalmöglichkeit, d. h. *die Gesamtheit* der für ein künftiges Wirklichsein jetzt *notwendigen Bedingungen*, nicht mit einem *zureichenden Realprinzip* zusammenzufallen, welches das Resultat unausweichlich herbeiführt. Damit ist die für Aristoteles zentrale Kontingenz als Doppelmöglichkeit zu Entgegengesetztem nicht mit der Theorie der Totalmöglichkeit unvereinbar. Wenn man gemäß der Lehre von der Totalmöglichkeit fordert: „Damit es zum Zeitpunkt t_1 möglich ist, daß der Sachverhalt p zu t_2 besteht ($t_2 > t_1$), darf keine der zu t_1 notwendigen Bedingungen dafür, daß p zu t_2, fehlen, d. h. muß die Totalität der zu t_1 notwendigen Bedingungen vorliegen" (vgl. zu dieser Fassung Weidemann 1986), so ist damit noch nicht impliziert, daß eine zu t_1 zureichende Bedingung vorliegt, die das künftige Eintreten von p zu t_2 unvermeidlich verursacht. Vielmehr kann zugleich die Totalität der zu t_1 notwendigen Bedingungen dafür vorliegen, daß der zu p entgegengesetzte Sachverhalt zu t_2 der Fall ist, ohne daß hierfür eine zureichende Bedingung vorläge. Kurz, zu t_1 kann es sowohl möglich sein (im Sinne der Totalität der notwendigen Bedingungen), daß p zu t_2, als auch, daß der zu p entgegengesetzte Sach-

---

sitzt er es auch. (Diese Version legt Aristoteles seiner Kritik zugrunde). Man hat nur die Möglichkeit, zu dem Zeitpunkt tätig zu sein, wo man es tatsächlich ist.

verhalt zu t_2 der Fall ist. Weil so die aristotelische Kontingenz
auch auf Grundlage der Totalmöglichkeit scheint gewahrt
werden zu können, versucht Seel (bes. 300–339) nachzuwei-
sen, daß in Θ nirgends die Lehre von der Partialmöglichkeit
vorausgesetzt ist.[2]

Wir wollen demgegenüber zeigen: Dieser Zugang, der die
Distinktionen von Partialmöglichkeit und Totalmöglichkeit,
von einer Gesamtheit der notwendigen Bedingungen und einer hinreichenden Bedingung an Aristoteles heranträgt, vermag seinem Ansatz nicht gerecht zu werden. Nur wenn man
von vornherein eine lückenlose Determination zugrunde
legt, wäre diese Begrifflichkeit angemessen. Auch wenn sich
bei Aristoteles gewisse Wendungen finden, die deterministisch ausgelegt werden können, schließt er jedenfalls nicht
aus, daß künftige Ereignisse durch einen kausal nicht angelegten Zufall zustande kommen können.[3] Damit gilt es aber
die Situation folgenden Typs zu erwägen. Es liegen jetzt noch
keinerlei Faktoren vor, die ein in naher Zukunft eintretendes
Ereignis positiv herbeiführen könnten. Vielmehr, erst durch
ein unvorhersehbares Zusammentreffen kommen in der Zwischenzeit jene Momente zustande, die das künftige Ereignis
positiv begründen können. Das künftige Eintreten war aber
(wie wir im nachhinein sagen können) jetzt schon möglich, da
es hernach wirklich wurde. Hinsichtlich der jetzigen Möglichkeit des künftigen Ereignisses ist aber sicher nutzlos zu
fragen, ob sie die Gesamtheit oder nur einen Teil der jetzt für
das künftige Ereignis notwendigen Bedingungen voraussetzt.
Sinnlos ist dieser Gegensatz angesichts dessen, daß jetzt ja
noch keinerlei positive Momente dieses künftigen Sachverhalts gegeben sind, jedenfalls keine spezifischen, die sein Zustandekommen erklärbar machen. Als Einziges ist jetzt gege-

---

2 Damit setzt Seel sich nicht nur von Hartmann ab, der Aristoteles die Partialmöglichkeit vorhält, sondern auch von K. Bärthlein 1963. Nach Bärthlein
vertritt Aristoteles in *Met.* Θ 1, 2 u. 5 zwar die Totalmöglichkeit, in dem später eingefügten Θ 3 sei er jedoch auf die Partialmöglichkeit verfallen.
3 R. Sorabji (1980, ch. 1) kritisiert die Auffassung einiger Ausleger, auch die
Zufälle hätten für Aristoteles Ursachen, auch sie seien notwendig determiniert. Zur Frage, wie weit Aristoteles' Möglichkeitslehre deterministisch ist,
vgl. ch. 8.

ben, daß jetzt nichts vorliegt, was dieses künftige Ereignis definitiv ausschließt.

Warum die Begrifflichkeit einer notwendigen und einer zureichenden Bedingung unangemessen ist, die Aristotelische *dynamis*-Theorie zu beschreiben, hat zwei Gründe. Der sachliche ist, daß sich dieses Begriffspaar nur in Bereichen, wo durchgängig notwendige Ableitungszusammenhänge bestehen, systematisch einsetzen läßt. Nur dort kann eine hinreichende Bedingung, die für sich hinreicht, ein Resultat mit Notwendigkeit abzuleiten, durch notwendige definiert werden. Der interpretatorische Grund ist, daß Aristoteles im ganzen Buch Θ unmittelbar eine Theorie des Vermögens entwickelt, die nur indirekt Rückschlüsse auf seine Auffassung der Möglichkeit zuläßt. Unter den Vermögen sind die physischen Vermögen, in einem anderen einen Veränderungsprozeß zu bewirken oder selbst einen Veränderungsprozeß zu durchlaufen, von den ontologischen Vermögen, (als Resultat eines solchen Veränderungsprozesses) substantiell oder akzidentell so und so bestimmt zu sein, zu unterscheiden. Terminologisch spricht Aristoteles bei den physischen Vermögen zur Veränderung von *dynamis*. Bei den ontologischen Vermögen spricht er demgegenüber davon, daß etwas potentiell (oder dem Vermögen nach) etwas Bestimmtes ist (*dynamei on*).

Es ist wichtig, auch hier von einem Vermögen (oder einer Potentialität) zu reden, jedenfalls nicht (wie vielfach üblich) von einem ontologischen Möglichkeitsbegriff. Im physischen wie im ontologischen Fall geht es Aristoteles um ein Vermögen als eine besondere Form der Eigenschaft, die ein Individuum dazu befähigt (disponiert), sich oder ein anderes zu verändern oder etwas Bestimmtes zu sein. Vermögen sind also dispositionelle Eigenschaften eines Individuums. Angesichts dessen, daß einem Materiestück, das zwar individuell (zu einem Zeitpunkt jeweils nur an einer einzigen Stelle des Raumes) auftritt, wegen der fehlenden Bestimmtheit und Abgegrenztheit aber kein eigentliches Individuum ist, ein (ontologisches) Vermögen zugeschrieben wird, ein bestimmter substantieller Gegenstand zu sein, sollten wir besser allgemeiner sagen: Ein Vermögen stellt eine dispositionelle Eigenschaft von Individuellem dar.

Die Möglichkeit als Modalbegriff ist demgegenüber auf einen Sachverhalt oder eine Proposition[4] zu beziehen. Um einem Sachverhalt die logische Möglichkeit zuschreiben zu können, ist lediglich erforderlich, daß er in sich widerspruchsfrei ist; um ihm die reale Möglichkeit zuzuschreiben, ist darüber hinaus verlangt, daß die reale Situation (der Welt oder des für diesen Sachverhalt bedeutsamen Ausschnitts der Welt) zu dem Zeitpunkt, zu dem die Möglichkeit bestehen soll, es bei den herrschenden Naturgesetzen zuläßt, daß dieses Ereignis, dieser Zustand usw. irgendwann künftig zustande kommt (wenn es um die Möglichkeit eines generellen, zeitlich unbestimmten Sachverhalts geht) oder daß er zu der Zeit wirklich wird, auf die der Sachverhalt zeitlich fixiert wird. Ersichtlich bestehen Querverbindungen dazwischen, daß ein Gegenstand das physische oder das ontologische Vermögen zu einem Veränderungsvorgang bzw. einer Bestimmtheit hat, und der realen Möglichkeit des Sachverhalts, daß dieser Gegenstand sich (wirklich) so verändert oder so bestimmt ist.

Uns stellt sich die Aufgabe, jene Fragestellung, die sich hinter der unangemessenen Formulierung verbirgt, ob Aristoteles die Lehre von der Partial- oder Totalmöglichkeit vertreten hat, adäquater in bezug auf Vermögen zu klären. In Θ 3 ist klar die Auffassung angelegt: Ein solches Vermögen wie eine Wahrnehmungsqualität (z. B. rot) ist eine intrinsische dispositionelle Eigenschaft, eine Eigenschaft also, die ihr Subjekt dazu in die Lage versetzt (disponiert), falls es mit dem Träger des komplementären Vermögens (der Sehkraft) unter angemessenen Bedingungen (bei Licht) zusammenkommt, dieses ihm korrespondierende Wahrnehmungsvermögen so zu affizieren, daß es den Farbeindruck des Roten hat. Intrinsisch ist diese Bestimmung insofern, als ihr Vorliegen allein vom Subjekt abhängt, also nur verlorengeht, wenn das Subjekt sich (qualitativ) ändert, nicht jedoch, wenn die Außenbedingungen die Realisierung der Disposition nicht gestatten.

---

4 Auch wenn ein Sachverhalt als das, was ein Aussagesatz bezeichnet, extensional ist und daher sehr wohl von einer intensionalen Proposition zu unterscheiden ist, ist dieser Unterschied für unseren Kontext, wo es den Modalbegriff der Möglichkeit vom Vermögen abzuheben gilt, zu vernachlässigen.

Nun ist ein Vermögen für Aristoteles wesentlich um der Verwirklichung willen da, muß also von diesem Ziel her begriffen werden und kann daher nicht unabhängig von den Bedingungen definiert werden, die für seine Realisierung unerläßlich sind, namentlich das komplementäre (Aktiv- oder Passiv-)Vermögen. Weil jedoch ein Vermögen gemäß dem Kriterium von Θ 3 stets auf eine künftige Verwirklichung bezogen ist, brauchen die in der Definition eingeschlossenen Bedingungen seiner Realisierung nicht oder jedenfalls nicht alle gegenwärtig gegeben zu sein, damit jetzt das Vermögen besteht. Es darf lediglich nicht ausgeschlossen sein, daß diese Bedingungen irgendwann künftig gegeben werden können. Innerhalb der Definition eines Vermögens müssen wir folglich zweierlei unterscheiden: zum einen die inneren Konstituenten, die das Vermögen selbst als dispositionelle Eigenschaft begründen und die dauernd dem Träger des Vermögens innewohnen, solange er sich nicht wandelt und dadurch das Vermögen verliert. Zum anderen die wesentlichen Realisationsbedingungen, die nicht das Vermögen selbst ausmachen und daher nicht dauernd vorzuliegen brauchen, solange das Vermögen besteht. Auf sie ist das Vermögen dennoch in seiner Definition bezogen, da es teleologisch im Hinblick auf seine Verwirklichung zu begreifen ist; daher müssen sie grundsätzlich gegeben werden können.

1.   Nach dieser Einführung der Problematik, der Grundbegriffe unserer Erörterung sowie einiger Thesen, die wir verfechten wollen, nun zu ihrer Begründung. Zuerst zum negativen Teil, daß die Begriffe „notwendige versus zureichende Bedingungen" nicht geeignet sind, in der Definition der physischen Modalitäten zu fungieren. Um systematisch zum Definieren anderer Begriffe verwendet werden zu können, müßten sie auch miteinander definitorisch zusammenhängen. Dies ist aber nur dort gewährleistet, wo wie in der Mathematik oder Logik durchgängig notwendige Folgeverhältnisse bestehen. Dort ergeben die notwendigen Bedingungen, deren jede für das Resultat zwar unerläßlich, für sich allein aber nicht hinreichend ist, in ihrer Gesamtheit stets eine zureichende Bedingung (die natürlich immer auch notwendig ist).

Diesen Zusammenhang dürfen wir bei der physischen Verur-
sachung gerade nicht annehmen, wenn durch die Annahme
einer Totalmöglichkeit nicht schon per definitionem jede
Kontingenz ausgeschlossen sein soll.

Nun scheint es aber noch andere Methoden zu geben, hinreichende und notwendige Bedingungen definitorisch aufeinander zurückzuführen: Eine hinreichende Bedingung für
non-p liegt dann vor, wenn eine notwendige Bedingung für p
fehlt.[5] Soweit ist alles noch intuitiv plausibel. Durch Substi-
tuieren eines negierten Ausdrucks für p gelange ich nun (da
doppelte Negationen sich aufheben) zu der äquivalenten Aussage: Eine hinreichende Bedingung für p liegt dann vor, wenn
eine notwendige Bedingung für non-p fehlt. Versuchen wir
uns intuitiv klarzumachen, was eine notwendige Bedingung
für das (künftige) Nichtbestehen eines Sachverhalts (für non-
p) sein mag – eine Konzeption, die Weidemann (1986, 112)
zur Definition der physischen Modalitäten benützt. Zureichende Bedingungen für ein künftiges Nichtbestehen eines
Sachverhalts, z. B. daß ein gegebenes Individuum nicht Vater
wird, gibt es sicher, solche nämlich, die das künftige Eintreten jetzt schon definitiv ausschließen: daß dieses Individuum
zeugungsunfähig ist, daß es nur mit seiner unfruchtbaren
Ehepartnerin geschlechtlich verkehrt, daß es wegen eines Zö-
libatsgelübdes auf jeden Geschlechtsverkehr zu verzichten
unerschütterlich entschlossen ist etc. Eine notwendige Bedingung muß nun in sämtlichen zureichenden Bedingungen
enthalten sein. Weil aber das Nichteintreten einer Sachlage,
wie es unser Beispiel veranschaulicht, auf ganz verschiedenartigen Gründen beruhen kann, wird man kaum ein gemeinsames Moment in all diesen zureichenden Gründen ausmachen können, das als notwendige Bedingung anzusehen wäre.

5 Vgl. S. McCall (1969, 434): "If a necessary condition for A is lacking, then
a sufficient condition for the nonoccurence of A is present." Weidemann
(1986, 112) greift diese Bestimmung auf, liest sie als Äquivalenz und setzt sie
ein, um die physische Möglichkeit und Notwendigkeit mittels des Begriffs einer notwendigen Bedingung definieren zu können. Die gleich aufgezeigten
intuitiv implausiblen Folgen ergeben sich vor allem bei der Lesart als Äquivalenz, die aber erforderlich ist, um notwendige und hinreichende Bedingungen
durcheinander zu definieren.

Man kann in unserem Beispiel auch nicht sagen, gemeinsam
sei allen Fällen, daß es um ein männliches Individuum der
menschlichen Spezies gehe. Denn ein zureichender Grund
für das Nicht-Vater-Sein kann ja gerade darin liegen, daß dieses Individuum gar kein Lebewesen ist.[6]

1.1 In bezug auf das kontingente Naturgeschehen kann
man nicht einfach von notwendigen Bedingungen sprechen,
sondern hat eine bedeutsame Zweiteilung vorzunehmen:
Eine notwendige Bedingung eines Sachverhalts p ist einmal
das Fehlen eines Moments, welches das Zustandekommen
von p definitiv verhindern würde. Eine notwendige Bedingung eines physischen Sachverhalts ist zweitens ein Moment,
das zum Aufbau eines Gegenstands, zum Herbeiführen einer
bestimmten Situation usw. (positiv gesehen) unerläßlich ist.
(Innerhalb der positiven Faktoren können wir noch einmal
differenzieren zwischen Momenten, die notwendig in dem
zu konstituierenden Resultat vorhanden sein müssen, und
Momenten, die als Durchgangsstadium in jedem Entwicklungsprozeß, der zu diesem Resultat führen soll, auftreten
müssen.) Veranschaulichen wir uns dies an folgendem Beispiel, das gewisse Ähnlichkeit zu einem Beispiel hat, mit dem
Aristoteles in *Phys.* II 5 das Zufällige (*apo tychês*) illustriert.
Herr Brugger hat keinerlei Bargeld zur Hand, hat bei seiner
Bank keinen Kredit, hat keinen weiteren Freund oder Verwandten, der ihm Geld leihen würde, und bricht zu seinem
Freund Wagner auf. Von diesem hat er gestern DM 10,– geliehen mit dem Versprechen, sie ihm beim nächsten Treffen
zurückzugeben. Ist es zum Zeitpunkt t_1, wo Brugger auf-
bricht, möglich, daß er eine Stunde später beim Zusammen-

---

6 Nur wo eine zureichende (und notwendige) Gesamtbedingung (f) sich als
die Summe der notwendigen Einzelbedingungen (a, b, c, d) ergibt, ist gewährleistet, daß es notwendige Bedingungen für das Nichtbestehen eines
Sachverhalts p gibt. Hier gilt: $p \equiv f \equiv a \wedge b \wedge c \wedge d$. Hieraus erhalte ich: $\neg p \equiv$
$\neg (a \wedge b \wedge c \wedge d)$. Daraus folgt natürlich die einseitige Implikation: $\neg p \supset \neg a$
$\vee \neg b \vee \neg c \vee \neg d$. Hieraus folgt: $\neg p \supset \neg a$, $\neg p \supset \neg b$ usw. Dies aber bedeutet
non-a, non-b usw. ist jeweils eine notwendige Bedingung für das Nichtbeste-
hen des Sachverhalts p.

treffen (zu t_2) sein Versprechen einlöst? Natürlich ist es sehr unwahrscheinlich, nichtsdestoweniger möglich. Denn nehmen wir folgenden weiteren Ereignisverlauf an, der wirklich zum Einlösen des Versprechens führt: Unterwegs stößt Brugger auf dem Markt auf seinen Bekannten Maier, dem er vor einem Jahr DM 100,– geliehen hat, wie dieser gerade einen nicht unerheblichen Lottogewinn auf die Bank tragen will. Nehmen wir weiter an, Brugger habe beinahe schon die Hoffnung aufgegeben, bei Maiers notorischer Finanznot seine DM 100,– zurückzuerhalten, zumal Maier (telefonisch nicht erreichbar) weit draußen auf dem Land lebt. Bei dieser Situation müßten wir sagen, daß im Moment t_1 des Aufbruchs noch keinerlei positive Faktoren vorlagen, die den Sachverhalt, daß Brugger sein Versprechen einlöst, zu t_2 wirklich werden ließen.

Unter den positiven Faktoren eines Ereignisses, die wir (anders als wir es vor kurzem getan haben) nicht auf notwendige Bedingungen zu beschränken brauchen, wollen wir jedes Moment verstehen, das innerhalb eines *kath' hauto*-Verursachungszusammenhangs zu diesem Ereignis führen kann. Diese causalitas per se, wie Aristoteles sie etwa in *Phys.* II konzipiert, können wir als ein Ineinsfallen eines realen Verursachungsverhältnisses (wenn ein Ereignis vom Typ B regelmäßig, d. h. zumindest meistenteils auf ein Ereignis des Typs A folgt) und eines begrifflichen Begründungsverhältnisses auffassen (wenn der Begriff von A erklärbar macht, warum B stattfindet). Gerade bewußte, vorsätzliche Handlungen stellen solche begrifflich-kausalen Begründungsreihen dar (vgl. 5), in denen der voraufliegende den folgenden Schritt erklärbar macht: Sowohl Bruggers Absicht, seinen Freund Wagner zu besuchen, als auch Maiers Absicht, seinen Lottogewinn auf die Bank zu bringen, setzen jeweils eine begrifflich-kausale Begründungsreihe in Gang. Das Zusammentreffen beider Ereignisreihen, d. h. die Begegnung der beiden Akteure auf dem Marktplatz, das dazu führte, daß Brugger sein Versprechen einlösen konnte, war aber ein in keiner der Reihen angelegter Zufall. Nun hat Aristoteles sicher nicht wie Leibniz angenommen: Alles Weltgeschehen hängt miteinander zusammen; wären wir daher fähig, die unendlich komplexen

Determinationszusammenhänge zu begreifen, dann sähen wir, wie auch ein scheinbar zufälliges Zusammentreffen bei einer tieferen Einsicht in die Zusammenhänge sich als immer schon kausal vorherbestimmt erweist.

Da wir Aristoteles mit Sicherheit keinen so ausgeprägten Determinismus unterstellen dürfen, müssen wir in seinem Sinne sagen: Zur Zeit t_1 von Bruggers Aufbruch lagen noch keine positiven Faktoren vor, die zum Einlösen des Versprechens führten. War nicht die Existenz eines alten Schuldners, der gerade Geld besaß, ein solcher positiver Faktor? Dann müßte man noch allgemeiner das Vorhandensein von Geld in Bruggers Heimatstadt als positiven Faktor bewerten dürfen; denn jemand hätte ja einen Zehn- oder Zwanzigmarkschein verlieren können, den Brugger zufällig als erster gefunden hat. Mit Sicherheit liegt hier nicht die Gesamtheit der positiven Faktoren vor, die in diesem Moment notwendig sind, um erklärbar zu machen, wie das Resultat in einer begrifflich zusammenhängenden Begründungsreihe zustande kommen kann. Wenn man die Möglichkeit zu t_1, daß Brugger zu t_2 sein Versprechen einlöst, als Totalmöglichkeit oder (wie Seel es auch ausdrückt) mittelbares Totalprinzip auffaßt, dann wird dieser Begriff angesichts dessen, daß die Gesamtheit der notwendigen Bedingungen, die die Totalmöglichkeit definiert, hier nicht mehr bedeutet als: es liegt jetzt (noch) nichts vor, was dieses Resultat endgültig ausschließt, so entleert, daß seine Anwendung sinnlos ist, weil ihm jede inhaltliche Erklärungskraft fehlt. In einer Situation, wo ein Resultat lediglich (noch) nicht ein und für allemal unmöglich geworden ist, wo aber auch noch nichts Positives vorhanden ist, was es in einem erklärbar zusammenhängenden Begründungsgeschehen herbeiführen könnte, zu fragen, ob die zu diesem Zeitpunkt notwendigen Bedingungen dieses Sachverhalts teilweise oder vollständig vorliegen, ist rein formalistisch und inhaltlich sinnlos.

Die Wurzel dessen, daß die Begriffe einer notwendigen und hinreichenden Bedingung inhaltlich unangemessen sind, liegt (wie wiederholt betont) darin, daß sie sich, auf Naturprozesse angewandt, nicht durcheinander definieren lassen. Stimmt das wirklich? Sicher, die zu t_1 notwendigen Bedingungen für einen künftigen Sachverhalt p bilden zusammen meist keine zu t_1 zureichende Bedingung für p, die darin bestünde, daß die Sachlage zu t_1 einen Geschehensverlauf bereits naturgesetzlich unausweichlich macht, der das Resultat p zu t_2 herbeiführen muß. Warum aber sollten nicht die irgendwann notwendigen Bedingungen für p, die zu irgendeiner Zeit in dem Entwicklungsprozeß auftreten müssen, der zum Ziel p führen soll, zusammen eine zureichende Bedingung ausmachen? (vgl. McCall 1970, 141) Zweierlei ist hierauf zu entgegnen. Zum einen gründen die physische Möglichkeit und Notwendigkeit in der realen Weltsituation jeweils zu einem bestimmten Zeitpunkt. Will man sie mittels der Begriffe einer notwendigen und hinreichenden Bedingung definieren, so müssen auch diese auf einen bestimmten Zeitpunkt bezogen werden. Und selbst wenn wir von den irgendwann notwendigen Bedingungen ausgehen: Notwendig ist eine Bedingung für p dadurch, daß sie in jedem möglichen Prozeß, der p zu seinem Resultat haben soll, unerläßlich ist. Nun herrscht bei Naturvorgängen bekanntlich Multikausalität; dasselbe Resultat kann auf verschiedene Weise zustande kommen. Ein Moment, das bei einer Art des Entstehens zu p geführt hat, ist in einer anderen Entstehensweise durch ein anderes ersetzbar, ist mithin keine notwendige Bedingung für p. Damit ergeben die bei jeder Entstehensart notwendigen Bedingungen für p zusammen keine zureichende Bedingung.

2. Da die Frage: Ist die physische (reale) Möglichkeit eine Partialmöglichkeit oder eine Totalmöglichkeit, ohne doch eine zureichende Bedingung zu bilden, durch die das tatsächliche Resultat unausweichlich determiniert ist? sich uns vom systematischen Standpunkt aus als unangemessen erwiesen hat, gilt zu erwägen: Läßt sich das gemeinte Problem vielleicht sachlich adäquater in bezug auf Vermögen erörtern, indem wir fragen: Wie weit kann ein Vermögen zu a einem Subjekt allein auf Grund seiner inneren Beschaffenheit zugeschrieben werden, die es zu a disponiert, wie weit hängt es von den äußeren Bedingungen ab, die zur Realisierung des Vermögens führen? Wir wollen zeigen, daß diese Zugangsweise

sowohl die sachlich fruchtbarere wie die Aristoteles ange-
messenere ist.[7]

Um dem genuin Aristotelischen Zugang gerecht zu werden, sollten wir uns, bevor wir (in 3) auf die soeben formulierte Frage kommen, zunächst bewußt machen, daß das Buch
Θ durchgängig eine Theorie des Vermögens und nicht (jedenfalls nicht direkt) der Möglichkeit entfaltet. Da ein Vermögen für Aristoteles wesentlich ein Vermögen zu einer Verwirklichung (*energeia*) ist, ergeben sich die drei Grundformen
des Vermögens aus drei verschiedenen Grundbedeutungen
von *energeia*, die Aristoteles in Θ kennt: das (physische) Vermögen zu einem Veränderungsprozeß (*kinêsis*) als einer un-
vollendeten, noch nicht zum Ziel gelangten Verwirklichung;
das (ontologische) Vermögen (etwas Bestimmtes zu sein),
dessen Verwirklichung die substantielle oder akzidentelle Bestimmtheit (*eidos*) ist; schließlich das Vermögen zu einer nicht
prozessualen Tätigkeit. Alle drei Bedeutungen sind in Θ 6
greifbar. Nachdem Aristoteles das Verhältnis von *energeia* und
dynamis, die sich – offenbar weil es undefinierbare Grundbegriffe sind – nicht definitorisch bestimmen lassen, an einer
Reihe von Beispielen zu erhellen versucht hat, faßt er als Ergebnis zusammen: In einigen Fällen liege das Verhältnis eines
Veränderungsvorgangs zu dem (ihm zugrundeliegenden)
Vermögen vor, in anderen das einer Substanz zum Stoff. „*ta
men gar hôs kinêsis pros dynamin tâ d' hôs ousia pros tina hylên.*"

---

7 Auch in der neueren Literatur läßt sich diese Tendenz feststellen. Wolf unternimmt es, Aristoteles' Möglichkeitstheorie unter angemessener Berücksichtigung des Vermögensbegriffs zu behandeln (1979, 14). Noch weiter geht
Terence Irwin (1988, bes. §§ 122–127, S. 226–237), der eindringlich betont,
es gehe Aristoteles um die Potentialität, nicht die Möglichkeit, die weder notwendige noch hinreichende Bedingung für eine Potentialität sei (228). Nach
H. A. Ide (1988, ch. 1 u. 2) hat Aristoteles zunächst geglaubt: Etwas hat zu einem Zeitpunkt eine Potentialität zu F genau dann, wenn es ihm zu diesem
Zeitpunkt möglich ist, <dann> F zu sein. Später habe er dieses ‚biconditional
account' aufgegeben, das es verbiete, Potentialitäten als konstitutive und damit dauerhafte Bestimmungen von Substanzen zu behandeln. M. H. Weiner
(1970, 515–534, bes. 524 ff.) unternimmt es, die beiden metaphysischen Begriffe der Potentialität (a ist potentiell F) und des Vermögens (potency: a hat
ein Vermögen (eine Potenz) zu F) zu formalisieren. Vgl. ferner W. Charlton
1987, 277–289.

(1048b8 f.) Zuletzt genannt ist das Vermögen zu einem (Be-stimmt-)Sein, zuerst das Vermögen zu einem Werden oder ei-ner Veränderung, die zu einer solchen Bestimmung führt. Beide Hauptgruppen zerfallen noch einmal in jeweils zwei Untergruppen, da es sich beide Male entweder um eine sub-stantielle oder akzidentelle Bestimmtheit handeln kann. Es gibt für Aristoteles nicht nur, wie es der Wortlaut des Zitats nahelegt, das Vermögen der Materie, ein durch eine substan-tielle Form bestimmter Gegenstand zu sein, sondern auch das Vermögen einer solchen Substanz, durch zusätzliche (akzi-dentelle) Merkmale bestimmt zu sein; und es gibt nicht bloß das Vermögen, sich in akzidentellen Bestimmungen (Ort, Quantität, Qualität) zu verändern (*kinêsis*), sondern auch das Vermögen zu dem substantiellen Wandel des Entstehens und Vergehens (*metabolê*). In der zweiten Hälfte von Θ 6 stellt Ari-stoteles dem Veränderungsvorgang (*kinêsis*), der auf ein außerhalb seiner liegendes Ziel (*telos*) zustrebt und daher während seiner Dauer unvollendet (*atelês*, d. h. noch nicht am Ziel) ist, die reinen *energeiai* gegenüber, d. h. Tätigkeiten wie das Betrachten, die ein Ziel in sich selbst darstellen und daher vom ersten Moment ihres Vollzugs an am Ziel oder vollendet sind. Aus Θ 8 geht hervor, daß diese nicht prozessualen Tätig-keiten ebenso wie die Veränderungsprozesse als Verwirkli-chung eines Vermögens zu betrachten sind, so daß wir einen dritten Grundtyp des Vermögens zu unterscheiden haben.

Unter diesen drei Grundbedeutungen des Begriffspaares kommt der *energeia* und *dynamis* im Sinne von: Veränderungs-vorgang als Verwirklichung eines prozessualen Vermögens, sicher eine gewisse Priorität zu. So sagt Aristoteles Θ 3, 1047a30–33: Der Terminus „Verwirklichung", der mit dem-jenigen der Vollendung (*entelecheia*) zusammenhänge, sei von den Veränderungsvorgängen, auf die er vornehmlich zutreffe, auch auf anderes angewandt worden. Die Verwirklichung scheine aber am ehesten Veränderung zu sein. Deshalb schreibe man den Nichtseienden (die nicht wirklich, sondern allenfalls potentiell sind) auch kein Sichverändern zu. – Zu beachten ist hier das ,scheine' (*dokei*). Ist es bloß ein trügeri-scher Schein, daß als Verwirklichung am ehesten der Verän-derungsvorgang in Frage kommt? Das will Aristoteles wohl nicht sagen. Mit ‚*dokei*‘ bezieht er sich auf die *doxai pollôn*, die landläufigen Anschauungen der Durchschnittsmenschen. Damit stimmt die Bemerkung in Θ 1 zusammen, bei *dynamis* im Sinne von Veränderungsvermögen handele es sich um die geläufigste Bedeutung (*hê legetai men malista kyriôs*, 1045b35 f.). Bekanntlich verachtet Aristoteles diese Alltagsmeinungen nicht; vielmehr eignen sie sich in seinen Augen sehr wohl als Ausgangspunkt philosophischer Untersuchungen, sie sind das Erste für uns oder das Erste von einem erkenntnisgenetischen Standpunkt. Von diesem gilt es durch philosophische Vertiefung zum sachlich Primären vorzudringen.

Dem entspricht genau das Vorgehen im Buch Θ. Zunächst mag es verwundern, warum Aristoteles die ganze erste Hälfte von Θ dem Vermögen, insofern es im landläufigen Verständnis auf die Veränderung bezogen ist, widmet, obgleich er eingangs ausdrücklich feststellt, diese Bedeutung sei für das vorliegende Untersuchungsziel nicht die brauchbarste (1045b35– 1046a2). Die Untersuchung hatte am Ende von H nämlich zum ontologischen Vermögen geführt: wie die Materie als das potentiell Seiende zu ihrer Verwirklichung durch die Substanz steht. Die Erklärung dieses Vorgehens liegt sicher in folgendem. An den physischen Veränderungsvermögen kann man, weil sie uns am vertrautesten und am ehesten der Beobachtung zugänglich sind (das Erste für uns), die Grundbestimmungen eines Vermögens gewinnen. So legt (um ein für unsere Titelfrage relevantes Beispiel herauszugreifen) in Θ 3 (1046b33– 1047a3) ein rationales Aktivvermögen wie die Baukunst nahe, daß Vermögen intrinsische Eigenschaften ihres Trägers sind. Aus lebensweltlicher Erfahrung wissen wir nämlich, daß der Erwerb einer solchen Fähigkeit einen langwierigen Lernprozeß voraussetzt. So wie der Erwerb setzt auch der Verlust eine Veränderung des Subjekts dieses Vermögens voraus, daß der Inhaber es vergißt, sei es unnatürlich früh auf Grund von Krankheit, sei es in einem natürlichen Vergessensprozeß durch lange Zeit (1047a1). Ohne eine solche Veränderung bleibt ein einmal erworbenes Vermögen ganz offenkundig erhalten, auch wenn die Außenbedingungen seine Realisierung nicht erlauben. Denn wir wissen aus zahlreichen Beobachtungen, daß ein solches erworbenes Vermögen, sobald die Bedin-

gungen seiner Verwirklichung gegeben sind, unmittelbar
betätigt werden kann, was nicht anginge, müßte es erst wieder
durch Lernen erworben werden. Dies alles (Erwerb und Verlust nur unter Änderung des Subjekts, Besitz unabhängig von
Außenbedingungen) scheint ein Vermögen klar als intrinsische Bestimmung zu erweisen.

Die Bestimmungen, die Aristoteles an den physischen Veränderungsvermögen gewinnt, dürfen nun auf die anderen
Vermögenstypen übertragen werden. Denn das physische
Veränderungsvermögen hängt sowohl mit dem ontologischen Vermögen zu einem Sein wie dem Vermögen zu einer
nicht prozessualen Tätigkeit eng zusammen. In gewissem
Sinne gründet das Vermögen zu einer substantiellen oder akzidentellen Bestimmung (*eidos*) in dem physischen Vermögen,
einen Veränderungsvorgang zu dieser Bestimmung hin zu
durchlaufen; denn diese Bestimmung resultiert ja stets aus einem von der physischen *dynamis* ermöglichten Veränderungsprozeß. Das Veränderungsvermögen ist also nicht bloß
unserem Erkennen nach primär, sondern auch real in der
Ordnung des zeitlichen Entstehens. Freilich ist es nicht das
höchste Vermögen, weil der Veränderungsvorgang, der es
verwirklicht, nicht die höchste, endgültige, sondern nur eine
vorläufige Verwirklichung ist. So definiert Aristoteles den
Veränderungsvorgang als unvollendete Verwirklichung oder
Vollendung (*entelecheia atelês*, etwa *Phys.* VIII 5, 257b8 f.).
Diese Bestimmung ist nun keineswegs, wie es erscheinen
mag, selbstwidersprüchlich, sondern findet ihre plausible Erklärung eben darin, daß man das zugrundeliegende Vermögen zwiefach auffassen kann. Wenn man es als Vermögen betrachtet, diesen Veränderungsprozeß zu durchlaufen, ist es
verwirklicht oder vollendet, sowie der Veränderungsvorgang
begonnen hat. Wenn man es jedoch als ontologisches Vermögen zu jener Bestimmung betrachtet, auf die die *kinêsis* als
ihr (bereits außerhalb ihrer liegendes) Ziel zustrebt, dann ist
der Veränderungsprozeß, solange er selbst noch andauert,
notwendig unvollendet oder noch nicht am Ziel. Eine Verwirklichung, die in ihm auf einer Stufe erreicht wird, ist nur
die ermöglichende Voraussetzung der weitergehenden Verwirklichung der nächsten Prozeßphase.

Darin unterscheidet sich die *kinêsis* von der reinen *energeia*, die unmittelbar mit dem Vollzug ihr Ziel erreicht hat. Daß beide dennoch eng zusammengehören, zeigt sich vor allem an den erworbenen rationalen Aktivvermögen. Die Ausübung beispielsweise der Baukunst oder der Lehrfähigkeit bedeutet in bezug auf den Inhaber dieses Vermögens, wenn dieser nichts dazulernt, keinerlei Veränderung, ist folglich eine reine, nichtprozessuale Betätigung. Dennoch verwirklicht sich dieses Vermögen auch in einer *kinêsis*, weil es einen Veränderungsvorgang bewirkt, der im Erleidenden (dem Haus, das gebaut wird, oder dem Lernenden) stattfindet.

3.   Wir haben im letzten Abschnitt bereits gesehen, daß Aristoteles in Θ 3 am Beispiel eines rationalen Aktivvermögens wie der Baukunst die Auffassung nahelegt, daß ein Vermögen eine innere und damit relativ dauerhafte Eigenschaft ihres Trägers ist. Der besondere Charakter als dispositionelle Eigenschaft läßt sich noch besser am nächsten Beispiel (1047a4–10) verdeutlichen, bei dem es nunmehr um natürliche Vermögen geht: die *Wahrnehmungsqualitäten* als eine innere Beschaffenheit auch eines unbelebten Subjekts, kraft deren es dazu befähigt (disponiert) ist, ein korrespondierendes Wahrnehmungsvermögen mit der jeweiligen Sinnesempfindung zu affizieren, und das *Wahrnehmungsvermögen* eines Lebendigen als die natürliche (angeborene) Disposition, vom Träger einer Wahrnehmungsqualität mit der entsprechenden Wahrnehmung affiziert zu werden, wenn es mit ihm unter angemessenen Außenbedingungen zusammentrifft.[8] Mit dieser Sicht setzt sich Aristoteles von der Protagoreischen Wahrnehmungslehre ab, auf die die megarische Gleichsetzung der Möglichkeit (des Vermögens) mit dem gegenwärtig Wirk-

8 Da Aristoteles die Wahrnehmung vornehmlich rezeptiv interpretiert, ist er geneigt, dem Wahrnehmungsgegenstand das Aktivvermögen, dem Wahrnehmenden hingegen das Passivvermögen zuzuschreiben. Dies schafft freilich eine (von ihm wohl nicht bemerkte) Schwierigkeit, daß er die offensichtlich zusammenhängenden Fragen nicht mehr genau parallel behandeln dürfte: Kann es ein Wahrnehmbares, kann es ein Denkbares geben, auch wenn prinzipiell ausgeschlossen wäre, daß es je Lebende geben wird, die wahrnehmen und denken können?

lichsein (Betätigtwerden) im Fall der Wahrnehmung hinausläuft: Einem Gegenstand kommt nur die Wahrnehmungsqualität zu, in der er gerade wirklich empfunden wird. Wenn
der Wein einem Gesunden süß schmeckt, ist er süß; wenn er
einem Kranken sauer schmeckt, ist er sauer. Bei Aristoteles'
Sichtweise ist dagegen eine Farbe wie grün die (dem entsprechenden Gegenstand oder seiner Oberfläche absolut zukommende) Eigenschaft, daß er bei einem Nichtfarbenblinden,
jemandem also mit normalem Sehvermögen, die Farbemp-
findung des Grünen hervorzurufen *vermag*. Diese Eigenschaft behält der Gegenstand auch dann, wenn er bei Dun-
kelheit nicht sichtbar ist; er verliert sie nur, wenn er selbst sich
ändert, wenn beispielsweise die Frucht nicht mehr grün, sondern mit der Reife rot geworden ist. Entsprechend behält ein
bestimmter Wein das in seiner inneren Beschaffenheit grün-
dende Vermögen, einem Gesunden süß zu schmecken, auch
wenn er von einem Kranken gerade sauer empfunden wird
oder wenn gar niemand da ist, der ihn wahrnehmen könnte.
Er verliert sie nur, wenn er selbst sich in Essig verwandelt.
Diese Auffassung, daß es intrinsische, dem Gegenstand
selbst zukommende, relativ dauerhafte Eigenschaften gibt,
und nicht bloß, wie es der „logische Atomismus" eines Prota-
goras annimmt, Augenblickssachverhalte wie den, daß ein
Wein mir gerade sauer schmeckt, ist tief in Aristoteles' Sub-
stanzontologie verwurzelt.

3.1 Weil diese Sichtweise des Vermögens als absolutes Akzidens, das seinem Träger kraft seiner selbst zukommt und
nicht kraft der Relationen, in denen andere zu ihm stehen und
dadurch seine Realisation gestatten, mit so fundamentalen
Überzeugungen von Aristoteles zusammenhängt, scheint es
verwunderlich, wenn er sie in Θ 5 gänzlich aufgegeben hätte.
Die Aussagen, die zu behaupten scheinen: Die Außenbedingungen der Realisation eines Vermögens gehören zum Begriff eines Vermögens selbst; ein Vermögen liegt daher nur
bei Bedingungen vor, die seine Verwirklichung erlauben, lassen denn auch teilweise zwei verschiedene Deutungen zu. Betrachten wir 1048a13–16. Zunächst nennt Aristoteles die
Voraussetzungen, unter denen es auch bei einem rationalen

Vermögen notwendig zu einer Betätigung kommen muß:[9] 1.)
ein willentliches Streben, 2.) ein Vermögen zu dem, worauf
dieses Streben sich richtet, 3.) die Bedingungen, die zur Verwirklichung dieses Vermögens erforderlich sind (*hôs echei* s.c.
tên dynamin). Der nächste Satz kann dann entweder gelesen
werden: „Er besitzt das (Aktiv)vermögen, wenn das (entsprechende) Passivvermögen unter den erforderlichen Bedingungen vorhanden ist." oder: „Er hat aber das Vermögen, bei Anwesenheit des Passivvermögens in angemessenen Bedingungen zu wirken."[10]

Wir beobachten hier eine fundamentale Zweideutigkeit,
die bei umgangssprachlich formulierten Modalaussagen oder
den mit ihnen zusammenhängenden Aussagen über Vermögen auftreten kann. Schon zu Beginn haben wir gesehen, daß
eine Zeitbestimmung sich entweder auf das Bestehen einer
realen, physischen Modalität beziehen kann, oder aber auf das
für möglich (notwendig) erklärte Ereignis (Zustand usw.).
Diese doppelte Möglichkeit des Bezugs besteht nun auch bei
jeder anderen näher qualifizierenden Bedingung in einer Mo-
dalaussage. Bei einer umgangssprachlichen Formulierung ist
oft nicht klar, worauf die Qualifikation zu beziehen ist. Wie
hier. Ist die Präsenz eines korrespondierenden Passivvermögens in Verhältnissen, die eine Verwirklichung gestatten, Bedingung für das Bestehen des Aktivvermögens selbst oder nur
für das Wirklichwerden dessen, wozu es ein Vermögen ist?[11]

---

9 *anagkê ... touto poiein* (1048a14 f.). Mit der Notwendigkeit ist zunächst nur
der notwendige Zusammenhang zwischen den Bedingungen und der aus ihnen folgenden Betätigung des Vermögens gemeint (necessitas consequentiae).
Wenn die Betätigung des Vermögens mit absoluter Notwendigkeit determiniert sein sollte, müßten seine Bedingungen alle absolut notwendig sein. Nun
hat Aristoteles sicher nicht angenommen, daß mentale Akte wie das willentliche Streben (als eine der Voraussetzungen für die Betätigung eines rationalen
Vermögens) nach psychologischen Gesetzmäßigkeiten unausweichlich durch
die Vorgegebenheiten determiniert sind.
10 Bei dieser Deutung braucht das handschriftlich überlieferte *„poiein"*
(1048a16) nicht getilgt zu werden.
11 Eine Reihe von Interpreten versteht die Stelle so, daß die Außenbedingungen nicht für das Vermögen selbst, sondern nur für seine Realisation erforderlich sind. Vgl. J. Stallmach 1965; Wolf 1979, 32 f. u. 410 (Anm. 18);
Burnyeat HΘ 120–122; Irwin 1988, 228 f. u. 563 (Anm. 9).

Der nächste Satz „Andernfalls (wenn ein entsprechend situiertes Passivvermögen nicht präsent ist) vermag es nicht zu wirken" zeigt dieselbe Zweideutigkeit. Er kann meinen: Nur unter diesen Außenbedingungen (Passivvermögen etc.) besitzt es ein Wirkvermögen, oder: Es besitzt das Vermögen, nur bei Erfüllung dieser Bedingungen zu wirken.

Der Kapitelschluß (1048a16–24) macht zumindest dem Wortlaut nach eine eindeutige Aussage: Ein Vermögen muß das Vermögen von etwas Bewirkbarem sein (*tên gar dynamin echei hôs esti dynamis tou poiein*); daher kann es kein Vermögen geben, gleichzeitig Gegensätzliches zu bewirken,[12] auch wenn man die einander ausschließenden inhaltlichen Alternativen gerne beide zu verwirklichen wünschte. Da ein Vermögen so stets auf Realisierbares gehen muß, müssen die für eine Realisierung notwendigen (Außen)bedingungen in die Definition des Vermögens eingehen. Man braucht die clausula salvatoria „sofern nichts Äußeres hindert"[13] gar nicht hinzuzufügen. Ein Vermögen kann gar nicht durch Äußeres an der Verwirklichung gehindert werden. Denn das Vermögen ist für Bedingungen definiert, die das Vorliegen dieser Hindernisse ausschließen. In einer Situation, wo diese Hindernisse tatsächlich vorliegen, besteht das so (eingeschränkt) definierte Vermögen gar nicht, kann mithin auch nicht an seiner Verwirklichung gehindert werden.

Hiernach sieht es so aus, als sei ein Vermögen durch die Totalität seiner Außenbedingungen definiert, die seine Verwirklichung unfehlbar garantieren. Dies kann aber nicht von Aristoteles gemeint sein. Denn es wäre undurchführbar, die unzählig vielen Hinderungsgründe, die in den verschiedenen Einzelsituationen die Verwirklichung vereiteln könnten, alle durch entsprechende Zusatzbedingungen in der Definition

---

12 Daß man bei Modalbegriffen und Vermögensausdrücken zeitliche (und sonstige) Qualifikationen zwiefach beziehen kann, ist besonders bei „gleichzeitig" (*hama*) bedeutsam. Man kann nicht das Vermögen besitzen, gleichzeitig Kontradiktorisches (oder Konträres) zu bewirken. Aber man kann gleichzeitig das Vermögen zum einen wie das Vermögen zum anderen von zwei Entgegengesetzten besitzen.

13 Diese Klausel taucht ferner auf in Θ 7, 1049a6 f., *De An.* II 5, 417a28. Vgl. J. Moline 1975.

dieses Vermögens von vornherein auszuschließen. Das widerspricht direkt einer Grundeinsicht des Aristoteles, daß man nur die Artnatur definitorisch durch Wesensmerkmale erfassen kann, nicht aber das Einzelne, wie es durch die Vielfalt zahlloser akzidenteller Merkmale gekennzeichnet ist.

3.2   Aristoteles wird also gemeint haben: In die Definition eines Vermögens haben die wesentlichen Außenbedingungen seiner Realisation einzugehen. Diese These entspricht durchaus sonstigen Grundannahmen von Aristoteles, namentlich der, das Vermögen sei um seiner Betätigung oder Verwirklichung willen da, die sein Ziel darstellt, nicht umgekehrt (vgl. Θ 8, 1050a9 f.). Da ein Vermögen folglich seine Daseinsberechtigung von jener Betätigung her empfängt, die sein Ziel ist, bestimmt sich von diesem Ziel her auch, was für ein Vermögen es zu sein hat, damit es dieser Aufgabe gerecht werden kann, definiert sich sein Inhalt vom Ziel her. Dies können wir uns namentlich an rationalen Aktivvermögen klarmachen, da ja unser bewußtes Handeln von der Vorstellung des erstrebten Ziels her bestimmt ist. Was ein Arzt wissen muß, welche praktischen Fähigkeiten er zu besitzen hat, ergibt sich zweifellos aus dem Ziel, um dessentwillen die Heilkunst angewendet wird: kranken Menschen das Leben zu erhalten und sie gesund zu machen. Allein auf dieses positive Ziel ist die Heilkunst *kath' hauto*, d. h. ihrem Begriff oder ihrer Definition nach bezogen. Daß das zum Heilen benötigte Wissen einen auch dazu in die Lage versetzt, am wirkungsvollsten die Krankheit zu verschlimmern oder gar zu töten, ist ein Nebeneffekt (*kata symbebêkos*), der unvermeidlich mit einem solchen Können verbunden ist, das auf einem Wissen um den Begriff der Sache beruht (Θ 2, 1046b10–13). Da sich ein Vermögen von seiner Verwirklichung her definiert, um derentwillen es da ist, müssen die wesentlichen Bedingungen, ohne die diese Verwirklichung nicht möglich wäre, sicher in die Definition des Vermögens eingehen.

Zu den wesentlichen Realisationsbedingungen, die in jedem Falle gegeben sein müssen, damit ein Vermögen einer bestimmten Art realisiert werden kann, gehört immer das komplementäre Aktiv- oder Passivvermögen (bei einer Sichtqualität oder Farbe z. B. stets das Sehvermögen). Manchmal ist (wie in unserem Fall das Licht) darüber hinaus noch ein ganz bestimmtes Medium zur Verwirklichung eines derartigen Vermögens unentbehrlich und daher eine wesentliche Realisationsbedingung. Andererseits: Um seine Lehrfähigkeit anwenden zu können, braucht der Lehrer nicht bloß das Lernvermögen von Schülern als korrespondierendes Passivvermögen, sondern auch er muß sich eines Mediums bedienen, den Schülern die Information mitzuteilen. Es gibt hier aber nicht (analog zum vorherigen Beispiel) ein bestimmtes Medium, das für die Wissensübermittlung unentbehrlich wäre. Es kann das gesprochene Wort sein, es können geschriebene Worte und Zeichnungen auf der Tafel oder in einem Lehrbuch sein oder welche Kommunikationsmöglichkeiten die Technik heute uns sonst noch zu Gebote stellt. Bei den einzelnen Vermittlungsformen handelt es sich um Realisationsbedingungen, weil die Verwirklichung der Lehrfähigkeit auf irgendeine Form der Mitteilung angewiesen ist, aber um akzidentelle, weil nicht diese bestimmte Art der Wissensvermittlung verlangt ist, sondern durch eine beliebige andere ersetzbar ist; deshalb kann sie auch nicht in die Definition der Lehrfähigkeit eingehen.

3.2.1 Da ein bestimmtes Medium nur in manchen Fällen eine wesentliche Realisationsbedingung ist, das komplementäre Aktiv- oder Passivvermögen hingegen in jedem Fall, kann Aristoteles für die Definition eines physischen Vermögens, das teleologisch im Hinblick auf die Verwirklichung bestimmt wird, auf die es ausgerichtet ist, als allgemeines Gesetz nur aufstellen, daß ein solches Vermögen definitorisch auf das ihm korrespondierende Aktiv- oder Passivvermögen zu beziehen ist. Genau diese Aussage ist in Θ 1 impliziert. Nachdem er zu dem Thema übergeleitet hat, das er in der ersten Hälfte von Θ zu behandeln gedenkt: das Vermögen zur Veränderung, bemerkt er (1046a4 f.): *dynamis* und *dynasthai* (auch wenn man sie auf das physische Veränderungsvermögen einschränkt) seien in vielfachem Sinne verwendet. Im Anschluß an Δ 12 nennt Aristoteles drei Hauptbedeutungen: das Aktivvermögen, in einem anderen oder in sich selbst als einem an-

deren eine Veränderung zu bewirken; das Passivvermögen,
eine solche Veränderung zu erleiden; das Widerstandsvermö-
gen, der Einwirkung eines Aktivvermögens widerstehen zu
können, zumal wenn es eine schädigende, zerstörende Wirksamkeit ist. Eine weitere Differenzierung ergibt sich dadurch,
daß man bei allen drei Gliedern der Grundeinteilung noch
einmal unterscheiden kann zwischen: es überhaupt vermögen
und es gut[14] vermögen. Diese zusätzliche Unterscheidung
braucht uns hier nicht zu beschäftigen. Wesentlich ist, daß
diese vielfältigen Arten von Vermögen (im Sinne von: physisches Veränderungsprinzip (*archê*)) auf eine in sich einheitliche (*mia*) primäre Art zu beziehen sind (1046a9 f.). Die Be-
deutungsvielfalt hier ist also keine nackte Vieldeutigkeit (Homonymie, Äquivokation), sondern es liegt die analogische
oder paronymische Prädikationsstruktur vor, daß sekundäre
Formen eines Begriffs (hier: *dynamis*) einer primären Art
nachbenannt sind, in ihren Definitionen mithin den Begriff
der primären Vermögensart voraussetzen (15 f.) – die schola-
stische analogia attributionis.[15]

14 „Gut" (*kalôs*, 1046a17) kann hier nicht bloß meinen, daß das Vermögen zu
einem ausgezeichneten Resultat führt, sondern muß auch meinen, daß es sich
besonders wirkungsvoll, sicher, leicht und schnell verwirklichen läßt, sonst
wäre die Qualifikation beim Vermögen, einer Verschlechterung widerstehen
zu können, überflüssig.

15 Weil Seel (1982, 264–268) die paronymische Prädikationsstruktur (Owen:
focal meaning, Seel: Homonymie *pros hen*) im Rahmen seiner Deutung von
Θ 1 verfehlt darstellt, müssen wir diesen wichtigen Begriff hier kurz zu klären
versuchen. Bei der univoken Prädikation (Ar.: *synônyma*) werden die einander
gleichgeordneten Arten von der ihnen übergeordneten Gattung aus definiert.
Bei einem analogisch prädizierten Terminus wie „physisches Vermögen",
„Freundschaft", „ärztlich" (vgl. *EE* VII 2, 1236a16–30) hingegen werden die
verschiedenen Arten (z. B. der Freundschaft) von der primären Art aus definiert. (Primär ist diese Art im Sinne der Erklärungszusammenhänge; logisch
in der Allgemeinheitshierarchie ist sie den anderen Arten gleichgeordnet.) Soweit ist alles relativ unbestritten. Es ist jedoch ein Irrtum Seels, S. 267 zu behaupten, die primäre Art kehre in den Definitionen der sekundären nicht mit
ihrer ganzen Definition, sondern nur in dem gemeinsamen Gattungselement
wieder. Dies liefe exakt auf die univoke Prädikation hinaus, daß in den Definitionen *aller gleichgeordneten Arten derselbe Gattungsbegriff vorkommt.*
Tatsächlich stellt ein analogisch prädizierter Begriff wie „Freundschaft" überhaupt keine Gattung für seine Arten dar. So bewertet Aristoteles immer wie-

Es stellt sich uns hier nun die Frage, mit welchem Recht Aristoteles das Aktivvermögen als das primäre ansetzen kann. Ist das Aktivvermögen, um wirken zu können, nicht gleichermaßen auf ein Passivvermögen verwiesen, wie umgekehrt das Passivvermögen nur durch ein Aktivvermögen verwirklicht werden kann? Ein Aktivvermögen setzt offenbar in seiner Definition ebenso ein Passivvermögen voraus, wie dieses sich in seiner Definition auf ein Wirkendes beziehen muß.[16] Zur Lösung dieser Schwierigkeit müssen wir bedenken, daß für Aristoteles reale Wirkzusammenhänge im Regelfall auch begriffliche Erklärungszusammenhänge sein müssen. Aus dem Passivvermögen als dem aus sich heraus Unbestimmten, das die zu erwerbende Bestimmung noch nicht hat, kann der Veränderungsvorgang aber nicht erklärt werden, denn Erklären verlangt immer begriffliche Bestimmtheit. Allein in dem tatsächlichen Vorhandensein jener Bestimmung (*eidos*), die in

der die einzelnen Seinskategorien als die allgemeinsten Gattungen (*genē*) und nicht das von ihnen analogisch prädizierte „seiend". Die Definition der primären Art ist also in ihrem spezifischen Inhalt in den Definitionen der sekundären impliziert. Der Unterschied zur univoken Prädikation liegt in folgendem. Bei dieser tritt die Gattung *in recto* in den Definitionen ihrer Arten auf, d. h. als ein unmittelbarer Bestandteil, der in der Weise einer additiven Zusammensetzung mit einem anderen Bestandteil (der spezifischen Differenz) verbunden wird. Die primäre Art tritt hingegen nur *in obliquo* in den Definitionen der sekundären auf, d. h., die einzelnen sekundären Arten sind in einer bestimmten (je verschiedenen) Relation auf die primäre bezogen. Dieser Unterschied wird an folgendem greifbar: Bei der Gattung als einem Wesensbegriff läßt sich gemäß der Prädikationsregel von *Cat.* 5, 2a19–34 nicht bloß die Gattungsbezeichnung, sondern auch ihre Definition von den untergeordneten Arten und ihren Einzelfällen aussagen. Die Definition der primären Arten ist hingegen nicht von den Einzelfällen der sekundären Arten aussagbar, weil sie in ihrem Begriff ja nur in obliquo auftritt. – Daß die Realisationsbedingungen so nur in obliquo in der Definition des Vermögens vorkommen, hat für unsere Fragestellung die äußerst wichtige Konsequenz, daß sie nicht zum Vermögen selbst gehören, also nicht immer aktuell vorliegen müssen, damit das Vermögen vorliegt (vgl. 4. u. 5.).

16 Daß man das Aktivvermögen offenbar auch im Ausgang von Passivvermögen bestimmen kann, zeigt die Bemerkung Θ 1, 1046a20 f. Aristoteles will hier sagen: Nur insofern etwas selbst eine Einwirkung zu erleiden vermag, kann es (indem es die empfangene Wirksamkeit weitergibt) auf ein anderes wirken. Dieses Wirkvermögen definiert er vom Erleidenden her: „... daß ein anderes das Vermögen hat, von ihm eine Einwirkung zu erleiden."

dem Veränderungsprozeß zustande kommen soll, auf die er
als sein Ziel ausgerichtet ist, findet er seine Erklärung.[17] Damit ist das Wirkfähige, bei dem das für diese Art von Prozeß
bestimmende *eidos* schon vorhanden ist (sei es als eine natürliche Bestimmung wie die Wärme des Feuers, sei es als eine
begriffliche Konzeption), das primär Vermögende. Von ihm
aus definiert sich das passiv Vermögende als das, was diese Bestimmung aufzunehmen vermag, und das Widerstandsfähige
als das, was eine solche Einwirkung zu verhindern vermag.
Diese Überlegungen zeigen jedenfalls, wie innig die verschiedenen Formen physischer Vermögen definitorisch miteinander zusammenhängen.

4.   Als Ergebnis dieser Erörterungen können wir wohl festhalten: Ein Vermögen ist nicht bloß von jener inneren Beschaffenheit des Gegenstandes her bestimmt, die es begründet, sondern ist auch auf seine Verwirklichung als sein Ziel hin
zu erklären und muß daher in seiner Definition die wesentlichen, d. h. notwendigen und unersetzlichen Realisationsbedingungen enthalten, namentlich das komplementäre Aktiv-
oder Passivvermögen. Weil aber ein Vermögen für Aristoteles stets auf eine künftige Verwirklichung ausgerichtet ist,
setzt das Vorliegen eines Vermögens darum nicht voraus, daß
diese wesentlichen Realisationsbedingungen gegenwärtig erfüllt sind; nur darf nicht prinzipiell ausgeschlossen sein, daß
sie irgendwann künftig gegeben werden.

4.1   Daß ein Vermögen (und ebenso die Möglichkeit) für
Aristoteles stets auf Künftiges, noch zu Verwirklichendes bezogen sein muß, ist die wesentliche Aussage der in Θ 3,

---

17 Hieraus wird vielleicht verständlich, warum Aristoteles Θ 7, 1049a5–8 bezüglich des Wollenden, also des Trägers des Aktivvermögens, nur von äußeren Hindernissen, beim Erleidenden dagegen von inneren Hindernissen
spricht. Weil die Initiative zum Veränderungsvorgang immer vom Wirkenden
auszugehen hat, kommt bei diesem ein inneres Hindernis a limine nicht in
Frage, weil sonst prinzipiell ausgeschlossen ist, daß irgendwoher die Wirkung
zustande kommt, man mithin nicht sinnvoll von Vermögen reden kann. Ein
inneres Hindernis des passiv Vermögenden demgegenüber kann, wenn eine
hinreichend starke Wirkkraft auf es einwirkt, überwunden werden.

1047a24–26 gegebenen Bestimmung des *dynaton*: „Vermögend ist das, bei dem sich, wenn die Verwirklichung dessen vorliegt, wozu es das Vermögen haben soll, nichts Unmögliches ergibt." Unter dem Unmöglichen ist der begriffliche Widerspruch zu verstehen, wie es die Anwendung dieses Möglichkeitskriteriums in der ersten Hälfte von Θ 4 zeigt: Wenn man das behauptete Vermögen, die Diagonale lasse sich als ein Vielfaches derselben Maßeinheit messen wie die Seite, als verwirklicht annimmt, dann folgt daraus der Widerspruch, daß gerade Zahlen ungerade sind, wie Aristoteles *An. pr.* I 23, bes. 41a26–30 ausführlicher aufzeigt.[18]

Eine andere Anwendung dieses Vermögens- oder Möglichkeitskriteriums[19] am Ende von *Cael.* I 12 verrät uns, daß Aristoteles mit ihm vor allem begründen will, ein Vermögen (oder eine Möglichkeit) könne sich stets nur auf noch Ausstehendes beziehen. 283b11 macht er die Verwirklichungsannahme: „Es soll in Wirklichkeit vorliegen, wozu es das Vermögen hat." Aus dieser Setzung ergibt sich ein *adynaton*. Als Folgerung daraus formuliert Aristoteles den Grundsatz: „Kein Vermögen geht auf schon Gewesenes (*tou gegonenai*), sondern auf gegenwärtiges und künftiges Sein (*tou einai ê esesthai*)." (13 f.) Strenggenommen kann mit „*einai*" nicht der ge-

---

18 Daß es um das Unmögliche im Sinne des Widersprüchlichen geht, legt auch folgendes nahe. Hypothesen (wie hier die, es sei verwirklicht, vgl. *tethentos d' hyparchein* in der parallelen Möglichkeitsbestimmung *An. pr.* 32a19) prüft man zunächst daran, ob ihre Konsequenzen widersprüchlich oder widerspruchsfrei sind, wie es bereits Platon im *Phaidon* 101d4 f. als Bestandteil seines Hypothesis-Verfahrens fordert. – Da Aristoteles bei dem zu definierenden *dynaton*, wie es das mathematische Beispiel in Θ 4 zeigt, indes nicht ausschließlich an reale, physische Vermögen denkt, läßt sich der Vorwurf der Zirkularität nicht durch den Hinweis bereinigen, Aristoteles definiere die reale, physische Möglichkeit mittels der logischen Unmöglichkeit. Besser, wir machen uns mit S. Waterlow (1982, 16) bewußt: Da die Modalbegriffe eine Gruppe ursprünglicher Begriffe darstellen, kann man sie nicht durch Definition auf nicht-modale zurückführen, sondern sie lediglich durch ihre wechselseitigen Beziehungen erhellen.

19 Diese Anwendungen zeigen, daß Aristoteles mit dieser Formel nicht so sehr definieren will, was Möglichkeit oder Vermögen ist, als vielmehr ein operationelles Kriterium an die Hand zu geben gedenkt zu entscheiden, ob in einem gegebenen Fall Möglichkeit vorliegt. Vgl. J. von Rijen 1989, 31.

genwärtige Zeitpunkt gemeint sein, sondern muß an die Zeit gedacht sein, die sich unmittelbar an das Jetzt anschließt, im Gegensatz zur Zukunft, die durch eine Zwischenzeit vom Jetzt getrennt ist. Denn es geht Aristoteles hier ja um den Gegensatz: Ein Vermögen kann sich nur auf das noch Ausstehende beziehen, das veränderbar, gestaltbar ist, nicht auf das bereits faktisch Eingetretene. Dieses Faktische ist nämlich gemäß dem berühmten Grundsatz von *Int.* 9, 19a23–27, der wohlbemerkt vom (gegenwärtig) Seienden (*on*) spricht, insofern notwendig, als es unwiderruflich wirklich (geworden) ist. Ein Vermögen als Vermögen zu verändern, kann nur auf das Bevorstehende gehen, das noch nicht determiniert ist (auch das jetzt sofort Anstehende), nicht auf das bereits Vorliegende, Gegenwärtige, das irreversibel feststeht.

Inwiefern aber ergibt sich das daraus, daß ein Vermögen muß widerspruchsfrei als wirklich angenommen werden können? Dazu müssen wir bedenken, daß ein Vermögen für Aristoteles wesentlich zweiseitig ist. Bei der Vermögensbestimmung in *Met.* Θ 3 ist es im Kontext impliziert, etwa wenn in Θ 2, 1046b5 von den rationalen Vermögen gesagt ist, sie seien auf konträre Alternativen (*tôn enantiôn*) ausgerichtet. Bei der parallelen Bestimmung der Möglichkeit in *An. pr.* I 13, 32a18–20 ist es in der Formel selbst enthalten. Daß Aristoteles hier das Mögliche (*to endechomenon*) ganz entsprechend bestimmt wie in *Met.* Θ 3 das Vermögende (*dynaton*)[20], zeigt, wie innig beide Begriffe für ihn verwoben sind. Da das Mögliche in *An. pr.* A 13 als das definiert ist, was weder notwendig noch unmöglich ist (sofern es keine unmöglichen Konsequenzen hat), muß an das ambivalent Mögliche gedacht sein, das sowohl sein wie nicht sein kann. Ob die Möglichkeit zu konträr oder (wie hier) kontradiktorisch Entgegengesetztem gemeint ist, ist für unseren Zusammenhang unwichtig. Hier kommt es allein darauf an, daß man zugleich die Möglichkeit zum einen

---

20 Daß diese Bestimmung in *Met.* Θ 3 zumindest auch das Vermögende meint, ergibt sich u. a. daraus, daß Aristoteles hier vom Besitzen des Vermögens (*echein tên dynamin*) spricht. Im Beispiel vorher geht es zudem darum, daß etwas vermögend ist zu gehen: *dynaton badizein* (1047a23). Vgl. Irwin 1988, 563 f., Anm. 9.

wie die Möglichkeit zum anderen von zwei einander ausschließenden Gegensätzen hat. Aus der Realisationsforde-
rung ergibt sich nun, daß diese Doppelmöglichkeit sich nur
auf die Zukunft beziehen kann. Zu einem künftigen Zeitpunkt kann der eine oder es kann der andere Gegensatz wirklich werden (natürlich nicht gleichzeitig). In der Gegenwart
ist hingegen die eine Alternative bereits unumstößlich Tatsache geworden. Die Annahme, die andere Möglichkeit solle
wirklich sein, führt so angesichts der bereits gegebenen Sachlage notwendig zu einem Widerspruch.[21] Damit verstehen
wir auch, welche Stoßrichtung diese Bestimmung im Gedankengang von Θ 3 hat: Nicht bloß ist falsch, mit den Megari-
kern zu fordern, jedes Vermögen müsse gegenwärtig verwirklicht sein; es gibt vielmehr überhaupt kein Vermögen, das
sich auf die Gegenwart bezieht. Daß sich für Aristoteles das
Vermögen und die Möglichkeit so auf Künftiges richten, hat
seine Wurzel sicher darin, daß er diese Begriffe im Ausgang
vom physischen Vermögen zur Veränderung gewinnt (vgl. 2);
Änderung bedeutet aber, daß zu einem späteren Zeitpunkt
gegenüber einem früheren etwas anders geworden ist, verlangt also ein zeitliches Nacheinander.[22] Die Gleichzeitigkeit
des Ermöglichten mit seiner Möglichkeit kommt für Aristoteles daher nicht in Betracht.

4.2   Da die Realisationsbedingungen für das Vermögen
selbst durchaus bedeutsam sind, wenn man es, wie Aristoteles

---

21 Allein wenn in Aristoteles' Möglichkeitskriterium von Θ 3 gefragt wird,
ob die Verwirklichung des zu prüfenden Vermögens angesichts der realen
Sachlage zum angenommenen Zeitpunkt der Realisation, je nachdem, ob
diese schon determiniert oder noch offen ist, zu Widersprüchen führt, ist essentiell, daß die *Verwirklichung* hypothetisch angenommen wird. Falls das
Möglichkeitskriterium hingegen darauf hinausläuft zu prüfen, ob aus der fraglichen Möglichkeit (= problematischen Aussage) unmögliche Folgerungen
gezogen werden können, dann ist die Verwirklichungsannahme eigentlich
entbehrlich, wie Seel bei seiner Deutung dieser „Definition" S. 329–336 zu-
geben muß.
22 Sicherlich verfehlt ist die These von Hintikka (1977): Ursprünglich sei bei
Aristoteles das unzeitliche Problem der Megariker, daß bei der Totalität der
Bedingungen die Möglichkeit augenblicklich verwirklicht sein müsse.

teleologisch (als um der Ausübung willen gegeben) betrachtet, da umgekehrt aber nicht alle Realisationsbedingungen vorliegen müssen, damit ein Vermögen präsent ist, ergeben sich schwierige Abgrenzungsfragen. Eine sprachliche Zweideutigkeit sorgt dafür, diesen schwierigen Komplex noch mehr zu verwirren. Mit ein und derselben sprachlichen Form „Ist a … -bar?" „Kann a … werden?" können wir nämlich nach bedeutsam verschiedenen Typen von Sachzusammenhängen fragen. Wenn wir fragen, ob dieses Gestein in der Erde (Kohle) brennbar ist, dann interessiert uns, ob diese Stoffart (im Unterschied zu anderen Gesteinen) eine materielle Konstitution hat, die sie dazu disponiert, unter entsprechenden Außenbedingungen (bei Luftzufuhr) zu brennen. Gefragt ist hier also nach dem innenbegründeten Vermögen selbst, das der Kohle auch in der Erde zukommt, wo die Realisationsbedingungen nicht gegeben sind. Ganz in diesem Sinne führt Aristoteles in Θ 1, 1046a25 die Brennbarkeit auf die Materie als ihr Prinzip (*archê*) zurück.

Wenn wir dagegen fragen, ob ein bestimmter Gegenstand sichtbar ist, dann interessiert offenbar nicht, ob sein innerer Aufbau von der Art ist, daß er ihn grundsätzlich zum Gesehenwerden befähigt. In der Regel stellen wir diese Frage von vornherein nur bei körperlichen Gegenständen. Eingeschränkt auf dieses „universe of discourse" aber ist die Eigenschaft, grundsätzlich gesehen werden zu können, trivial, weil sie jedem Gegenstand dieses Bereichs zukommt. Wir fragen vielmehr nach der nicht-trivialen, informativen Tatsache, ob dieses grundsätzliche Vermögen der Sichtbarkeit in diesem Fall unter Bedingungen gegeben ist, die seine unmittelbare Realisierung (für unser Sehvermögen) gestatten.

Wenn Aristoteles fragt[23], ob es Wahrnehmbares oder (entsprechend bei intelligiblen Prädikaten) Wißbares, Zählbares geben kann, auch wenn keine Lebewesen existieren, so daß eine Verwirklichung in einem Akt des Wahrnehmens, Erkennens, Zählens grundsätzlich ausgeschlossen ist, so liegt ein

---

23 Vgl. Aristoteles' Erörterung dieser Frage *Cat.* 7, 7b33 ff., *Phys.* IV 14, 223a21 ff., *De An.* III 2, 426a15 ff. u. *Met.* Δ 5, 1010b30 ff. und die Erörterung in Burnyeat HΘ 113 f., 122 f.

dritter, noch anders gelagerter Fall vor. Im ersten Fall ging es
um das Vermögen an sich, indem von seinen Realisationsbedingungen abstrahiert wird, im zweiten um die konkrete Ge-
gebenheitsform des Vermögens, die seine sofortige Realisierung erlauben soll, im dritten Fall geht es wieder um das Vermögen selbst, das (teleologisch betrachtet) auf die prinzipiellen Voraussetzungen seiner Realisierung bezogen wird. Hinter derselben sprachlichen Form verbergen sich also wenigstens drei bedeutsam unterschiedene Fragen. Es braucht uns
daher nicht zu wundern, wenn Aristoteles, der sich diese Unterscheidung wohl nicht ausdrücklich bewußt gemacht hat, zu
dem Problem, wie weit ein Vermögen von seinen Realisationsbedingungen abhängt, keine einheitliche Antwort gab, da
es hier gar nicht um eine einzige Frage geht.

4.3   Wenn wir, statt einem Gegenstand ein Vermögen zuzuschreiben, den Sachverhalt für möglich erklären, dieser Gegenstand habe jene Bestimmung oder vollziehe jenen Veränderungsvorgang, zu denen das Vermögen disponiert, so spie-
gelt die Frage, inwieweit die Realisationsbedingungen zum
Vermögen selbst gehören, sich darin wider, in welchem Maß
der für möglich zu erklärende Sachverhalt generell ist, d. h.
sich auf einen allgemeinen, eventuell sogar gesetzmäßigen
Zusammenhang bezieht. Tritt nur die innenbegründete Disposition in den Blick, liegt selbstverständlich ein genereller
Sachverhalt vor, auch bei einem singulären Subjekt, z. B. der
Brennbarkeit eines Einzelgegenstandes aus Holz. Vollständig
formuliert geht es hier um die zweifellos generelle Modalaus-
sage: Es gibt möglicherweise Situationen, in denen dieser
Gegenstand auf Grund seiner materiellen Struktur brennt. In
dem Maße wird der Sachverhalt spezieller, wie ich als Teil des
Sachverhalts die Situation genauer beschreibe, unter der es zu
einer Verwirklichung des Vermögens kommt, ist aber immer
noch generell, solange ich eine Situation einer bestimmten
Art beschreibe, die noch detaillierter beschrieben werden
könnte. Die Möglichkeit eines solchen Sachverhalts entspricht bereits nicht mehr dem Vermögen an sich, sondern
dem Vermögen unter Bedingungen seiner (sofortigen) Realisierbarkeit. Kann ich auf diesem Wege zu einem individuel-

len Sachverhalt gelangen? Anders als ein wirklicher Sachverhalt, der durch ein geschehenes Einzelereignis oder eine bestehende Einzelsituation festgelegt ist, ist ein möglicher Sachverhalt zunächst nur durch seine Beschreibung gegeben, individuell kann er mithin nur durch vollständige begriffliche Bedingungen werden. Wir sehen hier einen wichtigen Zusammenhang: Die Lehre von der Totalmöglichkeit setzt voraus, daß auch Sachverhalte (oder die ihnen entsprechenden Ereignisse) rein begrifflich durch beschreibende Bedingungen individuiert werden (gemäß dem principium identitatis indiscernibilium). Damit garantiert ist, daß die Möglichkeit sich auf einen vollständig (total) bestimmten Sachverhalt bezieht, muß dieser individuell sein, wobei die Individualität eben in der vollständigen begrifflichen Bestimmtheit liegt. Sonst ist nicht auszuschließen, daß er noch durch weitere begriffliche Bedingungen vollständiger bestimmt werden kann. Leibniz hat konsequent sowohl angenommen, daß ein Individuum durch seinen absolut vollständigen Begriff gegeben ist, als auch, daß jeder Sachverhalt, jedes Ereignis des Weltgeschehens durch seine (begrifflich angebbaren) Faktoren bis ins letzte determiniert ist.[24] Für den Indeterministen hingegen bleibt ein für die Zukunft ausstehender möglicher Sachverhalt generell und wird erst beim wirklichen Eintritt individuell.

5.   Damit bleibt zu fragen, in welchem Maße Aristoteles' Auffassung über die rationalen und irrationalen Vermögen und ihre Verwirklichungsbedingungen in Θ 5 einen Determinismus einschließt. Wenn Hintikka (1973, 201) u. a. in Θ 5 und Θ 7, 1049a5–9 einen Beleg dafür sieht, daß Aristoteles im Sinne eines Determinismus (à la Diodor) die Möglichkeiten als Strebekräfte ansieht, deren Tendenz, sich selber zu verwirklichen, realisiert wird, sowie nichts Äußeres es verhindert, ist zu entgegnen: Zu einem rationalen Vermögen selbst

---

24 In dieser Form, wo sie sich atemporal auf begriffliche Bestimmungen bezieht, ist die Lehre der Totalmöglichkeit in sich stimmig, wenngleich nicht Aristoteles entsprechend. Warum die zeitbezogene Version unangemessen ist, haben wir in 1. dargelegt.

als einer dispositionellen Eigenschaft eines vernünftigen Wesens gehört das Streben jedenfalls nicht. Da das rationale Vermögen in sich selbst vielmehr auf konträre Inhalte ausgerichtet ist (Θ 2, 1046b5), muß ein willentliches Streben (*orexis*, 1048a11) hinzukommen, um es auf eine der Alternativen festzulegen und dadurch realisierbar zu machen. Wenn wir von einem teleologisch begriffenen Vermögen nun die Realisierbarkeit fordern, dann setzt es das auf einer bewußten Entscheidung beruhende Streben (*orexis ê*[25] *prohairesis*) als wesentliche Realisationsbedingung in seiner Definition voraus. Aber es besteht noch immer ein Unterschied zwischen dem, was ein Vermögen selbst als dispositionelle Eigenschaft ausmacht (was in recto in seiner Definition vorkommt, vgl. Anm. 15) und dem, worauf es als wesentliche Realisationsbedingung in seiner Definition bezogen ist. Das komplementäre Passivvermögen (das meist sogar an einem anderen Subjekt auftritt) geht ja auch niemals als Konstituens in das Aktivvermögen selbst ein, auch wenn es in seiner Definition (in obliquo) verlangt ist. Wenn Aristoteles das willentliche Streben als ein inneres Moment des rationalen Vermögens betrachtet hätte, wäre es an sich selbst bereits auf eines determiniert; er könnte es in Θ 2 also nicht als ein Vermögen zu Gegenteiligem bewerten. Das rationale Vermögen liegt (in Übereinstimmung zu dem in Θ 3 Gesagten) auch zu Zeiten vor, wo das vernünftige Wesen nicht nach etwas Bestimmtem strebt. Gemäß dem (in 4) Erarbeiteten ist nur verlangt, daß es ein Entscheidungs- und Strebevermögen hat, damit eine künftige Realisierung der rationalen Fähigkeit nicht ausgeschlossen ist, die als solche oder insofern sie Entgegengesetztes umgreift, nicht verwirklicht werden kann.

Hiermit ist freilich ein Determinismus noch nicht abgewendet. Dieser scheint in der These von Θ 5 zu liegen: Sowie die Realisationsbedingungen (ganz gleich wie eng sie zum

---

25 Wir fassen das „*ê*" explikativ auf, weil Aristoteles *EN* VI 2, 1139b4 f. die *prohairesis* als *orexis dianoêtikê* definiert. Läge eine Alternative vor: entweder Entscheidung oder Streben, wäre das Streben nicht einmal eine wesentliche Realisationsbedingung, die in die Definition eines rationalen Vermögens einzugehen hätte.

Vermögen gehören) vollständig gegeben sind, führen sie unweigerlich zu einer bestimmten Wirkung. Innerhalb dieses Ansatzes von Θ 5 garantiert die Offenheit für Gegenteiliges den rationalen Vermögen offenbar kein höheres Maß an Indetermination als den irrationalen. Sie macht lediglich einen weiteren Typ determinierender Bedingung: das auf bewußter Entscheidung beruhende Streben, erforderlich, damit die Gesamtheit der Bedingungen ein ganz bestimmtes Resultat unfehlbar festlegen kann. Damit stimmt zusammen, daß rationale und irrationale Vermögen nicht absolut voneinander geschieden sind, sondern eher fließend ineinander übergehen.

So trägt Aristoteles zu Beginn von Θ 5 denn auch eine Dreiteilung der Vermögen in angeborene (*syggenês*), eingeübte (*ethei*) und auf Grund erklärender Worte erlernte (*logôi, mathêsei*) vor. Die beiden letzten Merkmale definieren sicher keine gesonderten Klassen. Um z. B. ein technisches Können zu erwerben, bedarf es immer zugleich der praktischen Einübung und der theoretischen Belehrung. Damit läuft die Gliederung offenbar auf die Zweiteilung in erworbene rationale versus angeborene (natürliche) und damit irrationale Vermögen hinaus. Angeboren kann nun sicher nicht in jedem Fall heißen: unmittelbar bei der Geburt vorhanden. Sonst wäre dieselbe Art Vermögen, das Wahrnehmungsvermögen (das Aristoteles hier ausdrücklich als natürliches Vermögen nennt), teils angeboren, teils erworben, nämlich bei Tierarten, deren Junge noch blind geboren werden. *Syggenês* sind folglich alle Vermögen, deren Entwicklung (auch nach der Geburt) allein auf der genetischen Anlage beruht. Ist dann auch das Vermögen zu der arttypischen Fortbewegung, das bei einigen Tierarten (aus Überlebensgründen) von Geburt an vorhanden ist, bei anderen erst nach der Geburt ausgebildet wird, ein rein natürliches Vermögen? Hier kommen aber auch Elemente der Einübung hinein. Dies gilt in weit höherem Maße von der Sprachfähigkeit, die aber doch insofern natürlich ist, als sie gleichermaßen bei allen Menschen ausgebildet ist. Damit sind natürliche nicht scharf von den erworbenen Vermögen zu scheiden, denen ja auch eine natürliche Befähigung zugrunde liegt, die jedoch durch (bewußte) An-

strengung zum eigentlichen Vermögen ausgebildet werden
muß.

Da natürliche, eingeübte und erlernte Vermögen fließend
ineinander übergehen, verwundert die Aussage von Θ 5 nicht,
daß ein Geschehen, soweit es auf einer Verwirklichung von
Vermögen beruht, gleichermaßen bei rationalen und irrationalen Vermögen determiniert ist. Hier besteht eine *kath'
hauto*-Verknüpfung, bei der dem realen Verursachungszu-
sammenhang ein begrifflicher Erklärungszusammenhang
entspricht, wo also das Geschehen so determiniert ist, daß begriffliche Ableitungen möglich sind. Dies gilt in besonderem
Maße für die rationalen Vermögen und die durch sie in der
Natur bewirkten Ereignisreihen. So beschreibt Aristoteles
EN III 3 das bewußte Hervorbringen dadurch, daß wir vom
angesetzten Ziel beim überlegenden Analysieren auf die Mit-
tel zu seiner Verwirklichung zurückgehen (1112b15 f). Die
zuletzt gefundene Ursache (19), die zu bewirken in unserer
Macht steht, ist bei der anschließenden Ausführung das erste
(23 f.). In dieser Handlungsbeschreibung ist vorausgesetzt,
daß die einzelnen Stufen der realen Verursachungskette mit
den entsprechenden Schritten der rationalen Überlegungs-
reihe inhaltlich zusammenfallen (auch wenn sie in umge-
kehrter Reihenfolge durchlaufen werden). Ebendies galt uns
in 1.1 als definierendes Merkmal der causalitas per se.

Für die Frage der Determination ist nun von entscheiden-
der Bedeutung, daß man in der Überlegung vom zu errei-
chenden Ziel auf die Voraussetzungen zurückgeht. Notwendige Zusammenhänge, wie sie das Denken braucht, um eines
aus dem anderen zu erschließen, gibt es beim Zurategehen
über einen in der Natur zu bewirkenden Prozeß nicht von der
Ursache zur Wirkung, sondern nur umgekehrt. Es gibt in der
Natur also nur Ketten notwendiger Bedingungen, daß für die
zu erzielende Wirkung jeweils bestimmte Voraussetzungen
unerläßlich sind. Es gibt nicht durchgängig hinreichende Ursachen (im heutigen Sinne), die unausweichlich eine bestimmte Wirkung herbeiführen. (Dem entspricht unsere Erfahrung, daß die Ausführung einer noch so korrekten Pla-
nung scheitern kann, wenn an einem Punkt ein unvorherge-
sehenes Hindernis auftritt.) Mag auch nach Θ 5 ein Vermö-

gen nur verwirklicht werden können, wenn vollständige Bedingungen vorliegen, so daß ein ganz bestimmtes Resultat zustande kommen muß, so machen diese regelmäßigen Verursachungszusammenhänge (causalitas per se) in Form einer Verwirklichung eines Vermögens nicht das ganze Naturgeschehen[26] aus. Gewisse Ereigniskonstellationen kommen auch durch Zufall zustande, also gerade nicht durch Verwirklichung eines ihnen zugrundeliegenden Vermögens. Damit braucht folglich nicht jeder real innerhalb des Naturgeschehens möglichen Sachlage auch ein Vermögen zugrunde zu liegen.

Literatur

Bärthlein, K. 1963, Untersuchungen zur Aristotelischen Modaltheorie, in: Archiv für Geschichte der Philosophie 45, 43–67.

Charlton, W. 1987, Aristotelian Powers, in: Phronesis 32, 277–289.

Hartmann, N. 1937, Der Megarische und der Aristotelische Möglichkeitsbegriff (Sitzungsb. d. Preuß. Ak. 1937), in: N. Hartmann, Kleinere Schriften II, Berlin 1957, S. 85–100.

– 1938, Möglichkeit und Wirklichkeit, Berlin, Kap. 22: Der Megarische Möglichkeitsgedanke, S. 181–189.

Hintikka, J. 1973, Time and Necessity. Studies in Aristotle's Theory of Modality, Oxford.

– 1977, Aristotle on Modality and Determinism, in: Acta Phil. Fennica 29.

Ide, H. A. 1988, Possibility and Potentiality from Aristotle through the Stoics, Phil. Diss. Cornell University.

Irwin, T. 1988, Aristotle's First Principles, Oxford.

McCall, S. 1969, Time and the Physical Modalities, in: The Monist 53, 426–446.

– 1970, Ability as a Species of Possibility, in: M. Brand (Hrsg.), The Nature of Human Action, Glenview, 139–147.

26 Auch wenn sich in Θ 5 kein Hinweis findet, können wir wohl sagen: Die Offenheit des Logos für Gegenteiliges verleiht dem bewußten Handeln dadurch ein höheres Maß an Indetermination als dem regelmäßigen Naturgeschehen, daß die *prohairesis*, die wegen der Offenheit für Gegensätze als determinierender Faktor bei der Verwirklichung eines rationalen Vermögens erforderlich ist, selbst nicht determiniert ist. Jedenfalls finden sich in den einschlägigen Erörterungen der *EN* keine Andeutungen, daß die bewußte Entscheidung selbst wiederum als Verwirklichung eines Vermögens durch vollständige Bedingungen determiniert zustande kommt.

Moline, J. 1975, Provided Nothing External Interferes, in: Mind 84, 244–254.

Rijen, J. von 1989, Aspects of Aristotle's Logic of Modalities, Dordrecht.

Seel, G. 1982, Die Aristotelische Modaltheorie Berlin/New York.

Sorabji, R. 1980, Necessity, Cause and Blame. Perspectives on Arisotle's Theory, Ithaca.

Stallmach, J. 1965, Vertritt Aristoteles Metaphysik IX 5 selbst den megarischen Möglichkeitsbegriff, in: Archiv für Geschichte der Philosophie 47, 190–205.

Waterlow, S. 1982, Passage and Possibility. A Study of Aristotle's Modal Concepts, Oxford.

Weidemann, H. 1986, Die Aristotelische Modaltheorie. Eine Auseinandersetzung mit dem gleichnamigen Buch von Gerhard Seel, in: Zeitschrift für philosophische Forschung 40, 104–120.

Weiner, M. H. 1970, Potency and Potentiality in Aristotle, in: New Scholasticism 44, 515–534.

Wolf, U. 1979, Möglichkeit und Notwendigkeit bei Aristoteles und heute, München.

11

Enrico Berti

Der Begriff der Wirklichkeit in der *Metaphysik* des Aristoteles (Θ 6–9 u. a.)

Vorbemerkung

Der Begriff der Wirklichkeit ist sicher einer der meist-
untersuchten Begriffe der Aristotelischen Philosophie: Er ist
nicht allein Gegenstand der Aristoteles-Literatur im allgemeinen, sondern auch von Einzeluntersuchungen gewesen, von philosophischen wie auch von philologischen Arbeiten. Neben den Betrachtungen, die in der jahrhunderte-
langen Geschichte des Denkens Philosophen wie Plotin,
Averroës, Thomas von Aquin, Leibniz, Hegel und Heidegger dazu angestellt haben, lassen sich in der Aristoteles-
Literatur der letzten hundertfünfzig Jahre verschiedene Ansätze feststellen. Vor allem der merkwürdige Begriff *entelecheia* hat das Interesse der Philosophen auf sich gezogen,
ein Begriff, der sicherlich zuerst von Aristoteles selbst ge-
prägt wurde. Bei der Untersuchung seiner Etymologie
wurde einerseits seine offensichtliche Ableitung von *entelos
echein* – was „sich in einem Zustand der Vollendung, der
Vollkommenheit befinden" bedeutet (Trendelenburg 1877,
297, Bonitz 1849, II 287 f., Teichmüller 1873) – aufgezeigt,
andererseits die Ähnlichkeit mit dem gebräuchlicheren *en-
delecheia* – was Kontinuität bedeutet –, eine Ähnlichkeit, die
Rudolf Hirzel als eine durch den Wandel der Aristotelischen
Auffassung der Seele bedingte Korrektur im Übergang von
den frühen Werken zu der späteren Abhandlung *Über die*

Seele interpretiert hat (Hirzel 1884 und 1913, vgl. auch Diels 1916).

In der Folgezeit richtete sich die Aufmerksamkeit der Forschung zunächst auf die allgemeine philosophische Bedeutung der Lehre vom Vermögen und der Wirklichkeit, vor allem durch thomistisch ausgerichtete Wissenschaftler, die insbesondere in den letzten Jahrzehnten trotz Anerkennung der Aristotelischen Originalität und der metaphysischen Bedeutung dieser Lehre den Unterschied zwischen dem Begriff der Wirklichkeit bei Aristoteles selbst und bei Thomas hervorhoben und die Überlegenheit oder das „Hervorragende" des letzteren geltend machten[1]. Die 1923 erschienene Schrift „Aristoteles" von Werner Jaeger mit ihrer berühmten entwicklungsgeschichtlichen Interpretation des Aristotelischen Denkens hat dann eine ganze Reihe historisch-genetischer Untersuchungen ausgelöst, die die Lehre vom Vermögen und der Wirklichkeit einmal der frühen Phase der Aristotelischen Entwicklung (in diesem Sinne haben sich Jaeger 1928 und der Verfasser dieses Aufsatzes geäußert), einmal der Zeit des Übergangs (Smeets 1952, Stallmach 1959), einmal der Spätphase (Gohlke 1924, Wundt 1953, Gohlke 1954) zuschrieben oder aber jegliche Entwicklung in ihr überhaupt verneinten (Reale 1962). Das einzig sichere Ergebnis dieser Untersuchungen ist, daß es sich bei der in Frage stehenden Lehre um einen ganz originellen Beitrag des Aristoteles handelt: Auch der entschiedenste Vertreter der Abhängigkeit des Aristoteles von Platon, Hans Krämer, hat eingeräumt, daß man vor Aristoteles nur von einer *Vorgeschichte* der Lehre vom Vermögen und der Wirklichkeit sprechen kann, die sich auf den mathematischen Begriff des Vermögens in der ungeschriebenen Lehre Platons und auf den Begriff des *teleion* bei Speusipp gründet, der jedoch, im Unterschied zu Aristoteles, den Vorrang dem Samen, also dem Vermögen zusprach.[2]

---

1 Gardeil 1893–94, Baudin 1901, Farges 1909, Kaufmann 1914, Maurice-Denis 1922, Manser 1932, Gilson 1962, Fabro 1958 und 1959.
2 H. J. Krämer 1972. Hier kündigt Krämer einen Aufsatz mit dem Titel „Zur Vorgeschichte der aristotelischen Akt-Potenz-Lehre" an, der jedoch nie publiziert worden ist.

Besondere Einzelaspekte der Lehre vom Vermögen und
der Wirklichkeit haben die Aufmerksamkeit anderer Wissenschaftler auf sich gezogen: So zum Beispiel der Aristotelische
Begriff der Möglichkeit, der in seinem Zusammenhang mit
der Modallogik und mit der Polemik des Aristoteles gegen die
Megariker untersucht wurde (Hartmann 1938 und 1958,
Bärthlein 1963, Stallmach 1965, Bärthlein 1965, Weiner
1970, Seel 1982a und 1982b, Rosen 1982); oder die Unterscheidung zwischen Wirklichkeit (*energeia*) und Bewegung
(*kinesis*) aus der Perspektive der analytischen Philosophie
(Ackrill 1965, Mulhern 1968, White 1980) oder deren Kriti-
ker (Leszl 1969, Mamo 1970, Polansky 1983, Halper
1983–84, Brague 1983a). Seit einiger Zeit sind jedoch auch
systematische Untersuchungen zur Bedeutung einzelner
Ausdrücke (Chen 1956–57 und 1958, Blair 1967, Trépanier
1970) oder zur aristotelischen Lehre allgemein (Uwe 1965,
Kosman 1984, Couloubaritsis 1985) wiederaufgenommen
worden. Von besonderem Interesse sind von den letzteren die
1981 erschienene Publikation der unveröffentlichten Vorlesung Heideggers in Freiburg im Sommersemester 1931 über
die ersten drei Kapitel des Buches Θ der *Metaphysik* (Heidegger 1981) und der aus einem in Oxford abgehaltenen Seminar
der Mitarbeiter G. E. L. Owens hervorgegangene Kommentar zu den Büchern H und Θ, der auch posthum veröffent-
lichte Anmerkungen des letzteren enthält (Burnyeat H Θ).
  Angesichts dieser Fülle von Untersuchungen ist es überflüssig, die Aristotelische Lehre vom Vermögen und der
Wirklichkeit noch einmal im ganzen darzustellen und damit
bloß zu wiederholen. Ich werde mich deshalb darauf beschränken, einige besonders bedeutsame Stellen zu den Begriffen *energeia* und *entelecheia*, die Aristoteles gewöhnlich gebraucht, um seine Auffassung der Wirklichkeit zu verdeutlichen, noch einmal zu lesen und dabei zu versuchen, unabhängig von allen später erfolgten Interpretationen deren ursprüngliche Bedeutung wiederherzustellen. Diese Stellen
finden sich fast alle in der *Metaphysik*, auch wenn die dort ver-
wendeten Begriffe ebenfalls in anderen Schriften vorkommen, wie der *Physik*, der Abhandlung *Über die Seele* und der
Nikomachischen Ethik. Aber auch in der *Metaphysik* begegnen

wir einem Bedeutungswandel der Begriffe, der nicht unbedingt eine chronologische Entwicklung impliziert – auch
wenn dies recht wahrscheinlich ist –, wohl aber einen logisch-
begrifflichen Übergang. Mir schien es deshalb sinnvoll,
meine Darstellung in drei Gesichtspunkte zu gliedern, die
sich jeweils mit dem Begriff der Wirklichkeit als „Bewegung",
mit dem Begriff der Wirklichkeit als „Sein" und mit dem Begriff der Wirklichkeit als „Tätigkeit" befassen.

1. Die Wirklichkeit als Bewegung

Im Buch Θ der *Metaphysik*, in dem *logos*, der eigens der Erläuterung von Vermögen und Wirklichkeit gewidmet ist, erklärt
Aristoteles, von diesen Begriffen als Grundbedeutungen des
Seins handeln zu wollen; aber er hält es für notwendig, vor
dieser Behandlung das wiederaufzunehmen, was er im
Buch Δ, dem berühmten Wörterbuch der philosophischen
Ausdrücke, zu dem Begriff der *dynamis* in seiner eigensten
oder allgemeinsten Bedeutung gesagt hatte, obgleich dies
nicht das sei, was ihn im gegebenen Zusammenhang noch in-
teressiere. Es handelt sich bekanntlich um das Vermögen in
bezug auf die Bewegung, also um das Vermögen, bestimmt als
„Prinzip der Veränderung in einem anderen oder in einem
Ding selbst, aber insofern es als ein anderes betrachtet wird"
(Θ 1, 1046a11). Damit gibt Aristoteles selbst zu erkennen, daß
es den Begriff des Vermögens auch schon vor ihm gegeben
hat: er war tatsächlich schon weitgehend gebräuchlich, außer
bei den Mathematikern – in einem Sinn allerdings, den Aristoteles als äquivok und metaphorisch betrachtet (Θ 1,
1046a6–9, siehe auch Δ 12, 1019b33–34) – und auch bei Platon, der sogar dazu gelangt war, das Sein als Vermögen, zu tun
und zu leiden, zu bestimmen.[3]

Obwohl er erklärt, daß es, um diese erste Bedeutung des
Vermögens zu verstehen, nicht notwendig ist, sie in eine Beziehung zur Wirklichkeit als einer der Grundbedeutungen

---

3 Platon, *Sophistes*. 247 d–e. Vgl. J. Souilhé, Etude sur le terme „dynamis"
dans les dialogues de Platon, Paris 1922.

des Seins zu setzen, die er im folgenden behandeln wird, erwähnt er die Wirklichkeit doch auch schon hier, begründet durch die Notwendigkeit einer Erwiderung auf die Megariker, für die das Vermögen nur in dem Moment existiert, in dem es verwirklicht ist (Θ 3, 1046b29 f.: *hotan energêi monon dynasthai*: „ein Ding ist nur vermögend, wenn es wirklich ist").

„Die Bezeichnung *energeia*", sagt Aristoteles, „von der man vereinbart hat, sie in Beziehung auf die *entelecheia* zu verwenden (*hê pros tên entelecheian syntithemênê*), ist vor allem von den Bewegungen auch auf andere Dinge übergegangen; gewöhnlich hält man (*dokei*) die Wirklichkeit vor allem für eine Bewegung, deshalb haben sie [die Menschen] das Sich-bewegen nicht auch den Nichtseienden zugeschrieben, sondern haben diesen einige andere Prädikate zugesprochen, indem man zum Beispiel sagt, die Nichtseienden seien denkbar oder erstrebenswert, aber nicht bewegt: deswegen, weil sie [wenn sie bewegt wären] der Wirklichkeit nach wären, während sie nicht der Wirklichkeit (*energeiai*) nach sind. Tatsächlich sind einige der Nichtseienden dem Vermögen nach; dennoch sind sie nicht, denn sie sind nicht der Wirklichkeit (*entelecheiai*) nach" (Θ 3, 1047a30–b2).

Hier bezieht sich Aristoteles auf eine sprachliche Konvention: *syntithemênê* bedeutet tatsächlich nicht nur „verbunden mit" oder „bezogen auf", wie es meistens interpretiert wird, sondern auch „vereinbart" genau in dem Sinn, den eine Konvention hat, wenn man von Bezeichnungen spricht. Er spielt hier nicht auf eine *synthesis* oder „Zusammenfügung" an, sondern auf eine *synthêkê* oder „Vereinbarung", denn für Aristoteles ist „die Bezeichnung bedeutungsvoll durch die Vereinbarung (*kata synthêkên*)".[4] Er sagt mithin, daß die Bezeichnung *energeia* auch als Gegenstand einer eigenen Konvention in der besonderen Bedeutung von *entelecheia* gebraucht werden kann und daß sie mit dieser besonderen Bedeutung auch „anderen Dingen" zugeschrieben werden kann, die ver-

---

4 *Int.* 2, 16a19. Der einzige, der dieser Übersetzung nahegekommen ist, ist Couloubaritsis (1985, 143–144), der *syntithemênê* mit „ajustée" und „adaptée" wiedergegeben hat, um deutlich zu machen, daß der Begriff *energeia* hier in einer Bedeutung verwendet wird, die mit *entelecheia* zusammenfällt.

schieden von Bewegungen sind; aber er sagt dies, um daran
zu erinnern, daß sich diese Bedeutung von der gewöhnlicheren herleitet, die eben die der „Bewegung" ist. Daß die neue
Bedeutung, in der *energeia* und *entelecheia* gleichbedeutend
sind, sich von der gewöhnlicheren der „Bewegung" herleitet,
ergibt sich aus der Tatsache – so erklärt Aristoteles dann –,
daß den Nichtseienden keine Bewegung sondern andere
Prädikate zugesprochen werden, und dies bedeutet, daß die
Bewegung im Unterschied zu anderen Prädikaten Sein impliziert und deshalb den Nichtseienden nicht zugeschrieben
wird.

Aristoteles stellt uns hier also zwei verschiedene Bedeutungen des Begriffs *energeia* gegenüber: in der einen, allgemeineren und offensichtlich einfacheren bedeutet er im wesentlichen „Bewegung", in der anderen, als Ergebnis einer eigenen sprachlichen Konvention und daher später entstanden,
ist er gleichbedeutend mit *entelecheia* und bedeutet so viel wie
„sein" oder „der Wirklichkeit nach sein" oder einfach „Wirklichkeit" im spezifisch technischen Sinn des Aristoteles. Auch
energeia ist also, wie *entelecheia*, ein von Aristoteles geprägter
technischer Begriff – tatsächlich findet er sich bei keinem anderen Autor vor ihm –, wenn er auch aufgrund seiner Ableitung von dem Verb *energein*, wirken, am Werk sein (*en ergôi*),
das ebenso gebräuchlich ist, nicht so künstlich klingt wie
entelecheia.

Die Institutionalisierung dieser neuen Bedeutung von
energeia wird von Aristoteles an einer anderen Stelle ebenfalls
im Buch Θ durchgeführt, aber erst in der zweiten Hälfte desselben, die dem Vermögen und der Wirklichkeit als Bedeutungen des Seins gewidmet ist.

„Das *ergon*" [das wie das deutsche Wort *Werk* und das eng-
lische *work* dieselbe Wurzel *Ferg* hat] – sagt der Stagirite
„– ist Ziel [*telos*], die *energeia* aber *ergon*, deshalb sagt man die
Bezeichnung *energeia* nach *ergon* [d. h. mit derselben Bedeu-
tung], und deshalb geht sie in die Bedeutung von *entelecheia*
über (*synteinei pros tên entelecheian*)" (Θ 8, 1050a21–23).

Hier wird die oben erwähnte sprachliche Konvention in
äußerst klarer Weise erläutert: weil *energeia* in der gleichen
Bedeutung wie *ergon* gebraucht werden kann, von dem es sich

außerdem ableitet, und weil *ergon* gleichbedeutend mit *telos*
ist, geht der Ausdruck *energeia*, wenn er in dieser Bedeutung
gebraucht wird, in die Bedeutung von *entelecheia* über, das
heißt, er hat praktisch dieselbe Bedeutung wie *entelecheia*, das
wiederum von *telos* abgeleitet ist. Kurz gesagt, weil sich *energeia* zu *ergon* verhält wie *entelecheia* zu *telos*, deshalb stimmen,
wenn *ergon* und *telos* gleichbedeutend sind, auch *energeia* und
entelecheia überein. Es stimmt also nicht, daß, wie schon behauptet wurde,[5] *energeia* und *entelecheia* immer dieselbe Bedeutung hätten, aber es stimmt, daß es unter den vielen Bedeutungen von *energeia* eine gibt, die mit der von *entelecheia*
übereinstimmt, und es ist genau in diesem letzteren Sinn, in
dem *energeia* „Wirklichkeit" bedeutet und in dem es den
neuen, technischen, von Aristoteles eingeführten Begriff ausdrückt.[6]
In der ersten der beiden zitierten Stellen, die zu der ersten,
dem Vermögen der Bewegung nach gewidmeten Hälfte des
Buches Θ gehört, wird auf die einfachste, ursprünglichste[7]
Bedeutung von *energeia*, die sich ebenfalls auf die Bewegung
bezieht[8], angespielt. Der Reiz dieser noch nicht technischen
Bedeutung liegt in der Tatsache, daß sie sozusagen eine starke
Weise des Seins, das durch Tun und Leiden charakterisiert
wird, ausdrückt, also keinen statischen, sondern einen dyna-
mischen Begriff des Seins. Und genau dies wird es möglich
machen, daß der Begriff *energeia* in die darauffolgende Bedeutung von „sein" übergeht, d. h. in die „Wirklichkeit" im
eigenen Aristotelischen Sinn, gleichbedeutend mit *entelecheia*.
Es ist gerade dieser sozusagen „dynamische" Ursprung des
Begriffs der Wirklichkeit, der denjenigen zu denken geben
muß, die, wie die thomistischen Interpreten auf der einen,

5 Vgl. besonders Reale 1962, aber auch schon Schwegler, Bonitz und andere.
6 Dies scheint mir richtig gesehen worden zu sein von Chen 1956–57 und
1958, Trépanier 1970 und Couloubaritsis 1985.
7 Wie richtig von den Oxforder Arbeiten aufgezeigt wird, vgl. Burnyeat H Θ,
68.
8 So versteht sie auch Heidegger, der *energeia* mit *Am-Werke-sein* und *entelecheia* mit *das sich-in-Fertigkeit-halten* übersetzt (1981, 224).

und Heidegger auf der anderen Seite, bei dem Aristotelischen Begriff der Wirklichkeit eine jeweils entweder zu „essentialistische" oder „präsentialistische" Konnotation beklagen. Wenigstens in seiner ursprünglichen Bedeutung drückt *energeia* nämlich nicht ein Wesen,[9] etwas Mögliches, wie die Prädikate „denkbar" oder „wünschenswert" aus, die auch den Nichtseienden zugeschrieben werden können, sondern eine Existenz, eine wirksame Realität, die aktiv oder passiv ist (aber auch Passivität impliziert ein Tun auf der Seite des anderen). Und genau in dieser Bedeutung drückt *energeia* nicht ein Produkt aus, etwas bereits Gemachtes, das einfach da und einfach gegenwärtig ist,[10] sondern im Gegenteil ein Sich-machen, Sichgeben, ein Ereignis.[11]

Dies hindert Aristoteles jedoch nicht, den Ausdruck *entelecheia* auch auf die Bewegung anzuwenden, wie in der berühmten Definition in der *Physik*, nach der die Bewegung „die *entelecheia* dessen [ist], was dem Vermögen nach ist, insofern es derart [d. h. dem Vermögen nach] ist; so ist zum Beispiel die Veränderung die *entelecheia* des Veränderlichen, insofern es veränderlich ist, die Vergrößerung und die Verklei-

---

9 Dies ist die Bedeutung, in deren Nähe zum Beispiel Gilson 1962 und Fabro 1958 und 1959 die aristotelische Wirklichkeit rücken; siehe aber im Gegensatz dazu M. Gentile 1984 (bes. 31: „seit Aristoteles ist die Wirklichkeit als die Fülle des Realen verstanden worden, d. h. als die Bedingung, unter der sich das ganze Sein dessen entfaltet, was Gegenstand der Betrachtung sein kann").

10 Heidegger spricht von *Hergestelltsein*, das für ihn ein Synonym von *Vorhandensein* und *Anwesenheit* ist (1981, 179–180 und 224). Trotzdem gibt er zu, daß dies nicht der ursprüngliche Sinn der aristotelischen Wirklichkeit ist, den er hingegen in der Bewegung, im *Vollzug*, in der *Überführung*, im *Übergang* erkennt (190–192). Vielleicht ist dies einer der Gründe, weshalb der deutsche Philosoph sich darauf beschränkt hat, die ersten drei Kapitel des Buches Θ zu kommentieren: Dies sind tatsächlich die einzigen, in denen die ursprüngliche, „dynamische" Bedeutung des Vermögens und der Wirklichkeit gegeben ist. Über die Bedeutung von Heideggers Vorlesungen in ihrem Verhältnis zur Aristotelischen Lehre der *energeia* s. F. Volpi, Heidegger e Aristotele, Padua 1984, 182–190.

11 Dies sind, wie bekannt, die Konnotationen, die der späte Heidegger dem Sein zuschreibt. Eine Affinität zwischen dem aristotelischen Begriff der Wirklichkeit und Heideggers „in-der-Welt-sein" ist von Brague 1988, 492–497 aufgezeigt worden.

nerung des Vergrößerbaren und des Verkleinerbaren, die
Entstehung und die Auflösung des Entstehbaren und des Auf-
lösbaren, die Verschiebung des Verschiebbaren" (III 1,
201a10–15). Hier wird die Bewegung, insofern sie ein Sein ist,
bestimmt als ein wirklicher Zustand der Dinge, eine schon
gegenwärtige Aktualität, und nicht nur als Prozeß der Aktualisierung. Nach dieser Definition ist die Bewegung die Aktualität – nicht die Aktualisierung, wie viele meinen – dessen,
was dem Vermögen nach ist, insofern es dem Vermögen nach
ist, das heißt, was in der Wirklichkeit eines Vermögens existiert, das nicht mehr nur dem Vermögen nach ist, aber auch
noch nicht in die Wirklichkeit übergegangen ist und deshalb
noch nicht aufgehört hat, dem Vermögen nach zu existieren:
Es ist der offensichtliche, aktuale Erweis, daß ein Ding wirklich dem Vermögen nach, mithin veränderbar ist. Die Veränderung ist der wirkliche Nachweis, daß ein Ding veränderbar
ist, daß es dem Vermögen nach ist, das heißt, sie ist der wirkliche Nachweis seines Vermögendseins.[12]
Die genannte Definition widerspricht nicht der Unterscheidung zwischen der ursprünglichen Bedeutung von *energeia* als Bewegung und der durch Aristoteles eingeführten, bei
der *energeia* gleichbedeutend mit *entelecheia* ist, denn sie ist sozusagen eine Definition des ersteren Begriffs mittels des
zweiten, also eine Formalisierung des gewöhnlichen, allgemein gebräuchlichen Begriffs in der technischen Sprache der
Aristotelischen Lehre vom Vermögen und der Wirklichkeit.
Aristoteles konnte hier nicht nur, sondern er mußte sogar auf
den Ausdruck *entelecheia* zurückgreifen, um die Tautologie,
eine *energeia* (im ursprünglichen Sinn von Bewegung) mit einer anderen *energeia* (im institutionalisierten Sinn von *entelecheia*, von Wirklichkeit im eigentlichen Sinn) zu definieren,
zu vermeiden.

---

12 Siehe dazu, gegen die traditionellen Interpretationen dieser Stelle, R. Bra-
que 1988a, 497–509, und 1988b.

2. Die Wirklichkeit als Sein

In der zweiten Hälfte des Buches Θ beginnt Aristoteles schließlich von der Wirklichkeit als einer der Grundbedeutungen des Seins, beziehungsweise in dem von ihm institutionalisierten Sinn zu sprechen, dem auch eine neue Bedeutung des Vermögens entspricht, die sich von dem Vermögen der Bewegung nach unterscheidet, das in der ersten Hälfte des Buches behandelt wurde. Er benutzt hier noch den Ausdruck *energeia*, aber es ist nunmehr klar, daß es sich um *energeia* in der dem Ausdruck *entelecheia* entsprechenden Bedeutung handelt, auch wenn es, wie wir sehen werden, einen ganz bestimmten Grund gibt, der ihn veranlaßt, den ersteren Ausdruck dem zweiten vorzuziehen. Die Definition, die er von dieser neuen Bedeutung der Wirklichkeit gibt, ist nicht eigentlich eine Definition, aus Gründen, die er selbst erklärt.

„Die Wirklichkeit (*energeia*)", sagt Aristoteles, „ist das Bestehen eines Dings (*to hyparchein to pragma*), jedoch nicht so, wie wir sagen, es bestehe dem Vermögen nach" (Θ 6, 1048a30–32). Dies ist keine Definition, denn es wird hier auf den Begriff des Vermögens zurückgegriffen, der seinerseits – wie Aristoteles im folgenden sagen wird – den der Wirklichkeit voraussetzt (Θ 8, 1049b12–14). Dennoch ist diese Formulierung durchaus interessant, denn sie spielt auf eine Weise des Bestehens oder Existierens (wie *hyparchein* normalerweise übersetzt wird) an, auf ein wirkliches, reales, gegenwärtiges Sein, und nicht einfach auf eine Bestimmtheit, auf ein Wesen. Auch wenn es sich, wie wir sehen werden, immer um ein bestimmtes Sein handelt, ist das, worauf hier angespielt wird, nicht einfach die Bestimmtheit, wohl aber die Existenz der Bestimmtheit selbst. Aber betrachten wir die weiteren, übrigens allgemein bekannten Erklärungen, die uns Aristoteles selbst gibt.

„Wir sagen, daß dem Vermögen nach zum Beispiel Hermes im Holz oder die halbe Gerade in der Gerade existieren, weil sie daraus herausgelöst werden könnten, und wir sagen auch, derjenige sei ein Wissenschaftler, der gerade keine wissenschaftlichen Überlegungen anstellt, wenn er überhaupt fähig ist, wissenschaftliche Überlegungen anzustellen; das andere dagegen [das Holz, die ganze Gerade und derjenige, der gerade wissenschaftliche Überlegungen anstellt, sagen wir, existiert] der Wirklichkeit nach. Das, was wir sagen wollen, wird klar durch die Induktion (*têi epagôgêi*), ausgehend von den Einzelfällen, und es ist nicht notwendig, die Definition von jedem Ding zu suchen, sondern man kann auch das Gesamte mittels der Analogie (*tôi analogon*) betrachten, weil, wie sich der Bauende zum Baumeister verhält, [sich so] auch der Wache zum Schlafenden verhält, und derjenige, der sieht, zu dem, der die Augen geschlossen hält, obwohl er sehen kann, und dasjenige, das aus dem Stoff herausgelöst worden ist, zum Stoff, und dasjenige, was bearbeitet ist zu dem, was unbearbeitet ist. Von diesem Unterschied sei der eine Teil die Wirklichkeit, derjenige, der [vom Vermögen] getrennt ist, der andere sei das, was dem Vermögen nach ist. Nicht bei allen Dingen jedoch spricht man von der Wirklichkeit in der gleichen Weise, sondern nur der Analogie nach, etwa: wie dieses in diesem oder in Beziehung auf dieses ist, so ist dieses andere in diesem anderen oder in Beziehung auf dieses andere. Manche Dinge sind wie die Bewegung in Beziehung auf das Vermögen, andere wie die Substanz (*ousia*) in Beziehung auf irgendeinen Stoff" (1048a32–b9).

Die Tatsache, daß die Wirklichkeit nicht definiert werden kann, bestätigt, daß das Paar Vermögen und Wirklichkeit hier als eine Unterscheidung von zwei Grundbedeutungen des Seins verstanden wird, nämlich als koextensiv im gesamten Sein, denn dies ist es, das keine Definition, das heißt: Beschränkung, Umschreibung, kein Einbegriffenwerden in eine weitere Gattung erduldet. Auch die Tatsache, daß sie nur mittels einer Induktion, mittels einer Generalisierung, die von den Einzelfällen ausgeht, aber nur zu einer Einheit in der Analogie, also zu einer Einheit der Beziehungen zwischen Begriffen führt, die unterschieden bleiben, bestätigt, daß wir es hier mit einer koextensiven Unterscheidung innerhalb des Seins zu tun haben, denn das Sein hat nicht die Einheit einer Gattung, sondern die Einheit der Analogie. Die Analogie gestattet es außerdem, die Unterscheidung von Vermögen und Wirklichkeit als Bedeutungen des Seins auch mit der Unterscheidung von Vermögen und Wirklichkeit in Beziehung auf die Bewegung zu vereinen, mit der wir uns vorher beschäftigt haben.

Daß für Aristoteles Vermögen und Wirklichkeit zwei Grundbedeutungen des Seins sind, deswegen im gesamten Sein koextensiv sind und sogar all seine anderen Bedeutungen überlagern, geht aus allen Stellen hervor, in denen der Stagirite die Bedeutungen des Seins aufzeichnet und in denen er die Behandlung dieser Unterscheidung im Gebiet der Ersten Philosophie, also der Wissenschaft vom Seienden, insofern es seiend ist, rechtfertigt. Zum ersten Mal spielt Aristoteles auf sie dann auch schon im Buch Δ der *Metaphysik*, in dem berühmten Wörterbuch an, genau dort, wo er die Bedeutungen des Seins aufzählt; diese sind: 1) das Sein als Akzidenz; 2) das Sein an sich, das mit den Kategorien zusammenfällt, die ihrerseits ebenso viele Bedeutungen des Seins ausdrücken; 3) das Sein als wahr und das Nichtsein als falsch; 4) das Sein dem Vermögen nach und das Sein der Wirklichkeit (*entelecheiai*) nach, wobei die letztere Unterscheidung auf alle bereits genannten Bedeutungen (*tôn eirêmenôn toutôn*) angewendet und mehr oder weniger mit den gleichen Beispielen erläutert wird, die dann im Buch Θ wiederkehren (Δ 7, 1017a35–b8).

Aber auch im Buch E spielt Aristoteles auf diese Unterscheidung an, wo er die Aufzählung wiederholt, wobei er den Begriff *entelecheia*, den er im Buch Δ benutzt hatte, durch den Begriff *energeia* ersetzt (E 2, 1026b1–2) und aus der Ersten Philosophie das Sein als Akzidenz (nicht zu verwechseln mit dem Sein der von der Substanz unterschiedenen Kategorien), weil es von ihm keine Wissenschaft gibt, ebenso ausschließt wie das Sein als wahr und das Nichtsein als falsch, weil diese die Erkenntnistheorie betreffen. Auf diese Weise bleiben das Sein im Sinne der Kategorien und das Sein als Vermögen und als Wirklichkeit zu untersuchen, Themen, denen Aristoteles jeweils die Bücher ZH und das Buch Θ widmet. Zu Beginn dieses Buchs sagt er dann auch, das Sein nach den Kategorien abgehandelt zu haben und nun schließlich das Sein nun noch als Vermögen und als Wirklichkeit behandeln zu müssen, wobei er für letztere ebenso den Begriff *entelecheia* wie den Begriff *ergon*, der für *energeia* steht, benutzt (Θ 1, 1045b32–34).

Schon in den Büchern Z und H, die dem Sein den Kategorien nach, und insbesondere der ersten von diesen, der Substanz, die letztlich mit der Form identifiziert wird, gewidmet
sind, behauptet Aristoteles wiederholt, daß der Stoff Vermögen ist (vgl. Z 7, 1032a28: das Vermögen zu sein und nicht zu
sein; Z 13 1038b6: das Substrat ist wie das Lebewesen in Beziehung auf die Affektionen oder wie der Stoff in Beziehung
auf die Wirklichkeit) und daß die Substanz oder die Form
Wirklichkeit ist (Z 13, 1039a7: die Wirklichkeit trennt, das
heißt, sie realisiert eine Substanz getrennt von den anderen;
H 2, 1042b9–11: der Stoff ist Substanz dem Vermögen nach,
es bleibt noch zu sagen, was die Substanz der Wirklichkeit
nach ist; H 2, 1043a27–28: die Form ist Wirklichkeit; H 3,
1043b1–2: das Wesen oder die Form ist Wirklichkeit, zum
Beispiel die Seele). Dieselbe Lehre taucht wieder in der ersten
Hälfte des Buches Λ auf, die, wie bekannt, eine den Büchern
Z H Θ analoge Funktion erfüllt: Aristoteles wiederholt hier,
daß der Stoff dem Vermögen nach ist und die Form, wenn sie
getrennt ist, sowie das aus beiden Zusammengesetzte der
Wirklichkeit nach sind (Λ 5, 1071a8–10); und er behauptet,
daß dies die Prinzipien aller Dinge sind, für jedes Ding verschieden, aber identisch durch die Analogie (Λ 5, 1071a 3–36).

Auf der Grundlage dieser Stellen ist Aristoteles zu Recht
die Identifikation der Wirklichkeit mit der Substanz (*ousia*)
oder mit dem Wesen (*to ti ên einai*) zugeschrieben worden, das
für Aristoteles der primäre Grundbestandteil des Seins und
mithin Substanz in primärem Sinne (*ousia prôtê*) ist; aber nicht
mit demselben Recht ist diese Identifikation derjenigen von
der Wirklichkeit mit der Existenz oder dem Sein gegenübergestellt worden, deren Entdeckung Philosophen wie Avicenna oder Thomas von Aquin zugeschrieben wurde, die
diese der Bibel entnommen hätten, das heißt, aus der ebenfalls biblischen Vorstellung von Gott als Sein durch sein Wesen, der durch die Schöpfung die Wirklichkeit des Seins den
Wesen der in seinem Geist gegenwärtigen Dinge mitteilt.[13]

---

13 Vgl. Gilson 1962 und Fabro 1958 und 1959; eine solche Interpretation ist
jedoch inzwischen zum Gemeinplatz in der thomistisch beeinflußten Auslegung geworden.

Die Substanz oder das Wesen, mit der Aristoteles die Wirklichkeit identifiziert, ist nämlich nicht nur im Denken, das heißt, sie ist nicht nur möglich, also nur dem Vermögen nach existierend – wie es das Wesen ist, von dem Avicenna und Thomas sprechen –, wohl aber eine Substanz oder ein Wesen, das in der Wirklichkeit, das heißt: real, existiert.

Bewiesen wird dies durch die Tatsache, daß das Wesen, oder auch die Form, in der Aristoteles die Grundbedeutung der Substanz identifiziert sieht, daß diese „erste Substanz" nicht – wie oft geglaubt wurde[14] – eine universale Substanz ist, die einfach nur im Denken existiert, sondern im Gegenteil eine individuelle Form ist, die vollständig realisiert und folglich in der effektiven Realität besteht, wie nicht nur aus expliziten Anspielungen Aristoteles' auf den individuellen Charakter der Form (Λ 5, 1071a28–29) hervorgeht, sondern auch aus seiner Vorliebe, gerade für die Erläuterung der „ersten Substanz" im Sinne von Form die Seele als Beispiel heranzuziehen, deren Individualität deutlich hervorgehoben wird (Z 11, 1037a9).[15]

Die Identifizierung des Stoffes mit dem Vermögen und die der ersten Substanz, der Form, mit der Wirklichkeit dient genau dazu, den Charakter der Aktualität, der Wirksamkeit, der realen Existenz geltend zu machen, den Aristoteles der Hauptbedeutung des Seins zuschreiben will. Wäre dies nicht so, dann hätte keinerlei Notwendigkeit bestanden, der Behandlung des Seins den Kategorien nach, das heißt vor allem, der Substanz und ihrer Zusammensetzung aus Stoff und Form, in den Büchern Z und H die Behandlung des Seins dem Vermögen und der Wirklichkeit nach im Buch Θ hinzuzufügen, in der jedoch die Behandlung der Grundbedeutungen des Seins erst vervollständigt wird und ihren Höhepunkt er-

14 Diese Interpretation, von zahlreichen Aristoteleskennern schon seit Zeller und Ross befördert, wurde bezeichnenderweise auch von Gilson (1962, 49–62) vertreten.

15 Es ist hier nicht der Ort, hierzu weitere Nachforschungen anzustellen: Ich beschränke mich deshalb darauf, auf die neueren Arbeiten von A. C. Lloyd 1981, Frede/Patzig 1988 sowie auf meinen Aufsatz „Il concetto di >sostanza prima< nel libro Z della Metafisica" (Berti 1989) hinzuweisen.

reicht. Dies wird außerdem auch durch die Schrift *Über die Seele* bestätigt, in der Aristoteles nicht nur auf den Begriff der Wirklichkeit zurückgreift, um die Seele zu definieren, die bereits als Form des Körpers bestimmt wurde (*De An.* II 1, 412a19–22), sondern er fügt auch hinzu, daß der Begriff der Wirklichkeit die wichtigste der vielen dem Sein und dem Einen zugehörigen Bedeutungen ist (412b8–9: *to gar hen kai to einai epei pleonachôs legetai, to kyriôs hê entelecheia estin*).

Sicherlich, die Wirklichkeit des Aristoteles ist, obwohl sie eine Existenz ausdrückt, nicht der *actus essendi* des Thomas von Aquin, weil sie, wie das Sein, dennoch immer zugleich viele Bedeutungen ausdrückt, und deshalb ist jede Wirklichkeit immer eine bestimmte Wirklichkeit, das heißt sie bedeutet immer eine bestimmte Existenz. Man darf nämlich nicht vergessen, daß das Vermögen und die Wirklichkeit als Grundbedeutungen des Seins von allen verschiedenen Kategorien ausgesagt werden (*Met.* Δ 7, 1017b2: *tôn eirêmenôn toutôn*), die ihrerseits wieder ebenso viele Bedeutungen des Seins, also der Existenz ausdrücken (1017a23–24: *hosachôs gar legetai, tosautachôs to einai sêmainei*).[16] Dies wird gerade im Buch H deutlich gesagt, dort, wo Aristoteles sich vornimmt, „was die Substanz der Wirklichkeit nach ist" zu erklären.

„Es ist offenbar", behauptet hier der Stagirite, „daß man auch das ‚ist' (*to esti*) in ebenso vielen Bedeutungen sagt [wie es Unterschiede zwischen den Dingen gibt]: Die Schwelle existiert (*esti*) deswegen, weil sie so liegt, und für die Schwelle

---

16 Die berühmte Behauptung in *Int.* 3, 16 b 22–25, nach der „das Sein oder Nichtsein nicht das Merkmal eines Dinges ist, auch nicht das Seiende, wenn man es ohne etwas anderes sagt, denn für sich ist es nichts, sondern es hat Bedeutung durch einen Zusatz einer Art von Synthese, die nicht ohne die damit verbundenen Begriffe denkbar ist", die oft von den Thomisten als Beweis für das Fehlen einer Auffassung des Seins als Existenz bei Aristoteles zitiert wird, bezieht sich für Aristoteles offensichtlich auf das Sein der Kopula, die für Aristoteles weder Nomen noch Verb ist und sehr gut durch ein Verbalprädikat ersetzt werden kann, das ein bestimmtes Sein, auch existentieller Art, bezeichnet (vgl. *Met.* Δ 7, 1017a27–30: „Denn es gibt keinen Unterschied, ob man sagt, ‚der Mensch ist genesend' und ‚der Mensch genest' oder ‚der Mensch ist gehend oder schneidend' und ‚der Mensch geht oder schneidet', und dasselbe gilt für anderen Fälle").

bedeutet Sein, so zu liegen, und für das Eis bedeutet Sein, sich so verdichtet zu haben" (H 2, 1042b25–28). Deshalb ist, wie scharfsinnig festgestellt wurde, die Existenz für Aristoteles kein Prädikat, sondern eine disjunktive Gesamtheit von Prädikaten (Owen 1965, bes. 76–81).

Diese Auffassung des Seins hindert Aristoteles freilich daran, die Existenz einer Entität anzunehmen, die dieses Sein als ihr Wesen hat, eines – wie die Scholastiker sagen werden – *esse ipsum subsistens*, nicht aber, weil Aristoteles diese Möglichkeit übersehen hätte, sondern vielmehr, weil er sie, obwohl er sie kennt, bewußt ablehnt und kritisiert, weil sie seiner Meinung nach der Vielfalt der Bedeutungen des Seins widerspricht, und folglich einen parmenideischen Monismus impliziert. Dies wird deutlich in seiner Polemik gegen die Annahme eines „Einen selbst" (*hen auto*) und eines „Seienden selbst" (*auto on*), das er den Pythagoreern und Platon[17] zuschreibt, das aber, vor Thomas von Aquin, von dem Platoniker Philon von Alexandrien, von dem Neuplatoniker Porphyrius und von dem gesamten mittelalterlichen Neuplatonismus (zum Beispiel von Scotus Eriugena) wiederaufgenommen werden sollte (vgl. Beierwaltes 1972, 12 ff.)

3. Die Wirklichkeit als Tätigkeit

Die Auffassung der Wirklichkeit als Sein ist dennoch noch nicht der Höhepunkt der Aristotelischen Lehre von der Wirklichkeit. Diese Art der Wirklichkeit, die, wie wir gesehen haben, mit der Substanz oder der Form zusammenfällt, die jedoch nicht als universales, wohl aber als realisiertes, im Stoff verwirklichtes Wesen verstanden wird, wird von Aristoteles in *Über die Seele* als „erste Wirklichkeit" (*entelecheia prôtê*) bezeichnet, mit der näheren Bestimmung, daß sie „im Hinblick auf die Entstehung" „zuerst" ist (II 1, 412a21–28), was

---

17 Vgl. *Met.* B 4, 1001a4–b6. Zu einer Untersuchung dieser Stelle erlaube ich mir, auf meinen Aufsatz „Le problème de la substantialité de l'être et de l'un dans la Métaphysique" (Berti 1979) hinzuweisen (vgl. auch Berti 1975, 181–208).

bedeutet, daß sie im Hinblick auf die Substanz weniger wichtig ist, weil, wie wiederum im Buch Θ der *Metaphysik* gesagt wird, „die Dinge, die im Hinblick auf die Entstehung früher sind, im Hinblick auf die Substanz später sind" (Θ 8, 1050a4–5).

Das Beispiel, das in *Über die Seele* zur Erläuterung des Unterschieds zwischen der „ersten Wirklichkeit" (im Hinblick auf die Entstehung) und derjenigen, die andere dann die „zweite Wirklichkeit" nennen werden, die jedoch im Hinblick auf die Substanz die wichtigere ist, gegeben wird, ist der Unterschied zwischen dem Besitz von Wissenschaft (*epistêmê*) und ihrer Ausübung (*theôrein*). Wiederum ist es jedoch Buch Θ, in dem sich die umfassendere Darstellung dieses Unterschieds findet. Sie folgt unmittelbar auf die Erläuterung des Begriffs der *energeia* als Substanz, die auf ihre Analogie mit dem Begriff der *energeia* als Bewegung gegründet ist („wie sich die Bewegung zum Vermögen verhält, so verhält sich die Substanz zum Stoff").

„Jede Bewegung", behauptet nun Aristoteles, „ist unvollkommen" (*atelês*) [das heißt, sie enthält in sich nicht das eigene Ziel oder *telos*], zum Beispiel das Abmagern, Lernen, Gehen, Bauen. Dies sind Bewegungen, und sie sind offensichtlich unvollendet. Denn einer geht nicht und ist gleichzeitig gegangen, noch baut er und hat gebaut, noch entsteht er und ist entstanden oder bewegt sich und hat sich bewegt, sondern es handelt sich um verschiedene Dinge. Dagegen hat einer gesehen und sieht zur gleichen Zeit, denkt und hat gedacht. Wir nennen deshalb letzteres „Tätigkeit" (*energeia*) und jenes „Bewegung" (Θ 6, 1048b29–35).

Sehen wir einmal von den vielen durch diese Stelle entfachten Diskussionen ab, die zu klären suchen, ob der Unterschied, der hier von Aristoteles dargelegt wird, linguistischer oder ontologischer Natur ist und ob sich die Tätigkeiten in oder außerhalb der Zeit entfalten.[18] In jedem Fall ist klar, daß Aristoteles nun die Bewegung als unvollkommene Wirklichkeit versteht, weil sie in sich nicht das eigene Ziel enthält, und

18 Vgl. die oben gemachten Literaturangaben zu Ackrill, Mulhern, White, Leszl, Mamo, Polansky, Halper, Brague.

daß er die Bezeichnung der Wirklichkeit (*energeia*) denjenigen Tätigkeiten vorbehält, die ihr Ziel in sich enthalten und deshalb vollkommen genannt werden können. Wir bezeichnen die Wirklichkeit in diesem letzten Sinn, die vollkommene Wirklichkeit, die im Hinblick auf die Entstehung die zweite (denn vor dem Sehen ist der Gesichtssinn und vor der Ausübung der Wissenschaft ihr Besitz), im Hinblick auf die Substanz aber die erste ist (weil sie eben vollkommen ist, das heißt, ihr eigenes Ziel in sich enthält), ohne weiteres als „Tätigkeit". Daß Aristoteles, um diesen Dynamismus auszudrücken, es vorzieht, den alten Ausdruck *energeia* wieder aufzugreifen und nicht den mit der statischeren Bedeutung behafteten Ausdruck *entelecheia*, ist verständlich; und es ist bezeichnend, daß Aristoteles als Beispiel zur Erläuterung dieser Art der Wirklichkeit das Sehen und das Denken wählt, kognitive Tätigkeiten, die vollkommen analog sind, aber zwei verschiedenen Ebenen, nämlich der sinnlichen einerseits und der intelligiblen andererseits, angehören.

Die in metaphysischer Hinsicht wichtigste Anwendung dieser Auffassung der Wirklichkeit haben wir, wie bekannt, in der Theologie des Aristoteles, in der berühmten Lehre von Gott als reiner Wirklichkeit, als eines unbewegten Bewegers, als Denken des Denkens in der zweiten Hälfte des Buches Λ. Was diese Lehre betrifft, so lohnt es sich, einige Punkte festzuhalten, die von der Kritik nicht immer angemessen hervorgehoben wurden. Insbesondere der Beweis der Existenz einer unbewegten Substanz im sechsten Kapitel dieses Buches stützt sich insgesamt allein auf die Lehre vom Vermögen und der Wirklichkeit, genauer, auf den Begriff der Wirklichkeit als Substanz, das heißt als Sein (im übrigen kommt ein Beweis der Existenz nicht umhin, sich eines Begriffs der Existenz zu bedienen). Um die Existenz einer ewigen Bewegung (der des Himmels, die der Ausgangspunkt des Aristotelischen Beweises ist) zu erklären, reicht es in der Tat nicht aus, eine ewig bewegende Substanz anzunehmen, wenn deren Substanz nicht ganz Wirklichkeit ist, denn wenn sie auch nur in irgendeiner Hinsicht Vermögen wäre, dann könnte sie auch nicht bewegen und die von ihr hervorgebrachte Bewegung könnte nicht mehr ewig sein. „Es muß deshalb", schließt Aristoteles, „ein solches Prinzip geben, dessen Substanz Wirklichkeit ist (*hês hê ousia energeia*)" (Λ 6, 1071b19–20).

Allein aufgrund dieser Identifikation der Substanz eines solchen Prinzips mit der Wirklichkeit kann man behaupten, daß dieses unbeweglich (weil ohne Vermögen), unstofflich (weil der Stoff Vermögen ist), einfach, notwendig usw. ist. Die Wirklichkeit ist also der grundlegende Begriff für die Definition des ersten Prinzips, eine Wirklichkeit, die nicht Bewegen ist (dieses Prinzip bewegt einfach als Objekt der Vernunft und der Liebe des Himmels, es macht also nichts, um zu bewegen), sondern grundlegendes Sein. Es handelt sich, kurz gesagt, um eine real existierende, das heißt, in der Wirklichkeit existierende Substanz, die individuell, weil einzig in ihrer Art ist (was nach Aristoteles für jeden der unbewegten Beweger, und insbesondere für den ersten von ihnen gilt), und deren Substanz oder Wesen die Wirklichkeit selbst ist (Λ 8, 1073b36: *entelecheia gar*).

Auch hier handelt es sich jedoch – so muß gleich präzisiert werden – nicht einfach um die Wirklichkeit des Seins und nichts weiter, nicht um den einfachen *actus essendi*, weil es diesen Aristoteles zufolge nicht gibt, das heißt, es kann keine Wesenheit geben, deren Wesen oder Substanz einfach nur das Sein ist. Es ist deshalb notwendig zu bestimmen, um welche Wirklichkeit oder um welche Art des Seins es sich handelt. Und hier folgt die Auffassung der Wirklichkeit als Tätigkeit, als vollkommene oder „zweite" Wirklichkeit (im Hinblick auf die Entstehung, die aber im Hinblick auf die Substanz die erste ist). Es kann sich nicht einfach um eine erste Wirklichkeit handeln wie die Wissenschaft, weil diese nicht reine Wirklichkeit, sondern bezüglich ihrer Ausübung Vermögen wäre; es muß sich also um eine zweite Wirklichkeit handeln, also um eine Tätigkeit. Dies ist ein äußerst wichtiger Punkt: Die reine Wirklichkeit kann nicht einfach eine erste Wirklichkeit, ein Wesen, eine Substanz sein, die nicht wesenhaft Tätigkeit ist. Aber die einzige unstoffliche vollkommene Tätigkeit, die wir kennen, ist das Denken, die – nach Aristoteles – höchste aller menschlichen Tätigkeiten: daraus kann nur geschlossen werden, daß Gott Denken (*nous, noêsis*) ist, wie im Buch Λ (Λ 7, 1072b16–21) behauptet wird, oder „etwas, das noch weiter über dem Denken ist (*epekeina ti tou nou*)", wie in dem verlorenen Dialog *Peri euchês* („Über das Gebet") gesagt wurde (s. Simplikios, *In De Caelo* 485, 19–22).

Diese Auffassung ist manchen weniger vollkommen und Gott weniger angemessen erschienen als diejenige, die ihn als *actus essendi* oder als *Esse ipsum subsistens* begreift. Für Aristoteles jedoch trifft genau das Gegenteil zu, denn für ihn ist das Denken nicht nur Sein, sondern die höchstmögliche Form des Seins. „Denn die Wirklichkeit des Denkens", dies sind seine Worte, „ist Leben (*hê gar nou energeia zôê*)" (Λ 7, 1072b26–27), und gerade deshalb, weil die reine Wirklichkeit Leben ist und das beste und ewige Leben lebt, kann sie Gott genannt werden: Gott ist für die Griechen – aber auch für uns – ewiges Leben. Das Leben ist außerdem Sein, denn – wie wiederum Aristoteles selbst in *Über die Seele* sagt – „für die Lebenden ist das Leben das Sein" (*to de zên tois zôsi to einai estin*), und deshalb ist die Seele, insofern sie Ursache des Lebens ist, auch Ursache des Seins. Die Wirklichkeit des Denkens ist also, insofern sie Wirklichkeit des Lebens ist, auch Wirklichkeit des Seins, aber nicht des Seins schlechthin, das es für Aristoteles nicht gibt, sondern eines Seins, das als das vollkommenste Sein bestimmt ist.

Es handelt sich hier meiner Ansicht nach um die höchste Auffassung Gottes, die außerhalb der biblischen Tradition entwickelt worden ist, ohne die Hilfe einer Offenbarung, sondern allein mit dem Verstand. Sie verdient es außerdem, auch vom christlichen Standpunkt aus gewürdigt zu werden, wenn es zutrifft, daß die wenigen feststehenden Attribute Gottes im Neuen Testament ihn außer als Sein auch als Leben und als Geist (als denkende Substanz) ausweisen.[19]

---

19 Ich erlaube mir hier auf meinen Aufsatz „Il Dio dei filosofi" (Berti 1988) hinzuweisen. Siehe aber auch Weischedel 1979. Siehe außerdem eine neuere Position, die nicht nur historisch, sondern auch theoretisch sein will, nach der „eine Wirklichkeit, die reine Wirklichkeit sein soll, ... nicht anders als geistig sein kann, von einer Geistigkeit, die keine Zusammensetzungen in sich enthält, mithin ein Denken, das ohne Übergang von einem zum anderen Begriff denkt, d. h. das Denken der Wirklichkeit nach ist" (Gentile 1984, 34 f.).

Aber die Auffassung Gottes als Tätigkeit des Denkens drückt auch jenen Vorrang des Begriffs der Wirklichkeit als Tätigkeit vor dem Begriff der Wirklichkeit als Sein aus, der die Wertschätzung von Philosophen wie Hegel gefunden hat, der am Ende seiner *Enzyklopädie der philosophischen Wissenschaften* die entsprechende Seite des Buches Λ wiedergibt, auch wenn er ihren Sinn mißversteht, indem er die Substantialität dieser Wirklichkeit vernachlässigt und sie auf das reine Denken reduziert, und wie von Heidegger, der noch in seinem Aufsatz *Hegel und die Griechen* (1960) in *energeia* das „Wort" des Aristoteles aufzeigt, obwohl auch er aus seiner eigenen Auffassung des Seins als *energeia* (die bei ihm das Ereignis ist) eine *energeia* ausschließt, die zugleich auch Wesen und Substanz ist.[20]

Aus dem Italienischen übersetzt von Dagmar Mirbach.
Das italienische Original dieses Beitrages ist erschienen in: M. Sánchez Sorondo (Hrsg.). L'atto aristotelico e le sue ermeneutiche, Roma 1990, 43–61.

Literatur

Ackrill, J. L. 1965, Aristotle's Distinction between Energeia and Kinesis, in: R. Bambrough (Hrsg.), New Essays on Plato and Aristotle, London, 121–141.

Bärthlein, K. 1963, Untersuchungen zur aristotelischen Modaltheorie, in: Archiv für Geschichte der Philosophie 45, 43–67.

– 1965, Über das Verhältnis des Aristoteles zur Dynamislehre der griechischen Mathematiker, in: Rhen. Mus. 108, 35–61.

Baudin, E. 1901, L'acte et la puissance chez Aristote, Publications de la Revue Thomiste, Paris.

Beierwaltes, W. 1972, Platonismus und Idealismus, Frankfurt a. M.

Berti, E. 1958, Genesi e sviluppo della dottrina della potenza e dell' atto in Aristotele, in: Studia Patavina 5, 477–505.

– 1975, Studi aristotelici, L'Aquila.

– 1979, Le problème de la substantialité de l'être et de l'un dans la Metaphysique, in: P. Aubenque (Hrsg.), Etudes sur la Metaphysique d'Aristote, Paris 89–130.

– 1987, Le vie della ragione, Bologna 1987.

– 1988, Il Dio dei filosofi. in: AA. VV., Chi è Dio, Roma 1988, S. 327–352.

20 Davon habe ich in meinem Buch „Le vie della ragione" (1987, 157–169) schon gesprochen.

- 1989, Il concetto di „sostanza prima" nel libro Z della Metafisica, in: Rivista di filosofia 80, 3–23.

Blair, G. A. 1967, The Meaning of „Energeia" and „Entelecheia" in Aristotle, in: Intern. Philosophical Quarterly 7, 101–117.

Bonitz, H. 1849, Aristotelis Metaphysica, 2 Bde., Bonn.

Brague, R. 1988a, Aristote et la question du monde, Paris.

- 1988b, La définition du mouvement, in: AA. VV., „La Physique" d'Aristote (Cahiers du Séminaire d'epistémologie et d'histoire des sciences, 20), Université de Nice.

Chen, C.-H. 1956–57, Different Meanings of the Term „Energeia" in the Philosophy of Aristotle, in: Philosophy and Phenomenological Research 17, 56–65.

- 1958, The Relation between the Terms „energeia" and „entelecheia" in the Philosophy of Aristotle, in: Class. Quart. 52, 12–17.

Couloubaritsis, L. 1985, La notion d'entelecheia dans la Métaphysique, in: AA. VV., Aristotelica. Mélanges offerts à Marcel De Corte, Brüssel/Liège, 128–156.

Diels, H. 1916, Etymologica 3, Entelecheia, in: Zeitschrift für vergleichende Sprachforschung 47, 200–203.

Fabro, C. 1958, Dall' ente di Aristotele all' „esse" di S. Tommaso, in: Aquinas 1, 5–39 (wiederabgedruckt in: ders., Tomismo e pensiero moderno, Roma 1969, 47–80).

- 1959, Dall' essere di Aristotele all' „esse" di S. Tommaso, in: AA.VV., Mélanges offerts à Etienne Gilson, Toronto/ Paris, 227–247.

Farges, A. 1909, Théorie fondamentale de l'acte et de la puissance, Paris.

Gardeil, A. 1893–94, Note sur l'emploi du mot „enérgeia" dans le VIII livre des Métaphysiques, in: Revue Thomiste 1, 777 ff.

Gentile, M. 1984, Sull'atto, in: Filosofia oggi 7, 31–39.

Gilson E. ²1962, L'être et l'essence, Paris (1. Aufl. 1948).

Gohlke P. 1924, Die Entstehungsgeschichte der naturwissenschaftlichen Schriften des Aristoteles, in: Hermes 59, 275–306.

- 1928, Überblick über die Literatur zu Aristoteles, in: Jahresbericht über die Fortschritte der kl. Altertumswissenschaft 216, 65–110.

- 1954. Die Entstehung der aristotelischen Prinzipienlehre, Tübingen.

Halper, E. 1983–84, Aristotle and Knowledge of Nature, in: Review of Metaphysics 37, 811–835.

Hartmann, N. 1938, Möglichkeit und Wirklichkeit, Berlin.

- 1958, Der Megarische und der Aristotelische Möglichkeitsbegriff, in: Kleinere Schriften, Bd. 2, Berlin, 85–100.

Heidegger, M. 1981, Aristoteles, Metaphysik IX 1–3. Von Wesen und Wirklichkeit der Kraft, Frankfurt a. M.

Hirzel, R. 1884, Über Entelechie und Endelechie, in: Rheinisches Museum 39, 169–208.

- 1913, Ousia, in: Philologus 72, S. 43, Nr. 5.

Jaeger, W. 1928, Rezension zu: Gohlke 1928, in: Gnomon 4, 633–634.

Kaufmann, N. 1914, Der Akt ist früher als die Potenz, in: Divus Thomas, S. II, 1, 1.

Kosman, L. A. 1984, Substance, Being, and Energeia, in: Oxford Studies in Ancient Philosophy 2, 121–149.

Krämer, H. J. 1972, Das Verhältnis von Plato und Aristoteles in neuer Sicht, in: Zeitschr. f. philos. Forsch. 26, 342–343.

Leszl, W. 1969, Aristotele: un filosofo analista?, in: Giornale di metafisica 24, 280–311.

Lloyd, A. C. 1981, Form and Universal in Aristotle, Liverpool.

Mamo, P. S. 1970, Energeia and kinesis in Metaphysics IX 6, in: Apeiron 4, 24–33.

Manser, G. 1932, Der Absolutismus des Christentums und die aristotelische Lehre von Akt und Potenz, in: Divus Thomas 19, 437–456.

Maurice-Denis, N. 1922, L'être en puissance d'après Aristote et Saint Thomas, Paris.

Mulhern, M. M. 1968, Types of Process According to Aristotle, in: The Monist 52, 237–251.

Owen, G. E. L. 1965, Aristotle and the Snares of Ontology, in: R. Bambrough (Hrsg.), New Essays on Plato and Aristotle, London 1965, 69–95.

Polansky, R.1983, „Energeia“ in Aristotle's Metaphysics IX, in: Ancient Philosophy 3 160–170.

Reale, G. 1962, La dottrina aristotelica della potenza, dell' atto e dell' entelechia nella Metafisica, in: AA. VV., Studi di filosofia e di storia della filosofia in onore di Francesco Olgiati, Mailand, 145–210.

Rosen, S. 1982, La critique aristotélicenne des Mégariques, in: Les études philosophiques 107, 309–330.

Seel, G. 1982a, Die aristotelische Modaltheorie, Berlin/ New York 1982.

– 1982b, Diodore domine-t-il Aristote?, in: Rev. de Métaph. et de Mor. 87, 293–313.

Smeets, A. 1952, Act et potentie in de Metaphysica van Aristoteles, Leuven.

Stallmach, J. 1959, Dynamis und Energeia, Meisenheim am Glan.

– 1965, Vertritt Aristoteles Metaphysik IX 3 selbst den megarischen Möglichkeitsbegriff?, in: Archiv für Geschichte der Philosophie 47, 190–205.

Teichmüller, G. 1873, Begriff und Arten der Entelechie, in: ders., Aristotelische Forschungen, Bd. 3, Halle.

Trendelenburg, F. A. ²1877, Aristotelis De anima libri tres, Berlin (1. Aufl. Jena 1833).

Trépanier, E. 1970, De l'imposition seconde du terme „energeia“ chez Aristote, in: Akten des XIV. Intern. Kongr. f. Philos., Wien, Bd. 5, 462–466.

Uwe, A.1965, Die Entelechie. Systematik bei Platon und Aristoteles, Wien/ München.

Weiner, M. H.1970, Potency and potentiality in Aristotle, in: New Scholasticism 44, 513–534.

Weischedel, W. 1971, Der Gott der Philosophen, Darmstadt.

White, M. J. 1980, Aristotle's Concept of Theoria and the Energeia-Kinesis Distinction, in: Journal of History of Philososophy 18, 253–263.

Wundt, M. 1953, Untersuchungen zur Metaphysik des Aristoteles, Stuttgart.

Auswahlbibliographie zu *Metaphysik* Z, H, Θ

A. Textausgaben

Bekker, I. 1831, Aristotelis Opera, Berlin.
Bonitz, H. 1848–1849, Aristotelis Metaphysica, Bonn.
Brandis, C. A. 1823–1837, Aristotelis et Theophrasti Metaphysica, Berlin.
Christ, W. 1885, ²1895, Aristotelis Metaphysica, Leipzig.
Jaeger, W. 1957, Aristotelis Metaphysica, Oxford Classical Texts, Oxford.
Ross, W. D. 1924, ²1953, Aristotle's Metaphysics, Oxford.

Weitere Textausgaben sind in der Rubrik „C. Kommentare" aufgeführt.

B. Übersetzungen

Apostle, H. G. 1966, Aristotle, Metaphysics, Bloomington/Ind.
Bassenge, F. 1960, Aristoteles, Metaphysik, Berlin (Neuausgabe 1990).
Bonitz, H. 1890 (Nachdruck 1966), Aristoteles Metaphysik, hrsg. v. E. Well-
   mann, Berlin; neu herausgegeben von U. Wolf, Hamburg 1994.
Furth, M. 1988, Aristotle, Metaphysics VII–X. Translation, Indianapolis.
Gohlke, P. 1951, Aristoteles, Metaphysik, Paderborn.
Rolfes, E. 1904, Aristoteles, Metaphysik, 2 Bde., Leipzig.
Ross, W. D. 1908, ²1928 (Nachdruck 1963), Metaphysica, in: W. D. Ross
   (Hrsg.), The Works of Aristotle, Oxford.
Schwarz, F. F., Aristoteles, Metaphysik, Stuttgart 1970.
Seidl, H. 1980, Aristoteles, Metaphysik, griech./dt., in der Übersetzung von
   H. Bonitz neubearbeitet, mit Einleitung und Kommentar, 2 Bde., Ham-
   burg.
Tricot, J. 1933 (Nachdruck 1974), Métaphysique, 2 vol., in: Aristote Œuv-
   res, Paris.

Weitere Übersetzungen sind in der Rubrik „C. Kommentare" aufgeführt.

C. Kommentare

Alexander Aphrodisiensis 1891, In Aristotelis Metaphysica Commentaria,
   hrsg. von M. Hayduck, Berlin.
Asklepios 1888, In Aristotelis Metaphysicorum libros A–Z commentaria,
   hrsg. von M. Hayduck, Berlin.
Bonitz, H. 1848–1849, Aristotelis Metaphysica, Bonn.
Bostock, D. 1994, Aristotle, Metaphysics Books Z and H. Translated with a
   Commentary, Oxford.

Burnyeat, M. (Hrsg.) 1979, Notes on Book Z of Aristotle's Metaphysics, Oxford.

Burnyeat, M. (Hrsg.) 1984, Notes on Book H and Θ of Aristotle's Metaphysics, Oxford.

Frede, M./Patzig, G. 1988, Aristoteles „Metaphysik ", Text, Übersetzung und Kommentar, 2 Bde., München.

Reale, G. 1993, Aristotele, La Metafisica. Saggio introduttivo, testo greco con traduzione a fronte e commentario, 3 Bde., Milano.

Ross, W. D. 1924, ²1953, Aristotle's Metaphysics, Oxford.

Schmitz, H. 1985, Aristoteles: Kommentar zum 7. Buch der Metaphysik (Die Ideenlehre des Aristoteles, Bd I, Teil 1), Bonn.

Schwegler, A. 1847–1848, Die Metaphysik des Aristoteles, Grundtext, Übersetzung und Commentar nebst erläuternden Abhandlungen, 4 Bde., Tübingen.

D. Sammelbände, Hilfsmittel

Aubenque, P. (Hrsg.) 1979, Etudes sur la Métaphysique d'Aristote, Paris.

Bonitz, H. 1870, Index Aristotelicus, Berlin.

Barnes, J./ Schofield, M./Sorabji, R. (Hrsg.) 1979, Articles on Aristotles, vol. 3, Metaphysics.

Delatte, L./Rutten, C./Govaerts, S./Denooz, J. 1984, Aristoteles, metaphysica, Index verborum, listes de fréquence, Hildesheim.

Devereux, D. T./Pellegrin, P. (Hrsg.) 1990, Biologie, logique et métaphysique chez Aristote, Paris.

Hager, F. P. (Hrsg.) 1968, Metaphysik und Theologie des Aristoteles Darmstadt.

O'Hara, M. L. (Hrsg.) 1982, Substances and Things: Aristotle's Doctrine of Physical Substance in Recent Essays, Washington.

Preus, A./Anton, J. P. (Hrsg.) 1992, Aristotle's Ontology: Essays in Ancient Greek Philosophy 5, Albany.

Scaltsas, T./Charles, D./Gill, M. L. (Hrsg.) 1994, Unity, Identity, and Explanation in Aristotle's Metaphysics, Oxford.

E. Einführungen zu Aristoteles und Gesamtdarstellungen

Ackrill, J. 1985, Aristoteles. Eine Einführung in sein Philosophieren, Berlin/New York.

Anscombe, G. E. M./Geach P. T. ⁴1973, Three Philosophers. Aristotle, Aquinas, Frege, Oxford.

Barnes, J. 1992, Aristoteles. Eine Einführung, Stuttgart.

Barnes, J. (Hrsg.) 1995, The Cambridge Companion to Aristotle, Cambridge.

Düring, I. 1966, Aristoteles, Darstellung und Interpretation seines Denkens, Heidelberg.

Guthrie, W. K. C. 1981, Aristotle: an Encounter (A History of Greek Philosophy, Bd. VI), Cambridge.

Flashar, H. 1983, Aristoteles, in: ders., Grundriß der Geschichte der Philosophie. Die Philosophie der Antike 3, Basel, 175–457.

Höffe, O. 1996, Aristoteles, München.

Lear, J. 1988, Aristotle, The Desire to Understand, Cambridge.

Jaeger, W. 1923 (²1955), Aristoteles. Grundlegung einer Geschichte seiner Entwicklung, Berlin.

Ross, D. ⁵1949, Aristotle, London.

F. Monographien und Aufsätze

Albritton, R. 1957, Forms of Particular Substances in Aristotle's Metaphysics, in: Journal of Philosophy 54, 699–708.

Arpe, C. 1938, Das ti ên einai bei Aristoteles, Hamburg und New York 1976.

Aubenque, P. 1961: Aristoteles und das Problem der Metaphysik, in: Zeitschrift für philosophische Forschung 9, 77–99.

– 1962, Le problème de l'être chez Aristote. Essai sur la problématique aristotélicienne, Paris.

– 1979, La pensée du simple dans la Métaphysique (Z 17 et Θ 10), in: P. Aubenque (Hrsg.), Études sur la Métaphysique d'Aristote, 69–88.

Balme, D. M. 1962, GENOS and EIDOS in Aristotle's Biology, in: Classical Quarterly 12, 81–98.

Bassenge, F. 1960, Das to beni einai, to agathôi einai etc. etc. und das to ti ên einai bei Aristoteles, in: Philologus 104, 14–47 und 201–222.

Berti, E. 1975, Logical and Ontological Priority among the Genera of Substance in Aristotle, in: Kephalaion. Festschrift C. de Vogel, Assen, 55–69.

– 1989, Il concetto di „sostanza prima" nel libro Z della Metafisica, in: Rivista di filosofia 80, 3–23.

Brinkmann, K. 1979, Aristoteles' allgemeine und spezielle Metaphysik, Berlin/New York.

Brunschwig, J. 1979, La forme, prédicat de la matiére?, in: P. Aubenque (Hrsg.), Etudes sur la Métaphysique d'Aristote, Paris, 131–166.

Buchanan, E. 1962, Aristotle's Theory of Being, Cambridge (Mass.).

Charles, D. 1992, Aristotle on Substance, Essence and Biological Kinds, in: J. Cleary/D. Shartin (Hrsg.), Proceeding of the Boston Area Colloquium in Ancient Philosophy 6, 215–249.

– 1994, Matter and Form: Unity, Persistence, and Identity, in: T. Scaltsas/D. Charles/M. L. Gill (Hrsg.), Unity, Identity, and Explanation in Aristotle's Metaphysics, 75–105.

Code, A. 1978, No Universal is a Substance; an Interpretation of Met. Z 13, 1038b8–15, in: Paideia, 65–76.

– 1984, The Aporematic Approach to Primary Being in Metaphysics Z, in: Canadian Journal of Philosophy, Supplementary Volume 10, 1–20.

Cohen, S. Marc 1977, Essentialism in Aristotle, in: Review of Metaphysics 31, 387–405.

Cohen, Sheldon M. 1984, Aristotle's Doctrine of the Material Substrate, in: Philosophical Review 93, 1971–94.

Elm, R. 1997, Dynamis und Energeia: zum Problem des Vollzugs des Seienden bei Aristoteles, in: J. Speck (Hrsg.), Grundprobleme der großen Philosophen. Philosophie des Altertums und des Mittelalters, Göttingen, 5., durchges., teilw. neubearbeitete Aufl.

Ferejohn, M. T. 1980, Aristotle on Focal Meaning and the Unity of Science, in: Phronesis 25, 117–128.

Fine, G. 1984, Separation, in: Oxford Studies in Ancient Philosophy 2, 31–87.

– 1993, On Ideas, Oxford.

Frede, M. 1978, Individuen bei Aristoteles, in: Antike und Abendland 24 (1978), 16–39.

– 1987a, Substance in Aristotle's Metaphysics in: ders., Essays in Ancient Philosophy, Oxford, 72–80.

– 1987b, The Unity of Special and General Metaphysics, in: ders., Essays in Ancient Philosophy, Oxford, 81–95.

– 1990, The Definition of Sensible Substances in Metaphysics , in: D. T. Devereux/P. Pellegrin, (Hrsg.) , Biologie, logique et métaphysique chez Aristote.

– 1994, Aristotle's Notion of Potentiality in Metaphysics, in: T. Scaltsas/D. Charles/M. L. Gill (Hrsg.), Unity, Identity, and Explanation in Aristotle's Metaphysics, 173–193.

Freudenthal, G. 1995, Aristotle's Theory of Material Substance. Heat and Pneuma. Form and Soul, Oxford.

Furth, M. 1978, Transtemporal Stability in Aristotelian Substances, in: Journal of Philosophy 75, 624–646.

– 1988, Substance, Form and Psyche. An Aristotelean Metaphysics, Cambridge.

Gill, M. L. 1989, Aristotle on Substance. The Paradox of Unity, Princeton (Pb 1991).

– 1994, Individuals and Individuation in Aristotle, in: T. Scaltsas/D. Charles/M. L. Gill (Hrsg.), Unity, Identity, and Explanation in Aristotle's Metaphysics, 55–71.

Gilson, É. ²1962, L'être et l'essence, Paris.

Graham, D. W. 1987, Aristotle's Two Systems, Oxford.

Granger, H. 1995, Aristotle on the Subjecthood of Form, in: Oxford Studies in Ancient Philosophy 13, 135–159, 177–185.

Grayeff, F. 1974, Aristotle and his School. An Inquiry into the History of the Peripatos with a Commentary on Metaphysics Z, H, Λ and Θ, London.

Grene, M. 1974, Is Genus to Species as Matter to Form? Aristotle and Taxonomy, in: Synthese 28, 51–69.

Halper, E. C. 1989, One and Many in Aristotle's Metaphysics. The Central Books, Columbus (Ohio).

Happ, H., 1971, Hyle. Studien zum aristotelischen Materiebegriff, Berlin /New York.

Hare, J. E. 1979, Aristotle and the Defintion of Natural Things, in: Phronesis 24, 168–179.

Haring, E. S. 1956/1957, Substantial Form in Aristotle's Metaphysics Z, in: Review of Metaphysics 10, 308–332, 482–501, 698–713.

Harter, E. D. 1975, Aristotle on Primary OUSIA, in: Archiv für Geschichte der Philosophie 57, 1–20.

Hartman, E. 1976, Aristotle on the Identity of Substance and Essence, in: Philosophical Review 85, 545–561.

– 1977, Substance, Body and Soul. Aristotelian Investigations, Princeton.

Heinaman, R. E. 1979, Substance and Knowledge of Substance in Aristotle's Metaphysics, Princeton.

Inciarte, F. 1994, Die Einheit der Aristotelischen Metaphysik, in: Philosophisches Jahrbuch 101, 1–21.

Irwin, T. 1988, Aristotle's First Principles, Oxford.

Jaeger, W. 1912, Studien zur Entstehungsgeschichte der Metaphysik des Aristoteles.

Kosman, L. A. 1984, Substance, Being, and Energeia, in: Oxford Studies in Ancient Philosophy 2, 121–149.

– 1994, The Activity of Being in Aristotle's Metaphysics, in: T. Scaltsas/D. Charles/M. L. Gill (Hrsg.), Unity, Identity, and Explanation in Aristotle's Metaphysics, 195–213.

Krämer, H. J. 1967, Zur geschichtlichen Stellung der Aristotelischen Metaphysik, in: Kant-Studien 58, 313–354.

– 1973, Aristoteles und die akademische Eidoslehre, in: Archiv für Geschichte der Philosophie 55, 119–190.

Kung, J. 1978, Can Substance be Predicated of Matter?, in: Archiv für Geschichte der Philosophie 50, 140–159.

Lacey, A. R. 1965, Ousia and Form in Aristotle, in: Phronesis 10, 54–59.

Lesher, J. 1971, Aristotle on Form, Substance and Universal: A Dilemma, in: Phronesis 16 (1971), 169–178.

Leszl, W. 1970, Logic and Metaphysics in Aristotle, Padua.

– 1975, Aristotle's Conception of Ontology, Padua.

Lewis, F. A. 1991, Substance and Predication in Aristotle, Cambridge.

Liske, M.-Th. 1985, Aristoteles und der aristotelische Essentialismus: Individuum, Art, Gattung, Freiburg/München.

Lloyd, A. C. 1981, Form and Universal in Aristotle, Liverpool.

Loux, M. 1979, Forms, Species and Predication in Metaphysics Z, H and Θ, in: Mind 88, 1–23.

– 1991, Primary OUSIA. An Essay on Aristotle's Metaphysics Z and H, Ithaca.

Mansion, S. 1969, To simon et la définition physique, in: I. Düring (Hrsg.), Naturphilosophie bei Aristoteles und Theophrast, Heidelberg, 124–132.

– 1979, La notion de matière en Métaphysique d'Aristote, 10 et 11, in: P. Aubenque (Hrsg.), Études sur la Métaphysique d'Aristote, 185–205.

Merlan, Ph. 1953, From Platonism to Neoplatonism, The Hague.

- 1979, Metaphysik: Name und Gegenstand, in: F.-P. Hager (Hrsg.), Metaphysik und Theologie des Aristoteles, 251–265.

Mesch, W. 1994, Ontologie und Dialektik bei Aristoteles, Göttingen.

Modrak, D. K. 1979, Forms, Types and Tokens in Aristotle's Metaphysics, in: Journal of the History of Philosophy 17, 371–384.

Morrison, D. 1985, Separation in Aristotle's Metaphysics, in: Oxford Studies in Ancient Philosophy 3, 125–157.

- 1993, The Place of Unity in Aristotle's Metaphysical Project, in: Proceedings of the Boston Area Colloquium in Ancient Philosophy 9, 131–156.

Natorp, P. 1887, Thema und Disposition der aristotelischen Metaphysik, in: Philosophische Monatshefte 24, 36–65.

Owen, G. E. L. 1960, Logic and Metaphysics in Some Earlier Works of Aristotle, in: I. Düring/G. E. L. Owen (Hrsg.), Aristotle and Plato in the Mid-Fourth Century, Göteborg, 163–190.

- 1965a, The Platonism of Aristotle, in: Proceedings of the British Academy 51, 125–150.

- 1965b, Aristotle and the Snares of Ontology, in: R. Bambrough (Hrsg.), New Essays on Plato and Aristotle, London, 69–75.

- 1978/1979, Particular and General, in: Proceedings of the Aristotelian Society 79, 1–21.

- 1986, Logic, Science, and Dialectic, Ithaca/New York (enthält die wichtigsten Aufsätze von G. E. L. Owen als Wiederabdruck).

Owens, J. 1963, The Doctrine of Being in the Aristotelian Metaphysics, Toronto.

Patzig, G. 1960–1961, Theologie und Ontologie in der „Metaphysik des Aristoteles", in: Kant-Studien 52, 185–205.

Reale, G. ⁶1994, Il concetto di „filosofia prima" e l'unità della Metafisica di Aristotele, Milano, engl.: The Concept of First Philosophy and the Unity of the Metaphysics of Aristotle, Albany 1980.

Reiner, H. 1954, Die Entstehung und ursprüngliche Bedeutung des Namens Metaphysik, in: Zeitschrift für philosophische Forschung 8, 210–237, Wiederabdruck in: F.-P. Hager (Hrsg.), Metaphysik und Theologie des Aristoteles, 139–174.

Rorty, R. 1973, Genus as Matter: A Reading of Metaphysics Z–H, in: E. N. Lee/A. D. P. Mourelatos (Hrsg.), Exegesis and Argument, Assen, 393–420.

Ryan, E. E. 1973, Pure Form in Aristotle, in: Phronesis 18, 209–224.

Scaltsas, Th. 1994, Substantial Holism, in: T. Scaltsas/D. Charles/M. L. Gill (Hrsg.), Unity, Identity, and Explanation in Aristotle's Metaphysics, 107–128.

Schofield, M. 1972, Metaphysics Z 3, Some Suggestions, in: Phronesis 17, 97–101.

Schmitz, H. 1985, Die Ideenlehre des Aristoteles, 2 Bde., Bonn.

Sellars, W. 1957, Substance and Form in Aristotle, in: Journal of Philosophy 54, 688–699.

Sokolowski, R. 1970, Matter, Elements and Substance in Aristotle, in: Journal of the History of Philosophy 8, 263–288.

Sonderegger, E. 1993, Aristoteles, Metaphysik Z 1–12, Bern.

Spellman, L. 1995, Substance and Separation in Aristotle, Cambridge.

Steinfath, H. 1991, Selbständigkeit und Einfachheit. Zur Substanztheorie des Aristoteles, Frankfurt a. M.

Sykes, R. D. 1975, Form in Aristotle: Universal or Particular? in: Philosophy 50, 311–331.

Theiler, W. 1958, Die Entstehung der Metaphysik des Aristoteles mit einem Anhang über Theophrasts Metaphysik, in: Museum Helveticum 15, 85–105.

Tugendhat, E. 1958, ⁴1988, TI KATA TINOS. Eine Untersuchung zu Struktur und Ursprung aristotelischer Grundbegriffe, Freiburg/München.

Viertel, W. 1982, Der Begriff der Substanz bei Aristoteles, Königstein/Ts.

Vollrath, E. 1972, Aristoteles. das Problem der Substanz, in: J. Speck (Hrsg.), Grundprobleme der großen Philosophen, Philosophie der Antike, Göttingen, 84–128.

Wagner, H. 1959, Zum Problem des aristotelischen Metaphysikbegriffs, in: Philosophische Rundschau 7, 129–148.

Wedin, M. V. 1984, Singular Statements and Essentialism in Aristotle, in: Canadian Journal of Philosophy, Supplementary Volume 10, 67–88.

– 1991, PARTisanship in *Metaphysics* Z, in: Ancient Philosophy 11, 361–385.

– 1996, Taking Stock of the Central Books: Aristotle's *Metaphysics* Z and H, in: Oxford Studies in Ancient Philosophy.

Weidemann, H. 1975, Metaphysik und Sprache. Eine sprachphilosophische Untersuchung zu Thomas von Aquin und Aristoteles, Freiburg/München.

– 1982, *Tode ti* und *ti ên einai*. Überlegungen zu Aristoteles, Metaphysik Z 4, 1030a3, in: Hermes 110. 175–184.

Wieland, W. ³1992, Die aristotelische Physik. Untersuchungen über die Grundlagen der Naturwissenschaften und der sprachlichen Bedingungen der Prinzipienforschungen bei Aristoteles, Göttingen.

Witt, Ch. E. 1989, Substance and Essence in Aristotle. An Interpretation of *Metaphysics* VII–IX, Ithaca/London.

Woods, M. 1968, Problems in Met. Z, Chapter 13, in: Moravcsik (Hrsg.), Aristotle. A Collection of critical essays, London 1968.

– 1974–1975, Substance and Essence in Aristotle, in: Proceedings of the Aristotelean Society 75, 167–180.

Weitere Monographien und Aufsätze sind am Ende der einzelnen Beiträge aufgeführt.

Glossar

Einigen Begriffen sind Hinweise auf wichtige Bezugstellen in der *Metaphysik* oder auf Erläuterungen im vorliegenden Band beigefügt.

aitia	Grund, Ursache, Prinzip (s. *Met.* Δ 2)
aition	s. *aitia*
alêthes	wahr, Wahres (s. *Met.* Δ 7, E 4, Θ 10)
aporia	Schwierigkeit, Aporie, Problem (s. *Met.* B 1)
archê	Prinzip, Anfang, Grund (s. *Met.* Δ 1)
atomon	unteilbar, Unteilbares
chôriston	getrennt, trennbar, selbständig (s. Einl. S. 9f.)
(to) dia ti	(das) Warum (s. *Met.* Z 17)
diaphora	Unterschied, artbildende Differenz (s. *Met.* H 2)
dihairesis	Teilung, (besonders:) definitorische Unterteilung
dynamis	Vermögen, Möglichkeit (s. *Met.* Δ 12 und Θ 1–5)
eidos	Art, Form, Artform (s. Einl. S. 8)
einai	Sein (s. *Met.* Δ 7)
energeia	Wirklichkeit, Tätigkeit (s. *Met.* Θ 6–9 und Beitrag Nr. 11)
entelecheia	Wirklichkeit, Vollendung, s. S. 294
epistêmê	Wissen, Erkenntnis, Wissenschaft
estin/esti	er/sie/es ist (3. Pers. Sg. zu *einai*)
genesis	Entstehung (s. *Met.* Z 7–9)
genos	Gattung, Geschlecht (s. auch *Met.* Δ 28)
hen	eins, das Eine, Einheit, einheitlich (s. *Met.* Δ 6 und I 1–3)
hekaston	jedes, das Jeweilige
holon	ganz, Ganzes (s. *Met.* Δ 26)
homoeides	von gleicher Art/Form
horismos	Definition
(to) hou heneka	(das) Weswegen
hylê	Stoff, Materie (s. Einl. S. 8f.)
hypokeimenon	Zugrundeliegendes, Subjekt (s. Einl. S. 9)
idea	Idee (s. z. B. *Met.* A 9 und M 4–5)
kata symbebêkos	s. *symbebêkos*
kategoria	Kategorie
kath' hauto	an sich, per se (s. *Met.* Δ 18)
kath' hekaston	Einzelnes
katholou	Allgemeines (s. *Met.* Z 13)
kinêsis	Bewegung (s. *Met.* Θ 6)
koinon	Gemeinsames
logos	Begriff, Satz, Darlegung, Erklärung, Formel, Definition

mathêmatika	Mathematisches, mathematische Dinge (s. *Met.* M und N)
meros	Teil (s. *Met.* Δ 25)
morphê	Gestalt, Form
noein	denken (s. *Met.* Θ 10)
nous	Geist, Vernunft (s. *Met.* Λ 7)
(to) on	(das) Seiende, (das,) was ist (s. *Met.* Δ 7)
ousia	Substanz, Wesen (s. *Met.* Δ 8 und Einl. S. 8)
pathos	Affektion, Eigenschaft (s. *Met.* Δ 21)
phthora	Vergehen (s. z. B. *Met.* H 5)
physis	Natur, Wesen (s. *Met.* Δ 4)
(to) poion	(das) Wie-beschaffen, Qualität
(to) poson	(das) Wie-groß, Quantität
prôtê ousia	Seiendes/*ousia* im eigentlichen, vorrangigen Sinn
(to) prôton	(das) Erste, Hauptsächliche, Ausgezeichnete (s. *Met.* Δ 11)
pseudos	falsch, Falsches (s. *Met.* Δ 29, E 4, Θ 10)
steresis	Privation, Fehlen (s. *Met.* Δ 22)
stoicheion	Element (s. *Met.* Δ 3)
symbebêkos	akzidentell, Akzidens (nicht wesentlich, nebenbei)
synholon	das Konkrete, Zusammengesetzte (s. Einl. S. 9)
technê	Kunstfertigkeit
telos	Ziel
(to) ti ên einai	(das) Was-es-heißt-(für eine Sache)-zu sein, (das) Was(-zu-sein-für-etwas)-zu-sein-heißt, Wesen, Wesenswas (s. *Met* Z 4 und Beitrag Nr. 3, S. 76–84)
(to) ti estin	(das) Was-etwas-ist
tode ti	ein Dieses/und Das-und-das/dieses Etwas (s. Einl. S. 9 und Beitrag Nr. 3, S. 91)

Personenregister

Sachregister

Hinweise zu den Autoren

Enrico Berti, geb. 1935, studierte Philosophie in Padua. Von 1964–65 außerord. Prof. für Geschichte der Antiken Philosophie an der Universität Perugia. Seit 1971 o. Prof. für Geschichte der Philosophie an der Universität Padua. *Publikationen:* La filosofia del primo Aristotele, Padua 1962; Il „de re publica" di Cicerone e il pensiero politico classico, Padua 1963; L'unità del sapere in Aristotele, Padua 1965; Studi aristotelici, L'Aquila 1975; Aristotele: dalla dialettica alla filosofia prima, Padua 1977; Profilo di Aristotele, Roma 1979; Contradizione e dialettica negli antichi e nei moderni, Palermo 1987; Le vie della ragione, Bologna 1987; Le ragioni di Aristotele, Roma–Bari 1989; Aristotele nel Novecento, Roma–Bari 1992; Introduzione alla metafisica, Torino 1993; Soggetti di responsabilità, Reggio Emilia 1993.

Thomas Buchheim, geb. 1957, studierte Philosophie, griechische Philologie und Soziologie in München. 1986 Promotion, 1990 Habilitation, dafür 1992 ausgezeichnet mit dem Förderpreis der Universität München. 1992 Gastprofessor an der Universität Halle/Saale. Seit 1994 Professor für Philosophie in Mainz. *Buchveröffentlichungen:* Die Sophistik als Avantgarde normalen Lebens, Hamburg 1986. Gorgias von Leontinoi: Reden, Fragmente und Testimonien, hrsg. mit Kommentar und Übersetzung, Hamburg 1989. (Als Hrsg.:) Destruktion und Übersetzung. Zu den Aufgaben von Philosophiegeschichte nach Martin Heidegger (intern. Heidegger-Tagung zu seinem 100. Geburtstag), Weinheim 1989. Eins von Allem. Die Selbstbescheidung des Idealismus in Schellings Spätphilosophie, Hamburg 1992. Die Vorsokratiker. Ein philosophisches Porträt, München 1994. Daneben zahlreiche Aufsätze in Fachorganen aller drei Fächer.

Mary Louise Gill (born in 1950; Ph. D. Cambridge University, 1981) is Professor of Classics and Philosophy and Chair of Classics at the University of Pittsburgh. She has held visiting positions at Dartmouth College, Stanford University, University of California at Davis and UCLA. She is the author of „Aristotle on Substance: The Paradox of Unity", Princeton 1989; and „Plato: Parmenides" (co-translator: P. Ryan), Indianapolis 1996; and coeditor (with T. Scaltsas and D. Charles) of „Unity, Identity, and Explanation in Aristotle's Metaphysics", Oxford 1994; and (with J. G. Lennox) of „Self-Motion: From Aristotle to Newton", Princeton 1994.

Michael-Thomas Liske, geb. 1954, studierte an der Universität Freiburg Philosophie, Griechisch und Latein. Nach Staatsexamen und Promotion in Philosophie 1983 Wissenschaftlicher Mitarbeiter am Philosophischen

Seminar der Universität Münster, dort Habilitation 1990. 1991/92 Gast-dozentur in Leipzig. 1994 Berufung auf den Lehrstuhl für Philosophie an der Kath.-Theol. Fakultät der Universität Passau. *Publikationen*: Aristoteles und der aristotelische Essentialismus, Freiburg 1985; Leibniz' Freiheitslehre, Hamburg 1993. Aufsätze bes. zur Antike (Platon, Aristoteles), Scholastik (namentlich Thomas v. Aquin) und zur heutigen analytischen Philosophie. Schwerpunkt dieser Arbeiten ist, logisch-metaphysische Fragestellungen aus der philosophischen Tradition auf dem Boden der heutigen Philosophie neu zu bedenken und insbesondere mit sprachanalytischen Denkmitteln exakter zu erfassen.

Walter Mesch, geb. 1964, Studium der Philosophie und Germanistik in Tübingen und Oxford, 1992 Promotion in Tübingen, von 1993 bis 1996 Wissenschaftlicher Assistent am Philosophischen Seminar in Tübingen, seit 1996 am Philosophischen Seminar in Heidelberg. *Veröffentlichungen:* Ontologie und Dialektik bei Aristoteles, Göttingen 1994 (Vandenhoeck & Ruprecht, Neue Studien zur Philosophie 7), Artikel zu Platon und Aristoteles.

Donald Morrison (born 1954, Ph. D. Princeton University, 1983) is currently Associate Professor of Philosophy at Rice University. He has taught at Harvard University and the University of Massachussets-Amherst. He has been an Alexander von Humboldt Fellow at the Institutes of Philosophy and Classical Philology, Free University of Berlin, and at the Fachgruppe Philosophie, University of Konstanz; and he has been a Junior Fellow of the Center for Hellenic Studies, Washington, D. C. His research interests include Aristotle's metaphysics, Socrates, and classical political philosophy. *Selected publications:* Bibliography of Editions, Translations, and Scholarly Commentary on Xenophon's Socratic Writings, 1600-present, Pittsburgh 1988. Le Statut Catégorial des Différences dans L' 'Organon', in: Revue philosophique 1993; The Taxonomical Interpretation of Aristotle's Categories: A Criticism, in: Essays in Ancient Greek Philosophy V 1992. Separation in Aristotle's Metaphysics, in: Oxford Studies in Ancient Philosophy 3, 1985.

Christof Rapp, geb. 1964, studierte Philosophie, Griechisch, Logik und Wissenschaftstheorie in Tübingen und München; Promotion 1993. Er ist seit 1992 in der Schriftleitung der *Zeitschrift für philosophische Forschung*, seit 1993 als Wissenschaftlicher Assistent am Philosophischen Seminar der Universität Tübingen tätig. *Publikationen:* Identität, Persistenz und Substantialität, Freiburg/München 1995. Vorsokratiker, München (im Erscheinen). Aufsätze und Artikel zu Aristoteles, zur antiken, zur praktischen und zur sprachanalytischen Philosophie.

Holmer Steinfath, geb. 1961, studierte Philosophie, Germanistik und Geschichte in Hamburg und Berlin; Promotion 1988. Zur Zeit Wissenschaftlicher Assistent an der Universität Konstanz. *Veröffentlichungen:* Selbständigkeit und Einfachheit. Zur Substanztheorie des Aristoteles, Frankfurt a. M. 1991. Aufsätze im Bereich der praktischen Philosophie.

Michael V. Wedin, born in Chehalis (Washington) in 1943, received his undergraduate degree from Stanford University in 1966 and his doctorate from the University of Chicago in 1972. His dissertation on the principle of noncontradiction in Aristotle was awarded with Honors. He immediately accepted a post at the University of California at Davis, where he is currently Professor of Philosophy. *Publications* on various topics in ancient Greek philosophy, but over the past dozen years he has focused mainly on Aristotle's philosophy of mind and theory of psychology, culminating with the publication in 1988 of „Mind and Imagination in Aristotle", at Yale University Press. More recently, he has turned to Aristotle's semantical and metaphysical views and he is currently writing a book on the relation between the *Categories* and the central books of the *Metaphysics*.

Hermann Weidemann, geb. 1942, studierte Philosophie, Theologie und lateinische Philologie in Heidelberg und Freiburg i. Br. Von 1990–1991 o. Prof. für Geschichte der Philosophie der Antike und des Mittelalters an der Universität Leiden (Niederlande). Seit Juli 1991 o. Prof. für Philosophie an der Universität Bonn. *Veröffentlichungen*: Metaphysik und Sprache. Eine sprachphilosophische Untersuchung zu Thomas von Aquin und Aristoteles, Freiburg/München 1975; Aristoteles, Peri hermeneias. Übersetzt und erläutert, Berlin 1994. Zahlreiche Aufsätze, vor allem zur antiken und mittelalterlichen Philosophie.

www.ingramcontent.com/pod-product-compliance
Lightning Source LLC
Chambersburg PA
CBHW060817100426
42813CB00004B/1106